Stefan Schmalz/Anne Tittor (Hrsg.)
Jenseits von Subcomandante Marcos und Hugo Chávez

Stefan Schmalz/Anne Tittor (Hrsg.)

Jenseits von Subcomandante Marcos und Hugo Chávez

Soziale Bewegungen zwischen Autonomie und Staat

Festschrift für Dieter Boris

VSA-Verlag Hamburg

www.vsa-verlag.de

Druck und Buchbindearbeiten: Idee, Satz & Druck, Hamburg
ISBN 978-3-89965-318-2

Inhalt

Stefan Schmalz/Anne Tittor

Einleitung

»Das Lager von Porto Alegre«, die »Neue Aurora«, die »zweite Supermacht«, der »postmoderne Fürst«, in Frankreich häufig als »les altermondialistes«, in den USA als »Global Justice Movement« und in Italien als die »Bewegung der Bewegung« bezeichnet – selten wurden einer sozialen Bewegung so viel Aufmerksamkeit und so viele Namensgebungen zuteil wie der globalisierungskritischen. In ihr wurde erneut das »Neue« in den Neuen Sozialen Bewegungen entdeckt: Sie zeichne sich durch eine netzwerkartige »rhizomatische« Organisationsstruktur aus; sie stelle die erste wahrhaft globale Bewegung dar; sie nutze die digitale Kommunikations- und Informationstechnologie; sie ziele nicht auf die Machtübernahme, sondern lehne mehrheitlich die Beteiligung an staatlicher Politik explizit ab – so die oftmals geäußerten Hypothesen zu ihrem Wirken und ihrer Zielsetzung.

Die heterogene Ansammlung sozialer Gruppen und politischer Projekte gewann rasch an Kraft – ob auf globaler Ebene im Weltsozialforumsprozess oder auf der nationalen Ebene in der direkten Auseinandersetzung mit neoliberalen Regierungen. Die Mobilisierungsfähigkeit gegen die großen Gipfel von WTO, G8, IWF oder WEF war erstaunlich. Nachdem die Bewegung beim Protest gegen die WTO in Seattle 1999 erstmals öffentliche Aufmerksamkeit fand, brachen die eindrucksvollen Proteste nicht mehr ab: Prag 2000, Genua 2001, Evian 2003, Hongkong 2005, Heiligendamm 2007.

Kaum war es zum Allgemeinplatz geworden, dass die Bewegung ein fester Bestandteil der internationalen Politik geworden ist, wurde auch schon deren Krise festgestellt. Vermehrt wird von einem Strategie- und Motivationsloch oder zumindest einem »Durchatmen« (Brand 2005: 5) gesprochen. Auch die mediale Aufmerksamkeit ließ nach (Marchart/Weinzierl 2006: 7ff.). Dabei schoben sich vor allem zwei Probleme in den Vordergrund: Zunächst kehrten eher traditionelle Politikfelder wie die Sozialpolitik zurück auf die Tagesordnung, die primär auf der nationalen Ebene verhandelt werden. Sie stellen viele globalisierungskritische Akteure vor neue strategische Herausforderungen. Außerdem warf die Stärkung der parlamentarischen Linken die Frage nach dem Verhältnis von Regierung und sozialen Bewegungen neu auf.

Die veränderte Situation ist in Lateinamerika besonders deutlich. Hier amtieren mittlerweile in zehn Ländern Mitte-Links-Regierungen, die sich zumindest auf rhetorischer Ebene gegen den Neoliberalismus wenden. Viele der Parteien, die sich an der Regierung beteiligen, verstehen sich als bewegungsnah und haben ihre Wurzeln in sozialen Bewegungen und Gewerkschaften. Es kommt zu widersprüchlichen Ergebnissen: Gesellschaftliche Veränderungen, die hinter ihre Ziele zurückfallen, realpolitische Verstrickungen, interne Spaltungen und nicht zuletzt auch Korruptionsaffären und Misserfolge werden zur Normalität. Selbst wenn das instrumentelle Verhältnis, das Parteien und Gewerkschaften lange zu sozialen Bewegungen hatten, vielerorts überwunden scheint und neue Formen der Kooperation erprobt werden, verlieren diese oft nach Zeiten hoher Mobilisierung an Dynamik und suchen Wege aus dem Dilemma, sich einbinden zu lassen oder in die Marginalisierung zu fallen. Die Frage nach Institutionalisierung, Repräsentanz und ihrem Preis ist allgegenwärtig.

Marcos und Chávez als Symbolfiguren

Dabei stehen Subcomandante Marcos als Sprachrohr der zapatistischen Aufständischen und Venezuelas Staatschef Hugo Chávez für zwei Pole der strategischen Orientierung linker Politik, die unterschiedlicher nicht sein könnten: Auf der einen Seite herrscht eine umfassende Staats- und Machtkritik vor, die mit der Ablehnung von Regierungsverantwortung selbst um den Preis geringer realpolitischer Einflussmöglichkeiten einhergeht; auf der anderen Seite existiert der Versuch, einen »Sozialismus des 21. Jahrhunderts« aus der Regierungsposition aufzubauen, der sich auf den Erdölreichtum des Landes gründet. Die Kommuniques der EZLN (dt. Zapatistische Armee der Nationalen Befreiung) aus dem lakandonischen Urwald erzeugen mit einer Sprache voller Metaphern Konjunkturen weltweiter Öffentlichkeit, denen Phasen des Schweigens folgen. Der Diskurs von einer Welt, in der viele Welten Platz haben, sowie der »verbale Anti-Avantgardismus« (Boris/Sterr 2002: 160), der sich in dem Postulat »preguntando caminamos« – »fragend schreiten wir voran« ausdrückt, sorgen für Solidarität in intellektuellen Kreisen weltweit, werden aber mitunter auch als strategische Unbestimmtheit interpretiert. Volkstribun Chávez hingegen genießt große öffentliche Aufmerksamkeit, weiß auf alles eine Antwort, kontert verbale Angriffe mit bisweilen harten Phrasen, polarisiert die öffentliche Meinung in Venezuela und auf internationaler Ebene, findet aber unter Intellektuellen und in den Privatmedien wenig Zuspruch.

Beide Strömungen der Linken wehren sich gegen den jahrhundertelangen Ausschluss großer Bevölkerungsteile aus dem gesellschaftlichen Leben und mobilisieren gegen den Neoliberalismus. Die ZapatistInnen lehnen dabei jedoch eine Zusammenarbeit mit politischen Parteien oder anderen linken Kräften ab, die die Beteiligung oder Eroberung der Staatsmacht anstreben. In Venezuela hingegen haben die ChavistInnen ihren eigenen Gewerkschaftsdachverband aufgebaut und versuchen in den Stadtteilbewegungen bisweilen, andere Kräfte an den Rand zu drängen. So stieß auch die Initiative, im Jahr 2007 die PSUV (Partido Socialista Unificado de Venezuela) als linke Sammelpartei zu bilden, nicht nur auf Zuspruch seitens der anderen linken Parteien. Während sich soziale Bewegungen in Venezuela gegen die Vereinnahmungsversuche der Regierung zur Wehr setzen müssen, um ihre Autonomie zu bewahren, betont die EZLN in der Otra Campaña (Anderen Kampagne), dass sie den Menschen in Mexiko kein allgemeines Konzept liefern kann, um ihre Probleme zu lösen, außer ihnen davon abzuraten, auf Politiker gleich welcher Couleur zu vertrauen.

Sowohl in Venezuela als auch in Mexiko setzt man auf Selbstorganisation, versteht indes sehr verschiedene Dinge darunter. Die ZapatistInnen haben in den letzten Jahren in einem kleinen, abgrenzbaren Territorium im Südosten Mexikos eigene Verwaltungsstrukturen geschaffen, die unabhängig vom Staat sind. Die Konzentration auf den Aufbau ihrer »Guten Regierung«, die Einrichtung unbezahlter Ämter von Gesundheitsbeauftragten über RichterInnen bis hin zu Verwaltungstätigkeiten, die jederzeit abwählbar sind, führte aber zugleich zu einem Rückzug in den bewaffneten Kommunitarismus. Während die »gehorchend regierende« Verwaltungsstruktur der ZapatistInnen in ihren Gebieten als verlässliche Institution funktioniert, treibt die Regierung Chávez den Aufbau einer Doppelmacht voran, in der mit den »Consejos Comunales« (Kommunale Räte) eine parallele Rätestruktur zu den traditionellen staatlichen Institutionen geschaffen wird. Diese neuen Formen der »Selbstorganisation von oben« werden jedoch auch durch staatliche Gelder finanziert und von chavistischen Organisationen dominiert.

Die Möglichkeiten für eine effektive Sozialpolitik gehen indessen weit auseinander: Die Regierung Chávez hat mit der ALBA (dt. Bolivarianische Alternative für Amerika) ein regionales Bündnis gebildet, in dem u.a. venezolanisches Erdöl gegen medizinische Basisdienstleistungen aus Kuba getauscht wird. Die Bevölkerung – insbesondere die Anhängerschaft von Chávez – profitiert von einer Vielzahl von Sozialprogrammen zur Armutsbekämpfung (misiones), die aus der Erdölrente finanziert werden. Die Basis der ZapatistInnen hingegen – arme, militärisch bedrohte, teilweise zerstörte Gemeinden in oft unwirtlichem Gelände – muss aus eigener Kraft materielle Verbesserungen erzielen, da sie die Annahme von Sozialprogrammen aus Regierungsgeldern als Klientelismus kategorisch zurückweist.

Kurzum, Chávez und Marcos sind Symbolfiguren von zwei gegensätzlichen Politikkonzepten, die beide den Anspruch auf soziale Emanzipation besitzen. Sie zeigen das Spannungsfeld von Autonomie und Etatismus auf, in dem sich linke Politik bewegt.

Theoretisierungsversuche: Zwischen Poulantzas und Abendroth

Doch wie kann dieses Spannungsfeld theoretisiert und empirisch gefasst werden? In der kritisch orientierten Theoriedebatte wird oftmals auf die Werke von Nicos Poulantzas zurückgegriffen, um diesen Brückenschlag zu leisten. Der Staat wird hier weder als neutrales Terrain noch als reines Instrument zur Durchsetzung der Interessen der herrschenden Klassen verstanden, sondern vielmehr »als materielle Verdichtung eines Kräfteverhältnisses zwischen Klassen und Klassenfraktionen« konzeptioniert (Poulantzas 2002: 159). Soziale Bewegungen stehen vor dem Problem, inwieweit sie die staatlichen Formen von politischen Auseinandersetzungen aufgreifen (Brand/Heigl 2006: 175ff.). Besonders deutlich wird dies am Beispiel von Linksparteien, die einerseits eine privilegierte Rolle im Zugang zu staatlichen Apparaten besitzen und eine Infrastruktur für emanzipative Bewegungen ermöglichen können, andererseits Teil des Staatsapparats sind und die bürgerliche Herrschaft erneuern und legitimieren. Der damit einhergehende »Sog des Etatismus« (ebd.: 173) lässt sich in Lateinamerika beobachten, wo sich soziale Bewegungen seit der Wahl verschiedener Mitte-Links-Regierungen den Herausforderungen des gleichzeitigen Sich-Abgrenzens und Kooperierens stellen müssen. Das zapatistische Konzept verkörpert dabei den Versuch, die gesellschaftlichen Kräfte außerhalb der staatlichen Institutionen zu verändern, während der Chavismus diese gerade als zentrales Medium verwendet.

Bei dem Ansatz, den Dieter Boris für seine Studien zu sozialen Bewegungen nutzt, steht nicht das Verhältnis von Staat und Zivilgesellschaft im Mittelpunkt. Freilich geht es darum, die gesamtgesellschaftliche Wirkung von politischen Interventionen einzuschätzen, Probleme und Ambivalenzen zu benennen, Widersprüche nicht zu verwischen. Doch Dieter Boris verortet sich in einem empirisch-orientierten Marxismus, der sich im Anschluss an Wolfgang Abendroth durch eine historische Herangehensweise auszeichnet. So beschreibt er seinen Bezug auf Abendroth wie folgt: »Ja, das war bei ihm das A und O. Ohne historische Herangehensweise musste man das Problem verkennen oder in eine falsche Richtung gehen. Das war ganz klar und das haben wir wirklich internalisiert. Gelernt haben wir auch die dialektische Herangehensweise an Probleme, d.h. das Sich-Verändern von Phänomenen und Gegenständen im Verlauf ihrer historischen Entwicklung, dass sich etwas ins Gegenteil verkehrt durch die Art der widersprüchlichen historischen Entwicklung.« (Abendroth-Gruppe 2006: 159) Dabei geht es nicht darum, eine »besondere marxistische Theorierichtung zu entfalten«, sondern um »einen akzeptablen, plausibeln marxistischen Ansatz, der extreme Polaritäten vermeidet, wie etwa zu objektivistisch, subjektivistisch, aktivistisch oder evolutionistisch zu sein oder sonst welche Spielart des Marxismus überbetont, sondern eine realitätsgerechte Analyse von einem bestimmten Problem hinbekommt.« (ebd.: 165) Das Bemühen um eine realistische Einschätzung von Effekten von Mobilisierungen und linker Politik verschiedener progressiver Akteure, von Chancen und Perspektiven, gehört zu den Herausforderungen, denen sich Dieter Boris in seiner Forschung stets gestellt hat.

Auf dem Feld der Arbeiterbewegung (Boris 1990) und der sozialen Bewegungen in Lateinamerika (Boris 1998) hat er vielschichtige Analysen vorgelegt, die diesem Anspruch nachkommen. Statt sich einfach eine »Lieblingsbewegung« herauszusuchen, die der eigenen Weltanschauung entspricht, hat er immer wieder auch gegen dominante Diskurse innerhalb verschiedener Generationen der Linken angeschrieben, sich – bildlich – »zwischen die Stühle gesetzt«. So weicht seine Interpretation des Zapatismus erheblich von den meisten anderen Analysen ab (z.B. in Boris/Sterr 2002). Er ist dabei nicht den Zyklen der medialen Aufmerksamkeit gefolgt, sondern hat empirisch fundierte Studien zu Themen wie der Arbeiterbewegung in Lateinamerika vorgelegt (Boris 1990), als diese ziemlich aus der Mode gekommen war. Besondere Aufmerksamkeit widmet er meist der Analyse von Sozialstrukturen (Boris et al. 2008; Boris 2007b; Boris 1991). Die Stärke seiner Herangehensweise liegt dabei in der Analyse von ökonomischen und sozialstrukturellen Umbrüchen, die den Kontext von politischen Veränderungen bilden und die Handlungsspielräume von emanzipativer Politik abstecken. Deshalb sind seine Länderanalysen (mit Vorliebe Mexiko: Boris 1996; Boris/Sterr 2002 und Argentinien: Boris/Hiedl 1978; Boris 2002; Boris et al. 2006) keine journalistischen Schnellschüsse, sondern historisch, ökonomisch und sozialstrukturell fundierte Versuche, die Veränderungen der letzten Jahre zu erklären. Diese Grundlage findet sich auch in Arbeiten zum Verfall neoliberaler Hegemonie in Lateinamerika (Boris et al. 2005) oder zu den neuen Mitte-Links-Regierungen (Boris 2007a). Dieter Boris betrachtet historisch-konkrete Veränderungen auf nationaler Ebene, ohne jedoch den Blick auf die regionalen Ausformungen des weltweiten Kapitalismus, dessen Krisenmomente und soziale Ungleichheiten zu verlieren. So untersuchte er sowohl die Schuldenkrise und deren drastische Auswirkungen in Lateinamerika (Boris 1987) als auch die Finanz- und Währungskrisen, die seit Ende der 1990er Jahre viele periphere Staaten in heftige Turbulenzen geworfen haben (Boris et al. 2000). Zu weiteren historisch angelegten ökonomischen Analysen, die langfristige wirtschaftliche und gesellschaftliche Grundstrukturen aufzeigen, zählt das Standardwerk zur politischen Ökonomie Lateinamerikas und die Einbindung des Subkontinents in die Weltwirtschaft (Boris 2001). Auch die Entstehung der bürgerlichen Gesellschaft in Europa und die Erklärung ihres Drangs zur Welteroberung wurden von ihm untersucht (Boris 1992). Seine theoretische Auseinandersetzung mit Immanuel Wallerstein und der Dependenztheorie mündete in der aktuellen Beschäftigung mit historischer Soziologie und Globalgeschichte (Boris 2005).

Die Beiträge

Viele der Arbeitsfelder von Dieter Boris spiegeln sich in den Beiträgen dieser Festschrift wider. So hat Dieter Boris' Herangehensweise viele FreundInnen, KollegInnen, SchülerInnen und WeggefährtInnen geprägt, an die wir mit der Bitte herangetreten sind, einen Text für diese Festschrift zu verfassen.

Die Lektüre aller Beiträge lohnt sich, auch wenn manche Einschätzungen nicht mit denen der HerausgeberInnen übereinstimmen. Die Artikel untersuchen das Verhältnis von sozialen Bewegungen, Parteien und Gewerkschaften und versuchen ihre Stärke(n) und Schwäche(n) zu erklären.

Rainer Falk analysiert, wie sich die Abkehr vom Washington Consensus mittlerweile selbst unter renommierten Ökonomen, in einschlägigen Studien und sogar in den Reformansätzen von Weltbank, IWF und WTO niederschlägt.

Der Hauptteil des Buches widmet sich mit Lateinamerika einem zentralen Arbeitsschwerpunkt von Dieter Boris: *Therese Gerstenlauer, Alke Jenss, Kristy Schank* und *Johannes Schulten* erörtern, wie sich die Veränderungen der Sozialstruktur in den letzten 30 Jahren auf politische Artikulationsformen in Lateinamerika ausgewirkt haben. *Clarita Müller-Plantenberg* widmet sich den Vernetzungsprozessen von AkteurInnen auf dem Feld der solidarischen Ökonomie. *Matthias Ebenau* und *Stefan Schmalz* untersuchen die Prozesse, die zum (vorläufigen) Ende des Projekts einer gesamtamerikanischen Freihandelszone ALCA geführt haben. *Ingo Malcher* fragt, warum der Peronismus trotz – oder gerade wegen – seiner Vielschichtigkeit in Argentinien für die Linke ein Bezugspunkt war und ist. *Albert Sterr* analysiert die tiefgreifenden Umbrüche in Mexiko seit dem Jahr 2006. Im Mittelpunkt stehen die Ziele und Perspektiven der jüngeren sozialen Bewegungen in Mexiko. *Bea Müller* arbeitet heraus, inwiefern die in Venezuela angestoßenen Veränderungen seit der Präsidentschaft Chávez zur Geschlechtergerechtigkeit beitragen, und wie sich die verschiedenen Frauenbewegungen zur Regierung positionieren. *Urs Müller-Plantenberg* beschreibt Konjunkturen der Stärke und Schwäche von sozialen Bewegungen, Parteien und Gewerkschaften in Chile in Zeiten der Militärdiktatur, der Transition und heute. *Juliana Ströbele-Gregor* widmet sich sowohl den indigenen Bewegungen in Bolivien als auch der Opposition gegen die Regierung Morales in den reichen Tieflandprovinzen. *Stefan Peters* erklärt die allgemeine Enttäuschung der sozialen Bewegungen in Uruguay über die Mitte-Links-Regierung Tabaré Vázquez.

In einem zweiten Themenblock werden die Aktivitäten der sozialen Bewegungen in anderen Weltregionen untersucht: *Joachim Becker* wagt einen Vergleich zwischen den politischen Konstellationen in Brasilien und Südafrika in historischer Perspektive. Die Entstehung der regierenden Linksparteien in beiden Ländern ist auf engste mit sozialen Bewegungen und neuen Gewerkschaften verbunden. *Hans-Jürgen Bieling* und *Christina Deckwirth* lenken die Aufmerksamkeit auf die zunehmende Europäisierung sozialer Bewegungen in der EU. Deren länderübergreifende Vernetzung und »nachholende Integration« erfolgt als – längst überfällige – Antwort auf die Liberalisierungs- und Deregulierungspolitik der EU. *Gert Meyer* erklärt die Schwäche linker Bewegungen, Parteien und Gewerkschaften in Russland, indem er die ökonomischen und sozialstrukturellen Folgen des Transformationsprozesses in Russland beschreibt, der mit einer beispielslosen sozialen Polarisierung und Verarmung einherging. *Werner Ruf* analysiert das Aufkommen des politischen Islamismus als ein Produkt der Moderne und als Antwort auf den westlichen Imperialismus und das Paradigma des »Kampfs der Kulturen«.

Abschließend kommen Marburger Weggefährten zu Wort: *Frank Deppe* richtet seinen Blick zurück auf »den Epochenbruch« des Jahres 1968 und seine Ausformungen und Folgen für die verschiedenen Strömungen der Linken. *Rainer Rilling* widmet sich der Weltordnungspolitik der USA und arbeitet Charakteristika imperialer Konjunkturen heraus. Schließlich untersucht *Georg Fülberth* die Funktion und den Stellenwert der Eigentumsfrage sowie die historischen Wandlungen des Privateigentums.

Dankbar sind wir der Rosa Luxemburg-Stiftung für ihre finanzielle Unterstützung und Anita Jesberg-Boris, die uns in verschiedenen Etappen der Planung der Festschrift hilfreich zur Seite stand. Mit Trauer erfüllt uns der plötzliche Tod von Renate Rausch, die als Autorin des Buches eingeplant war, aber vor der Fertigstellung des Artikels verstarb.

Literatur

Abendroth-Gruppe (2006): Interviews zum 100. Geburtstag von Wolfgang Abendroth, unveröffentlichtes Dokument, Marburg.

Boris, Dieter/Hiedl, Peter (1978): Argentinien. Geschichte und politische Gegenwart. Köln.

Boris, Dieter (1987) (Hrsg.): Schuldenkrise und Dritte Welt. Stimmen aus der Peripherie, Köln.

Boris, Dieter (1990): Arbeiterbewegung in Lateinamerika, Marburg.

Boris, Dieter (1991) (Hrsg.): Sozialstrukturveränderungen und Krise im Lateinamerika der 80er Jahre, Marburg.

Boris, Dieter (1992): Ursprünge der europäischen Welteroberung, Heilbronn.

Boris, Dieter (1996): Mexiko im Umbruch. Modellfall einer gescheiterten Entwicklungsstrategie, Darmstadt.

Boris, Dieter (1998): Soziale Bewegungen in Lateinamerika, Hamburg.

Boris, Dieter (2001): Zur politischen Ökonomie Lateinamerikas. Der Kontinent in der Weltwirtschaft, Hamburg.
Boris, Dieter (2002): Die argentinische Tragödie. Supplement der Zeitschrift Sozialismus 12/2002.
Boris, Dieter (2005): Immanuel Wallerstein, in: Kaesler, Dirk (Hrsg.): Aktuelle Theorien der Soziologie. Von Shmuel N. Eisenstadt bis zur Postmoderne, München, S. 168-195.
Boris, Dieter (2007a): Linkstendenzen in Lateinamerika, Supplement der Zeitschrift Sozialismus 31: 7-8.
Boris, Dieter (2007b): Soziale Bewegungen als Form des Unterschichtenprotests. Das Beispiel Lateinamerika. Forschungsjournal Neue Soziale Bewegungen 20:1, S. 81-87.
Boris, Dieter/Berriel Díaz, Alvaro/Eicker-Wolf, Kai/Käpernick, Ralf/Limbers, Jan (2000) (Hrsg.): Finanzkrisen im Übergang zum 21. Jahrhundert. Probleme der Peripherie oder globale Gefahr?, Marburg.
Boris, Dieter/Gerstenlauer, Therese/Jenss, Alke/Schank, Kristy/Schulten, Johannes (2008): Sozialstrukturen in Lateinamerika. Ein Überblick, Wiesbaden, i.E.
Boris, Dieter/Schmalz, Stefan/Tittor, Anne (2005) (Hrsg.): Verfall neoliberaler Hegemonie in Lateinamerika?, Hamburg.
Boris, Dieter/Sterr, Albert (2002): FOXtrott in Mexiko. Demokratisierung oder Neopopulismus?, Köln.
Boris, Dieter/ Tittor, Anne (2006): Der Fall Argentinien. Krise, soziale Bewegungen, Alternativen, Hamburg.
Brand, Ulrich (2005): Gegen-Hegemonie. Perspektiven globalisierungskritischer Strategien, Hamburg.
Brand, Ulrich/Heigl, Miriam (2006): Strategien und Dilemmata globalisierungskritischer Bewegungen am Beispiel des Weltsozialforums – oder: Was hat Nicos Poulantzas in Caracas zu tun?, in: Bemerburg, Ivonne/Niederbacher, Arne (Hrsg.): Die Globalisierung und ihre Kritik(er), Wiesbaden, S. 165-181.
Marchart, Oliver/Weinzierl, Rupert (2006) (Hrsg.): Stand der Bewegung? Protest, Globalisierung, Demokratie – eine Bestandsaufnahme, Münster.
Poulantzas, Nicos (2002): Staatstheorie. Politischer Überbau, Ideologie, Sozialistische Demokratie, Hamburg.

Rainer Falk

Das Pendel schwingt zurück

Erkundungen an den Grenzen des Washington Consensus

> »The political balance is swinging back. Neoliberal globalization will be written about ten years from now as a cyclical swing in the history of the capitalist world-economy. The real question is not whether this phase is over but whether the swing will be able, as in the past, to store a state of relative equilibrium in the world-system.«
>
> *Immanuel Wallerstein (2008)*

Der Anstoß von Joe Stiglitz und der Sinneswandel von Larry Summers

Als Joseph Stiglitz, damals noch Chefökonom der Weltbank, Anfang 1998 vor dem World Institute for Development Economics Research (WIDER) der Universität der Vereinten Nationen (UNU) erstmals ausführlich die Notwendigkeit begründete, den Washington Consensus zu überwinden und zu einem »Post-Washington Consensus« voranzuschreiten, da schwang eine gehörige Portion Wunschdenken mit, und es war sicherlich mehr Projektion als Deskription von Realität im Spiel.

Und dennoch war diese Rede eine der ersten und glänzendsten jener Abgesänge auf den ökonomischen Neoliberalismus, die heute – zehn Jahre später – schon fast Legion geworden sind. Sie war ein mächtiger Schub für diejenigen, denen das Kartell der »Pensée unique« (Viviane Forrester) in der Ökonomie zuwider war oder die zumindest daran zweifelten. Sie war der Auftakt zu einer Entwicklung, die heute weite Teile des wissenschaftlichen, politischen und publizistischen Establishments erfasst und die tatsächlich dazu geführt hat, dass sich mehr und mehr die Umrisse eines neuen Konsenses abzeichnen, der an die Stelle der neoliberalen Pseudolehren treten könnte.

Nehmen wir Stiglitz' Vorgänger im Amt des Weltbank-Chefökonomen, den späteren US-Finanzminister und heutigen Harvard-Professor Lawrence Summers. Einst war er bei Umweltschützern und NGOs wegen seines Plädoyers für den Export von mehr Umweltverschmutzung in die »unterverschmutzte« Dritte Welt verpönt (Summers/Lutzenberger 1992).

Seit neuestem tritt Summers (2008) für die Entwicklung einer Strategie der »gesunden Globalisierung« ein. Nach innen soll diese die Reduzierung sozialer Ungleichheit und Unsicherheit beinhalten, nach außen soll sie die »Interessen der arbeitenden Menschen in allen Ländern« in den Mittelpunkt stellen. Unter anderem denkt Summers an die Verbesserung der internationalen Zusammenarbeit in Steuerfragen, um den »race to the bottom« bei der Unternehmensbesteuerung zu stoppen und umzukehren. Des Weiteren müsse der Fokus auf eine neue internationale Wirtschaftsdiplomatie gelegt werden, um einen schädlichen Regulierungswettbewerb zu verhindern.« »(Der Abbau bzw. der Verzicht auf) finanzielle Regulierung«, so Summers, »ist nur ein Beispiel dafür, wie das Mantra der ›internationalen Konkurrenzfähigkeit‹ dazu herhalten musste, Regulierungen abzubauen. Es hat nicht genug ernsthafte Überlegungen gegeben, wie die Alternative aussehen müsste – mehr globale Kooperation, um Standards anzuheben.«

Nichts dergleichen wäre Summers in seiner Weltbank-Zeit und später als Mitglied der Regierung Clinton über die Lippen gekommen. Dass er heute so schreibt, spricht für die Tiefe des Diskurswandels, der seither stattgefunden hat. Und so lassen sich die Spuren des Stiglitzschen Anstoßes zu einem Post-Washington-Consensus in vielen Bereichen nachverfolgen. Sicher – vieles bewegt sich hier noch auf der Ebene des Diskurses und ist in der operativen Politik noch nicht angekommen. Doch die Anzeichen des Wechsels sind unübersehbar.

John Williamson und der Washington Consensus

Unter dem Washington Consensus versteht man gemeinhin jenes Set wirtschafts- und finanzpolitischer Maßnahmen (oft auch euphemistisch »Reformen« genannt), die seit dem Beginn der 1980er Jahre dem neoliberalen Dreiklang von Liberalisierung, Deregulierung und Privatisierung gefolgt sind. Der Begriff stammt von John Williamson, der unter diesem Label Anfang der 1990er Jahre versucht hat, den Konsens des wirtschaftspolitischen Mainstreams, so wie er durch die in Washington beheimateten internationalen Finanzinstitutionen, den Internationalen Währungsfonds (IWF) und die Weltbank, aber auch das Institute of International Finance – das von privaten Banken aus aller Welt unterhalten wird – sowie die US-amerikanischen, mit Ökonomie befassten Regierungsstellen, insbesondere das Finanzministerium (»Treasury Department«), verkörpert wird, zusammenzufassen (Williamson 1990). Williamson wollte seine zehn Punkte, die den Konsens ausmachten, allerdings eher allgemeiner und nicht als neoliberalen Kanon verstanden wissen. Es ginge ihm, so sagte er später einmal (Williamson 2002), vor allem um drei Dinge: makroökonomische Disziplin, Marktwirtschaft und Offenheit gegenüber der Welt. Mit Blick auf Lateinamerika entwickelt, klingt dies doch so wie eine allgemein und überall gültige Leitschnur für »vernünftige« Wirtschaftspolitik.

Im Einzelnen führte der Katalog von Williamson folgende Reformfelder an: (1) Haushaltsdisziplin, (2) Neuordnung der öffentlichen Ausgaben, (3) Steuerreform, (4) Freigabe der Zinssätze, (5) konkurrenzfähige Wechselkurse, (6) Handelsliberalisierung, (7) Liberalisierung des Regimes für ausländische Direktinvestitionen, (8) Privatisierung, (9) Deregulierung, (10) Sicherung von Eigentumsrechten. Es ist richtig, dass in dieser Liste typische neoliberale Ingredienzen nicht explizit enthalten sind, etwa die vollständige Beseitigung der Kapitalverkehrskontrollen (»capital account liberalisation«), der Monetarismus, die Angebotsorientierung oder der Imperativ des Minimalstaats. Dennoch wurde der Begriff des Washington Consensus mehr und mehr zu einem Synonym für die neoliberalen Standardrezepturen, wie sie insbesondere der IWF und die Weltbank seit Beginn der 1980er Jahre den verschuldeten Ländern im Süden des Globus nahezu flächendeckend aufherrschten. Insofern mag Williamson für sich reklamieren, der Begriff des Washington Consensus sei in gewisser Weise zu einem beschädigten Markennamen geworden. Dies ändert aber nichts daran, dass er bis heute ein zentraler Bezugspunkt der internationalen wirtschafts- und finanzpolitischen Debatte geblieben ist.

Letzteres gilt vor allem auch für den »Erfinder« des Washington Consensus selbst. Natürlich entging auch Williamson nicht, dass es für die Verfechter des Konsenses, zumal in Lateinamerika, mehr und mehr zum Problem wurde, dass die Bilanz der von ihnen verfochtenen »Reformen« alles andere als beeindruckend und erfolgreich ausfiel.

Dass die Ergebnisse der Reformen nicht die daran geknüpften Hoffnungen erfüllten, lag nach dieser Lesart im Wesentlichen daran, dass sie »unvollständig« waren. Entweder seien wesentliche Reformschritte nicht konsequent genug angegangen worden – etwa auf dem Arbeitsmarkt, wo sich ein Dualismus zwischen dem formellen und dem informellen Sektor mehr und mehr verfestigte, oder im Bereich der Haushaltspolitik, wo Defizite zwar verringert, aber nicht durch den Aufbau von Überschüssen abgelöst wurden, auf die man hätte in schlechten Zeiten zurückgreifen können.

Oder aber, so wurde argumentiert, der Washington Consensus selbst sei vom Ansatz her unvollständig gewesen, sodass ein ganzes Set von so genannten Reformen der zweiten Generation notwendig wurde, vor allem die Stärkung der staatlichen und gesellschaftlichen Institutionen betreffend. Aus dieser Perspektive heraus konnte alles, was später mit Blick auf die Wiederherstellung oder Schaffung sozialer Netze, auf die Reparatur der vernachlässigten oder zerstörten Infrastrukturen, auf die Wiederaufwertung des Bildungssektors oder die Beendigung der Vernachlässigung der Landwirtschaft gesagt und vorgeschlagen wurde, als »Ergänzung« des Washington Consensus, aber nicht als seine Ersetzung oder Überwindung erklärt werden.

Zusammen mit Pedro Pablo Kuczynski veröffentlichte John Williamson 2003 ein Buch mit dem bezeichnenden Titel »After the Washington Consensus: Restarting Growth and Reform in Latin America« (Kuczynski/Williamson 2003). Darin stellen die Autoren klar, dass der Titel keineswegs so zu verstehen ist, als sei die Zeit des Washington Consensus nunmehr vorbei. Vielmehr dürften alle derzeit diskutierten Modifikationen nicht mit einer Abkehr von den Kernforderungen gegenüber dem Süden verwechselt werden:

»Die neue Agenda weist die Liberalisierungsreformen des Washington Consensus nicht zurück, obwohl Korrekturen im Detail notwendig sein mögen. Im Gegenteil unterstreicht sie die Notwendigkeit, die Liberalisierung in mancherlei Hinsicht weiter voranzutreiben, z.B. in Bezug auf die weitere Flexibilisierung der Arbeitsmärkte. Sie erkennt jedoch auch die Notwendigkeit an, diese Reformen durch den Aufbau und die Stärkung der für einen schlanken Staat erforderlichen Institutionen zu ergänzen, damit dieser seine aktivierende und steuernde Rolle in der Marktwirtschaft spielen kann. Ein anderer Punkt ist die Notwendigkeit, die Region (d.h. Lateinamerika; R.F.) weniger krisenanfällig als in der Vergangenheit zu machen. Unter anderem bedarf es einer größeren Disziplin in Bezug auf die Verschuldung des öffentlichen Sektors, um den Spielraum für eine antizyklische Fiskalpolitik zu bewahren. Ein letzter entscheidender Aspekt der politischen Neujustierung besteht – parallel zu höherem Wachstum – im Streben nach einer Verringerung der Einkommensungleichheit. Haushaltspolitische Instrumente (wie die Besteuerung von Eigentum zur Finanzierung regionaler oder lokaler Regierungsaufgaben) können dafür hilfreich sein, müssen jedoch ergänzt werden durch die Versorgung der Armen mit Bildung, Land, Mikrokrediten und Eigentumstiteln, damit diese in die Lage versetzt werden, durch Arbeit der Armut zu entkommen.« (Kuczynski/Williamson 2003: 308)

Dies war also noch ganz die Perspektive, wonach es sich bei den Maßnahmen des Washington Consensus um einen sinnvollen und allgemein verbindlichen Katalog handele, um den keine »vernünftige« Wirtschaftspolitik herumkomme. Wohl seien Ergänzungen im Sinne eines »Washington Consensus Plus« erforderlich, ein Ausbruch aus dem Korsett sei freilich weder zulässig noch wünschenswert. Doch glücklicherweise währt der Monopolanspruch der in Washington ansässigen Institutionen bei der Bestimmung von Global Governance nicht ewig.

Die Wiederentdeckung der Ungleichheit

Eine wichtige Rolle bei der Relativierung, Durchlöcherung und Zurückdrängung des Washington Consensus spielten Sektoren des UN-Systems, die im Zeichen der neoliberalen Offensive zwar geschwächt worden waren, aber seit den 1990er Jahren zusehends aktiver nach Alternativen zum internationalen wirtschaftspolitischen Mainstream suchten, in erster Linie das UN-Entwicklungsprogramm (UNDP) und die UN-Konferenz für Handel und Entwicklung (UNCTAD). Das gilt ungeachtet der Tatsache, dass natürlich auch das UN-System von der ideologischen Durchdringung durch den Neoliberalismus nicht unberührt blieb, und auch ungeachtet des Umstandes, dass alternative Positionen oftmals zunächst im vorsichtigen sprachlichen Gewand der UN-Diplomatie formuliert wurden. Eine zentrale Rolle spielte hier die allmähliche »Wiederentdeckung der Ungleichheit« (Falk 2006) im Diskurs der internationalen Organisationen.

Diese Wiederentdeckung schlug sich 2005 gleich in drei internationalen entwicklungspolitischen Berichten nieder, dem Human Development Report des UNDP (2005), dem Weltsozialbericht der Vereinten Nationen (2005) und dem Weltentwicklungsbericht der Weltbank (2006). Alle drei Reports waren sich unter anderem darin einig, dass der Missstand der weltweiten Ungleichheit globale und interne Umverteilungsmaßnahmen erfordere, wenn die Versprechen der entwicklungspolitischen Millenniumsziele nicht gebrochen werden sollten.

Im Jahre 2007 nahmen sich auch der Internationale Währungsfonds (IWF) und die OECD des Themas an. Während der World Economic Outlook (WEO) des IWF im Herbst in seinem inhaltlichen Schwerpunkt nach dem Zusammenhang von Globalisierung und Ungleichheit fragte, zeigte sich die OECD in ihrem »Beschäftigungsausblick« besorgt, dass die Verwundbarkeit von Arbeitsplätzen und Löhnen in den Industrieländern unter dem Druck der Globalisierung zunehme. Zwar wusste niemand so recht, wie dem Phänomen der zunehmenden Ungleichheit innerhalb und zwischen den Staaten begegnet werden sollte. Entsprechend wenig originell fielen dann auch die in die Debatte geworfenen Politikvorschläge aus. So plädierte der IWF etwa für mehr Bildung und Ausbildung, für besseren Zugang zu Finanzdienstleistungen für die Armen und für weitere Agrarmarktliberalisierung, um die Früchte der Globalisierung und des technologischen Fortschritts künftig gleichmäßiger und breiter zu verteilen. Die OECD propagierte demgegenüber »Flexicurity«-Konzepte, wie sie in Dänemark und Österreich praktiziert werden, damit mehr Flexibilität am Arbeitsmarkt nicht um den Preis des Verlusts sozialer Sicherheit erreicht wird.

Ein gemeinsamer Nenner dieser Konzepte bestand sicherlich darin, die Menschen »fit zu machen« für die Anforderungen der Globalisierung. Doch war es an sich schon ein Politikum, wenn inzwischen die Gralshüter der neoliberalen

Globalisierung einräumten, dass diese eben nicht ausschließlich mit Vorteilen verbunden ist, die allen auf gleiche Weise zugute kommen. Wenn der Human Development Report herausstellte, dass die 500 reichsten Individuen auf der Welt gemeinsam über mehr Einkommen als die ärmsten 416 Mio. Menschen verfügen, war das nicht unbedingt verwunderlich. Immerhin aber erlaubten auch die Angaben des IWF-Herbst-Outlooks von 2007 die Schlussfolgerung, dass wir es mit einer globalen Einkommenspolarisierung zu tun haben, die zugunsten der reichsten 20% der Weltbevölkerung verläuft, auch wenn in den letzten zehn Jahren mehr oder weniger alle Bevölkerungsgruppen und Regionen (mit wenigen Ausnahmen) irgendwie an dem starken Wachstum partizipiert haben, nur eben weniger stark als die reichsten.

Hoch umstritten, wenngleich auch oft nicht explizit und kontrovers diskutiert, ist die Frage nach den Ursachen dieses Phänomens. Während der UN-Weltsozialbericht recht deutlich die Verantwortung der Liberalisierungs- und Deregulierungspolitik für die wachsende Ungleichheit, die Prekarisierung von Beschäftigungsverhältnissen und die rückläufige Lohnentwicklung benannte, verlegte sich der IWF auf eine andere Fragestellung.

Hier wurde bezeichnenderweise nicht nach der Wirkung der vom Fonds selbst vorangetriebenen neoliberalen »Reformen« gefragt, sondern nach den Konsequenzen von Globalisierung und technologischer Innovation an sich. Die Outlook-Autoren kamen dabei zu dem eigenartigen Schluss, dass die Handelsglobalisierung eher zu einer Reduzierung der Ungleichheit geführt habe, während der technologische Fortschritt und die Finanzmarktglobalisierung eher für ihre Verstärkung verantwortlich seien. Am Ende würden sich beide in ihrer Wirkung gegenseitig aufheben.

Die Argumentationsfigur des IWF war freilich schon deshalb problematisch, weil es nicht möglich ist, Globalisierungsprozesse und technologische Innovation voneinander zu trennen – das eine ist ohne das andere gar nicht denkbar und umkehrt. Die OECD gab immerhin zu, dass die Produktionsauslagerung, also eine spezifische Form der Globalisierung, die Verhandlungsmacht besonders minderqualifizierter Arbeitskräfte deutlich schwächt: »Ob nun real oder nur angedroht, die Aussicht auf Offshoring kann die Verwundbarkeit von Arbeitsplätzen und Löhnen in Industrieländern erhöhen«, heißt es in der Pressemitteilung der OECD zu dem Bericht. Dem Generalsekretär der OECD, dem Mexikaner Angel Gurria, ging auch das schon zu weit. Bei der Vorstellung des Berichts meinte er, die Story der Globalisierung müsse eben besser erzählt werden.

Vielleicht deutet letzteres auf das eigentliche Dilemma der jüngsten Trendwende der Globalisierungsdebatte hin: Diese erkennt inzwischen vielfach, dass mit den Globalisierungsprozessen der letzten zwei Dekaden auch negative soziale Folgen verbunden waren, geht aber insgesamt noch nicht weit genug, um diese

Entwicklung im Sinne der Wiederherstellung ausgeglichenerer Verteilungsverhältnisse wirklich zu korrigieren.

Die Angst vor dem großen Globalisierungsbacklash

Einen Schritt weiter geht die neuere Diskussion in Teilen des wirtschaftswissenschaftlichen Establishments, vor allem in den USA. Sie wird von der Sorge angetrieben, die zunehmende Ungleichheit könnte zu einem *Backlash* der Globalisierung führen, einem Globalisierungsrückschlag, der in eine Renaissance des Protektionismus und einen Rückbau weltwirtschaftlicher Integration mündet. Dies bringt inzwischen auch orthodoxe Ökonomen zu recht ungewöhnlichen Vorschlägen, jedenfalls gemessen daran, dass sie bislang immer nur die Vorteile der Globalisierung gepriesen haben. Ein Beispiel hierfür sind die Wirtschaftsprofessoren Kenneth F. Scheve und Matthew J. Slaughter, letzterer von 2005 bis 2007 im Council of Economic Advisors von US-Präsident George Bush. In einem weithin beachteten Aufsatz in *Foreign Affairs* forderten sie im letzten Jahr einen »New Deal« für die Globalisierung, in dessen Zentrum eine neue Umverteilungspolitik von oben nach unten stehen müsse, um die große Mehrheit an den Gewinnen der Globalisierung teilhaben zu lassen (Scheve/Slaughter 2007). Interessant ist auch, dass die Debatte nicht nur mit Blick auf die traditionellen Nord-Süd-Gegensätze geführt wird, sondern gerade auch in Bezug auf die innergesellschaftliche Entwicklung in den Industrieländern.

Was die Zusammenhänge zwischen Globalisierung einerseits und Arbeitslosigkeit und Ungleichheit innerhalb der Länder andererseits betrifft, so sind viele der verwendeten Argumentationsmuster, wie bereits am Beispiel des IWF-Outlooks gezeigt, nicht unproblematisch. Die meisten einschlägigen Studien gehen – in der dort zugrunde liegenden Logik nicht ganz zu Unrecht – davon aus, dass der Handel, also eine der Hauptformen der Globalisierung, nur zu einem geringen Teil für Ungleichheit und Arbeitslosigkeit verantwortlich ist. In einer neueren Arbeit schreibt beispielsweise Robert Z. Lawrence, dass der wachsende Handel mit Entwicklungsländern in den USA allenfalls in den 1980er Jahren zur Ungleichheit beigetragen habe, in den letzten zehn Jahren in dieser Hinsicht jedoch kaum von Bedeutung war. Die steigende Ungleichheit und das langsame bzw. sogar rückläufige Wachstum der Reallöhne in der letzten Dekade reflektiere vielmehr das dramatische Gewinnwachstum und die damit verbundenen Einkommenszuwächse für das obere eine Prozent der Einkommensbezieher. Eine Politik, die lediglich eine soziale Regulierung des Handels anstrebe, greife daher zu kurz. Gefordert seien vielmehr eine andere Steuerpolitik und Anpassungshilfen für die vom Strukturwandel Betroffenen.

Lawrence' Kollege Paul Krugman warnt indessen davor, den von der Globalisierung ausgehenden Druck auf die Löhne und Arbeitsbedingungen der US-Beschäftigten zu unterschätzen. Gerade kürzlich habe die US-Ökonomie eine Wasserscheide überschritten. Lange Zeit importierten die USA Öl und andere Rohstoffe aus der Dritten Welt, während Fertigwaren aus anderen industrialisierten Ländern, wie Kanada, Europa und Japan, kamen. Inzwischen importieren die USA mehr Fertigwaren aus der Dritten Welt als aus anderen Industrieländern.

Krugman hatte früher selbst vor übertriebenen Globalisierungsthesen gewarnt und Anfang der 1990er Jahre darauf hingewiesen, dass der relative Anteil der Fertigwarenimporte aus der Dritten Welt am Bruttoinlandsprodukt (BSP) der USA relativ bescheiden sei. Heute schreibt er: »Das Problem besteht darin, dass diese Effekte (wie Druck auf Löhne und Arbeitsplätze; R.F.) nicht länger so bescheiden wie früher sein dürften, da Importe von Fertigwaren aus der Dritten Welt dramatisch gewachsen sind – von nur 2,5% des BSP 1990 auf 6% 2006.

Und das größte Importwachstum kam aus Ländern mit sehr niedrigen Löhnen. Die ursprünglichen ›neu-industrialisierenden Länder‹, die Fertigwaren exportierten – Südkorea, Taiwan, Hongkong und Singapur –, zahlten Löhne, die 1990 etwa 25% des US-Niveaus ausmachten. Seither haben sich die Quellen der US-Importe nach Mexiko verlagert, wo die Löhne gerade mal 11% des US-Niveaus betragen, und nach China, wo sie nur 3 oder 4% ausmachen. [...] Es wird oft behauptet, dass die Begrenzung des Handels nur einer kleinen Anzahl von Amerikanern nützt, während sie der großen Mehrheit schadet. Das stimmt nach wie vor bei Dingen wie den Importquoten für Zucker. Aber wenn es um Fertigwaren geht, kann man zumindest umgekehrt argumentierten. Die hoch qualifizierten Arbeitnehmer, die vom wachsenden Handel mit den Dritte-Welt-Ökonomien profitieren, sind eine Minderheit, deren Zahl von den Verlierern weit übertroffen wird.«

Der letzte Punkt dürfte entscheidend sein: Es sind nicht kleine Minderheiten, sondern die große Mehrheit der US-Amerikaner, der entscheidende Vorteile aus der Globalisierung vorenthalten werden. Kein ernsthafter Beobachter wird behaupten, dass Globalisierung, Handel und internationale Investitionen an sich schlecht für die Volkswirtschaften sind. Doch bis weit in das konservative Lager hinein nehmen die Befürchtungen zu, dass lediglich eine schmale Gruppe an der Spitze der Gesellschaft profitiert. Dies gilt im Übrigen für Industrieländer und viele Entwicklungsländer gleichermaßen, auch wenn die Bedingungen sich im Einzelnen natürlich voneinander unterscheiden. Aber es macht deutlich, wie wichtig die Frage nach den adäquaten Gegenstrategien ist.

Als eher konventionelle Maßnahmen der Abhilfe gelten in den Industrieländern Anpassungshilfen für die Betroffenen: Diese können von arbeitsmarktpolitischen Schritten (wie Flexicurity-Modellen) über die Verbesserung der sozialen Sicherungssysteme bis hin zu Umschulungs- und Bildungsmaßnahmen reichen. Sie alle haben aber meistens nur nachsorgenden Charakter und setzen die Ursachen nicht außer Kraft, die zu Arbeitslosigkeit und Armut führen oder die Ungleichheit verschärfen. Slaughter und andere fordern deshalb darüber hinaus eine drastische Umverteilung von oben nach unten. In ihrem »New Deal for Globalization« schlagen sie vor, sämtliche Einkommenssteuern für Beschäftigte, die weniger als das nationale Durchschnittseinkommen verdienen, abzuschaffen und die Besteuerungssätze für die obersten Einkommen drastisch zu erhöhen.

Lawrence Summers hob in der *Financial Times* hervor: Um protektionistischen Tendenzen, die die Globalisierungsgewinne insgesamt schmälern würden, zu verhindern, sei es besser, den Kuchen gerechter zu verteilen. Überdies müsse eine internationale Wirtschaftsdiplomatie den Beschäftigten in den Industrieländern den Eindruck nehmen, Verlierer der Globalisierung zu sein. Neben mehr Kooperation und Koordination in der Steuerpolitik gehöre dazu auch die Durchsetzung von Sozialstandards im internationalen Handel. Vermieden werden müsse einerseits, dass solche Standards als Vorwand für Protektionismus benutzt werden. Andererseits sei es aber auch nicht hinnehmbar, wenn die zunehmende internationale ökonomische Integration als Entschuldigung für die Aushöhlung von Arbeitnehmerrechten missbraucht werde.

Global Governance im Interregnum

Der Perspektivenwechsel vom internationalen »Race to the bottom« zu einer internationalen Zusammenarbeit, die sich an der weltweiten Anhebung von wirtschaftlichen, sozialen und ökologischen Standards orientiert, wäre sicherlich eine Kehrtwende in der internationalen Wirtschaftspolitik, die ihren Namen verdient.

In diesem Zusammenhang stellen sich allerdings zwei Fragen: Wie viel von den neuen Diskurstönen ist – *erstens* – in den internationalen Institutionen, die bislang durch die Thesen des Washington Consensus bestimmt waren, angekommen, vor allem in operativer Hinsicht? Und – *zweitens* – welche Rolle spielt in solchen Prozessen die aufgeklärte Selbsterkenntnis im Gefolge realer Widersprüche und gescheiterter politischer Erwartungen, und wie hoch ist der Stellenwert exogener Druckfaktoren, vor allem von sozialen Bewegungen, NGOs und zivilgesellschaftlichen Gruppen? Diesen Fragen soll hier in kursorischer Form anhand von IWF, Weltbank und WTO nachgegangen werden. Dabei zeigt sich auch: Gemessen an den bislang zu verzeichnenden realen Veränderungen, sind die Fortschritte der »Zivilgesellschaft« im »Contest for Global Governance« (O'Brien/Goetz/Scholte/Williams 2000) recht minimal geblieben.

In allen drei Organisationen, die als späte Vollendung der Trinität von Bretton Woods gesehen werden können, gibt es seit geraumer Zeit Reformbestrebungen bzw. eine Relativierung ursprünglicher Projekte, die jedoch allesamt noch in den Kinderschuhen stecken. In Anlehnung an den italienischen Philosophen und Politiker Antonio Gramsci könnte man formulieren: In gewisser Weise ist es wie in einem Interregnum, in dem das Alte noch nicht sterben und das Neue noch nicht geboren werden kann.

Internationaler Währungsfonds

Mit allein drei Reformprojekten soll der IWF verlorene Legitimität und Statur zurückgewinnen: einer Konditionalitätsreform, einer Einkommensreform und einer Stimmrechtsreform. Die Reformvorhaben sind einerseits eine Antwort auf die wachsende Kritik am IWF, insbesondere an den Inhalten seiner seit Beginn der 1980er Jahre betriebenen Strukturanpassungspolitik, dem Hauptvehikel zur Umsetzung der Vorgaben des Washington Consensus. Andererseits folgen sie der schieren Not, in die der Fonds geraten war, nachdem seine größten Klienten (wie Thailand, Indonesien, Südkorea, Brasilien, Argentinien usw.) ihre Schulden vorzeitig zurückgezahlt hatten. Der Wegfall der Großschuldner brachte dem IWF nicht nur beträchtlichen Einflussverlust, sondern auch Einnahmeverluste in barer Münze, sodass schließlich nicht einmal mehr die laufenden Geschäfte finanziert werden konnten.

Die als Antwort auf die Kritik an der Strukturanpassungspolitik seit Anfang des Jahrtausends betriebene Konditionalitätsreform, die von Anfang an nicht mehr intendierte als ein »Streamlining« und eine Verringerung der mit den IWF-Krediten verknüpften Bedingungen, endete vorerst als wahrer Rohrkrepierer. Wie ein interner Prüfbericht des unabhängigen Evaluierungsbüros des Fonds jüngst ans Tageslicht brachte, ist die durchschnittliche Anzahl der Bedingungen pro Programm und Jahr stabil bei 17 geblieben. Bei den besonders wichtigen strukturellen Konditionen stellte der Prüfbericht eine gewisse Verschiebung von Privatisierungs- und handelspolitischen Reformauflagen zu Konditionen fest, die sich auf die Steuerpolitik, das Management der öffentlichen Ausgaben und die Reform des Finanzsektors beziehen. Dies kann jedoch nicht unbedingt als Ausdruck eines inhaltlich-politischen Kurswechsels gedeutet werden, sondern eher als Ausdruck der Tatsache, dass die Privatisierungen und die Handelsliberalisierung inzwischen in den meisten Zielländern des Fonds weit fortgeschritten waren.

Die IWF-Konditionalität bleibt also ein kontroverses Thema. Und es ist kein Wunder, dass der neue Geschäftsführende Direktor, Dominique Strauss-Kahn, bei seinem Amtsantritt sogleich erneut die Frage aufwarf, welche der zahlreichen Bedingungen tatsächlich unverzichtbar seien. Natürlich ist der Fortgang der Konditionalitätsreform zum jetzigen Zeitpunkt (Anfang Mai 2008) noch nicht absehbar. In einem offiziellen Statement auf der jüngsten Frühjahrstagung des Fonds hieß es immerhin, die afrikanischen Länder müssten in Reaktion auf die inflationäre Entwicklung der Agrar- und Treibstoffpreise nicht die Zinssätze erhöhen, und unter gewissen Umständen sei auch eine staatliche Subventionierung der Nahrungsmittelpreise zulässig. Derlei Einlassungen könnten – zusammen mit der allgemeinen Rhetorik Strauss-Kahns, etwa seinem Plädoyer für die »Notwendigkeit öffentlicher Intervention« zur Lösung der aktuellen Finanzkrise – durchaus auf die Bereitschaft der neuen IWF-Führung hindeuten, die bestehenden marktfundamentalistischen Politikvorschriften einer Revision zu unterziehen (Weissman 2008).

Nicht ohne Ironie ist der Umstand zu vermerken, dass der IWF sich, um seine eigene Einnahme-Ausgaben-Position wieder ins Lot zu bringen, soeben selbst Strukturanpassungsmaßnahmen unterwerfen musste, die ausnahmsweise auch einmal von der Kritikern gutgeheißen werden konnten. So ist kürzlich die Entlassung von 20% der IWF-Mitarbeiter – 591 von rund 2.900 – beschlossen worden, die dem Fonds nicht nur eine Kostenersparnis bringen, sondern die auch nicht mehr gebraucht werden, wenn es wirklich zu einer Rücknahme des überkommenen Strukturanpassungsmodells kommen sollte. Das andere Instrument, das der Fonds zur Verbesserung seiner eigenen Haushaltsposition gewählt hat – der Verkauf von 20% seiner Goldvorräte: gut 400 Tonnen sollen sechs Mrd. US-Dollar erbringen – ist freilich weniger unumstritten. Zumindest bei NGOs hat dies Verbitterung ausgelöst, weil sie mit ihrer Forderung, das IWF-Gold teilweise für die Schuldenerleichterung zugunsten armer Länder zu verwenden, stets auf Ablehnung gestoßen sind.

Noch kritikwürdiger ist schließlich die 2008 vom IWF beschlossene Stimmrechtsreform. Die neue Quotenformel bringt den Entwicklungsländern gerade einmal eine Erhöhung ihres Stimmanteils von bislang 40,5 auf 42% – das meiste zugunsten der großen Schwellenländer –, während der der Industrieländer von 59,5 auf 58% fällt – zu wenig, um den Status quo zu beenden, in dem der reiche Norden eine strukturelle Mehrheit und die USA allein eine Sperrminorität bei zentralen Entscheidungen besitzen. Zwar sieht die neue Formel eine fünfjährige Überprüfung der Stimmanteile vor. Diese genügt jedoch eher dem Bedürfnis, eine Anpassung der Stimmrechtsverhältnisse an sich wandelnde Kräfteverhältnisse in der Weltwirtschaft sicherzustellen, als dem Postulat einer tiefgreifenden Demokratisierung des Fonds. Insofern wird auf das auch von Strauss-Kahn ins Gespräch gebrachte Modell einer doppelten Mehrheit (das bei wichtigen Fondsentscheidungen Mehrheiten sowohl unter Industrie- als auch unter Entwicklungsländern vorsieht) zurückzukommen sein, wenn längerfristig ein Ausgleich zwischen Nord und Süd im IWF erreicht werden soll.

Weltbank

Überraschend schnell hat der neue Präsident der Weltbank, Robert Zoellick, die krude Antikorruptionsrhetorik seines Vorgängers durch einen neuen Diskurs ersetzt, in dessen Mittelpunkt das Ziel einer »inklusiven und nachhaltigen Globalisierung« steht. Das wurde schon in einer Rede deutlich, in der er seine sechs »strategischen Themen« vorstellte. Der Gemeinsame Entwicklungsausschuss von IWF und Weltbank hat das »Potenzial« dieser Orientierung auf der Jahrestagung 2007 anerkannt und in seinem Kommuniqué festgestellt, dass »die stärkere Unterstützung für die Einbeziehung und das Empowerment der Ärmsten in der Entwicklung, vor allem in Subsahara-Afrika, und das aktive Engagement der Weltbank-Gruppe in fragilen und von Konflikten betroffenen Staaten Schlüsselelemente des strategischen Ansatzes« der Bank sein müssen. Darüber hinaus wird der Weltbank eine starke Rolle bei der Sicherung der Globalen Öffentlichen Güter und bei der Bearbeitung globaler Fragen wie dem Klimaschutz zugesprochen. Damit nahm die Weltbank auf der verbalen Ebene teilweise Empfehlungen auf, wie sie von verschiedenen Seiten gegeben wurden, etwa von dem Politökonomen Robert Wade von der London School of Economics oder der Präsidentin des einflussreichen Center for Global Development in Washington, Nancy Birdsall, oder auch von der deutschen Entwicklungsministerin Heidemarie Wieczorek-Zeul. Hintergrund dieser Entwicklung ist jedoch eher ein »dramatischer Wandel des Marktes« (Wade 2007: 2), in dem sich die Bank bewegt und neu positionieren muss, als zivilgesellschaftlicher Druck, mit dem die Institution in einer nunmehr schon jahrzehntelangen Auseinandersetzung umzugehen gelernt hat.

Klar zum Ausdruck kam dies auch in einem neuen »Blueprint für die Weltbank«, in dem Zoellick in diesem Frühjahr vier strategische Bereiche vorstellte, in denen die Bank unmittelbar aktiv werden müsse: einen »New Deal« gegen die globale Nahrungsmittelkrise, ein Drängen auf die Beendigung der Doha-Runde der WTO, eine »Plus-Plus«-Initiative für mehr Transparenz in der extraktiven Industrie und eine Beeinflussung der Sovereign Wealth Funds für mehr Investitionen in Afrika. Auffallend war zunächst, dass das neue Blueprint kaum ein Wort über die Umweltpolitik der Bank verliert. Aber dies ist wohl dem Umstand geschuldet, dass Zoellick den Bereich von Klima- und Umweltschutz als ganz großes und eigenständiges Zukunftsterrain für die Weltbank reklamiert (Schalatek 2008).

Die Positionierung als »Globale Umweltbank«, wie sie auch von den G8, vor allem von Großbritannien, den USA und Japan, betrieben wird, ist in der

Tat am lukrativsten für die Weltbank, auch wenn dabei Parallel- und Konkurrenzstrukturen zur Klimarahmenkonvention der Vereinten Nationen (UNFCC) und zu dem in Bali beschlossenen Anpassungsfonds in Kauf genommen werden. Auf der Frühjahrstagung des Jahres 2008 hat die Weltbank dazu ein Rahmenkonzept für Klimawandel und Entwicklung vorgelegt. Danach stehen im Zentrum der klimapolitischen Planungen der Bank drei Klimainvestitionsfonds, die bei der Weltbank angesiedelt werden sollen: ein Clean Technology Fund (erstmals im G7-Statement von Tokio in diesem Februar erwähnt), ein Forest Investment Fund und ein Adaptation Pilot Fund. Dabei geht es um richtig viel Geld. Der Clean Technology Fund – der größte von den dreien – soll zwischen 5 und 10 Mrd. US-Dollar umfassen. Die anderen sind kleiner angelegt: Vorgesehen sind jeweils zwischen 300 und 500 Mio. US-Dollar. Der Widerstand aus dem Süden und unter NGOs gegen das »climate hijacking« der Weltbank ist allerdings groß. Ein Erfolg ist es da schon, wenn das Konzept jetzt mit der Behandlung durch den Entwicklungsausschuss erst einmal auf die Agenda gehoben wurde, auch wenn bei einigen Formulierungen im Kommuniqué noch deutlich die Reserviertheit vieler Mitgliedsländer zu spüren ist. Immerhin fordert der Text die Zusätzlichkeit der Finanzmittel, während eine führende NGO im Süden, das Third World Network, in dem neuen Ansatz nur »neue Konditionalität, aber keinerlei Additionalität« erkennen kann (Tan 2008).

Insgesamt zeigt sich recht deutlich, welche Doppelstrategie die Spitzen von IWF und Weltbank in jüngster Zeit umtreibt. Zu der Initiierung inkrementeller Reformen und einer teilweisen neuen Rhetorik kommt die aktive Suche nach neuen Aufgaben. Die beiden Bretton-Woods-Zwillinge sind wahre Stehauf-Männchen und Meister der Tugend, sich immer wieder neu zu erfinden. Entsprechend zu kurz gegriffen wäre es deshalb auch, nur die Unzulänglichkeit der begonnenen Reformen zu kritisieren oder die Rhetorik als Widerspruch zur Realität zu entlarven. Im Ringen um neue Rollen und Aufgabenfelder für ökonomische Global Governance und deren politische Gestaltung gibt es keine Pause.

Welthandelsorganisation

Die WTO kann zwar wegen ihrer anderen Governance-Struktur (Konsensprinzip statt One-Dollar-One-Vote) nicht ohne Weiteres mit den Bretton-Woods-Zwillingen verglichen werden. Doch wurde ihre Gründung 1995 von vielen als eine Art Vollendung der neoliberalen Dreifaltigkeit wahrgenommen. Zumindest war ihr die Rolle zugedacht, einen mächtigen Schub in die Liberalisierungsprozesse der Weltwirtschaft zu bringen, wobei die anvisierte »neue handelspolitische Agenda« (Falk 1997) das Mandat auch über die im engeren Sinne handelspolitischen Themen auf Fragen der internationalen Investitionen, einer internationalen Wettbewerbspolitik und der internationalen öffentlichen Auftragsvergabe ausdehnen sollte. Zwischen dieser ehrgeizigen Agenda und dem Dahindümpeln der aktuellen Doha-Verhandlungsrunde klafft jedoch eine eigenartige Kluft, hinter der sich Abstriche von den ursprünglichen Zielsetzungen der Verhandlungen ebenso verbergen wie Teilerfolge der WTO-Kritiker.

Viele Beobachter betrachten es heute als Fehler, dass die Dritte Welt auf der Ministerkonferenz der WTO in Doha im Jahre 2001 vor dem Hintergrund von 9/11 mit dem Versprechen einer »Entwicklungsrunde« geködert wurde. Das zog den Süden nach dem Scheitern der so genannten Millenniumsrunde in Seattle nicht nur in neue Liberalisierungsverhandlungen, sondern gab ihm auch ein stichhaltiges Argument an die Hand, um Liberalisierungsfortschritte von entwicklungspolitischen Zugeständnissen abhängig zu machen. Die WTO wurde so nicht zu der von vielen so gescholtenen »Liberalisierungsdampfwalze«, sondern zu einem Terrain der Formierung neuer, sachbezogener Allianzen des Südens, sei es zu Fragen des künftigen Agrarhandels (G20), sei es zur Regulierung des Handels mit Industriegütern (NAMA-11) oder auch zur Wahrung der Interessen der ärmsten Entwicklungsländer (LDCs). Im klugen Zusammenspiel mit einer gut organisierten und kompetenten Lobbyfront von Nichtregierungsorganisationen aus Nord und Süd entstand in dieser Konstellation eine beträchtliche Vetomacht, die der Verhandlungsstrategie der nördlichen Regierungen an zentralen Punkten einen Strich durch die Rechnung machte.

Vor allem fiel dieser Vetomacht in der WTO das zentrale Element der »neuen handelspolitischen Agenda« zum Opfer, die so genannten Singapur-Themen, vor allem Investitionen und internationale Wettbewerbspolitik. Von besonderer Bedeutung ist dabei, dass es gelungen ist, die Verhandlungen über die Liberalisierung grenzüberschreitender Investitionsströme auch in der WTO zu stoppen, nachdem 1999 bereits die Verhandlungen in der OECD über ein Multilaterales Investitionsabkommen (MAI) gescheitert waren. In seiner Bedeutung war dieses Scheitern vergleichbar mit dem Abrücken des IWF vom Gebot der Kapitalverkehrsliberalisierung – »capital account liberalisation« – nach der Asienkrise. Immer mehr Entwicklungsländer sahen durch derartige neue Investitions- und Handelsregeln ihre wirtschafts- und industriepolitischen Spielräume zusehends eingeschränkt, was schließlich in einem neuen Schlachtruf des Südens gipfelte, den noch verbliebenen »Policy Space« um jeden Preis zu bewahren.

Unterdessen schrumpfte zwischen dem Scheitern der WTO-Ministerkonferenz in Cancún (2003) und der »Battle of Hongkong« (2005) die Verhandlungsagenda der WTO-Runde auf die Frage der Liberalisierung des Agrarhandels zusammen, für die die Entwicklungsländer Zugeständnisse bei der Liberalisierung des Handels mit nichtagrarischen Gütern (NAMA) machen sollen, während die Verhandlungen über die Liberalisierung des Dienstleistungshandels mehr oder weniger auf der Stelle treten. Auch diese Konstellation birgt noch viele Fallstricke für die Interessen der Entwicklungsländer. So verlegen sich die Industrieländer immer stärker auf die Durchsetzung von WTO-Plus-Bestimmungen in bilateralen Handelsabkommen (vgl. dazu den Beitrag von Ebenau/Schmalz).

Eigentlich sollte die Doha-Runde in drei Jahren abgeschlossen werden, sie dauert inzwischen aber schon länger als die meisten Verhandlungsrunden unter dem GATT, dem Vorläufer des WTO-Vertrags. So ist für die WTO-Ebene inzwischen ziemlich klar geworden, dass es nur noch die Alternative zwischen einem offenen Scheitern der Doha-Runde, der mühevollen Bewerkstelligung einer abgespeckten Runde mit Minimalergebnissen und einer weit über den ursprünglichen Zeitplan verlängerten Runde gibt. Nur letzteres Szenario birgt die Chance, aus der Doha-Runde wirklich noch eine Entwicklungsrunde werden zu lassen bzw. zu machen.

Literatur

Auf Belege für viele empirische Entwicklungen wird in diesem Beitrag verzichtet. Wir verweisen dafür auf die fortlaufende Berichterstattung im Informationsbrief Weltwirtschaft & Entwicklung (www.weltwirtschaft-und-entwicklung.org).

Falk, Rainer (1997): Handelspolitik an der UNO vorbei? Deutscher »Weltmarktfundamentalismus« und Vereinte Nationen, in: UN-williges Deutschland. Der WEED-Report zur deutschen UNO-Politik, Bonn.

Falk, Rainer (2005): Entwicklungspolitische Herbstberichte: Die Wiederentdeckung der Ungleichheit, in: Informationsbrief Weltwirtschaft & Entwicklung (W&E) 17:9, S. 2.

IMF (2007): World Economic Outlook: Globalization and Inequality, Washington D.C.

Krugman, Paul (2007): Trouble With Trade. New York Times, 28.12.2007.

Kuczynski, Pedro-Pablo/Williamson, John (Hrsg.) (2003): After the Washington Consensus: Restarting Growth and Reform in Latin America, Washington D.C.

Lawrence, Robert Z. (2008): Blue Collar Blues: Is Trade to Blame for US Income Inequality?, Peterson Institute, Washington D.C.

O'Brien, Robert/Goetz, Anne Marie/Scholte, Jan Aart/Williams, Marc (2000): Contesting Global Governance. Multilateral Economic Institutions and Social Movements, Cambridge.

OECD (2007): Employment Outlook 2007, Paris.

Schalatek, Liane (2008): Bob Zoellick's Newest Blueprint for the World Bank, in: World Economy & Development in Brief 3:2, www.wdev.eu [14.5.2008].

Scheve, Kenneth F./Slaughter, Matthew J. (2007): A New Deal for Globalization, in: Foreign Affairs 86:4, www.foreignaffairs.org.

Stiglitz, Joseph E. (1998): More Instruments and Broader Goals: Moving Toward the Post-Washington Consensus. WIDER Annual Lectures 2, Helsinki.

Summers, Lawrence (2008): A strategy to promote healthy globalization, in: Financial Times, 5.5.2008.

Summers, Lawrence H./Lutzenberger, José A (1992): W&E-Washington-Report: Verrückte Logik, in: W&E, Bonn 4:2, 2.

Tan, Celin (2008): No Additionality, New Conditionality: A Critique of the World Bank's Proposed Climate Investment Funds, Third World Network Briefing Paper: Penang/Malaysia, 31.3.2008.

UN Department of Economic and Social Affairs (2005): Report on the World Social Situation 2005: The Inequality Predicament, New York.

UNDP (2005): Bericht über die menschliche Entwicklung 2005. Internationale Entwicklungszusammenarbeit am Scheidepunkt: Entwicklungshilfe, Handel und Sicherheit in einer ungleichen Welt, Bonn.

Wade, Robert (2007): Das Weltbank-Problem: Dramatischer Wandel des Marktes, in: W&E 19:10, S. 2.

Wallerstein, Immanuel (2008): The Demise of Neoliberal Globalization, in: Yale-Global Online 4:2, www.yaleglobal.yale.edu [14.5.2008].

Weisman, Robert (2008): IMF: The Times They Are A-Changing, www.huffting-tonpost.com [14.4.2008].

Weltbank (2006): Weltentwicklungsbericht 2006. Chancengerechtigkeit und Entwicklung, Düsseldorf.

Williamson, John (1990): What Washington Means By Policy Reform, in: Latin American Adjustment: How Much Has Happened?, Edited by John Williamson, Washington/DC.

Williamson, John (2002): Did the Washington Consensus Fail?, Washington D.C.

Therese Gerstenlauer/Alke Jenss/
Kristy Schank/Johannes Schulten

Neoliberalismus, Sozialstrukturveränderungen und politische Artikulation

Betrachtet man die aktuelle wissenschaftliche Literatur zu Lateinamerika, so fällt auf, dass die verschiedensten Dimensionen der lateinamerikanischen Realität abgedeckt werden, grundlegende Analysen von sozialstrukturellen Veränderungen jedoch die Ausnahme bilden. Dies ist umso mehr verwunderlich, da die Folgen von Schuldenkrisen, Strukturanpassung und neoliberaler Transformation nicht nur einzelne Teilbereiche der lateinamerikanischen Gesellschaften betrafen, sondern diese in ihren Zusammensetzungen tiefgreifend veränderten.

Ganz im Sinne der etablierten akademischen Arbeitsteilung konzentriert sich ein Großteil der Studien auf politikwissenschaftliche oder ökonomische Fragestellungen. Während erstere sich vornehmlich Parteiensysteme und Institutionen widmen (vgl. Mainwaring/Bejarano/Pizarro Leongómez 2006), in manchen Fällen gar die Bewertung einzelner Regierungen am Politikstil ihres/r Präsidenten/in festmachen (vgl. Maihold 2005; Paramio 2006), stehen bei letzteren hauptsächlich Wachstumsdeterminanten oder der Grad der Einbindung in die Weltwirtschaft im Vordergrund (vgl. Sangmeister 2008). Auch in der in den letzten Jahren blühenden Bewegungsforschung wird für die Erklärung von kollektiven Interaktions- und Organisationsprozessen tendenziell eher auf in den Lebenswelten fußende »post-materielle Werte« rekurriert (vgl. Touraine 1987; Garretón 2002). Objektiv erfassbare und den Handlungen vorgelagerte Strukturen sowie materielle Interessen der einzelnen Akteure werden ebenso häufig vernachlässigt, wie die Tatsache, dass beide während der letzten Jahre nachhaltigen Veränderungen ausgesetzt waren.

Zwar erscheint regelmäßig von der Comisión Económica para América Latina y el Caribe (CEPAL) empirisch reichhaltiges Material zur Entwicklung der Arbeitsmärkte und sozialer Ungleichheit.[1] Dabei handelt es sich jedoch eher um deskriptive Analysen, als dass damit Erklärungen für gesellschaftliche Bewegungstendenzen oder Aufschluss über asymmetrische Macht- und Herrschaftsverhältnisse gegeben werden. Das Anliegen des vorliegenden Artikels

[1] Sowohl das jährlich erscheinende »Anuario estadístico de América Latina y el Caribe« als auch das »Panorama social de América Latina« enthalten umfangreiches empirisches Material über soziale und wirtschaftliche Veränderungen.

besteht nunmehr darin, die sozialstrukturellen Veränderungen seit den 1980er Jahren in verschiedenen Dimensionen zu skizzieren, um sich möglichen Transformationen politischer Artikulationen und Organisationsprozessen anhand von zwei Fallbeispielen anzunähern.

Konzeptionelle Überlegungen: warum Sozialstrukturanalyse?

Da den oben angeführten Fragestellungen das Verständnis zugrunde liegt, dass staatliches Handeln nicht auf Entscheidungen einzelner Personen zurückzuführen ist, sondern mit Poulantzas (2002: 159) als Konsequenz der »materiellen Verdichtung eines Kräfteverhältnisses zwischen Klassen und Klassenfraktionen« verstanden werden soll, ist eine Berücksichtigung der langfristigen Verschiebungen innerhalb der wesentlichen gesellschaftlichen Gruppen und sozialen Milieus unumgänglich. Eine Analyse des Verhältnisses von sozialen Bewegungen, Gewerkschaften und Parteien im lateinamerikanischen Kontext kann demnach nur erklärend sein, wenn sie die »Zersplitterungs- und Pulverisierungstendenz der gegenwärtigen Sozialstrukturen Lateinamerikas« (Boris 1998: 23) einbezieht. Sie muss die Frage beantworten können, warum oder unter welchen Umständen »alte« Formen der politischen Vertretung an Relevanz verlieren und »neue« Formen der politischen Artikulation entstehen.

Dabei kann sich Sozialstrukturanalyse jedoch nicht in objektiven Gliederungskriterien wie Klassen oder Schichten erschöpfen. Kaltmeier/Kastner/Tuider verweisen in diesem Zusammenhang darauf, dass sich durch den Übergang vom (peripheren) Fordismus zur Exportorientierung auch das »politkulturelle Terrain, auf dem Soziale Bewegungen ihre Kämpfe führen« gewandelt hat und dadurch »Mobilisierungsmöglichkeiten« entstanden sind, die »jenseits von eindeutigen identitären oder Klassenkonstellationen [liegen und] in neue Formen der Bündnispolitiken« übergehen können (Kaltmeier/Kastner/Tuider 2004: 17). Beispielsweise zeigt das Erstarken indigener Proteste während der 1990er Jahre, dass Forderungen nach Anerkennung von gruppenspezifischen Interessen bisher marginalisierter Gesellschaftssegmente durchaus das Potenzial haben, sich in mobilisierungs- oder identitätsstiftende Faktoren für breitere Proteste zu transformieren. Folglich sollte es darum gehen, objektive Bedingungen und Tendenzen auf die subjektiven Handlungsperspektiven und -strategien der jeweiligen Akteure und Gruppen zu übertragen.

Spezifika der Analyse von Sozialstrukturen in Lateinamerika

Unabhängig von diesen konzeptionellen Problemen gilt es, bei der Anwendung sozialstruktureller Analysen auf Lateinamerika – oder (semi-)periphere Gesellschaften im Allgemeinen – deren besondere Stellung im kapitalistischen Weltsystem zu berücksichtigen (vgl. Boris 1998: 16ff.; Portes/Hoffman 2003: 16). Mindestens drei Spezifika sind hier zu beachten:

Erstens ergeben sich erhebliche Unterschiede bezüglich der jeweiligen gesellschaftlichen Trägerschichten, die den Umbruch zum neoliberalen Wirtschafts- und Gesellschaftsmodell in Nord und Süd herbeiführten. Während sich der »neoliberale Erdrutsch« (Hobsbawm) im Zentrum wesentlich auf einen Konsens der großen Kapitalfraktionen der jeweiligen Länder stützte, verhielten sich in Lateinamerika inländische Kapitale beim Übergang zur exportorientierten Entwicklung eher passiv. Auch dort waren internationale Kapitalfraktionen, vermittelt über transnationale Institutionen wie IWF und Weltbank, die treibenden Kräfte (vgl. Gwynne/Kay 2004: 17). Zweitens existieren Differenzen bezüglich der sozialen Auswirkungen des neuen Modells. Wenn auch in industrialisierten Gesellschaften der Grad derer, die in formellen Beschäftigungsverhältnissen arbeiten, stetig abnimmt (vgl. Brinkmann/Dörre/Röbenack 2006), impliziert der Neoliberalismus in seiner peripheren Spielart ein weitaus höheres Maß an sozialer Polarisierung. So umfasst der Anteil prekär oder in informellen Verhältnissen beschäftigter Menschen in den meisten Ländern Lateinamerikas mehr als die Hälfte der erwerbstätigen Bevölkerung (Portes/Hoffman 2003: 13ff.). Zudem ist die interne Differenzierung und Heterogenität des informellen Sektors stärker. Dies zeigt sich drittens in der relativ großen Gruppe der KleinunternehmerInnen, die sowohl im informellen wie im formellen Sektor vorzufinden sind (ebd.: 18). Durch größtenteils informelle Anstellung von Arbeitskräften dienen sie einerseits dem modernen Industrie- und Dienstleistungssektor als billige Zulieferbetriebe und bieten andererseits einen gewissen Schutz vor einer absoluten Verelendung (ebd.: 14). Als Schnittstelle zwischen formellen und informellen Wirtschaftsbeziehungen kommt ihnen somit eine tragende Funktion für den peripheren Akkumulationsprozess zu.

Sozialstrukturveränderungen in Lateinamerika seit den 1980er Jahren

Eine der umfassendsten Arbeiten der letzten Jahre mit dem Anspruch, eine systematische Übersicht über die sozialstrukturellen Veränderungen im Kontext von neoliberaler Wirtschaftspolitik zu geben, bildet die 2003 von Portes und Hoffman verfasste Studie »Klassenstrukturen in Lateinamerika: Zusammensetzung und Veränderungen während der neoliberalen Epoche«. Der Vorzug einer systematischen »Klassenanalyse« liegt für sie darin, dass sie »ihr Interesse auf die Gründe für vorhandene Ungleichheit und Armut zentrieren und nicht nur auf deren oberflächlichen Manifestationen«. Klassen sind somit »ein essentielles Konzept für das Verständnis langfristiger strategischer Machtbeziehungen und von Konflikten zwischen gesellschaftlichen Gruppen und die Art und Weise, wie diese Konflikte die Lebenschancen ihrer Mitglieder formen.« (Portes/Hoffman 2003: 9)

Aufgrund der in der Studie gelieferten Daten werden folgende Tendenzen sichtbar. Zunächst hat *erstens* zwar die absolute Armut seit den 1970er Jahren abgenommen, die Einkommensdisparitäten zwischen der herrschenden Klasse[2] und den subalternen Klassen[3] bleiben jedoch auf konstant hohem Niveau bzw. sind in einigen Ländern sogar gestiegen.[4] Die herrschenden Klassen verfügen heute somit über den gleichen oder einen höheren Anteil an materiellen Ressourcen als vor 20 Jahren und haben somit auch ihre Machtpositionen innerhalb der lateinamerikanischen Gesellschaften weiter gefestigt.

Innerhalb der subalternen Klassen lassen sich *zweitens* drei Tendenzen ausmachen: (a.) Die Periode der Importsubstituierenden Industrialisierung (ISI) zeichnete sich durch eine konstante Zunahme der formellen Beschäftigung aus. Zwischen 1950 und 1980 waren 60% aller neu entstandenen Arbeitsstellen im formellen Sektor angesiedelt (15% davon im öffentlichen Sektor und 45% in der Privatwirtschaft). Seit 1990 ist sein Anteil konstant rückläufig: Der Beitrag des privaten formellen Sektors an neu entstehenden Arbeitsplätzen reduzierte sich auf 20% und der des öffentlichen Sektors nahm ebenfalls in allen Ländern erheblich ab (Portes/Hoffman 2003: 15). Zusätzlich litten die formellen Arbeitsverhältnisse unter einer zunehmenden Prekarisierung. (b.) Die zweite Entwicklung betrifft einen starken Zuwachs des Kleinbürgertums. 1980 lag sein Anteil an der urbanen Erwerbsbevölkerung noch bei knapp 5%. Das

---

[2] Zur herrschenden Klasse werden neben Besitzern von Produktionsmitteln auch Menschen mit einer gewissen Kontrolle über Andere, wie leitende Angestellte im privaten oder staatlichen Dienst sowie Spezialisten und Technokraten, die aufgrund ihres knappen Wissens gefragter sind, gezählt (Portes/Hoffman 2003: 18).

[3] Die subalternen Klassen setzen sich aus dem formellen (tariflich und durch Sozialversicherung abgesichert) und dem informellen Proletariat (ohne Absicherung) zusammen (Portes/Hoffman 2003: 15).

[4] Mit Ausnahme von Chile stagnierte das durchschnittliche Einkommen der urbanen ArbeiterInnenklasse seit 1980 in allen Ländern Lateinamerikas oder ging zurück. In Mexiko und Brasilien fiel es leicht, in Uruguay und Venezuela relativ stark. Aber auch in Chile profitierte die herrschende Klasse in weitaus höherem Maße vom wirtschaftlichen Wachstum als der Rest der Gesellschaft (Portes/Hoffman 2003: 28).

Anwachsen (bis 1999) auf fast 10% resultiert vor allem aus der Zunahme an KleinunternehmerInnen. Privatisierungen staatlicher Unternehmen, Lockerungen des Kündigungsschutzes und dadurch provozierte Entlassungen zwangen viele der ehemals im formellen und öffentlichen Sektor Beschäftigten, sich als KleinunternehmerInnen selbstständig zu machen (ebd.: 22). (c.) Drittens stieg der Anteil informell Beschäftigter an der erwerbstätigen Bevölkerung im urbanen Bereich von 44% (1990) auf 47,9% (1998) leicht an (ebd.: 15). Diese Informalisierungsprozesse sind allerdings länderspezifisch zu betrachten.[5] Bayón zufolge sind zudem je nach Land unterschiedliche Arbeitstraditionen und -bedingungen zu berücksichtigen, welche die Bedeutung, Wahrnehmung und Größe des informellen Sektors beeinflussen können. Haben traditionell formelle und dadurch abgesicherte Arbeitsbedingungen überwogen, so werden durch Krisenprozesse entstehende prekäre Arbeitsverhältnisse subjektiv eher als ein Zustand von Arbeitslosigkeit wahrgenommen. Dieses spiegelt sich in einem deutlichen Anstieg der Arbeitslosenzahlen (wie in Argentinien während der 1990er Jahre) wider. In Ländern hingegen, in denen der informelle Sektor traditionell stärker ausgeprägt ist (wie beispielsweise in Mexiko), blieb die Arbeitslosigkeit während der 1990er Jahre relativ konstant auf niedrigem Niveau, jedoch bei steigender Informalität (Bayón 2006: 139).

Drittens schließlich hatte die neoliberale Politik auch Auswirkungen auf die verschiedenen Fraktionen der herrschenden Klasse. Boris stellt fest, dass »vor allem die exportorientierten, häufig grundbesitzenden und finanziellen Interessen« (Boris 2001: 77) gegenüber den binnenmarktorientierten Kreisen begünstigt wurden. Geschwächt wurden besonders kleine und mittelständische Unternehmen im Produktions- und Handelssektor. Große, vielfach internationale oder mit ausländischem Kapital verbundene Unternehmen, gewannen dagegen an Einfluss.

Zusammenfassend lässt sich feststellen, dass die subalternen Klassen im Zuge der Informalisierungs- und Prekarisierungsprozesse zunehmend heterogener geworden sind und sich die Kluft zur herrschenden Klasse weiter vergrößert hat.

---

[5] Während in Chile der informelle Sektor innerhalb dieser acht Jahre von ca. 37 auf knapp 31% zurückging – die Arbeitslosigkeit aber konstant blieb – nahm er bspw. in Uruguay leicht und in Brasilien stark zu (ebd.: 21).

Weitere Aspekte der Sozialstrukturanalyse

Mit diesem Klassenschema lassen sich jedoch nicht alle der eingangs gestellten Fragen beantworten. Es gilt somit, weitere gesellschaftliche Gruppen und Prozesse zu berücksichtigen, die nicht eindeutig anhand ihrer ökonomischen Positionen zu unterteilen sind, sehr wohl aber auf gesellschaftliche Strukturen und Relationen einwirken und Anstöße zu politischer Artikulation geben können.[6]

(1) Bellone Hite und Viterna (2005) kritisieren bei Portes und Hoffman vor allem die fehlende Berücksichtigung der Geschlechterverhältnisse. In ihrer Studie wird gezeigt, dass die geschlechtsspezifischen Veränderungen im formellen und informellen Sektor die strukturellen Beziehungen bedeutend beeinflussen. Von 1980 bis 2000 wuchs die weibliche erwerbstätige Bevölkerung von 32,5 auf 37,2%. Dagegen stagnierte der Prozentsatz der männlichen erwerbstätigen Bevölkerung mit einem Zuwachs von 0,84 auf 72% nahezu (Bellone Hite/Viterna 2005: 50ff.). Betrachtet man den Anstieg der weiblichen Erwerbsarbeit, getrennt nach der Beschäftigung im formellen und informellen Sektor, so zeigt sich ein Anwachsen des »weiblichen Anteils im historisch männlich dominierten formellen Proletariat [...] während der männliche Anteil im historisch weiblich dominierten informellen Proletariat anstieg« (ebd.: 77). Diese Entwicklung eines scheinbaren beruflichen Aufstiegs von Frauen in den abgesicherten Arbeitssektor ist jedoch im Zusammenhang der parallelen Informalisierung des formellen Sektors zu sehen. Eine Angleichung der Arbeitsverhältnisse zwischen den Geschlechtern entspringt vielmehr einer Prekarisierung der männlichen Erwerbstätigkeit (ebd.: 77f.). Für eine Organisierung der ArbeiterInnen spielen vor allem folgende Aspekte eine Rolle: Zum einen stützen sich Gewerkschaften noch immer vornehmlich auf formell beschäftigte, männliche Arbeiter. Diese machen aber einen stetig geringeren Teil innerhalb der gesamten ArbeiterInnenschaft aus. Gleichzeitig sind formell beschäftigte Frauen häufig mit Hausarbeit, Kindererziehung und Lohnarbeit mehrfach belastet und somit weniger gut in gewerkschaftliche Organisierung einzubinden. Es kann somit von einer generellen Schwächung der formell Beschäftigten ausgegangen werden.

(2) Des Weiteren müssen bei einer Sozialstrukturanalyse Lateinamerikas indigene Bevölkerungsgruppen, die 8-10% der LateinamerikanerInnen ausma-

[6] Es werden im Folgenden drei zusätzliche Aspekte angeführt, die unserer Einschätzung nach für die Sozialstrukturveränderungen in Lateinamerika von Bedeutung sind. Weitere Kategorien, wie Altersstrukturen, räumliche Dimensionen oder Veränderungen der Mittelschichten, die nur in einigen Ländern in bedeutendem Umfang existieren, werden ebenso als relevant wahrgenommen, können in diesem Artikel aber nicht speziell behandelt werden.

chen, gesondert berücksichtigt werden. In einzelnen Ländern wie Bolivien oder Guatemala stellen sie gar die Bevölkerungsmehrheit. Die Sozialstrukturveränderungen im untersuchten Zeitraum betrafen diese in zweierlei Hinsicht. Zum einen verbesserten sich in den 1990er Jahren die internationalen rechtlichen Rahmenbedingungen zugunsten der indigenen Völker (beispielhaft ist die Konvention 169 der ILO von 1989) und wirkten auf die nationalen Rechtsgrundlagen ein. Eine derartige Anerkennung indigener Rechte stellte einen Bezugspunkt für neu entstehende indigene Organisationen dar und vergrößerte deren Mobilisierungsfähigkeit. Gleichzeitig aber verschärften die neoliberalen Reformen die überdurchschnittliche Betroffenheit der Indigenen von Armut. Das Bestreben, entlegene und ressourcenreiche Gebiete in Marktprozesse einzubinden, bei gleichzeitigem Rückzug des Staates aus vielen gesellschaftlichen Bereichen, führte zu verstärkten Widerständen seitens indigener Gruppen (Escárzaga 2008). Deren Interessen wurden vielfach von anderen sozialen Bewegungen aufgegriffen, sodass indigene Gruppierungen in manchen Ländern zu Schnittstellen sozialer Proteste werden konnten (Seoane/Taddei/Algranati 2006).

(3) Schließlich hat auch die seit den 1980er Jahren massiv angestiegene internationale Migration[7] ökonomische, politische und soziokulturelle Auswirkungen auf die lateinamerikanischen Gesellschaften. Vor allem aus den Ländern des Cono Sur wanderten vermehrt höher Qualifizierte aus Städten in die USA aus (Portes/Hoffman 2003: 32). Eindrückliche Beispiele für die Effekte von Migration finden sich auch in den zentralamerikanischen Ländern: Besonders gewannen hier familiäre und kollektive remesas (Rücküberweisungen) an Bedeutung (Andrade-Eekhoff 2008). Ihre Auswirkungen reichen von Investitionshilfen für lokale Betriebe oder informeller Rentenabsicherung bis hin zur Ausbildung neuer Wirtschaftszweige mit neuen Berufen wie z.B. kleinen transnationalen DienstleistungsunternehmerInnen[8]. Es entstanden transnationale soziale Praktiken und Netzwerke mittels derer MigrantInnen die Verbindungen zu ihren Herkunftsorten beibehalten. In den Herkunftsregionen treten sie häufig als politische Akteure[9]

[7] 1997 lebten etwa 13,1 Millionen EinwanderInnen aus lateinamerikanischen Ländern in den USA (Portes/Hoffman 2003: 32). Vor allem die argentinischen und brasilianischen MigrantInnen vergrößerten ihren Anteil an den als legal angesehenen EinwanderInnen (ebd.: 34).

[8] Diese DienstleisterInnen besitzen gültige Visa für die USA und transportieren verschiedenste Waren zwischen den MigrantInnen und deren Familien in den Herkunftsländern hin und her.

[9] Beispielweise werden Kampagnen zur Präsidentschaftswahl in El Salvador längst auch in den USA geführt. Auch engagieren sich Organisationen von EmigrantInnen konkret für soziale Projekte in ihren Herkunftsregionen und üben direkten Einfluss auf lokale Politik aus (Andrade-Eekhoff 2008).

auf und können (auch bedingt durch die Dezentralisierung von Verwaltung) Einfluss auf lokale Autoritäten ausüben (ebd.). Andere, negativere Effekte, die der Migration zugerechnet werden, umfassen beispielsweise das Auftreten von teilweise gewalttätigen Jugendbanden (maras) in zentralamerikanischen Städten, welche zuvor nur in großen Städten der USA vorzufinden waren.

Politische Folgen der Sozialstrukturveränderungen

»Entgegen vielen Erwartungen«, konstatieren Portes und Hoffman, »hat die steigende Polarisierung der sozialen Klassen nicht zu einem Erstarken der traditionellen klassistischen Parteien geführt« (Portes/Hoffman 2003: 40). Vielmehr waren sowohl die traditionellen Parteien als auch Gewerkschaften vielfach unfähig, sich Veränderungen wie der Informalisierung und Feminisierung der Arbeit anzupassen und neue, sich außerhalb des klassischen Widerspruchs von Kapital und Arbeit artikulierende Widersprüche aufzunehmen. Ihr zunehmender Legitimationsverlust trug, so die Vermutung, in nicht zu unterschätzender Weise zur Konstitution neuer sozialer Bewegungen bei. Da es äußerst schwierig ist, die Auswirkungen der vielschichtigen Sozialstrukturveränderungen auf die politische Artikulation verschiedener Gruppen, ihre Protest- und Oppositionsformen allgemein zu formulieren, wollen wir diesem Zusammenhang nun am Beispiel der Länder Argentinien und Ecuador nachgehen. Haben tatsächlich Verschiebungen in den TrägerInnenschaften stattgefunden? Haben sich die Inhalte und Protestformen verändert?

Argentinien

Der zwar schon während der Militärdiktatur (1976-1983) begonnene, aber erst von der Regierung Menem (1989-1999) vollends vollzogene Bruch mit dem Modell der Importsubstituierenden Entwicklung ging mit einem tiefgreifenden Wandel sowohl der argentinischen Sozialstruktur als auch des politischen Protests einher. Diese Veränderungen können in drei Dimensionen dargestellt werden.

Das traditionelle Gewerkschaftswesen, verkörpert durch die peronistische Gewerkschaftszentrale CGT (Confederación General del Trabajo), war seit seiner Konsolidierung durch den damaligen Arbeitsminister Perón im Jahr 1943 nicht nur einer der am besten organisierten Gewerkschaftsdachverbände Lateinamerikas, sondern auch die zentrale und identitätsstiftende Vertretung der Werktätigen Argentiniens. Relativ hierarchisch aufgebaut und eng an die

Peronistische Partei (PJ) gebunden, wurden jedoch spätestens mit dem Beginn der Arbeitsmarktreformen und Privatisierungen Anfang der 1990er Jahre die Grenzen seines korporatistischen Organisationsverständnisses sichtbar. War die CGT während der 1980er Jahre noch mit 13 erklärten Generalstreiks die zentrale Opposition gegen die heterodoxe Wirtschaftspolitik des UCR-Präsidenten Alfonsín (1984-1989), wurde den weitaus radikaleren Reformen der ersten Legislaturperiode der Regierung Menem (1998-1994) dagegen nur mit einem Generalstreik begegnet. Besonders augenscheinlich wird die Entfernung von den neuen gesellschaftlichen Problemen, wenn man bedenkt, dass während der 1990er Jahre sowohl die Arbeitslosigkeit (zeitweise auf 20%), der informelle Sektor (zeitweise auf über 50%) als auch der Anteil der erwerbswilligen Frauen (auf 33,4%) erheblich anstiegen (Boris/Tittor 2006: 32). Informalisierte, Arbeitslose und Geschlechterfragen spielten in der CGT aber keine Rolle.

Parallel dazu entwickelten sich jedoch neue Proteste, die sich bezüglich der TrägerInnen und Inhalte erheblich von den bisherigen unterschieden. Gerade die Teile der Gesellschaft, die am stärksten unter den neoliberalen Reformen litten, bildeten die soziale Basis der Auseinandersetzungen. Auch klassische gewerkschaftliche Forderungen nach Lohnerhöhung oder Verbesserung der Arbeitsbedingungen spielten angesichts der sozialen Herkunft der Beteiligten verständlicherweise immer weniger eine Rolle. Diese Veränderungen spiegelten sich auch in einem Wandel der Protestformen wider: Gab es 1992 noch siebenmal so viele Streiks wie Straßensperren, überstieg die Zahl der Straßensperren im Jahr der Finanzkrise (2001) die Anzahl der Streiks um das Doppelte (GEBSAC: 2006). Die in Argentinien vergleichsweise großen Mittelschichten reagierten auf sozialen Absturz eher mit individuellen Verarbeitungsformen der neuen Situation (Kessler 2008).

Teilen der Gewerkschaften gelang es jedoch, die neuen Herausforderungen zu reflektieren. Aus Kritik über den passiven Kurs der CGT-Führung gründeten Anfang der 1990er Jahre progressive Teile der Zentrale den alternativen Dachverband CTA (Central de los Trabajadores de Argentina) und brachen damit erstmals seit den 1940er Jahren tatsächlich den Alleinvertretungsanspruch der CGT. Mit der Demokratisierung der internen Strukturen und der Öffnung zu bisher vernachlässigten Bereichen wie Arbeitslosigkeit, prekär Beschäftigten und sozialen Bewegungen konnte sich die CTA als »Hybridform zwischen Gewerkschaft und sozialer Bewegung« (Armelino 2003: 20) während der 1990er Jahre als wichtiger Bestandteil des Widerstandes etablieren.[10] Dabei war sie

[10] Beispielhaft für diesen Paradigmenwechsel ist das Verständnis der Kategorie »ArbeiterIn«, die über die gängige Definition hinausgeht und »alle Individuen, die mit ihrer persönlichen Arbeit eine produktive und kreative Aktivität entwickeln, welche auf

sowohl in klassischen Auseinandersetzungen wie den großen Streiks gegen die Privatisierung der öffentlichen Unternehmen präsent, als auch an neuen Protestformen beteiligt, wie den bundesweiten großen Märschen, die von ihr organisiert wurden.

GEBSAC (2006) sehen im hohen Grad der Fragmentierung der Proteste der 1990er Jahre das wichtigste Unterscheidungsmerkmal zu vorhergehenden Dekaden. Hierunter fassen sie neben einer zunehmenden Heterogenisierung der Forderungen eine Lokalisierung der Proteste sowie die Multiplikation der beteiligten Akteure. Zwar bildeten über die betrachtete Periode hinweg gewerkschaftliche Proteste immer noch die Mehrzahl, seit 1998 sind sie aber zunehmend zugunsten der anderer Akteure gesunken. Interessant ist jedoch, dass es mit einer gewissen ökonomischen Revitalisierung, ca. seit 2003, auch zu einem Wiederanstieg der klassischen Arbeitskämpfe kommt, die jedoch häufig unabhängig von den großen Gewerkschaften geführt werden (Schmitt/Schulten 2007: 51).

Ecuador

Ecuador ist im Gegensatz dazu ein Beispiel für Länder, in denen die Rolle traditioneller Repräsentanten sehr deutlich von neuen sozialen Bewegungen übernommen wurde. Vor allem in den 1990er Jahren war die Indigenenbewegung (und als koordinierende Instanz die Confederación de Nacionalidades Indígenas del Ecuador, CONAIE) zentraler Motor der massiven Proteste gegen neoliberale Reformen. Die Wirtschaft war auf den Export von Agrargütern, Kohle und Erdöl ausgerichtet worden; nach der Insolvenz großer Privatbanken 1999 beschloss man zur Inflationsbekämpfung die Dollarisierung. In der Folge war besonders die ländliche und indigene Bevölkerung den Konsequenzen der steigenden Nahrungsmittelimporte ausgesetzt. Hohe Arbeitslosigkeit (ca. 15% Ende der 1990er Jahre) und Unterbeschäftigung (ca. 50%) verstärkten bereits bestehende Einkommensungleichheiten (Hidalgo Flor 2000). Unter anderem reagierte die Bevölkerung mit massiver Migration in die USA und nach Spanien.

Weder Parteien noch Gewerkschaften waren fähig, auf die Veränderungen seit Anfang der 1990er Jahre zu antworten. Stattdessen zersplitterten gerade die Mitte-Links-Parteien völlig und sind heute offensichtlich nicht mehr dafür geeignet, die Anliegen ihrer früheren Wählerschaft zu artikulieren. Der dennoch vorhandene massive Protest gegen die neoliberalen Reformen drückte sich vor allem in nicht institutionalisierten Protestformen (Straßenblockaden,

---

die Befriedigung ihrer materiellen und geistigen Bedürfnisse gerichtet ist ...« umfasst (Artikel 2 des »Estatuto de la CTA«).

Demonstrationen) aus, bei denen die Indigenenbewegung auch andere Akteure (BäuerInnen, Studierende etc.) mit einbeziehen konnte und so zum Sprachrohr für breiten zivilgesellschaftlichen Protest wurde (Escárzaga 2008). Es lässt sich allerdings bereits vom Ende eines Zyklus »von politischem Protagonismus und intensiver Mobilisierung indigener Organisationen in Ecuador« (Ramírez 2003: 45) sprechen. Die als Partei der indigenen Bewegung gegründete Pachakutik (PK) war gescheitert.

Neben den enttäuschten Versprechen einer Beteiligung an der Regierung Gutiérrez (2002-2005) spielten innere Konflikte eine Rolle: Innerhalb der indigenen Bewegung waren zwei Strömungen aktiv, von denen sich eine nur auf indigene Gruppen bezog und die andere eine eher pragmatische Zusammenarbeit mit anderen progressiven Gruppen befürwortete. Nach der Regierungsbeteiligung tauschte die CONAIE Teile des Führungsgremiums der PK aus. Dies hatte einen »Cierre étnico« zur Folge: Die auf eine indigene Anhängerschaft konzentrierte Strömung gewann an Bedeutung.

Gerade die Indigenenbewegung schuf in den 1990er Jahren mit ihren Aktionen aber neue, zum etablierten System alternative Räume für soziale Bewegungen und förderte deren Sichtbarkeit. Besonders die Bauernbewegung und städtische bürgerschaftliche Gruppen traten als neue Akteure hervor. Diese »Neuen Linken« konnten im Gegensatz zur PK maßgeblich zum Sturz Gutiérrez' beitragen und sind heute an der Regierung Correa beteiligt, die sich gegen den Kongress und das traditionelle Parteiensystem stellt. Das Bündnis Alianza País ist deshalb auch keine Partei, sondern ein breites Bündnis vieler verschiedener politischer Richtungen und sozialer Bewegungen. Angesichts des Protestes gegen das Parteiensystem wird nicht nur der Wunsch nach Partizipation verdeutlicht. Es geht »auch um das Recht, an der Definition des politischen Systems selbst beteiligt zu sein« (Alvarez/Dagnino/Escobar 2004: 49).

Fazit: Heterogene Bewegungen der Marginalisierten

Wir kommen zur eingangs aufgeworfenen These einer Beziehung zwischen Sozialstruktur und politischer Artikulation zurück. Die Darstellung sozialstruktureller Veränderungen in Lateinamerika ging der Frage nach den Entwicklungen gesellschaftlicher Kräfteverhältnisse voraus. Es wurde deutlich, dass die Schere zwischen subalternen Klassen und herrschender Klasse nach 20 Jahren neoliberaler Reformen in vielen Ländern sich weiter geöffnet hat. Die subalternen Klassen sind aufgrund von Informalisierung und Wandlung der Produktionsstruktur noch stärker von Heterogenität geprägt als zu Beginn der 1980er Jahre.

Die zuerst nur angedeuteten politischen Auswirkungen von sozialstrukturellen Veränderungen wurden in den beiden Fallbeispielen spezifiziert. Es wurde gezeigt, dass neue soziale Bewegungen oftmals genau die gesellschaftlichen Segmente zur Basis haben, die besonders stark von den neoliberalen Reformen betroffen waren oder noch immer davon betroffen sind. Alte Formen der Repräsentation wie politische Parteien oder Gewerkschaften waren häufig ungewillt oder nicht in der Lage, die Forderungen dieser sich neu herausbildenden Gruppen aufzunehmen.

In Argentinien wurde dies an den RentnerInnen und den Piqueteros offensichtlich, die wenn auch nicht völlig autonom, so doch zumindest teilweise unabhängig von den großen Gewerkschaften aktiv wurden. Weite Teile der argentinischen Mittelschichten verarbeiteten die »neue Armut« eher subjektiv. Diese unterschiedlichen Reaktionsweisen innerhalb und zwischen Gesellschaftssegmenten unterstreichen noch einmal die Berücksichtigung objektiver sowie subjektiver Faktoren und ihre Auswirkungen auf politische Handlungsstrategien.

In Ecuador konnte das bestehende Parteiensystem nicht mehr den gemeinsamen politischen Forderungen einer breit gefächerten Bevölkerung entsprechen. Während der 1990er Jahre nutzte eine Vielzahl von neuen sozialen Akteuren, vor allem die Indigenenbewegung, die ihnen offenstehenden Partizipationsräume und wurden zu Protagonisten des Widerstands.

Die Entschlüsselung komplexer gesellschaftlicher Zusammenhänge durch Sozialstrukturanalyse kann schließlich auf die aktuelle politische Situation in Lateinamerika, die neu konstituierten oder sich zukünftig bildenden Kräfteverhältnisse ausgerichtet werden. Für die möglichen Handlungsoptionen progressiver linker Politik ergibt sich eine gewisse Paradoxie: Auf der einen Seite ist die herrschende Klasse, trotz einer Delegitimierung des neoliberalen Projekts auf diskursiver Ebene, heute materiell ähnlich gefestigt wie noch Anfang der 1980er Jahre. Möglichkeiten der Durchsetzung tiefgreifender Reformen, wie beispielsweise einer umfassenden Steuergesetzgebung, haben sich somit keineswegs verbessert. Auf der anderen Seite sind infolge von Flexibilisierung, Deregulierung und Privatisierung viele neue soziale Bewegungen entstanden, die als Voraussetzung und Legitimation eines Großteils der aktuellen Mitte-Links-Regierungen wirkten. Die entscheidende Bedingung für ein (weiterhin) erfolgreiches linkes Projekt dürfte wohl darin liegen, inwieweit es gelingen kann, die Heterogenität innerhalb und zwischen den neuen sozialen Bewegungen und den etablierten alten Repräsentationsorganisationen zu überwinden und neue Bündnisse herauszubilden.

Literatur

Alvarez, Sonia E./Dagnino, Evelina/Escobar, Arturo (2004): Kultur und Politik in Sozialen Bewegungen Lateinamerikas, in: Kaltmeier, Olaf/Kastner, Jens/Tuider, Elisabeth (Hrsg.): Neoliberalismus – Autonomie – Widerstand. Soziale Bewegungen in Lateinamerika, Münster, S. 31-58.

Andrade-Eekhoff, Katherine (2008): Die Globalisierung der Peripherie, in: Boris, Dieter et al. (Hrsg.): Sozialstrukturen in Lateinamerika. Ein Überblick, Wiesbaden (im Erscheinen).

Armelino, Martín (2003): La protesta laboral en los '90. El caso de la CTA, 6° Congreso Nacional de Estudios del Trabajo, Buenos Aires.

Bayón, María Cristina (2006): Precariedad social en México y Argentina: tendencias, expresiones y trayectorias nacionales, in: Revista de la CEPAL 31:1, S. 133-152.

Bellone Hite, Amy/Viterna, Jocelyn (2005): Gendering Class in Latin America: How Women Effect and Experience Change in the Class Structure, in: Latin American Research Review 40:2, S. 50-82.

Boris, Dieter (1998): Soziale Bewegungen in Lateinamerika, Hamburg.

Boris, Dieter (2001): Zur politischen Ökonomie Lateinamerikas. Der Kontinent in der Weltwirtschaft des 20. Jahrhunderts, Hamburg.

Boris, Dieter/Tittor, Anne (2006): Der Fall Argentinien: Krise, soziale Bewegungen und Alternativen, Hamburg.

Boris, Dieter/Gerstenlauer, Therese/Jenss, Alke/Schank, Kristy/Schulten, Johannes (2008) (Hrsg.): Sozialstrukturen in Lateinamerika. Ein Überblick, Wiesbaden (im Erscheinen).

Brinkmann, Klaus/Dörre, Klaus/Röbenack, Silke (2006): Prekäre Arbeit. Ursachen, Ausmaß, soziale Folgen und subjektive Verarbeitungsformen unsicherer Beschäftigungsverhältnisse, FES, Bonn.

CEPAL (2004): Panorama Social de América Latina, Capitulo 4, Santiago de Chile.

CEPAL (2007): Balance preliminar de las economías de América Latina y el Caribe, Santiago de Chile.

Escárzaga, Fabiola (2008): Der indigene Aufstand gegen den Neoliberalismus, in: Boris, Dieter et al., Sozialstrukturen in Lateinamerika. Ein Überblick, Wiesbaden (im Erscheinen).

Garretón, Manuel Antonio (2002): La transformación de la acción colectiva en América Latina, in: Revista de la CEPAL 28:1, S. 7-24.

GEBSAC – Grupo de Estudios Sobre Protesta Social y Acción Colectiva (2006): Transformaciones de la protesta social en Argentina 1989-2003, Documento de Trabajo N. 48, Instituto de Investigaciones Gino Germani, Buenos Aires.

Gwynne, Robert N./Kay, Cristóbal (2004): Latin America Transformed: Globalization and Neoliberalism, in: dies. (Hrsg.): Latin America Transformed: Globalization and Modernization, London, 3-22.

Hidalgo Flor, Francisco (2000): Contrahegemonía y Bloque Popular en el Levan-

tamiento Indígena-Militar de Enero del 2000, in: Revista de Sciencias Sociales de la Universidad de Costa Rica, 34:1, S. 7-18.
Kaltmeier, Olaf/Kastner, Jens/Tuider, Elisabeth (2004): Cultural Politics im Neoliberalismus. Widerstand und Autonomie Sozialer Bewegungen in Lateinamerika, in: dies. (Hrsg.): Neoliberalismus – Autonomie – Widerstand. Soziale Bewegungen in Lateinamerika, Münster, S. 7-30.
Kessler, Gabriel (2008): Die neue Armut in Argentinien und Lateinamerika, in: Boris, Dieter et al. (Hrsg.): Sozialstrukturen in Lateinamerika. Ein Überblick, Wiesbaden (im Erscheinen).
Maihold, Günther/Husar, Jörg (2005): Demokratiekrisen in Lateinamerika. Bolivien und Venezuela als Testfälle für das demokratische Engagement der internationalen Gemeinschaft, SPW-Aktuell, Nr. 25, S. 1-8.
Mainwaring, Scott/Bejarano, Ana Maria/Pizarro Leongómez, Eduardo (2006) (Hrsg.): The crisis of democratic representation in the Andes, California.
Paramio, Ludolfo (2006): Giro a la izquierda y regreso del populismo, in: Nueva Sociedad 35:5, S. 62-74.
Poulantzas, Nicos (2002): Staatstheorie. Politischer Überbau, Ideologie, Autoritärer Etatismus, Hamburg.
Portes, Alejandro/Hoffman, Kelly (2003): Las estructuras de clase en América Latina: composición y cambios durante la época neoliberal, Serie Políticas Sociales, Nr. 68, www.economiasur.com/analisis/ViscaBrasilCancelaDeudaFMI.html [9.3.2008].
Ramírez Gallegos, Franklin (2003): El paso del movimiento indio y Pachakutik por el poder, in: Observatorio Social de América Latina 11:2, S. 41-53.
Sangmeister, Hartmut (2008): Lateinamerikas Wirtschaftswachstum verliert 2008 an Dynamik, GIGA-Focus Lateinamerika 1/2008.
Seoane, José/Taddei, Emilio/Algranati, Clara (2006): Las nuevas configuraciones de los movimientos populares en America Latina, in: Borón, Atilio A./Gladys, Lechini (Hrsg.): Política y movimientos sociales en un mundo hegemónico, Buenos Aires, S. 227-250.
Schmitt, Manuel/Schulten, Johannes (2007): Politische Autonomie in Zeiten des Kirchnerismus, in: Lateinamerika Nachrichten 36:9, S. 49-51.
Touraine, Alain (1987): El regreso del actor, Buenos Aires.
World Bank (2003): Inequality in Latin America and the Caribbean – Breaking with History? Washington D.C.

Clarita Müller-Plantenberg

Solidarische Ökonomie

Männer und Frauen in Gemeinschaftsunternehmen vernetzen sich. Durch den Aufbau von lokalen Ökonomien, von Erzeugergemeinschaften, Produktionsketten und Kooperationen nehmen die Menschen Beziehung zueinander auf, um selbstbestimmt zu leben und gehen gegen Risiken und Abhängigkeiten vor, welche von multinationalen Konzernen im Energie- und Ernährungsbereich erzeugt werden. Sie schließen sich in Foren, Räten oder Netzwerken zusammen und setzen sich dafür ein, zu Ko-Planern der lokalen, regionalen und nationalen Prozesse zu werden. Sie schaffen überall auf der Welt Strukturen, um ihre Gesellschaften und Wirtschaften zu demokratisieren.

Nach drei Dekaden neoliberaler Globalisierung, Exklusion, Verarmung, Kriegen und damit einhergehenden Alarmsignalen der Biosphäre, fallenden Wasserspiegeln, schrumpfender Waldflächen, sich ausbreitenden Wüsten, steigender Kohlendioxidkonzentration in der Atmosphäre, ansteigenden Temperaturen und einer wachsenden Anzahl von Sturmfluten, Wirbelstürmen, Klimaeinbrüchen mit allen ihren ökonomischen und sozialen Konsequenzen geht es nunmehr nicht mehr nur um Anklagen, sondern vielmehr um Vorschläge, wie diese Situation zu verändern ist. Konzentrationsprozesse und Abhängigkeiten produzieren Krisen. Immer mehr Menschen erkannten, dass die Zukunft Selbstverwaltung in einem Prozess der Anpassung an die natürlichen Lebensgrundlagen erfordert. Wir können daher gesellschaftliche Organisierung beobachten, die sich von unten nach oben entwickelt. Im Rückbezug auf die eigenen Wurzeln wird Wissen geteilt und Eigentum erneut gemeinschaftlich selbst verwaltet. Die Gründung und Vernetzung von Gemeinschaftsunternehmen hat Konjunktur. Eine Solidarische Ökonomie (SÖ) entsteht. Eingebettet in die Natur wird der Bezug zum Territorium verteidigt: nicht nur von so genannten Naturvölkern, die das Recht auf Anerkennung ihrer Territorien fordern, sondern auch von denen, die durch die neoliberale Globalisierung an den Rand gedrängt wurden, von Bewohnern »abgehängter Regionen«, die die endogenen Potenziale vor Ort neu entdecken und entfalten, von Arbeitern insolventer Betriebe, die ihre Betriebe in Selbstverwaltung wieder in Gang setzen. Solidarische Ökonomie ist vielfältig aber an gemeinsamen Grundwerten ausgerichtet.

Impulse der Weltsozialforen für Solidarische Ökonomie in Brasilien

Die Sozialforen, in denen die verschiedenen sozialen Bewegungen und Gruppen zusammenkommen, die eine andere Welt für möglich halten, haben ein Bewusstsein dafür geschaffen, dass gemeinsame Strategien aufgebaut werden können.

2001 wurde erstmalig das Weltsozialforum im brasilianischen Porto Alegre einberufen, zu dem 16.000 Menschen aus 117 Ländern kamen. Dort bildete sich die erste internationale Arbeitsgruppe »Solidarische Volksökonomie und Selbstverwaltung«, in der mit 1.500 Personen die Selbstorganisation der Arbeiter, die staatliche Politik und die wirtschaftlichen und sozialen Perspektiven von Arbeit und Einkommen diskutiert wurden.[1] In dieser Arbeitsgruppe wurde die SÖ als Werkzeug des »Empowerment« und sozialen Wandels definiert, das aus den Initiativen verantwortlicher Bürger hervorgeht, die die Kontrolle darüber, wie sie produzieren, konsumieren, sparen, investieren und Güter tauschen, behalten wollen. Die Arbeitsgruppe sieht die SÖ als ein gemeinschaftliches Modell der lokalen Ökonomie und bezeichnet sie als die »Wirtschaft der Basis«. Aus ihrer Perspektive ist es die Zivilgesellschaft, die die Solidarische Ökonomie aufbaut, sodass staatliche Ressourcen lediglich eine Ergänzung ihrer eigenen Aktionen und Ressourcen sind. Sie sehen SÖ als Garant dafür, dass die Wirtschaft ethischen Werten entspricht.

Aus dem Austausch während des Forums ergeben sich politische Bündnisse und fruchtbare Anregungen für das Einfordern staatlicher Politiken zur Förderung der Solidarischen Ökonomie. Eine brasilianische Arbeitsgruppe »Solidarische Ökonomie«, erarbeitete Prinzipien der SÖ und stellte fest, dass bislang keine staatliche Politik hierzu existierte. Sie verfasste einen Brief an den 2002 gewählten Präsidenten Luiz Inácio »Lula« da Silva von der Arbeiterpartei und seine zukünftige Regierung unter der Überschrift »SÖ als politische Entwicklungsstrategie«, um die Einrichtung eines Nationalen Sekretariats für Solidarische Ökonomie einzufordern.

Im Jahr 2003 halfen 19 SÖ-Netzwerke, die »Solidarische Ökonomie«-Veranstaltung des Weltsozialforums in Porto Alegre vorzubereiten. Mit 800 Teilnehmern fand dort die zweite Vollversammlung der brasilianischen Arbeitsgruppe für SÖ statt. Dort wurde ein Plan für Debatten und Sensibilisierung in den verschiedenen Landesregionen definiert und die Arbeitsgruppe als Motor dieses Prozesses bestätigt. Im Laufe des Jahres wurde das Nationale Sekretariat für Solidarische Ökonomie im Arbeitsministerium konstituiert. Die Arbeitsgruppe

---

[1] Eje 1 – Desarrollo Democrático y Sostenible, Economia Solidaria, Síntesis de los Eventos, III. Foro Social Mundial 2003 (unveröffentlichtes Dokument des Weltsozialforums, AG Solidarische Ökonomie).

SÖ wurde zum Nationalen Forum für Solidarische Ökonomie Brasiliens. Dem folgte die Gründung von Bundesstaatlichen Foren für Solidarische Ökonomie. Darauf aufbauend fand 2004 ein Nationales Treffen Solidarischer Wirtschaftsbetriebe statt, zu dem 2.500 Personen vor allem aus solidarischen Wirtschaftsunternehmen aus allen Landesteilen kamen.

Im Jahr 2005 wurden erneut Vorschläge der Solidarischen Ökonomie für das Weltsozialforum zusammengetragen. Aus den Dokumenten der Arbeitsgruppe geht die Erarbeitung eines Konsenses hervor:[2] Sie stellen fest, dass den Aktionen der Aufbau einer neuen sozialen Ordnung gemeinsam ist, in der die Personen im Zentrum der wirtschaftlichen Tätigkeiten stehen und nicht der Gewinn. Sie sehen es als ein soziales Transformationsprojekt, bei dem Solidarität viele Bereiche von Wirtschaft und Gesellschaft erfasst. Ziel ist der Aufbau einer Wirtschaft, die auf ethischen Werten gründet, um eine wirkliche Entwicklung für die menschliche Sicherheit zu gewährleisten. In ihrer Analyse der gegenwärtigen Situation sind Kooperation und Selbstverwaltung die dynamischsten Faktoren, nicht jedoch Wettbewerb oder Machtkonzentration. Man erkennt an, dass die Praxis der SÖ nicht nur wirtschaftliche Werte und eine dauerhafte Entwicklung schafft, sondern auch einen sozialen Wert besitzt, der sich in Form der sozialen Beziehungen, der Wirtschaftsdemokratie und im Kampf gegen Ungleichheit und Exklusion ausdrückt. Einige Aspekte werden hervorgehoben, denen vier Ebenen der Intervention zuzuordnen sind:

- Stärkung der Akteure der Solidarischen Ökonomie,
- Interaktion der Akteure der Solidarischen Ökonomie mit dem Markt,
- Beziehung der Akteure der Solidarischen Ökonomie mit dem Staat,
- Beziehung der Solidarischen Ökonomie zu anderen sozialen Bewegungen (u.a. die Kampagne der ökologischen Schulden, die Frauen- und Homosexuellenbewegungen oder die Bewegung der Freien Software).

Zur Vielfalt der Prozesse der Solidarischen Ökonomie in Lateinamerika

Bei den Weltsozialforen in Caracas 2006 und 2008 in Mexiko Stadt wurde die Zusammenarbeit der Menschen aus dem Sektor der SÖ vertieft. Es gibt enge Kooperationsbeziehungen zwischen der Solidarischen Ökonomie in Brasilien mit der Venezuelas und Argentiniens.[3] Die Entwicklungen in Ecuador, Venezue-

---

[2] Confluencia de propuestas de economia solidaria, V. Foro Social Mundial, 25.-31.1.2005, Porto Alegre (unveröffentlichtes Dokument).

[3] So wurde z.B. 2006 ein Vertrag zwischen dem venezolanischen »Ministerium der Volksmacht für Kommunale Wirtschaft« (MINEP) und dem Nationalen Sekretariat für

la, Bolivien und Brasilien werfen ein Licht auf unterschiedliche Etappen und Konstellationen. Trotz enger Kooperation und gegenseitigen Verweisen auf die Erfahrungen der Nachbarländer benutzt man zum Teil unterschiedliche Begriffe: So wird in Venezuela von dem »Ministerium der Volksmacht für Kommunale Wirtschaft« gesprochen, in Brasilien vom »Nationalen Sekretariat für Solidarische Ökonomie«. In Ecuador wird das Programm der Sozialen Solidarischen Ökonomie durchgeführt und ein Subsekretariat mit derselben Bezeichnung eingesetzt, während man in Bolivien die Solidarische Ökonomie stets im selben Atemzug wie den gerechten Handel nennt.

Ecuador: erste Schritte zur Konsolidierung der Solidarischen Ökonomie

In Ecuador beschloss die im Januar 2007 eingesetzte Regierung unter Rafael Correa, die SÖ zu einer Priorität in ihrer alternativen Wirtschaftspolitik zu machen. Der Präsident ordnete eine Volksbefragung über die Einsetzung einer Verfassungsgebenden Versammlung an. Im Zuge dieses Prozesses werden das kapitalistische System und der Neoliberalismus als die Verursacher der Krisen gesehen, die sich in der Konzentration der Macht und des Reichtums ausdrücken. Mit seiner Sammlungsbewegung Alianza País versprach Correa, für die Schwachen und Ausgeschlossenen einzustehen und erklärte bei seiner Amtseinführung das »dunkle Zeitalter des Neoliberalismus« für beendet. Die Wahlergebnisse im September zeigten, dass die vor der Wahl propagierte Strategie Correas durch die Mehrheit der Wahlberechtigten unterstützt wird (Henze 2008: 13). Ende November trat die Verfassungsgebende Versammlung Ecuadors zu ihrer konstituierenden Sitzung zusammen.

Im Februar 2007 wurde ein »Workshop SÖ« von der »Nationalen Konföderation der Organisationen von Kleinbauern, Indigenen und Schwarzen« (FENOCIN) organisiert, auf dem der Minister für Wirtschaft und Finanzen, Ricardo Patiño, die Schaffung eines Untersekretariats für Solidarische Ökonomie ankündigte, das dem Staatssekretariat unter seiner Leitung zugeordnet sei. Für diese Arbeit bat er die Kleinbauern um Unterstützung.[4]

Solidarische Ökonomie Brasiliens (SENAES) und der brasilianischen Gemeinschaftsbank Banco de Palmas geschlossen, nachdem zwei venezolanische Delegationen im Verlauf des Jahres die Gemeinschaftsbank besucht hatten. Im Gegenzug wurde Brasiliens SÖ durch die venezolanischen Nuklei der endogenen Entwicklung beeinflusst, bei der die lokalen Akteure staatliche Maßnahmen mit dem Ziel der endogenen Entwicklung durchführen.

[4] http://www.rel-uita.org/sociedad/economia_solidaria-ecuador.htm [17.2.08]

Auf der Webseite der Verfassungsgebenden Versammlung ist zum Thema SÖ zu lesen: »Der wirtschaftliche Wandel bedeutet (i) die Transformation der Eigentumsformen; (ii) die Umverteilung des Reichtums, der Möglichkeiten und Fähigkeiten; (iii) die Begründung einer demokratischen, partizipativen Planung; (iv) die Neudefinition der Beziehungen von Harmonie mit und Respekt gegenüber der Natur; und (v) die Umorientierung der Wirtschaft auf die Produktion hin.«[5] In dem kleinsten Amazonasanrainerland wird eine Veränderung der gesellschaftlichen Naturverhältnisse angestrebt: »Die ökologische Frage muss zu einer durchgängigen Achse werden. Das kapitalistische Modell gründet auf einer instrumentellen Vision von der Natur und der Maximierung der Ausbeutung natürlicher Ressourcen, die als unerschöpflich gesehen werden.« Weiter heißt es: »In der alten Verfassung gibt es den typisch ambivalenten Umgang mit dieser Frage. Prinzipien oder Rechte werden proklamiert aber Konkretionen vermieden. Der Artikel 3.3 sieht es als das erste Ziel des Staates an, ›Das Naturerbe und Kulturgut zu schützen und die Umwelt zu schonen.‹ Dann wird im Artikel 86 in Bezug auf die kollektiven Rechte darauf hingewiesen, dass ›der Staat das Recht der Bevölkerung, in einer gesunden und ökologisch ausgewogenen Umwelt zu leben, schützen wird und so eine nachhaltige Entwicklung garantiert.‹«[6]

Im Juni präsentierte der Präsident ein Programm der Sozialen und Solidarischen Ökonomie (SESS), das in dem Sekretariat für Soziale Solidarische Ökonomie ausgearbeitet wurde. Es soll ein Mikrokreditprogramm, ein Projekt zur Verbesserung der Ernährungssituation und ein Programm der öffentlichen Käufe (ohne die internationale Bürokratie und ohne Importe) auflegen. Der Präsident betonte außerdem, dass die Werte der sozialen Solidarischen Ökonomie zur ecuadorianischen Kultur gehören, in der die gemeinsame Arbeit (minga) seit jeher eine Tradition bei den indigenen Völkern ist. Ein Gesetzesprojekt zur Begrenzung der Zinshöhe bei den Banken wurde auf den Weg gebracht, um die »Übergriffe der Machtgruppen zu unterbinden.«[7] Der Präsident der Verfassungsgebenden Versammlung und vorheriger Energieminister, Alberto Acosta, garantierte, dass die neuen Regeln für private Investoren gleiche Bedingungen für alle festlegen. Ausländische Firmen würden nicht mehr privilegiert. Denn nur ein gerechter Markt ohne Privilegien werde den Aufbau einer solidarischen Ökonomie ermöglichen, um den »Markt zu zivilisieren«.

---

[5] http://www.asambleaconstituyente.ec/asamblea/index.php?option=com_content&task=blogsection&id=14&Itemid=73 [15.2.08]

[6] http://www.asambleaconstituyente.ec/asamblea/index.php?option=com_content&task=blogsection&id=9&Itemid=63 [15.2.08]

[7] http://www.congresobolivariano.org/modules.php?name=News&file=print&sid=3538 [17.2.2008]

Ein Netzwerk Solidarischer Ökonomie aus Kleinbauern, Handwerkern, Agrarindustrie, Handel, Dienstleistungen führte im April eine Serie von Workshops bei seinem ersten Nationalen Treffen durch, um einen Plan für den Aufbau der Solidarischen Ökonomie auszuarbeiten und der Verfassungsgebenden Versammlung in diesem Punkt zuzuarbeiten.[8]

Venezuela – Boom von Missionen und Genossenschaften

Im September 2004 wurde das »Ministerium der Volksmacht für Kommunale Wirtschaft«[9] geschaffen, um Politik, Programme und Institutionen zu koordinieren, »die das abhängige kapitalistische Wirtschaftsmodell in ein Modell der sozialen, selbst verwalteten, nachhaltigen Wirtschaft überführen sollen.« Zu den Aufgaben des Ministeriums gehört die Einrichtung von so genannten endogenen Kernen der Entwicklung (Núcleos de Desarrollo Endógeno, NUDE), die Gründung von Genossenschaften (v.a. in den Bereichen Textilien, Schuhe, Agrartourismus), die Koordination von Ausbildungsinstitutionen, ländliche Entwicklung und die Gewährung von Mikrokrediten.[10]

Gemeinschaften, die ihre Region gemeinsam aufbauen wollen, können »Nuklei Endogener Entwicklung« gründen. Wenn sie Ihre Vorhaben gut ausgearbeitet haben und überzeugend vermitteln können, ist es möglich, dass sie Unterstützung durch Palmaven, ein Institut der Erdölgesellschaft PDVSA, erhalten. Der staatliche Ölkonzern PDVSA gab den Nuklei für endogene Entwicklung Geld für die Restaurierung von Gebäuden und Grünflächen und für den Bau von Kliniken, um die Projekte einschließlich des Startkapitals für die Genossenschaften in Gang zu bringen. Die Aufträge wurden an Genossenschaften von Bauarbeitern der Region vergeben. Einige standen unter dem Oberbefehl von Ingenieuren des Militärs. Andere Nuklei endogener Entwicklung versuchen, das touristische Potenzial ihrer Regionen auszubauen. Weitere Genossenschaften bilden sich unter anderem für Transport, Handwerk, Bäckereien, Kakaoproduktion und -verarbeitung sowie Agrartourismus.

Die NUDE werden durch die Mission »Vuelvan Caras« ergänzt, die die unwürdigen Lebensverhältnisse in den Armenvierteln verändern soll. Dazu zählen Kurse für das Erlernen des Lesens und Schreibens, Stipendien für Jugendliche und Stadtteilarbeit. So haben die Regierungen von Venezuela und Kuba einen

---

[8] http://www.redesolenecuador.blogspot.com [17.2.08]

[9] Ministerio del Poder Popular para la Economía Comunal, MINEC, umbenannt 2007 nach dem Dekret 5.246 Gaceta Oficial número 38.654

[10] http://www.minec.gob.ve/contenido.php?id=29 [17.2.08]

Tausch von 20.000 Ärzten gegen Erdöl aus Venezuela beschlossen. Die Ärzte arbeiten in den venezolanischen Armenvierteln und versorgen in Gesundheitsposten die Bevölkerung. Außerdem haben die Regierungen von Argentinien und Venezuela Fleisch gegen Erdöl getauscht. Aus Brasilien wurden Weizen und andere Nahrungsmittel gegen venezolanisches Öl geliefert.

Des Weiteren wurden Gemeinschaftsbanken nach dem Vorbild der Brasilianischen Banco Palmas[11] errichtet, die in einem Stadtteil an der Peripherie von Fortaleza (Nordbrasilien) Güter und Dienstleistungen sowie zinslose Kredite zur Verfügung stellten. Während in Brasilien erst 13 Banken nach dem Vorbild dieser Gemeinschaftsbank entstanden, hat man in Venezuela seit 2006 bereits 200 solcher Banken aufgebaut. Überdies sollen auf der Basis eines für die Gemeinschaftsbanken verabschiedeten Gesetzes in den nächsten zwei Jahren 1.000 Banken gegründet werden. Ein Nationaler Entwicklungsfonds stellt Mittel dafür bereit, dass Gruppen von mindestens fünf Personen zusammenkommen können, um ihre eigene Gemeinschaftsbank aufzubauen. In einem regionalen Pilotprojekt ist es das Ziel, dass sich die gesamte lokale Ökonomie durch Vereine und Genossenschaften entwickelt, die die Gemeinschaft selbst ins Leben ruft. Mit Hilfe der Kooperation der Brasilianer soll ein System regionaler Währung ähnlich wie an der Peripherie von Fortaleza, in Palmeiras, installiert werden, die mindestens 70% der Währung ausmachen soll. Das Ministerium der Volksmacht ist nach eigenen Angaben angetreten, »den kapitalistischen individualistischen Rechtsstaat in einen wirklichen Staat des Rechts und der Gerechtigkeit zu transformieren, der sozial, demokratisch sowie partizipativ ist und auf einer neuen gemeinschaftlichen Kultur gründet, die im Gegensatz zur individualistischen Kultur des Marktes steht«. Es gibt Gruppenschulungen über einige Monate. Stipendien zur Ausbildung in technischen Fragen und zum Aufbau von Genossenschaften können beantragt werden. Danach organisiert man sich und erarbeitet ein Projekt, beantragt die Finanzierung und beginnt zu produzieren.

Bereits ein Jahr nach Anlaufen des Programms wurden 260.000 Personen ausgebildet, die 6.800 Genossenschaften aufgebaut haben. 60% von ihnen besitzen eine Finanzierung. Sie sind in 125 NUDE organisiert. Mit anderen Worten: 200.000 Personen in diesem Land[12] führen gemeinschaftliche Arbeit aus. Angesichts der offiziellen Finanzierung und den drastisch zurückgeschraubten Eingangserfordernissen für ihre Gründung erlebt Venezuela einen Genossen-

---

[11] Sie wurde 1998 im Conjunto Palmeira, einem Viertel mit 30 000 Einwohnern am Stadtrand von Fortaleza im Norden Brasiliens, gegründet.

[12] Venezuela hat 26 Mio. Einwohner und eine arbeitende Bevölkerung von 12 Mio. Menschen.

schaftsboom. Während 1998 nur 800 registriert worden waren, stieg ihre Zahl bis 2003 auf 10.000, im Jahr 2004 auf 50.000 und im Folgejahr auf 74.200. Der venezolanische Ölkonzern PDVSA hat in nur zwei Jahren 585 Mio. US-Dollar für die Programme der endogenen Entwicklung ausgegeben (Márquez 2005).

Ein so schnelles Anwachsen der Genossenschaften ist für Oscar Bastidas vom Genossenschaftlichen Studienzentrum der Universidad Central ein Indiz dafür, dass es sich um »Geldverschwendung handelt, wenn die Genossenschaft verschwindet sowie die erste Rate ausgezahlt wird. Das geschieht vor allem auf Grund der Improvisation, die die Organisation der meisten Genossenschaften gekennzeichnet hat.« (zit. n. Márquez 2005) Selbst der Minister für Volksökonomie (Ministro de Economia Popular) Elías Jaua räumte ein, dass es »viele Genossenschaften auf dem Papier gibt, sie lassen sich als solche registrieren, aber sie haben einen Chef, der mehr verdient, Lohnarbeit und eine Arbeits- und Einkommensverteilung, die nicht auf Gleichheit beruht.« Daher habe die staatliche Genossenschaftsverwaltung (Superintendencia de Cooperativas) – so der Minister – ein Programm zur Überwachung dieser Gemeinschaftsunternehmen aufgelegt, »damit diese nicht dazu dienen, dass einige Gruppen Privilegien beibehalten«.

Bolivien: Solidarische Ökonomie und die internationale Vernetzung des gerechten Handels

In dem Land mit dem höchsten Prozentsatz an Indigenen in Lateinamerika sind gemeinschaftliche, reziproke Wirtschaftsformen noch lebendig. In den ayllus – den traditionellen Gemeinschaften – und in ländlichen Gemeinden wird getauscht und hilft man sich gegenseitig (mink'a, ayni). In Bolivien erscheint die solidarische Ökonomie angesichts dieses kulturellen Reichtums, der Arbeitsprinzipien der bäuerlichen Gemeinschaften also als nichts Neues. Vielmehr werden so die eigenen Werte und das eigene Wissen aufgewertet. Die Bewegung der SÖ und des gerechten Handels in Bolivien besteht zum einen aus Solidarischen Wirtschaftsunternehmen (SWU), im ganzen Land organisierten Handelsorganisationen, den Kaffee und Kakao produzierenden Familien und den Familien, die Quinua produzieren, weiterverarbeiten und vermarkten, Handwerkerorganisationen, Zusammenschlüssen von Biobauern, Frauenorganisationen sowie einem Zusammenschluss von Ayllus.

Auf der anderen Seite besteht die Bewegung der SÖ aus Einrichtungen zu ihrer Unterstützung und Förderung (EUF), wie z.B. der Bolivianischen Caritas, dem Zentrum zur Förderung der Frau sowie Förderzentren für verschiedene Produktionszweige.

In der Gegend um Cochabamba nimmt der solidarische Handel mit Kakao, Kaffee, Paranüssen und Quinua zu. 2005 organisierte das Netzwerk für gemeinschaftliche Vermarktung in Cochabamba ein überregionales Treffen, zu dem 150 Organisationen aus zwölf Ländern Lateinamerikas und der Karibik kamen. Sie vereinbarten die nächsten Schritte in der Erklärung von Cochabamba:

- Förderung der lateinamerikanischen Bewegung für Solidarische Ökonomie, Gerechten Handel und Ethischen Konsum.
- Stärkung der lateinamerikanischen Koordination.
- Förderung partizipativer Zertifizierung für die Solidarische Ökonomie und des gerechten Handels in unseren Ländern mit Kriterien, die lokal festgelegt werden und einer Vereinheitlichung der Kriterien auf lateinamerikanischer Ebene.
- Stärkung des Süd-Süd Handels.
- Einflussnahme auf staatliche Politik mit dem Ziel der Stärkung der Solidarischen Ökonomie und des gerechten Handels in den lokalen Gemeinden, im Land und der Region, nach den Prinzipien der Gleichheit, Transparenz und Regierbarkeit.
- Stärkung der Netzwerke Solidarischer Ökonomie zur Unterstützung des Interkontinentalen Netzes zur Förderung der Sozialen Solidarischen Ökonomie (RIPESS).

Seit der ersten UNCTAD-Konferenz[13] 1964 ist »Handel, nicht Hilfe« auch in Bolivien eine wichtige Forderung. Seit 1969 wurden dann Dritte-Welt-Läden in den Niederlanden, Deutschland, der Schweiz, Österreich, Frankreich, Schweden, England und Belgien gegründet. Heute gibt es über 3.000 solidarische Läden und die Produkte werden bereits in den übrigen Läden vertrieben. Ihre Verbreitung weitet sich nach Einschätzung der Bolivianer schnell aus. Weltweit gibt es 800 Partner – oft Genossenschaften – für gerechten Handel von Bauern, Handwerkern und Arbeitern in 45 Ländern des Südens, die zum Teil auch Ketten aufgebaut haben und solidarischen, gerechten Handel mit über 100 Organisationen in über 20 europäischen Ländern betreiben. Solidarischer Konsum übt einen weitreichenden Einfluss aus: Über zwei Drittel der befragten Bevölkerung in den Niederlanden, Österreich und England kennen gerechten Handel. Der Anteil der Bürger, die keine ausbeuterischen Strukturen durch ihren Konsum fördern wollen und daher zu gerechtem Handel tendieren, steigt. Man erhofft sich eine

[13] United Nations Conference on Trade and Development. Die Debatte über Rohstoffpreise und Marktöffnung wurde vermieden, aber schon in den 1960er Jahren gab es Gruppen, die gerechten Handel durchsetzen wollten und in UNCTAD-Läden die Produkte verkauften, die aufgrund der Zölle keinen allgemeinen Zugang zu den hiesigen Märkten hatten.

Erweiterung auf normale Läden und ist auch z.T. bereit, mehr für solidarisch gehandelte Produkte zu zahlen. Das Nationale Vermarktungsnetz Boliviens organisiert Märkte gerechten Handels in Partnerschaft mit Organisationen der Produzenten. Dazu gehören das Zentrum der Förderung der Frau, die bolivianische Caritas und »Aymaras sin Fronteras« in verschiedenen Landesteilen.

Im März 2007 fand ein nationales Treffen für Solidarische Ökonomie und gerechten Handel in Achocalla statt, auf dem sich eine »Multi-Sektor-Plattform für die Förderung und Entwicklung der Solidarischen Ökonomie in Bolivien« bildete.[14] Produzentengruppen, Regierungsvertreter, Vertreter aus sechs bolivianischen Departments, Banken sowie Gäste aus Uruguay, Brasilien und Ecuador waren anwesend.

Diese Plattform veröffentlichte kurz darauf einen Vorschlag zum Aufbau der Solidarischen Ökonomie und des gerechten Handels als nachhaltige Alternative gegenüber dem Neoliberalismus. Die Aktionen trugen dazu bei, dass ein Dialog zwischen kleinen Produzenten, Regierung und Banken zum Thema der Solidarischen Ökonomie in Bolivien entstand.

Das wachsende Interesse der Konsumenten an biologischen Produkten frei von Umweltgiften schuf Möglichkeiten für handwerkliche und bäuerliche Ökoprodukte. Die Regierung ist daran interessiert, die organisierten Produzenten und ihre lokalen Ketten zu fördern, um die solidarische Ökonomie zu konsolidieren. Andere wirtschaftliche Aktionen und Kooperationen, die von den Organisationen der Produzenten ausgehen, können über die Verfassungsgebende Versammlung vorgeschlagen werden.

Die Regierung ist bemüht, den Forderungen der Indigenen zu entsprechen. Diese verlangen, dass spezifische Rechte über die Naturressourcen auf ihren Territorien anerkannt und respektiert werden, so z.B., dass sie konsultiert werden (consulta vinculante), dass sie Anteile an den Gewinnen und gerechte Entschädigungen erhalten. Die Überausbeutung und die Verletzung der Gesetze durch die transnationalen Unternehmen sollen ab jetzt geahndet werden. Gleichzeitig gibt es noch große Schwierigkeiten in Bezug auf die Anerkennung der indigenen Völker auch in der Verfassungsgebenden Versammlung (Schilling-Vacaflor 2007: 216).

Die bolivianische Bewegung für Solidarische Ökonomie und Gerechten Handel benannte auf ihrem Treffen 2007 als wesentliche Probleme erstens die Ernährungssicherheit, zweitens die Qualitätssicherung der Produktion und lokale Kriterienfestlegung (Zertifizierung), drittens die Konkurrenz mit Billigwaren aus China und Indien und viertens die Vertretung der SÖ auf der Ebene des

[14] http://www.economiasolidaria.org/node/150 [15.2.08]

Staatsapparates. Die SÖ-Bewegung hat klare Ziele für das weitere Vorgehen formuliert (vgl. Tab 1).

Um diese Vorschläge zügig voranzutreiben, möchten sie eine staatliche Instanz für die SÖ einrichten, da die in Gemeinschaften organisierten Produzenten in Bolivien eine sehr hohe Bedeutung haben. Sie benötigen eine staatliche Politik, die sie stärkt und fördert. Der produktive solidarische Wirtschaftssektor absorbiert viele Arbeitskräfte, erhält bisher jedoch keine direkte Unterstützung. Das heißt, dass der handwerkliche Sektor von der staatlichen Politik ausgenommen ist, obwohl er Ressourcen vor Ort verarbeitet und Wertschöpfung realisiert.[15] Dies soll anders werden.

Die staatliche Förderung des Binnenmarktes für Produkte der SÖ könnte für einen umfangreichen Wissenstransfer, die Koordination sozialer Akteure und die Vernetzung auf nationaler wie internationaler Ebene sorgen. Neben Gesetzen für SÖ und gerechten Handel wird die Normierung der SÖ und des gerechten Handels gefordert. Außerdem wird die Erweiterung des Mandats des Vizeministers für Klein- und Mikrounternehmen, SÖ und gerechten Handel angestrebt. Dort soll eine neue Leitung der SÖ und des gerechten Handels eingerichtet werden, der neben der biologischen die gemeinschaftliche handwerkliche Produktion unterstehen soll. Sie soll die produktiven Organisationen und ihre Produktionsketten legalisieren, finanziell fördern und die Kommerzialisierung und Zertifizierung des Gerechten Handels voranbringen. Dies schließt eine solidarische Finanzstruktur mit Mikrokrediten und Gemeinschaftsbanken auf lokaler und regionaler Ebene ein.

Brasilien: Wachsende Institutionalisierung der Solidarischen Ökonomie

In Brasilien hat der Aufbau der solidarischen Ökonomie von unten nach oben 2003 die Regierungsebene erreicht.[16] Unter der Regierung von Luiz Inácio »Lula« da Silva wurde das Nationale Sekretariat für Solidarische Ökonomie im Ministerium für Arbeit und Beschäftigung gegründet. Eine Kartierung solidarischer Ökonomie wurde im ganzen Land durchgeführt, um eine Basis für staatliche Politik gegenüber der SÖ zu schaffen und um die Solidarische Ökonomie sichtbar zu machen. Auf dieser Basis wurde ein Nationales Informa-

[15] Dies ist Teil der heutigen Praxis, bei der Rohstoffe ohne vorherige Weiterverarbeitung exportiert werden und als Produkte mit dem doppelten oder dreifachen Wert zurückkommen.

[16] Vgl. zum Thema: Singer 2008; Leser de Mello 2005; Kruppa 2005; Bernardi 2005; Müller-Plantenberg 2006

tionssystem Solidarische Ökonomie (SIES) eingerichtet. 22.000 Solidarische Wirtschaftsunternehmen mit ca. zwei Mio. Menschen wurden im ganzen Land erhoben. Dazu zählen vor allem Kleinbauern, Fischer, Handwerker, aber auch Waldbewirtschaftung, Bergbau, kleine und mittlere Industrieunternehmen, Recyclingwirtschaft, Handel und Kreditgenossenschaften.[17]

Die Bewegung der SÖ in Brasilien besteht zum einen aus Solidarischen Wirtschaftsunternehmen (SWU). Das sind unter anderem Mikrokreditorganisationen und die Zentrale Genossenschaft für Kredit und Solidarische Ökonomie (ABICRED, Ecosol), Zusammenschlüsse von selbstverwalteten Betrieben, die aus Insolvenzen hervorgingen (ANTEAG, UNISOL), ländliche Genossenschaften familiärer Landwirtschaft; und zum anderen Einrichtungen zur Unterstützung, Beratung und Förderung, wie kirchlichen Institutionen (brasilianische Caritas), ein Netz von Inkubatoren der Volksgenossenschaften (ITCP) an den Universitäten (INCUBES und Unitrabalho), FASE (ein Zusammenschluss von Organisationen für soziale und Bildungsunterstützung), IBASE (das Brasilianische Institut für Sozioökonomische Analyse) oder PACS (das Institut für Alternative Politiken des Cono Sur).

Das Nationale Forum für SÖ erarbeitete gemeinsame Prinzipien, auf denen die Bewegung der Solidarischen Ökonomie Foren in allen Bundesstaaten aufbaute.[18] Die zentralen Achsen der Arbeit des Forums sind die Demokratisierung des Wissens und der Technologie sowie die Förderung und Legalisierung von Produktionsnetzen, Kommerzialisierung und Konsum, solidarische Finanzen und Ausbildung und Kommunikation.[19] Das Nationale Sekretariat für SÖ im Ministerium für Arbeit und Beschäftigung (SENAES) unter der Leitung des Ökonomen und Soziologen Paul Singer[20] definierte seine Aufgaben in Kooperation mit dem Nationalen Forum für Solidarische Ökonomie und etablierte eine interministerielle Zusammenarbeit zwischen dem eigenen Ministerium und den Ministerien für Soziale Entwicklung, Gesundheit und Agrarentwicklung.

---

[17] http://www.proex.uel.br/intes/arquivos_atlas/Atlas_Econ_Solid_Final_1.pdf [26.4.08]

[18] Dazu gehören: 1. Selbstverwaltung, 2. Demokratie, 3. Kooperation, 4. Mensch im Mittelpunkt, 5. Wertschätzung der Verschiedenartigkeit, 6. Emanzipation, 7.Wertschätzung von Wissen, Kultur und »tecnologia popular«, 8. Permanente Weiterbildung, 9. Soziale Gerechtigkeit bezüglich Produktion und Verteilung, 10.Verantwortung für Umwelt und zukünftige Generationen.

[19] http://www.fbes.org.br/docs/Movimiento_Brasileno_Economia_Solidaria.pdf [20.2.08]

[20] Paul Singer war zuvor Planungssenator von São Paulo gewesen und hatte eine Professur an der Universidad de São Paulo inne.

Die Bildung des Nationalen Rates für SÖ wurde bereits 2003 zusammen mit der Gründung von SENAES beschlossen. Dieser trat jedoch erst 2006 in dreierparitätischer Besetzung von Solidarischen Wirtschaftsunternehmen (SWU), sozialen Bewegungen und Regierungsvertretern zusammen. Zuvor hatten Vertreterinnen und Vertreter der bundesstaatlichen und des nationalen Forums auf einem Kongress die zentralen Politiken für die SÖ ausgearbeitet, die dann von dem Nationalen Rat umgesetzt wurden: die Stärkung der Selbstverwaltung solidarischer Betriebe und finanzielle Instrumente, die an die Situation der SWU angepasst seien.

In Brasilien kam es zu einem starken Wachstum der SÖ und einer Professionalisierung durch Kooperation in Ausbildung, Finanzierung und Technologiefragen sowie bei der Nutzung von freier Software. Bemerkenswert ist auch das Anwachsen der Unterstützung durch die Caritas, durch Universitäten und ihre Netzwerke sowie durch Gewerkschaften. Die Beispiele im ganzen Land weisen darauf hin, dass sich Kooperationsnetze und Ketten bilden, die Regionen neu beleben können und Forderungen ausarbeiten, die an die staatliche Vertretung vor Ort, in Region und Bundesstaat herangetragen werden. Ein Aufsehen erregendes Beispiel ist die Zuckerfabrik Catende, die 1993 ihre 2.300 Arbeiter entließ. Seither hat dort die Gründung selbstverwalteter Betriebe durch die ehemalige Belegschaft eingesetzt. Ein regionales Genossenschaftskonsortium wurde gegründet. Dieser Prozess ist durch Diversifizierung der Anbaukulturen (Maniok, Obstbau, Mais, Kartoffeln) und übrigen Tätigkeiten (Rinderweidewirtschaft, etc.) gekennzeichnet. Agroökologische Märkte werden gebildet, Maschinenringe entstehen nach der Besetzung und späteren Bewirtschaftung von brach liegendem Großgrundbesitz und seiner Enteignung. Die Landlosenbewegung spricht von einer Skala der Solidarität, die mit der Zeit eine zunehmende Intensität gewinnen kann. Agrargenossenschaften kooperieren mit Genossenschaften, die ihre Produkte weiterverarbeiten und bilden solidarische Ketten, etwa Justa Trama (Baumwolle zu Kleidung). Genossenschaftlicher Bergbau, z.B. Cooperminas, ist das Ergebnis der Betriebsübernahme der Belegschaft von einer Mine, die stillgelegt werden sollte. Zunehmend finden auch existierende solidarische Ökonomien der indigenen Völker, so z.B. die Tikuna im Bundesstaat Amazonas, Unterstützung durch das Programm der solidarischen Vertreter (agentes solidarios), die die Gründung und Konsolidierung von solidarischen Wirtschaftsbetrieben bei den indigenen Völkern vorantreiben.

Ausgeschlossene als Subjekte einer alternativen Entwicklungsstrategie?

Welche Lehren können wir nun aus den Erfahrungen der SÖ-Bewegung seit der Beschleunigung der neoliberaler Globalisierung ziehen?

1. Die Subjekte der alternativen Entwicklungsstrategie entstehen durch den Aufbau solidarischer Ökonomien vor Ort, von unten nach oben. Paul Singer beschreibt die Solidarische Ökonomie (2008) als eine alternative Produktions- und Distributionsweise zum Kapitalismus. Periodisch wird sie von jenen neu und wieder erschaffen, die sich vom Arbeitsmarkt marginalisiert sehen und befürchten, das auch zu bleiben. Er führt aus, dass der Vorschlag der Solidarischen Ökonomie nicht über eine theoretische Formulierung von Intellektuellen in der Universität entsteht, sondern über eine alternative Praxis von Arbeitern, die im Laufe der Geschichte in verschiedenen Ländern nach Alternativen suchten – angesichts der Ungleichheit und der Marginalisierung, die durch den Wettbewerb und die Abhängigkeitsbeziehungen, die für den Kapitalismus charakteristisch sind, produziert wurden.

2. Als Antwort auf die Initiativen, die aus sozialen Bewegungen kommen, wurden in mehreren Ländern Ministerien bzw. Staatssekretariate für Solidarische Ökonomie eingerichtet.[21] So wurde z.B. in Brasilien das Nationale Sekretariat für Solidarische Ökonomie im Ministerium für Arbeit und Beschäftigung geschaffen und in Venezuela gibt es das Ministerium der Volksökonomie. Beide führen die Initiativen und Forderungen von Volksorganisationen, Gewerkschaften und Genossenschaften zusammen. Sie nehmen verschiedene Formen wahr, in den sich Solidarische Ökonomie ausdrückt, die zwar die Genossenschaften einschließt, aber über sie hinausgeht. Beide unterscheiden sich durch die Haushaltsmittel, die ihnen zur Verfügung stehen, obwohl die staatliche SÖ-Politik in Brasilien von mehreren Ministerien ausgeführt wird (Soziale Entwicklung, Arbeit, Agrarentwicklung, Gesundheit) (Villareal 2007).

3. Bei staatlicher Politik in Bezug auf solidarische Ökonomie geht es nicht nur um Regierungspolitik und noch weniger um ergänzende oder assistenzialistische politische Maßnahmen. Stattdessen sollen staatliche Politiken entwickelt

---

[21] In Ecuador wurde ein Sekretariat für Solidarische Ökonomie im Ministerium für Wirtschaft und Finanzen (Subsecretaría de Economía Solidaria en el Ministerio de Economía y Finanzas) geschaffen. In Argentinien entwickelt das Ministerium für soziale Entwicklung (Ministerio de Desarrollo Social) einen Plan für lokale Entwicklung und soziale Wirtschaft (Plan de Desarrollo Local y Economia Social). Sogar in Kolumbien richtete das Finanzministerium (Ministerio de Hacienda y Crédito Público) eine Abteilung für Solidarische Ökonomie (Superintendencia de la Economía Solidaria – Supersolidaria) ein.

werden, die dazu beitragen, dass die sozialen und emanzipierten Subjekte den Klientelismus überwinden. Diese staatlichen Politiken, die die Verbreiterung und Entwicklung der Solidarischen Ökonomie begünstigen, sind Politiken, die die Entwicklung von den lokalen Räumen her fördern. Sie gehen von der Wertschätzung der Fähigkeiten der Personen, der Familien, der Gemeinschaften und der Territorien aus (Villareal 2007).

4. Die Staaten fördern die Solidarische Ökonomie mit der ihr jeweils eigenen Logik, die von der zentralen Rolle des Menschen, von der Priorität der Arbeit und Kooperation, von den wirtschaftlichen, sozialen und kulturellen Rechten der Personen, ihrer Familien und der Gemeinschaften ausgeht (ebd.).

5. Die staatlichen Politiken müssen als Querschnittsaufgaben wahrgenommen werden, da die Solidarische Volksökonomie die Gesamtheit der Lebensdimensionen einschließt. Daher also die Bedeutung der Interaktion mit allen staatlichen Bereichen, wobei die Priorität der Bereiche Arbeit, Bildung, Gesundheit, Wohnung und natürlich Wirtschaftspolitik (Wirtschafts- und Finanzministerium) nicht vergessen werden darf (ebd.).

6. Es gibt Erfahrungen mit dezentraler staatlicher Politik zugunsten der Entwicklung Solidarischer Ökonomie, so zum Beispiel auf der kommunalen Ebene. Aber das setzt eine Mobilisierung der lokalen Gemeinschaften voraus. Von daher ist es so wichtig, in Netzwerken zu arbeiten (ebd.).

7. Die Regierungen von Ecuador und Bolivien, also die Länder mit einem hohen indigenen Bevölkerungsanteil, sind explizit daran interessiert, die indigenen Rechte zur Bewirtschaftung ihrer Ressourcen auf ihren Territorien gegenüber den mächtigen Interessen der multinationalen Konzerne zu stärken.

8. Indigene und Natur: Es fällt auf, dass die gleichen Länder die Bedeutung des Erhalts der Natur als wesentlichen Teil der Solidarischen Ökonomie betonen. Erhalt ihres Naturbezuges bedeutet für sie die Öffnung des Weges in die Zukunft.

9. Im Rahmen der Solidarischen Ökonomie wird es notwendig sein, Indikatoren für die Entwicklung zu wählen, die sich nicht auf die Kalkulation des Bruttoinlandsproduktes beschränken, da es Tätigkeiten mit erstaunlichen Resultaten gibt, die einen geringen Geldwert besitzen. Ein Beispiel dafür ist die Kinderpastorale mit 300.000 Mitarbeitern in Brasilien, die die Kindersterblichkeit mit nur 78 Cent pro Monat und pro Kind erheblich gesenkt hat. In den letzten Jahren ist die verbesserte Qualität des brasilianischen Wirtschaftswachstums auf den Mikrokredit und auf die Erhöhung des Mindestlohnes zurückzuführen, was mehreren zehn Millionen Arbeitern und Rentnern, den massiven Sozialprogrammen und der Ausweitung der formalen Beschäftigung zugute gekommen ist, die die Dynamik der Wirtschaft in Gang gesetzt haben (Osava 2008).

10. »Die ›Utopie‹ der Aktivisten ist darauf gerichtet, dass die Solidarische Ökonomie in der Zukunft eine bestimmende Rolle im wirtschaftlichen und sozi-

alen Leben spielt. Eines der Hauptziele ist es ›den Menschen als Subjekt und Ziel der wirtschaftlichen Tätigkeit zu sehen anstelle der privaten Akkumulation. [...] Für das Forum, das aus Nichtregierungsorganisationen, Universitätsangehörigen, Angestellten im öffentlichen Sektor und sozialen Bewegungen besteht, ›ist [die Solidarische Ökonomie] eine Alternative dazu, wie die kapitalistische Produktionsweise die sozialen Beziehungen organisiert.‹ Die solidarischen Initiativen in Brasilien haben ›mit dem Kampf gegen die Arbeitslosigkeit begonnen‹ aber sie haben ›das Weltbild der Arbeiter verändert, die zunächst nur einen Lohn wollten und jetzt eine bessere Lebensqualität schätzen, mit mehr Sicherheit und Kontrolle in der Zukunft.‹ Aber es handelt sich um einen begrenzten Bereich, der als eine von vielen Alternativen mit einem weiten Blick auf eine ›produktive Inklusion‹ in einem Land, gesehen werden muss, in dem fast die Hälfte der Bevölkerung vom System ›exkludiert‹ ist. Und diese Ausgeschlossenen ›sind keine uninformierten Personen‹, sondern Leute, die sich der Situation bewusst sind, ›die es erfordert, Druck auszuüben‹.« (zit. n. Osava 2008)

Literatur

Bernardi, Jacqueline (2005): Für wen und für was arbeiten wir? ANTEAG- Associação Nacional dos Trabalhadores em Empresas de Autogestão (Nationale Vereinigung der Arbeiter in selbstverwalteten Betrieben), in: Müller-Plantenberg/Nitsch/Schlosser (Hrsg.), S. 199-208.

Henze, Jonas (2008): Demokratie in neuen Händen, Klare Mehrheiten in der Verfassungsgebenden Versammlung, in: Lateinamerika Anders, 33:1.

Kruppa, Sonia (2005): Volkskooperativen – eine neue Perspektive für die Universität, in: Müller-Plantenberg/Nitsch/Schlosser (Hrsg.), S. 135-160.

Leser de Mello, Sylvia (2005): Historisch theoretischer Rückblick auf die Wurzeln der Solidarischen Ökonomie in Lateinamerika. Organisation und Bündnisse, in: Müller-Plantenberg/Nitsch/Schlosser, S. 77-88.

Márquez, Humberto (2005): Venezuela – ensayos de economia solidaria, IPS 2005, http://ipsnoticias.net/nota.asp?idnews=35770 [8.5.2008].

Müller-Plantenberg, Clarita (2006): Solidarische Ökonomie in Brasilien, in: Altvater, Elmar/ Sekler, Nicola (Hrsg.): Solidarische Ökonomie, Hamburg, S. 112-123.

Müller-Plantenberg, Clarita/Nitsch, Wolfgang/Schlosser, Irmtraud (2005) (Hrsg.): Solidarische Ökonomie in Brasilien und Europa, Entwicklungsperspektiven 83/84, Kassel.

Osava, Mario (2008): Desarrollo-Brasil: Economía solidaria contra el desempleo, http://ipsnoticias.net/nota.asp?idnews=87139 [20.2.2008].

Secretaria Nacional de Economia Solidária (SENAES) (2006): Atlas da economia solidária no Brasil 2005, Brasilia. http://www.proex.uel.br/intes/arquivos_atlas/Atlas_Econ_Solid_Final_1.pdf [20.2.2008].

Schilling-Vacaflor, Almut (2007): Die Neudefinition der Beziehungen zwischen dem bolivianischen Staat und den indigenen Völkern im Rahmen des Wandels

der Energiepolitik, in: Lateinamerika Analysen 6:3, 215-232.
Singer, Paul (2008): SENAES – Eine brasilianische Erfahrung der Politik Solidarischer Ökonomie, in: Giegold, Sven/Embshoff, Dagmar (Hrsg.): Solidarische Ökonomie im globalisierten Kapitalismus, Hamburg.
Villarreal, Altagracia (2007): Las redes latinoaméricanas de economía solidaria y políticas públicas, in: CHRISTUS 33: 2, http://vinculando.org/economia_solidaria/redes_latinoamericanas_de_economia_solidaria_y_politicas_publicas.html [20.2.08].

Tabelle 1:
Forderungen und Ziele der bolivianischen Solidarische Ökonomie-Bewegung

- Förderung der Organisationsprozesse
- Schaffung und Förderung des solidarischen Marktes
- Zertifizierung mit einer eigenen Einrichtung mit Kriterien der SÖ und des gerechten Handels aus bolivianischer Sicht
- Sensibilisierung der Zivilgesellschaft in Bezug auf die Qualität der Produzenten des gerechten Handels
- Ausarbeitung von Vorschlägen ausgehend von unserer Realität, um Dialoge mit der Bank und der Regierung zu besseren Einflussbedingungen ausarbeiten zu können
- Schaffung einer Finanzorganisation im Rahmen der SÖ und des gerechten Handels
- Verbesserung der Lebensbedingungen der Produzenten und Konsumenten
- Ausbildung und Erfahrungsaustausch mit dem Blick auf die gelernten Lektionen
- Politiken, die die SÖ und den gerechten Handel regulieren
- Schaffung einer solidarischen Finanzierungsinstitution, die auf die Produzenten zugeschnitten ist
- Organisatorische Stärkung, wobei die Kriterien der SÖ und des gerechten Handels respektiert werden
- Entwicklung einer Agenda mit den Ministerien, Präfekturen und Munizipien, Kongresse und mit der Verfassungsgebenden Versammlung, auf der Suche nach der Schaffung einer Instanz der SÖ und des gerechten Handels in den staatlichen Strukturen
- Konsolidierung, Stärkung der Arbeit und der Beziehung der Handelsorganisation RENACC mit internationalen Netzwerken, die den gerechten Handel als ökonomische Alternative aufbauen und konsolidieren wollen
- Aufbau einer Datenbasis der Akteure des gerechten Handels
- Entwicklung der Kommunikation und Verbreitung der SÖ und des gerechten Handels
- Entwicklung einer Politik der Förderung und Kommerzialisierung im Zusammenhang des gerechten Handels
- Einfügung der Praktiken der SÖ und des gerechten Handels in staatliche Politik unter Einbeziehung der Zivilgesellschaft
- Verbreitung und Sensibilisierung in Bezug auf die Praktiken der SÖ und des gerechten Handels

Matthias Ebenau/Stefan Schmalz

Der Widerstand der sozialen Bewegungen gegen Freihandelsabkommen in Lateinamerika

»In Mar del Plata wird die ALCA begraben«, rief der venezolanische Staatspräsident Hugo Chávez Frías (zit. nach El Clarín, 4.11.2005) im November 2005 im argentinischen Mar del Plata auf einer Massendemonstration gegen den vierten Amerika-Gipfel rund 50.000 Menschen entgegen. Drei Jahre später scheint diese Behauptung Bestand zu haben. Das von US-amerikanischen Kapitalinteressen vorangetriebene Vorhaben einer panamerikanischen Freihandelszone ist von der politischen Tagesordnung verschwunden. Das ALCA-Projekt galt bis zum Ende des Millenniums als kaum zu verhindern. Mittlerweile sind die Verhandlungen nicht nur gestoppt, es sind sogar alternative Integrationsversuche, etwa die *Alternativa Bolivariana para las Américas* (ALBA), zu verzeichnen.

Freihandelsabkommen wie die *Área de Libre Comercio de las Américas* (ALCA) gehören seit langem zu den Instrumentarien der Durchsetzung neoliberaler Politik auf globaler Ebene und werden als solche von linken Organisationen und Bewegungen bekämpft. Doch wie konnte ALCA gestoppt und damit eine Veränderung von ungeahnter Tragweite erreicht werden? Dies ist Folge eines einzigartigen Prozesses (Zibechi 2006: 222ff.). Der Widerstand gegen die ALCA wurde in einem komplexen Wechselspiel zwischen Akteuren auf unterschiedlichen räumlichen Ebenen durchgesetzt. Hierbei war das kontinentale Netzwerk *Alianza Social Continental* (ASC) als regionaler Akteur zentral. Die ASC brachte verschiedene nationale Organisationen – soziale Bewegungen, Gewerkschaften und zeitweise auch Parteien – zusammen, um eine gemeinsame Strategie zu entwickeln und schließlich den Widerstand gegen die ALCA in ganz Lateinamerika zu diffundieren (Saguier 2007). Die nationalen Organisationen trugen das Thema schließlich zurück auf die Agenda verschiedener Mitte-Links-Regierungen, etwa in Argentinien, Brasilien und Venezuela (Berrón 2008: 266). Diese kündigten in der Verhandlung um das ALCA-Abkommen den Konsens zu weiteren Liberalisierungsschritten im Dienstleistungssektor oder im öffentlichen Beschaffungswesen auf. Auf diese Weise gelang es den Regierungen, den Prozess zu blockieren.

Die US-amerikanische Antwort auf diese Blockade bestand in einem außenpolitischen Strategiewechsel. Die Verhandlungen werden nunmehr bi- oder

»minilateral«, d.h. zwischen einigen wenigen Staaten geführt. Die Konkurrenz zwischen den USA und der EU beschleunigt diesen Prozess. Denn auch die EU hat eine Freihandelsstrategie für den gesamten Subkontinent aufgelegt (Schmalz 2008: 174ff.). Mittlerweile haben die USA auf diese Weise neben dem *North American Free Trade Agreement* (NAFTA) aus dem Jahr 1994 Verträge mit Chile, Peru, Kolumbien, Panama auch das *Dominican Republic-Central America Free Trade Agreement* (DR-CAFTA) mit fünf zentralamerikanischen Ländern und der Dominikanischen Republik ausgehandelt. Zwar steht bei einigen die Ratifizierung noch aus, doch von den Abkommen geht bereits jetzt ein starker Liberalisierungsdruck auf die bisher unbeteiligten Länder aus.

Durch den Strategiewechsel haben sich auch die Bedingungen für die Akteure verändert, die versuchen, dem neoliberalen Freihandelsprojekt von USA und EU etwas entgegenzusetzen. Die Entwicklung ist ambivalent. Neuen Ansätzen regionaler Vernetzung in einigen Regionen steht die Schwäche linker Kräfte gegenüber, die sich in ihrer Unfähigkeit zeigt, effektiv Einfluss auf die einzelnen Freihandelsabkommen zu nehmen.

Es ergeben sich also verschiedene Fragen: Werden die US-amerikanischen Versuche der Etablierung eines umfassenden Systems von neoliberalen Freihandelsabkommen in Lateinamerika mit der veränderten Verhandlungsstrategie erfolgreicher sein? Droht gar eine Wiedergeburt der ALCA in neuem Gewand? Welche Möglichkeiten haben die Widerstandsbewegungen gegen die bilateralen bzw. kleinräumigen Freihandelsabkommen? Und werden die alternativen Integrationsprojekte dauerhaft Bestand haben und vielleicht sogar eine größere Ausstrahlungskraft entwickeln?

Das Projekt einer panamerikanischen Freihandelszone

Der Ausgangspunkt zur Beantwortung dieser Fragen findet sich in dem Konflikt um das ALCA-Projekt. Dessen Analyse zeigt Anhaltspunkte für das Verständnis der aktuellen Entwicklung: Im Juni 1990 kündigte der US-amerikanische Präsident Bush sen. den Plan einer Freihandelszone an, die von »Alaska bis nach Feuerland« reichen und alle Staaten Amerikas – mit Ausnahme von Kuba – umfassen sollte (Carranza 2000: 107). Das Projekt wurde zunächst aufgrund des Widerstands der Demokraten im US-Kongress auf Eis gelegt. Zum Jahresbeginn 1994 trat dann jedoch das NAFTA in Kraft, das die USA, Kanada und Mexiko umfasste. Es bildete die Blaupause für die weiteren Freihandelsverträge in der Region. Gegen Ende des gleichen Jahres folgte der erste Amerika-Gipfel in Miami, an dem 34 Staatsoberhäupter Amerikas teilnahmen. Das dort vereinbarte Ziel war die Errichtung der panamerikanischen Freihandelszone ALCA, die über 800 Millionen Konsumenten umfassen sollte und – so die damaligen Planungen – bis Ende des Jahres 2005 in Kraft treten sollte.

Das Projekt wurde aus zwei Gründen vorangetrieben: Zunächst bestand eine geostrategische Motivation: Die US-Regierung sah die Stellung der US-amerikanischen Unternehmen durch die Durchdringung des südamerikanischen Marktes mit europäischem Kapital gefährdet. Dies betraf die materielle Basis der US-Hegemonie. Vor allem im Cono Sur hatte sich der europäische Einfluss in den 1990er Jahren gefestigt: So wurden im Jahr 2006 rund 18,5% des Mercosur- Außenhandels mit der EU abgewickelt, während der Anteil der USA nur geringfügig höher bei 22,6% lag (EU Kommission 2008). Noch deutlicher ist die Situation auf der Ebene des ausländischen Direktinvestitionsbestands: Im Jahr 2004 lag der US-Anteil in Argentinien z.B. lediglich bei 20,5%, während alleine die spanischen Investitionen 26,1%, die niederländischen 8% und die französischen 7% ausmachten (Rösler 2004: 261ff.).

Außerdem war die ALCA ein politisches Großprojekt, das auf eine Reorganisation der Ökonomie und der Sozialstruktur des Subkontinents abzielte. Es ging darum, eine Marktverfassung zu verankern, »die den politischen Interventionsraum einengt und den freien Markt zum dominanten Regulationsmodus erhebt« (Malcher 2005a: 132). Die neoliberale Wirtschaftsordnung in Lateinamerika sollte festgeschrieben werden, indem eine Abkehr einzelner Länder vom Abkommen durch drohende ökonomische Verluste praktisch unmöglich gemacht würde (Malcher 2005b: 164). Diese Ausrichtung wurde von verschiedenen Interessengruppen vorangetrieben. Das ALCA-Projekt wurde auf die Initiative des *Foro Empresarial de las Américas* – einer transnationalen »Planungsgruppe« (Pijl 1999: 132ff.) – ins Leben gerufen, die sich aus dem Businessnetzwerk *Red Empresarial de Integración Hemisférica* und weiteren 1.000 Unternehmern zusammensetzt (ebd.: 184ff.). Das Netzwerk vertrat die Interessen der mächtigsten Sektoren der panamerikanischen Kapitalistenklasse, d.h. vor allem des US-Kapitals, aber auch der exportorientierten lateinamerikanischen Kapitalfraktionen, und wirkte koordinierend auf die Verhandlungen ein.

Die Stoßrichtung der ALCA-Vertragsentwürfe aus dem Jahr 2001 und 2002 war offenkundig. Sie enthielten neben den Fragen der Handelsliberalisierungen auch Klauseln zum geistigen Eigentum, zum Dienstleistungshandel und zu den so genannten Singapur-Themen (Wettbewerb, Investitionen, öffentliches Beschaffungswesen und administrative Handelserleichterung) (Negotiation-Groups of the FTAA 2001; Negotiation-Groups of the FTAA 2002). Es handelte sich um den Versuch, Themenkomplexe zu verhandeln, die auf WTO-Ebene nicht durchzusetzen waren (Schmalz 2008: 154f.). In den Verhandlungen zum Dienstleistungssektor forderten die USA Marktöffnungen, die von Finanzdienstleistungen, der Telekommunikation, dem Informatiksektor und audiovisuellen

Dienstleistungen über das Bau- und Ingenieurwesen, den Tourismus, Werbung, Expresslieferungen, den Groß- und Einzelhandel bis zum Energiesektor und zum Transportwesen reichten (Calcagnotto 2005: 277; Nogueira Batista jr. 2005: 92). Im Kapitel zu den Investitionen wurde sogar die Zielsetzung formuliert, den panamerikanischen Kapitalverkehr vollkommen von Kontrollmechanismen zu befreien (Negotiation-Group of the FTAA on Investment 2001: 4f.). Darüber hinaus ist ein Investor-to-State-Klageverfahren enthalten, welches es ausländischen Anlegern erlaubt, gegen die Regierung wegen Maßnahmen vorzugehen, die die Profite ihrer Investitionen verringern (Ricupero 2003: 50). Auch dem Thema Wettbewerb wurde ein komplettes Kapitel gewidmet, in dem u.a. die Bekämpfung von Preismanipulationen, Marktaufteilungen und Kartellen vorgesehen war (Negotiation-Group of the FTAA on Competition Policy 2001: 1ff.). Die Vereinigten Staaten hatten an diesen Regelungen ein großes Interesse, um Monopole von Staatsunternehmen und Regierungsinstitutionen in Lateinamerika aufzubrechen (Ricupero 2003: 59).

Dennoch stand die Liberalisierung des Warenhandels im Mittelpunkt der Gespräche. Verhandlungsgegenstand war die Gesamtheit aller Zölle. Lediglich sensible Erzeugnisse wurden aus dem Prozess ausgeklammert (Lohbauer 2002: 10). Das Thema blieb umstritten, da die lateinamerikanischen Länder höhere Importzölle zum Schutz ihrer Industrie implementiert haben (Nogueira Batista jr. 2005: 89). Die Vereinigten Staaten machten einen Vorschlag, der regional abgestufte Zollsenkungen vorsah. Die USA boten im Februar 2003 in einem ersten Schritt eine gestufte Senkung ihrer Importzölle für Industrieprodukte zwischen 58 und 91% und zwischen 50 und 85% für den noch heftiger umkämpften Agrarbereich an (Folha de São Paulo, 29.6.2003). Allerdings hatte der US-Kongress enge Rahmenbedingungen vorgegeben. Durch die *Trade Promotion Authority* für die ALCA-Verhandlungen wurden rund 20% der Agrarimporte zu sensiblen Produkten erklärt, was ca. 521 Zollregelungen für konkurrenzfähige Exportprodukte aus Lateinamerika wie Zucker, Rindfleisch oder Kaffee betraf (Calcagnotto 2005: 278; Nogueira Batista jr. 2005: 102). Außerdem weigerten sich die Vereinigten Staaten, ihre Agrarsubventionen in die Verhandlungsagenda der ALCA aufzunehmen (ebd.: 98). Mit dem *Farm Bill* aus dem Jahr 2002 beschloss der US-Kongress außerdem, die Subventionen und Unterstützungszahlungen für die US-amerikanische Landwirtschaft um 190 Mrd. US-Dollar auszudehnen.

Der Widerstand gegen die ALCA

Die umfangreiche Agenda der ALCA rief Widerstand hervor. Die Kritikpunkte reichten dabei von den Auswirkungen der Senkung der Importzölle für den Industriesektor über den Verlust an nationaler Souveränität in der Wirtschaftspolitik bis zur Angst vor der Zerstörung der bäuerlichen Landwirtschaft und die Fortführung der Agrarsubventionspraxis (Jakobsen 2002: 105ff.; Cumbre de los Pueblos de América 2005; Saguier 2007). Dem kontinentalen Projekt folgte deshalb ein einzigartiger, Amerika übergreifender Vernetzungsprozess von unterschiedlichen sozialen Bewegungen und Initiativen, der sich auf verschiedenen organisatorischen Ebenen abspielte:

(1) Das Herzstück der kontinentalen Mobilisierung bildete die ASC: »The [ASC] is a network of labor organizations, a citizen's coalitions representing more than 45 million people from throughout the Americas. It was created to facilitate information exchange and joint strategies and actions towards building an alternative democratic model of development that benefits our peoples. The [ASC] is an open space for organizations and movements interested in changing the policies of hemispheric integration and promoting social justice in the Americas« (Alianza Social Continental 2003: I). Die ASC interagierte mit anderen regionalen Netzwerken wie der Kleinbauernbewegung *Via Campesina* oder dem lateinamerikanischen Parteienforum *Foro de São Paulo*. Sie formulierte die politischen Ziele des Widerstands. Das Bündnis bildete die intermediäre Ebene zwischen den nationalen Kampagnen und den *Encuentros Hemisféricos de Lucha Contra el ALCA* (EHCLA). Die Gewerkschaften stellten dabei vor allem die Infrastruktur für die Aktivitäten des regionalen Netzwerks, während wiederum NGOs als zentrale Ideengeber und als in verschiedenen sozialen Bewegungen verwurzelte mobilisierende Akteure auftraten.

(2) Mit den EHCLA bildete sich eine Planungsgruppe, in der sich verschiedene Organisationen zur Koordination des kontinentalen Widerstands zusammenfanden. Bei den mittlerweile sieben Treffen des in Havanna tagenden EHCLA versammelten sich jeweils mehrere Tausend Delegierte, die aus allen Teilen Amerikas kamen.

Das vom 13. bis 16. November 2001 tagende erste EHCLA stellte in seinem »Konsens von Havanna« fest: »ALCA ist eine ausgedehnte Version des [...] NAFTA und ermächtigt die transnationalen Unternehmen, den Staaten die Regeln der makroökonomischen Politik zu diktieren« (EHCLA 2002: 163). Durch einen Aktionsplan, der die Aktivitäten auf der nationalen Ebene aufeinander abstimmte, wurde eine organisatorische Kontinuität geschaffen. Sie stellte eine feste strategische Ausrichtung sicher, die auf den einzelnen Treffen jeweils neu justiert wurde.

(3) Innerhalb dieses flexiblen Rahmenkonzepts fanden die einzelnen nationalen Kampagnen statt (Saguier 2007). Die wichtigsten sozialen Bewegungen, NGOs sowie linksorientierte Gewerkschaften und Parteien trugen diese Aktivitäten: Gerade die brasilianische Kampagne gegen die ALCA fand Unterstützung in breiten Kreisen der Bevölkerung. Mit der Hilfe von sozialen Bewegungen und Gewerkschaften, etwa der Landlosenbewegung MST (Movimento dos Trabalhadores Rurais Sem Terra) oder der brasilianischen Gewerkschaftszentrale CUT (Central Única dos Trabalhadores), wichtigen NGOs und kirchlichen Verbänden gelang eine landesweite Mobilisierung. Als Dachverband für die Aktivitäten fungierte das Netzwerk *Rede Brasileiro pela Integração dos Povos* (REBRIP). Das dynamischste Element der brasilianischen Kampagne war eine Consulta, bei der beinahe zehn Millionen Unterschriften gegen die ALCA gesammelt wurden (Calcagnotto 2005: 284).

Die eigentliche Krise der ALCA begann jedoch mit der Wahl verschiedener linker Regierungen in Lateinamerika. Zentral war dabei die CUT, die bis zum Jahr 2007 nicht nur den Hauptsitz der ASC beherbergte und finanzierte, sondern auch einen starken Einfluss auf die brasilianische Regierungspartei PT ausübte. Die brasilianische Regierung bildete wiederum aktiv Koalitionen gegen die ALCA im Mercosur. Schon im Vorfeld des achten Treffens der Handelsminister in Miami im November 2003 wandten sich nun die Vertreter Argentiniens, Brasiliens und Venezuelas gegen mehrere Punkte im Vertragswerk, wie die Dienstleistungliberalisierungen oder den US-amerikanischen Agrarprotektionismus. Das Ergebnis der Verhandlungen war zunächst eine unverbindliche »ALCA-light« (Vigevani/Mariano 2004: 45), die vorerst keine Verpflichtungen für die Vertragspartner nach sich zog. Verschiedene informelle Treffen brachten keine weiteren Fortschritte. Der Versuch, die ALCA doch noch bis Ende 2006 auszuhandeln, scheiterte schließlich auf dem Gipfel in Mar del Plata Ende 2005. Der Verhandlungsstand wird von Moniz Bandeira (2006: 22) treffend zusammengefasst: »It is quite possible that there never be a FTAA, as Washington dreams of, which simply perpetuates an unequal relationship.«

Zur Gegenoffensive der Freihandelsabkommen

Nachdem die Pläne einer kontinentalen Freihandelszone vorerst gescheitert waren, vollzog die US-Regierung einen Strategiewechsel. Die USA versuchten nun, durch schnelle Initiativen die Lücke zu schließen, die das Scheitern der kontinentalen Freihandelszone in der Außenhandelspolitik gerissen hatte. Oder, so der damalige US-Handelsbeauftragte Robert Zoellick (zit. nach Financial Times, 21.9.2003): Nachdem sich einige lateinamerikanische Regierungen der

Schaffung einer kontinentalen Freihandelszone mit den USA verweigert hätten, ginge es nun darum, mit den »can do-countries« Abkommen zu schließen. Es handelt sich, mit anderen Worten also um eine »Gegenoffensive der Freihandelsabkommen« mit dem Ziel einer »Balkanisierung des Handels« (Katz 2006: o.S.), der handelspolitischen Zersplitterung Lateinamerikas. Es bleibt offen, ob die US-Regierung das ALCA-Projekt mit diesem Strategiewechsel wirklich zu Grabe getragen hat. Auf der Homepage des US Trade Representative (USTR 2008) firmiert es jedenfalls weiterhin als Freihandelsabkommen, das derzeit verhandelt wird, obwohl die letzte zugehörige Mitteilung aus dem Jahr 2005 stammt. Von daher lässt sich auch nicht eindeutig entscheiden, ob es um eine Revitalisierung oder den Ersatz der ALCA geht.

In den letzten Jahren ist eine Reihe von neuen Abkommen ausgehandelt und unterzeichnet worden. Bilaterale Abkommen existieren nunmehr mit Chile (in Kraft seit 2004), mit Panama und Kolumbien (Ratifizierung im US-Kongress ausstehend) sowie mit Peru (Inkrafttreten 2009). Hinzu kommt DR-CAFTA mit Guatemala, Honduras, El Salvador, Nicaragua, Costa Rica und der Dominikanischen Republik (Ratifizierung in Costa Rica ausstehend). Alle diese Abkommen haben inhaltlich die gleiche Stoßrichtung wie ALCA. Zwar weichen sie zum Teil bei der konkreten Ausgestaltung, insbesondere der handelsbezogenen Abschnitte, voneinander ab. Sie beinhalten jedoch im Kern die Senkung von Zöllen, die Liberalisierung und Deregulierung von Handel, Regelungen zum geistigen Eigentum und zu den Singapur-Themen. In einigen Fällen haben die US-Verhandlungsdelegationen wiederum die Aufnahme protektionistischer Klauseln durchgesetzt, im Falle von DR-CAFTA beispielsweise für die Zuckerindustrie.

Unabhängig davon, ob Zoellick, seine Nachfolgerin Schwab und deren Vorgesetzte glauben, noch zu einer Wiederaufnahme der ALCA-Verhandlungen zu gelangen: Es geht um die Etablierung eines umfassenden Systems von neoliberalen Marktverfassungen in Lateinamerika, gewissermaßen durch die Hintertür. Dabei bedienen sie sich zweier Effekte, die der Abschluss bi- oder minilateraler Freihandelsabkommen zwischen zentralen und (semi-)peripheren Ökonomien auf die unbeteiligten, aber ebenso abhängigen lateinamerikanischen (Nachbar-)Staaten hat:

Erstens können diese Abkommen zu Verschiebungen von Handelsströmen führen. Dies geschieht zum Nachteil der Länder, die keine Freihandelsabkommen abgeschlossen haben. Obwohl selbst viele generell freihandelsbefürwortende Ökonomen bilaterale Verträge zwischen Industrie- und Entwicklungsländern daher als diskriminierend gegenüber Drittstaaten ablehnen (vgl. Dieter 2003: 604), profitiert die US-Regierung von diesem Effekt, um die Regierungen, die nicht zu Verhandlungen bereit sind, innergesellschaftlich unter Druck zu setzen.

Hinzu kommt zweitens das Sprengpotenzial, das von der handelspolitischen Fragmentierung durch Zunahme bi- und minilateraler Abkommen auf bestehende regionale Integrationsprojekte ausgeht. Dieser Prozess zeigt sich an der fortschreitenden Erosion der Andengemeinschaft (vgl. Acosta Puertas 2006). Während Kolumbien und Peru sich durch bilaterale Abkommen stärker an den großen Nachbarn im Norden binden, versuchen Venezuela, Ecuador und Bolivien, eigene regionale Integrationsprojekte voranzubringen. Neben der von Venezuela lancierten, oben bereits erwähnten ALBA umfassen diese u.a. den geplanten Beitritt Venezuelas und Boliviens zum Mercosur.

Die Defensive der sozialen Bewegungen und die Ausnahme Costa Rica

Die Bilanz der jüngsten Entwicklungen seit dem vorläufigen Ende der ALCA-Verhandlungen ist widersprüchlich. Einerseits ist es den Widerstandsbewegungen gegen die US-»Gegenoffensive der Freihandelsabkommen« – mit Ausnahme Costa Ricas – nicht gelungen, deren Verhandlung, Unterzeichnung und Ratifizierung aus eigener Kraft zu verhindern oder auch nur zu verzögern. Im Falle der Verhandlungen über die Assoziierungsabkommen zwischen der EU und den Mercosur- bzw. den zentralamerikanischen Staaten, sind jedoch auch neue Ansätze regionaler Vernetzung entstanden. In diesem Rahmen ist es gelungen, Einfluss auf die jeweiligen Verhandlungen zu nehmen. Welches sind nun die Gründe dafür, dass kein erfolgreicher Widerstand auf der nationalen Ebene organisiert werden konnte?

Zunächst sind Bedingungen für den erfolgreichen Widerstand der ASC gegen die ALCA zu identifizieren, die durch die Strategie der handelspolitischen Zersplitterung seitens der USA weggebrochen sind: Erstens konnte an die kontinentale Vernetzung, die die ASC so erfolgreich gemacht hat, nicht in dem erforderlichen Umfang angeknüpft werden. Denn bei bilateralen Verhandlungen ist kaum eine internationale Vernetzung zu erreichen: Es ist schwierig, gemeinsame Themen zu finden, die die regionalen und lokalen Kämpfe zusammenbringen können, wie es in den 1990er Jahren mit dem Widerstand gegen die Privatisierungen und die Strukturanpassungsmaßnahmen und der Opposition gegen die ALCA der Fall war (Zibechi 2006: 226).

Zweitens war für den Erfolg des Widerstandes gegen die ALCA auch die Haltung verschiedener Mitte-Links-Regierungen von Bedeutung, die den kritischen gesellschaftlichen Kräften näherstanden und dementsprechend auf den Druck der Bewegungen reagierten. Nunmehr wählen die USA mit den »can do-countries« diejenigen Länder aus, deren Regierungen auch zum Abschluss eines Abkommens bereit sind. Deren Regierungen zeichnen sich durch große politische Nähe zu den USA aus. In den Auseinandersetzungen um die Abkommen bildete sich daher eine Frontstellung zwischen nationalen Regierungen und Kritikern heraus. Hinzu kommt, dass sich die Länder, mit denen Abkommen abgeschlossen wurden, in hoher ökonomischer Abhängigkeit von den USA befinden. Für Kolumbien, Panama und die DR-CAFTA-Länder waren im Jahr 2006 die USA sowohl bei den Importen als auch bei den Exporten Haupthandelspartner (vgl. WTO 2007).

All dies trifft auch auf Costa Rica zu. Dass hier dennoch eine breite soziale Bewegung die Ratifizierung des DR-CAFTA-Abkommens fast verhinderte, verlangt eine ausführlichere Betrachtung: Der traditionellen Schwäche der Linken auf parteipolitischer Ebene steht ein ausgeprägtes Bewusstsein der Bevölkerung für die Errungenschaften des costaricanischen Sozialstaats und des öffentlichen Sektors gegenüber. Diese wurden bis in die 1970er Jahre stark ausgebaut und brachten dem Land den Titel »Schweiz Mittelamerikas« ein. Zwar wurde Costa Rica von der Verschuldungskrise im Jahr 1982 hart getroffen, die Umsetzung der neoliberalen Reformen ging jedoch nur langsam voran. Sie erreichte außerdem ein geringeres Ausmaß als in den Nachbarländern, die einer neoliberalen »Schocktherapie« unterzogen wurden (Pérez Sáinz et al. 2004: 55f.). Der Grund hierfür lag im starken sozialen Widerstand, der sich bereits ab Mitte der 1980er insbesondere gegen die Privatisierungen von Staatsunternehmen richtete und an eine lange Tradition zivilgesellschaftlichen Protests anknüpfen konnte.

Die Ratifizierung von DR-CAFTA machte in Costa Rica die Anpassung von 13 nationalen Gesetzen erforderlich. Dazu gehörte auch die Abschaffung des Monopols des staatlichen Telekommunikations- und Elektrizitätsdienstleisters ICE, die zuletzt im Jahr 2000 von einem breiten Bündnis sozialer Bewegungen und zivilgesellschaftlicher Akteure verhindert worden war. Das effizient wirtschaftende Staatsunternehmen wird von vielen Costaricanern als herausragendes Symbol des Sozialstaatsmodells des Landes angesehen (vgl. Sojo 2004). Auch in den Auseinandersetzungen um DR-CAFTA nahm ICE eine prominente Stellung ein. Gleichzeitig ging es um die Verteidigung der Möglichkeit alternativer Modernisierungspfade, wie sie in Costa Rica eine Zeit lang beschritten wurden (vgl. z.B. Mora Jiménez 2006).

Die landesweite Anti-DR-CAFTA-Bewegung setzte sich aus Gewerkschaften, Parteien, zivilgesellschaftlichen Organisationen wie Studierendenverbänden, Umweltorganisationen, Organisationen kleiner und mittlerer Produzenten sowie zahlreichen Einzelpersonen zusammen. Eine Besonderheit war die Dynamik der spontanen Mobilisierung, die zahlreiche politisch weder gebundene noch zuvor aktive Menschen erreichte. Dazu trug die Horizontalität der Bewegung, die sich in basisdemokratischen *Comités Patrióticos* (Patriotischen Komitees) auf lokaler Ebene organisierte, entscheidend bei.

Konfrontiert mit dem Druck, der von dieser Bewegung ausging und der in einer gewaltigen Anti-DR-CAFTA-Demonstration mit mehr als 100.000 Teilnehmern im Februar 2007 seinen Ausdruck fand, versuchte die Regierung im Juli, die Initiative durch die Einberufung eines Referendums über die Ratifizierung wiederzuerlangen. Die bis zur Abstimmung am 7. Oktober erbittert geführte Kampagne polarisierte das Land. Zu dem von den Gegnern erhofften Abstimmungssieg kam es aber letzten Endes nicht: Im Referendum stimmten 51,4% der Teilnehmenden für und 48,6% gegen die Ratifizierung (vgl. Ebenau 2008).

Schlussfolgerungen und Ausblick

Das Beispiel Costa Rica zeigt einerseits, dass es selbst unter den schwierigen gegenwärtigen Bedingungen für die Linke möglich ist, Widerstand gegen Freihandelsabkommen zu leisten. Dass es überhaupt zu einer derartigen Auseinandersetzung gekommen ist – gegen die Politik der einheimischen und der US-Regierung, ebenso wie gegen den größten Teil des nationalen Exportsektors – ist bereits als Erfolg für die costaricanische Widerstandsbewegung zu verbuchen. Diese Bedeutung wird dadurch unterstrichen, dass es sich um das erste Referendum in der Geschichte Costa Ricas handelte und dass es weltweit das bisher einzige ist, in dem die Bevölkerung eines Landes über ein Freihandelsabkommen befragt wurde. Deutlich werden jedoch gleichzeitig die Schwierigkeiten, mit denen sich die freihandelskritischen Akteure zurzeit konfrontiert sehen. Dass es nicht gelungen ist, die Ratifizierung von DR-CAFTA zu verhindern, zeigt, dass regionale Vernetzung gegenwärtig unverzichtbar ist, um der neoliberalen Freihandelspolitik von USA und EU etwas entgegenzusetzen.

Freilich ist die »Gegenoffensive der Freihandelsabkommen« derzeit auch in den USA selbst ins Stocken geraten: Erstens ist im Juli 2007 die so genannte *fast track negotiating authority* des Präsidenten ausgelaufen, die die Mitwirkungsmöglichkeiten der Legislative stark einschränkte. Zweitens blockiert die demokratische Mehrheit im Kongress derzeit die Ratifizierung der Abkommen mit Panama und Kolumbien, letzteres auch unter Berufung auf die Verletzung von Menschen- und Grundrechten von Gewerkschaftern und Oppositionellen. Dies wird z.B. von der kolumbianischen freihandelskritischen Bewegung durchaus als Erfolg wahrgenommen (RECALCA 2008).

Auf die US-Demokraten zu setzen, ist aber eine ambivalente Strategie. Diese sind nämlich in den meisten Fällen keine Anwälte der lateinamerikanischen Länder, sondern vielmehr von protektionistischen Interessen in den USA. Auch sind sie über die Frage von Freihandelsabkommen generell gespalten (vgl. Citizens Trade Campaign 2007). Wie nachhaltig ein solches Bündnis für die lateinamerikanischen linken Organisationen und Bewegungen wäre, ist daher fraglich.

Letztlich muss es darum gehen, eigenständiges Widerstandspotenzial zu entwickeln. Die harten Auseinandersetzungen um ALCA, DR-CAFTA und anderen Abkommen haben Lern- und Organisierungsprozesse angestoßen. Die freihandelskritischen Akteure sind für zukünftige ähnlich gelagerte Konflikte wachsamer geworden und haben versucht, durch Vernetzung an die Erfolge der Mobilisierung gegen ALCA anzuknüpfen. Hier ist vor allem die regionale Vernetzung zwischen den sozialen Bewegungen zwischen der EU und Lateinamerika im Rahmen des *Enlazando Alternativas*-Prozesses ab dem Jahr 2004 zu nennen. Die sozialen Bewegungen waren dabei erfolgreich, auf die Inhalte in den interregionalen Abkommen hinzuweisen, die die EU mit ihren lateinamerikanischen Partnern aushandelte (REBRIP 2004). So trug das Netzwerk zum Scheitern des EU-Mercosur-Assoziierungsabkommens bei. Und während DR-CAFTA noch ohne gesellschaftliche Partizipation ausgehandelt wurde, sind das Misstrauen in der Bevölkerung und die Organisations- und Vernetzungskapazität der freihandelskritischen Sektoren in Zentralamerika stark gewachsen (Huhn/Löding 2007: 7). Im April 2008 unterschrieben die an den Verhandlungen über ein Assoziierungsabkommen mit der EU beteiligten zentralamerikanischen Regierungen und CC-SICA – eine regionale Plattform von Gewerkschaften und anderen zivilgesellschaftlichen Organisationen – eine Partizipationsvereinbarung. Das Abkommen etabliert erste Partizipationsmechanismen: Es sieht für die Mitgliedsorganisationen von CC-SICA die Möglichkeit zum direkten Kontakt mit der Verhandlungsführung und zur Teilnahme an den Vorbereitungen der zentralamerikanischen Delegationen sowie eine Rechenschaftspflicht gegenüber der Plattform vor (FUNPADEM 2008). Zwar ist umstritten, inwiefern das Abkommen eine wirkliche Einflussnahme auf die Inhalte des Abkommens ermöglichen wird, es ist jedoch ein Beleg für die gestiegene gesellschaftliche Wachsamkeit.

Die Frage, ob die ALCA vielleicht doch wieder auf die politische Tagesordnung kommen könnte, hängt vor allem von der Entwicklung der alternativen Integrationsprojekte in Südamerika ab. Beide regionalen Gegenprojekte – die ALBA und der Mercosur – sind derzeit Spannungen unterworfen oder haben eine begrenzte Reichweite: Zwar vereint die ALBA mittlerweile Venezuela, Bolivien, Kuba, Nicaragua und die Inselrepublik Dominica. Neben der Kooperation von Staatsunternehmen und Handelserleichterungen baut das Abkommen im Kern auf einen solidarischen Tauschhandel von Energieressourcen gegen Waren und Dienstleistungen (vgl. Fritz 2007). Doch ihr Charakter als flexibles Rahmenabkommen lässt es offen, ob die Schaffung eines dauerhaften Integrationsraums gelingt (Burges 2007: 1345ff.). Dagegen weist der Mercosur eine längerfristige Integrationsgeschichte auf. Diesem Projekt mangelte es jedoch lange Zeit an einer sozialen Dimension. Zwar wurden die ersten Schritte zur Korrektur mit der Einführung des Fondo para la Convergencia Estructural del Mercosur mit dem bisher geringen Umfang von 100 Mio. US-Dollar gegangen. Die andauernden Konflikte der Mitgliedstaaten stellen sogar die Vertiefung des Integrationsprozesses in Frage (Schmalz 2008: 184ff.). Die Weiterentwicklung wird maßgeblich von zwei Faktoren abhängen: zum einen, ob die brasilianische und venezolanische Regierung es schaffen werden, ein gemeinsames Integrationsprojekt für Südamerika zu formulieren; zum anderen, ob die sozialen Bewegungen ihre Anliegen in diesen Prozess mit einbringen und als regionales Bindeglied agieren werden. Doch selbst wenn ein solches Projekt erfolgreich sein könnte, zeichnet sich derzeit eine neue Gefahr ab: Die dauerhafte Spaltung Lateinamerikas in einen Teil, der Mittelamerika und Teile des Andenraums umfasst und sich durch Abkommen mit den Zentren integriert, während sich der andere Teil, die Mercosur-Länder Venezuela, Bolivien und Ecuador, immer stärker vom Norden abkoppelt.

Literatur

Acosta Puertas, Jaime (2006): La desintegración andina, in: Nueva Sociedad 35:4, S. 4-13.

Alianza Social Continental (2003): Alternatives for the Americas. Vierte Auflage, in: www.cptech.org/ip/ftaa/FTAAAlternative2003E.pdf (Zugriff: 12.8.2006).

Berrón, Gonzalo (2008): Social Movements Strategies and Integration of Peoples, in: Global Social Policy 7:3, S. 267-269.

Burges, Sean W. (2007): Building a global southern coalition: the competing approaches of Brazil's Lula and Venezuela's Chávez, in: Third World Quaterly 28:7, S. 1343-1358.

Calcagnotto, Gilberto (2005): Die Rolle Brasiliens im Kampf mit den USA um die Vormachtstellung in Südamerika, in: Gmelch, Nadja/Kopyciok, Antje/Meyer, Andreas (2005) (Hrsg.): Frei Handeln in den Amerikas. Entwicklung und Perspektiven gegenwärtiger Integrationsprojekte, München, S. 263-290.

Campanha Nacional contra a ALCA (2002) (Hrsg.): Soberania sim, ALCA não. Análises e Documentos, São Paulo.

Carranza, Mario Esteban (2000): South American Free Trade Area or Free Trade Area of the Americas? Open regionalism and the future of regional economic integration in South America, Aldershot et al.

Citizens Trade Campaign (2007): Media Release: Freshman Senators Stand Against Modified NAFTA Expansion. Politics of Pushing Trade Agreements Reflected in: Peru Trade Vote of New Members, www.citizenstrade.org/pdf/CTC_Senate_Peru_4.pdf [25.4.2008].

Cumbre de los Pueblos de América (2005): Diez razones para decirle NO al ALCA, Sábado 30 de julio de 2005, in: www.cumbredelospueblos.org/article.php3?id_article=35 [25.4.2008].

Dieter, Heribert (2003): Die Demontage der multilateralen Wirtschaftsordnung durch die Dritte Welle des Regionalismus, in: Prokla. Zeitschrift für kritische Sozialwissenschaft 33:4, S. 599-624.

Ebenau, Matthias (2008): Ausnahme Costa Rica: Soziale Bewegungen gegen CAFTA, in: Z. Zeitschrift Marxistische Erneuerung 19:1, S. 164-176.

EHLCA (2002): Consenso de Havana, 16.11.2001, in: Campanha Nacional contra a ALCA (Hrsg.), S. 161-170.

EU-Kommission (2008): EU-Mercosur Bilateral Trade with the world, http://trade.ec.europa.eu/doclib/docs/2006/september/tradoc_113488.pdf [11.5.2008].

Fritz, Thomas (2007): ALBA contra ALCA. Die Bolivarianische Alternative für die Amerikas: ein neuer Ansatz regionaler Integration in Lateinamerika, Berlin.

FUNPADEM – Fundación para la Paz y Democracia (2008): Sociedad civil y gobiernos centroamericanos sellan mecanismo de participación en las negociaciones del AdA UE-CA, www.funpadem.org [2.5.2008].

Huhn, Sebastian/Löding, Torge (2007): Zentralamerika: Sozialer Konflikt um CAFTA und seine Folgen, Hamburg.

Jakobsen, Kjeld (2002): Ao Menos seis Boas Razões para rejeitar a ALCA, in: Campanha Nacional contra a ALCA (Hrsg.), S. 105-136.

Katz, Claudio (2006): El torbelino de la integración, http://www.cadtm.org/spip.php?article1988 [7.4.2008].

Lohbauer, Christian (2002): Die Panamerikanische Freihandelszone (ALCA): Perspektive der Herausforderung für Brasilien, in: Lohbauer, Christian/Pérez-Toro, José Alberto (Hrsg.): Die Vorbereitung der Amerikanischen Freihandelszone (ALCA). Herausforderungen und Strategien aus der Sicht Brasiliens und der Andengemeinschaft. Europa – América Latina. Analysen und Berichte Nr. 10, Rio de Janeiro, S. 7-28.

Malcher, Ingo (2005a): Freihandel, Einflusszonen und Alternativen, in: Badziura, Alexander et. al. (Hrsg.): Hegemonie – Krise – Krieg. Widersprüche der Globalisierung in verschiedenen Weltregionen, Hamburg, S. 126-139.

Malcher, Ingo (2005b): Der Mercosur in der Weltökonomie. Eine periphere Handelsgemeinschaft in der neoliberalen Globalisierung, Baden-Baden.

Moniz Bandeira, Luiz Alberto (2006): Brazil as a Regional Power and Its Relations with the United States, in: Latin American Perspectives, 22:3, S. 12-27.

Mora Jiménez, Henry (2006): Costa Rica: Nuevos Horizontes para un Proyecto Nacional Alternativo, www.fcs.una.ac.cr/fcs/documentos/nuevos_horizontes.pdf [4.5.2008].

Negotiation-Group of the FTAA on Investment (2001): FTAA – Free Trade Area of the Americas First Draft FTAA Agreement – July 3, 2001, Chapter on Investment, www.ftaa-alca.org/FTAADraft/WordDocs/draft_e.doc [10.5.2008].

Negotiation-Groups of the FTAA (2002): FTAA – Free Trade Area of the Ameri-

cas. Second Draft FTAA Agreement – November 1, 2002, www.ftaa-alca.org/ftaadraft02/draft_e.asp [10.5.2008].
Nogueira Batista jr., Paulo (2005): O Brasil e a Economia Internacional. Recuperação e Defesa da Autonomia Nacional, Rio de Janeiro.
Pérez Sáinz, Juan/Andrade-Eekhoff, Katharine/Bastos, Santiago/Herradora, Michael (2004): La estructura social ante la globalización. Procesos de reordenamiento durante la década de los 90. San José.
Pijl, Kees van der (1999): Transnational Classes and International Relations, London/New York.
REBRIP (2004): MERCOSUL – União Europeia. Nos Passos da ALCA, Rio de Janeiro.
RECALCA – Red Colombiana de Acción frente al Libre Comercio y al TLC (2008): Congelación del TLC. Triunfo de sectores progresistas, www.recalca.org.co/AAtlccolombia/080415_triunfo_Bquilla.htm [11.5.2008].
Ricupero, Rubens (2003): A ALCA, São Paulo.
Rösler, Peter (2004): Investitionen ausländischer Unternehmen in Lateinamerika, Brennpunkt Lateinamerika 7:23.
Saguier, Marcelo I. (2007): The Hemispheric Social Alliance and the Free Trade Area of the Americas Process: The Challenges and Opportunities of Transnational Coalitions against Neo-liberalism, in: Globalizations 4:2, S. 251-265.
Schmalz, Stefan (2008): Brasilien in der Weltwirtschaft. Die Regierung Lula und die neue Süd-Süd-Kooperation, Münster.
Sojo, Carlos (2004): Lineas de tensión. Gestión política de la reforma económica. El Instituto Costarricense de Electricidad (ICE) y la privatización de empresas públicas. Santiago de Chile.
USTR (2008): USTR – Free Trade Area of the Americas Press Releases, www.ustr.gov/Trade_Agreements/Regional/FTAA/Press_Releases/Section_Index.html [07.5.2008].
Vigevani, Tullo/Mariano, Marcelo Passini (2004): Alca Light, in: Política Externa 13:2, S. 45-52.
WTO (2007): Trade profiles, http://stat.wto.org/CountryProfile/WSDBCountryPFReporter.aspx?Language=E [25.4.2008].
Zibechi, Raúl (2006): Movimientos sociales: nuevos escenarios y desafíos inéditos, in: Observatorio Social de América Latina 7:3, S. 221-230.

Ingo Malcher

Annäherungen an den Linksperonismus

Der Peronismus – eine »ambivalente Klassenallianz«

In seiner Untersuchung über den Peronismus in Argentinien arbeitet Ricardo Sidicaro (2002) heraus, wie die Bewegung in drei historischen Epochen drei unterschiedliche Regierungsprogramme aufgelegt hat. Sidicaro (2002: 55ff.) definiert den ersten Peronismus an der Regierung mit Juan Domingo Perón als Präsidenten (1946-1955) als staatsinterventionistisch und auf Klassenkonsens ausgerichtet. Den zweiten Peronismus mit den Präsidenten Héctor José Cámpora, Juan Domingo Perón und María Estela Martínez de Perón (1973-1976) als bürokratisch, pragmatisch und zu Zugeständnissen bereit (Sidicaro 2002: 103ff.). Den dritten Peronismus von Carlos Menem (1989-1999) bezeichnet er als neoliberalen Peronismus (Sidicaro 2002: 143ff.). Eine erweiterte Neuauflage des Buches liegt noch nicht vor, die auch den vierten Peronismus von Néstor Kirchner (2003-2008) und der gegenwärtigen Präsidentin Christina Fernández de Kirchner (ab 2008) einbeziehen würde. Der ideologische Bogen des Regierungs-Peronismus war also stets weit gespannt. Zutreffend definieren Dieter Boris und Peter Hiedl (1978: 71) den Peronismus als »ambivalente Klassenallianz«. Bilanzierend kommen sie für die erste peronistische Regierung zu dem Schluss: »Obwohl für eine autonome kapitalistische Entwicklung konzipiert, ist ihr sozialer Träger die argentinische Arbeiterklasse; obwohl gegen die Agraroligarchie gerichtet, bleibt sie abhängig von deren Akkumulationskraft; obwohl gegen das Auslandskapital gewandt, kommt es in den letzten Jahren der Regierungszeit Peróns zu Konzessionsverträgen mit US-Gesellschaften, die dessen Auslandskapitalien erneut Zugang zu den nationalen Ressourcen ermöglichen; obwohl auf Massenunterstützung der Arbeiterbewegung basierend, wird die Regierung Perón ohne großen Widerstand durch einen Militärputsch abgelöst.« (ebd.: 76) Das Programm des Peronismus ist für Boris/Hiedl (1978: 77) jedoch die Folge der »konkret-historischen Situation Argentiniens im Verlaufe des zweiten Weltkrieges« und spiegelt für sie die Notwendigkeit wider, »tiefgreifende soziale und ökonomische Anpassungsprozesse vollziehen zu müssen« (ebd.). Der Peronismus von 1949-1955 kann definiert werden als eine »Form von Klassenkoalition zwischen Arbeitern und städtischer Bourgeoisie mit dem Ziel der Entwicklung eines relativ autonomen kapitalistischen Systems« (ebd.). Eine Beschreibung, die angewandt auf das Modell von Kirchner/Fernández noch immer Gültigkeit hat. Doch eine allgemeingültige Definition, die über die unterschiedlichen Epochen hinweg Bestand hätte, ist unmöglich. Spätestens seit den 1960er Jahren ist der Peronismus durch die Formierung der Studierendenbewegung tief gespalten. Zuvor hatte bereits der Theoretiker John William Cooke ein marxistisches Programm zur nationalen Befreiung für die Peronisten vorgelegt (vgl. Briefwechsel Cooke/Perón 1972). Die 1960er und 1970er Jahre waren die Zeit des Linksperonismus mit theoretischen Zeitschriften wie *Pasado y Presente* und *Envidado* (vgl. Burgos 2004; Anguita/Caparrós 2006). Linksperonismus[1] wurde gedacht als nationalistische Befreiungsbewegung (»Patria Socialista«). Trotz ihrer Spaltung hat keine politische Bewegung Argentinien seit der zweiten Hälfte des 20. Jahrhunderts derart geprägt wie der Peronismus. Die peronistischen Regierungen wurden unterbrochen durch Militärregierungen und Regierungsphasen der bürgerlichen *Unión Cívica Radical (UCR)*. Spätestens seit der Präsidentschaft von Néstor Kirchner (2003-2008) erlebt der Linksperonismus eine Renaissance. Kirchner und nach ihm Fernández setzen auf eine stärkere Umverteilung des gesellschaftlichen Reichtums, stärken die staatliche Regulierung, re-verstaatlichen Unternehmen (etwa *Correo Argentino*) oder gründen neue Staatsunternehmen (z.B. *Energía Argentina S.A. – ENARSA*). Beide setzen sich stark auf dem Gebiet der Menschenrechte ein. Unter Kirchner wurden die Amnestiegesetze gekippt, die den Militärs der vergangenen Militärdiktatur (1976-1983) Straffreiheit zusicherten. Beide stärkten die Macht der Gewerkschaften und integrierten soziale Bewegungen. Darüber hinaus will Kirchner die *Partido Justizialista (PJ)* in die Sozialistische Internationale eingliedern und sie zur »Partei der Menschenrechte« machen (Página 12, 2.3.2008: 8f.).

Die Dekade des Linksperonismus 1966-1976

Peronismus und Revolution

Die Entstehung des Peronismus ab 1945 ist als die Konsequenz der politischen und sozialen Verhältnisse in Argentinien zu interpretieren. Es war der Peronismus, welcher der Arbeiterbewegung nicht nur eine starke Stimme verliehen hat,

---

[1] Eine umfassende Darstellung des Linksperonismus würde den Rahmen eines solchen Artikels sprengen, es werden daher nur bestimmte Aspekte dieser Bewegung behandelt. Für die verschiedenen Organisationen und ihr Handeln sei verwiesen auf die umfassende Untersuchung von Anguita/Caparrós (2006) und die Galimberti-Biografie von Larraquy/Caballero (2001); für das theoretische Denken des Linksperonismus auf Burgos (2004) und die von Eduardo Luis Duhalde herausgegebene Gesamtausgabe der Schriften von John William Cooke (2007a; 2007b, weitere Bände im Erscheinen).

sondern auch die Regierung bildete, der Oligarchie Grenzen setzte und eine Sozialgesetzgebung durchsetzte. Murmis/Portantiero (2004: 138) arbeiten heraus, dass ab 1943 und spätestens ab 1947 mit dem Entstehen des Peronismus sich die ersten Massengewerkschaften herausbilden, die an den Staatsapparat angebunden sind. Diese historische Erfahrung der argentinischen Arbeiterbewegung und die Verankerung des Peronismus als die einzige gewerkschaftliche Kraft in der *Confederación General de los Trabajadores (CGT)* und ihren 62 Organisationen hat den Peronismus als politische Kraft bis heute am Leben erhalten und ihn zur einflussreichsten politischen Macht der zweiten Hälfte des 20. Jahrhunderts gemacht. Denn der Peronismus »war immer mehr Bewegung als Partei«.[2] Im Jahr 1955 wurde die erste peronistische Regierung gestürzt, Perón floh ins Exil, seine Partei wurde verboten.[3] Ab den 1960er Jahren schließen sich auch linke Studierende den Peronisten an. Als am 28. Juni 1966 die Militärs unter Führung von General Juan Carlos Onganía gegen die Regierung von Präsident Arturo Illia putschten, provozierten sie damit auch den Widerstand der Studierenden und Arbeiter und riefen die linksperonistische Guerilla *Montoneros* auf den Plan, die einerseits die Diktatur bekämpfte, andererseits Peróns Rückkehr zu erzwingen versuchte.

Juan Domingo Perón lebte zu dieser Zeit in Madrid im Exil, wo er regelmäßig Abordnungen aus Argentinien empfing und seiner Bewegung Anweisungen erteilte. Nicht wenige seiner Besucher glauben damals an die soziale Revolution in Lateinamerika. Die Revolution war zu dieser Zeit auf dem Kontinent mehr als nur eine Utopie. Das kleine sozialistische Kuba konnte sich trotz aller Anfeindungen gegen die USA behaupten. In Peru war mit General Juan Velasco (1968-1975) ein Mann an die Macht gekommen, der eine radikale Agrarreform einleitete. In Bolivien versuchte der Sozialist Juan José Torres (1970-1971) im Präsidentenamt, die Verhältnisse zu ändern und 1970 wurde in Chile der Sozialist Salvador Allende zum Präsidenten gewählt. Auch innerhalb der Peronisten begannen sich die Dinge zu verändern. Die Studierendenbewegung formierte sich von dieser Zeit an und forderte die Gewerkschafter innerhalb der Bewegung ideologisch heraus (James 2005: 297ff.).

---

[2] Dieter Boris im persönlichen Gespräch mit dem Verfasser.

[3] Auf eine umfassende biografische Abhandlung von Juan Domingo Peróns Leben wurde hier aus Platzgründen ebenso verzichtet, wie auf eine Bearbeitung und Interpretation seiner Schriften. Umfassend sind die Perón-Biografien von Galasso (2005) und Luna (1992); auf Perón und sein Denken geht González (2007) ein.

Theorie und Praxis der Befreiung: John William Cooke

John William Cooke war einer der wichtigsten Theoretiker des Linksperonismus.[4] Nach Peróns Sturz im Jahr 1955 ernannte Perón Cooke im Falle seines Todes zu seinem Nachfolger (Cooke/Perón 1972, Bd. I: 25). Von der Polizei permanent verfolgt, zog Cooke schon 1959 nach Kuba, wo er zum Unterstützer der Revolution wird. Praktisch und theoretisch versuchte Cooke den kubanischen Sozialismus mit dem argentinischen Peronismus zu vereinen, mit seiner Hilfe wurden zahlreiche Jungperonisten in Kuba zu Guerilleros ausgebildet. Cookes Annäherungsversuche an Kuba gingen so weit, dass er in Briefen Perón aufforderte, sich öffentlich für Kuba einzusetzen und sein Exil auf die Karibikinsel zu verlegen, was der General aber ablehnte. Dennoch versuchte Cooke den intellektuellen Spagat. Im Interview mit der argentinischen Zeitschrift *Che* (8.9.1961) unterstreicht Cooke eine Gemeinsamkeit zwischen dem kubanischen Sozialismus und dem argentinischen Peronismus: »Als Perón sagte, dass die kubanische Revolution ›unseren Stempel‹ trägt, arbeitete er heraus, dass es die antiimperialistische Wurzel und die soziale Gerechtigkeit sind, die uns verbinden«.[5] Zurück in Argentinien versuchte Cooke, in seiner *Acción Peronista Revolucionaria* die Gedanken von Perón und das Denken und Wirken von Ernesto »Che« Guevara zu fusionieren. Cooke starb im September 1968. Ab 1971 wurden seine Schriften in Argentinien intensiv studiert.

Als Intellektueller war Cooke ein wichtiger Briefpartner für Perón (vgl. Cooke/Perón 1972; Cooke 2007a und b). In seiner Schrift *Peronismo y revolución* (1967) warf er jedoch der argentinischen Arbeiterbewegung vor, keine adäquate Theorie ihrer Lage in der momentanen historischen Situation zu haben. Doch er erklärte auch, was ihn als Revolutionär mit der peronistischen Bewegung verbindet: »Perón ist der höchste Wert der demokratisch-bürgerlichen Politik in Argentinien. Er ist ein Prämarxist, der aus Intelligenz und Weisheit den Weg einschlagen wird, den die Geschichte vorgibt und er sympathisiert mit den Kräften, welche die Zukunft repräsentieren. Dies bedeutet nicht, dass er in diesem Moment dazu berufen ist, eine revolutionäre Politik zu entwerfen, die verstanden wird als Einheit von Theorie, Organisation und Kampfmethoden.« Und auch den Personenkult um Perón verteidigt Cooke.

---

[4] John William Cooke wurde am 14. November 1920 in La Plata, der Hauptstadt der Provinz Buenos Aires, geboren. Sein Vater Juan Isaac Cooke entstammt aus einer irischen Einwandererfamilie, studierte Jura und wurde sehr jung ins Abgeordnetenhaus gewählt. Kurzer Abriss zu Cookes Leben und Werk, vgl. Basualdo 2007: 148-151; zu Cooke als Theoretiker vgl. González 2004.

[5] Nachgedruckt in: Verano12, Beilage zur Tageszeitung Página12, 16.2.2006: 1-4.

Studierendenbewegung und »Nationale Lehrstühle«

Als am 29. Mai 1969 die Arbeiter der Automobilindustrie in Córdoba für höhere Löhne streikten, schlossen sich ihnen die Studierenden an. Es folgte eine dreitägige Straßenschlacht, 30 Menschen starben beim so genannten Córdobazo, hunderte wurden festgenommen. Es war einer der ersten Momente des studentischen Widerstands gegen die Militärregierung von General Ongonía, bei dem sich Studierende und Arbeiter verbündet hatten. Nach dem »Córdobazo« schlossen sich Jugendliche aus Mittelklassefamilien den peronistischen Organisationen an, angezogen vom Antiimperialismus und dem Nationalismus der Bewegung (vgl. James 2005: 318).

Auch die Universitäten wurden von den Militärs gesäubert, da die Universität in Onganías autoritärem Entwicklungsprojekt eine wichtige Rolle spielen sollte. Schon kurz nach dem Putsch schränkte der Diktator mit dem Gesetz 16.912 die universitäre Autonomie ein und verbot jegliche politische Aktivität auf dem Campus. Der Rektor und die Dekane der *Universidad de Buenos Aires (UBA)* traten daraufhin von ihren Ämtern zurück (Anguita/Caparrós 2006, Bd. I: 157).

Doch paradoxerweise setzte die Militärregierung nach der Säuberung der Universitäten mit Justino O'Farrel und Gonzalo Cárdenas zwei progressive Professoren an der *Facultad de Filosofía y Letras* der *Universidad de Buenos Aires* ein. Gemeinsam führten sie mit den »Cátedras Nacionales« eine neue Art der Lehre ein. Anguita und Caparros (2006, Bd. II: 44) beschreiben sie folgendermaßen: »Die Nationalen Lehrstühle [...] waren verlockend, weil sie das rebellische politische Klima der damaligen Zeit in die universitäre Ausbildung holten. Das zentrale Thema war die ›nationale Befreiung‹. Es wurde davon ausgegangen, dass die europäische intellektuelle Tradition für periphere Länder modifiziert werden musste, weil diese mit einer anderen Wirklichkeit konfrontiert seien. [...] Und es gab eine philosophische Strömung, die versuchte, die Sozialwissenschaften als etwas zu denken, das mit den Kämpfen der Arbeiterklasse und den Traditionen und Texten des Peronismus zusammenhing. Sie wollte genau dort über den Marxismus hinausgehen, wo dieser eurozentristisch und dogmatisch war.« Horacio González, gegenwärtig Direktor der Nationalbibliothek, war damals Mitarbeiter bei O'Farrel. Er erinnert sich: »Wir hatten damals mit den Nationalen Lehrstühlen fast die gesamte Fakultät in unserer Hand [...]. Für die Militärs war das kaum zum aushalten: Wir nahmen die Prüfungen in einer anderen Art und Weise ab, lasen Mao Tse-tung, wir unterstützten die Guerilla und waren gegen Onganía.«[6]

In seinen Seminaren behandelte González das Denken und Wirken von Juan Domingo Perón, vor allem die soziale Praxis und die Erfahrungen des Kampfes

[6] Interview geführt in Buenos Aires, 2.11.2006.

der Arbeiterklasse, weniger die Folklore der Bewegung und ihren Personenkult. González versuchte damals, Perón mit den Überlegungen des italienischen Marxisten Antonio Gramsci vertraut zu machen. Dabei verglich er Peróns Schrift *Apuntes de la historia militar* (1935), in der es um Schlachten, militärische Führung und den Befehlshaber geht, mit Gramscis *Gefängnisheften*, in denen der Italiener unter anderem das Konzept des Stellungskrieges entwickelte, mit dem die gesellschaftliche Hegemonie in westlichen Ländern erobert werden sollte. González gesteht heute ein: »Es war unmöglich Gramsci, so wie ich ihn heute sehe, mit Perón zu vereinen.«[7] Aber damals versuchten die »Nationalen Lehrstühle«, den Peronismus mit dem Marxismus zu verbinden. Für viele linke Studierende und Wissenschaftler war der Peronismus nicht zuletzt deshalb attraktiv, weil die Peronisten Zugang zur Arbeiterbewegung und zu den unteren Klassen der Gesellschaft hatten. Die direkte politische Aktion und Wissenschaft wurden zusammengedacht. Für seine Gruppe *Movimiento Revolucionario Peronista (MRP)* war González in einem Armenviertel in Bajo Flores aktiv. Für die Entstehung des Linksperonismus ist daher zum einen der privilegierte Zugang zur Arbeiterbewegung durch den Peronismus und zum anderen das Konzept eines lateinamerikanischen Weges zur politischen und wirtschaftlichen Autonomie wichtig.

Montoneros – »Soldados de Perón«

Wenn es das Verhältnis sozialer Bewegungen und Gewerkschaften für die Ausgestaltung linker Politik zu untersuchen gilt, muss auf die linksperonistische Guerilla der *Montoneros* in Argentinien eingegangen werden, da sie eine der schlagkräftigsten Organisationen des Kontinents war. Doch organisatorische Erfolge wurden durch die Logik der Gewalt zerstört. Der Kampf um Hegemonie wurde nicht erst seit dem Putsch 1976, der die blutigste argentinische Militärdiktatur einläutete, vor allem mit Waffengewalt geführt.

Die *Montoneros* betraten am 29. Mai 1970 erstmals die politische Bühne, als sie den General Pedro Eugenio Aramuru entführten und ermordeten. In ihrem Bekennerschreiben vom selben Tag titelten sie: »Perón kommt zurück.« (zit. n. Caballero/Larraquy 2000: 105f.) Sie knüpften damit an den nationalistischen Ton der peronistischen Bewegung und deren Kult um die Person Perón an. Zu dieser Zeit waren die *Montoneros* noch ein kleiner verschworener Kreis, angeführt von Abal Medina, Mario Firmenich und Carlos Ramus, die gemeinsam in der *Juventud Estudiantil Católica* aktiv gewesen waren.

Die *Montoneros* suchten den Kontakt zu Perón und übermittelten ihm über den Chef der peronistischen Jugendorganisation *JAEN*, Rodolfo Galimberti, ein

---

[7] Interview geführt in Buenos Aires, 2.11.2006.

Schreiben. Darin hieß es: »Der einzig mögliche Weg, damit das Volk die Macht übernimmt und einen nationalen Sozialismus aufbaut, ist der totale revolutionäre Krieg, der als zentrale Achse und Antrieb den Peronismus hat. Die Methode hierfür ist der Krieg der urbanen und ländlichen Guerillas.« In seiner Antwort war Perón wesentlich überlegter als die *Montoneros* und zeigte, dass er wesentlich mehr von Gramscis Hegemoniekonzept verstand als die jungen Guerilleros. Nach Perón (zit. n. Larraquy/Caballero 2000: 129) müssten die »legalen Organisationen« in den Widerstand eingebunden werden, um die »öffentliche Meinung« zu beeinflussen, allein mit Gewalt könne man nicht siegen. Um die öffentlich arbeitenden Gruppen zu schützen, sollten die *Montoneros* sich unabhängig von ihnen bewegen. Vor allem aus den Universitäten stießen neue Guerilleros zu den *Montoneros*. Mit ihnen konkurrierten um Mitglieder die *Fuerzas Armadas Revolucionarias* (FAR), geführt von Roberto Quieto, einem Bewunderer von Che Guevara, die von Cooke inspirierten *Fuerzas Armadas Peronistas* (FAP), die *Fuerzas Armadas de la Liberación* (FAL) und das trotzkistische *Éjercito Revolucionario del Pueblo* (ERP).

Es gelang den *Montoneros,* sich eine Massenbasis in der peronistischen Bewegung aufzubauen. Bis 1973 legten die *Montoneros* zahlenmäßig stark zu. Gillespie (1987) schätzt, dass die *Montoneros* am Ende etwa 5.000 aktive Mitglieder hatten, 3.000 davon waren bewaffnet.

Doch die Gewerkschaften und die jungen Peronisten kamen nur zwischenzeitlich zusammen. Ende der 1960er, Anfang der 1970er Jahre fühlte sich die Führung der inzwischen wieder legalisierten CGT von den Studierendenaktivisten und den Linksperonisten stark angegriffen, politisch zunehmend isoliert und physisch bedroht (James 2005: 318). Mit der Ermordung von Augusto Vandor im Juli 1969 begann die Guerilla, zahlreiche Gewerkschaftsführer zu töten. Zum Drama kam es bei der Rückkehr Peróns nach 18 Jahren Exil am 20. Juni 1973. Rechte Peronisten eröffneten am internationalen Flughafen von Ezeiza das Feuer auf Linksperonisten. Die Zahl der Toten wird auf über 100 geschätzt.

Ihre Gewalt hat sich verselbstständigt, doch ihr Wirken hatte konkrete Folgen. Der Historiker Gillespie (1987: 145) bilanziert: »Dadurch, dass die Guerillas ein Klima der Unabhängigkeit und sozialen Unordnung gestiftet haben, haben sie ohne Zweifel die Entscheidung der Militärs beschleunigt, sich in die Kasernen zurückzuziehen und eine politische Lösung für die argentinische Krise zu finden.« Diese Lösung für die politische Krise waren die Wahlen. Am 11. März 1973 durften die Argentinier nach Jahren der Diktatur wieder wählen. Auch die Peronisten waren zugelassen.

Als der peronistische Wahlsieger Héctor Campora am 25. Mai 1973 seinen Amtseid leistete, waren die *Montoneros* eine starke militärisch-zivile Organisation, die ohne weiteres dazu in der Lage war, Zehntausende von jungen Menschen zu mobilisieren. Sie hatte direkten Einfluss auf zahlreiche Provinzregierungen, im Parlament saßen ihre eigenen Abgeordneten, ihre Stimme zählte in der Arbeiter- und in der Studierendenbewegung. In Fabriken dominierten *Montoneros* zahlreiche Betriebsräte, selbst in den Slums konnten sie politisch Fuß fassen. Sie kümmerten sich dort vor allem um den Alltag, setzten sich etwa für neue Ampeln, Schulgebäude und Volksküchen ein. Aber ausgerechnet diejenigen, die den *Montoneros* das intellektuelle Feld bereiteten, spalteten sich ab: die Organisatoren der »Nationalen Lehrstühle«. Horacio González erinnert sich: »Es ging schlecht auseinander zwischen uns und den *Montoneros*. In dieser Zeit ist die theoretische Debatte untergegangen. Wir lasen das Papier der *Montoneros* und es war ein Papier, aus dem ein sehr primitiver Marxismus sprach, der uns nicht überzeugte.«

Die brutale Repression der Diktatur ab 1976 setzte dem bewaffneten Kampf ein Ende. Tausende Mitglieder von linken Organisationen wurden verhaftet, gefoltert und ermordet. Bereits im Jahr 1975 waren die bewaffneten Organisationen geschlagen. Im Jahr 1975 intensivierten sie ihre Angriffe, doch ihre Analyse ging komplett an der Realität vorbei. Die revolutionären Organisationen wollten nicht erkennen, dass ein großer Teil der sozialen Bewegungen sich von ihnen abgewendet hatte. Ihrer Lesart nach bereitete die Krise der Regierung von Präsidentin María Estela Martínez de Perón den Boden für einen revolutionären Umsturz. Der nächste Schritt im Kampf wäre die Erhebung der Massen gegen die Machthaber, und dieser Aufstand würde sich dann nicht mehr auf eine Stadt oder eine einzelne Fabrik beschränken, sondern auf das ganze Land. Es brauche daher eine militärische Avantgarde, die vorausging. Doch der Aufstand blieb aus (Novaro/Palermo 2003: 67ff.).

Renaissance des Linksperonismus unter Kirchner/Fernández?

Während der ökonomischen, politischen und sozialen Krise 2001/2002 erlebte der Linksperonismus seine Renaissance. In Zeiten der Krise präsentierte er eine realpolitische Alternative, auf die sich Arbeitslosenorganisationen und bürgerliche Demonstranten beziehen konnten. Letztlich waren es die Organisationsstruktur der Peronisten, die Gewerkschaften und Stützpunkte in den Armenvierteln, die es der Bewegung möglich machten, als relevante politische Kraft aus der Krise hervorzugehen. Dies kulminierte in der – wenngleich sehr knappen Wahl – Néstor Kirchners zum Präsidenten im Jahr 2003. Kirchner ist das Produkt einer Veränderung der Kräfteverhältnisse. Bedrängt von sozialen Bewegungen und protestierenden Bürgern, war in dieser Situation nur eine sozialdemokratisch gewandelte Reformpolitik möglich.

Kirchners Peronismus ist damit ein weiterer Beweis dafür, wie anpassungsfähig der Peronismus ist und wie gut er in der Lage ist, verschiedene soziale Kräfte im Land zu integrieren. Zur Jahreswende 2001/2002 zogen die Argentinier mit dem Slogan »Que se vayan todos« auf die Straßen und stürzten den damaligen Präsidenten Fernando de la Rúa. Von der Bewegung des »Que se vayan todos« bis zu Kirchner ist nur wenig Zeit vergangen. Argentinien war unter Kirchner ein beruhigtes Land, die spontanen Bewegungen von damals sind untergegangen oder wurden in das Regierungsprojekt eingebunden. Dem Peronismus ist es in dieser Situation gelungen, die kritischen Stimmen dieser Bewegung in sich aufzunehmen oder sie zu neutralisieren. So gelang es Kirchner, Teile der Arbeitslosenbewegung der *Piqueteros*, nämlich die *Federación de Tierra y Vivienda* (FTV) einzubinden. Damit hat er sie gleichzeitig gespalten, geschwächt – und abhängig gemacht. Die *Piqueteros* leben von den Sozialplänen der Regierung. Damit werden sie politisch steuerbar und beeinflussbar.[8] Dies mag aber auch daran liegen, dass es keine klare Trennung zwischen Piqueteros und Peronismus gibt

Dies liegt auch daran, dass die peronistischen Führer in den Stadtvierteln organische Vertreter ihrer Klasse sind. Sie kennen ihre Basis, da sie mit ihr aufgewachsen sind und mit ihr praktisch Politik gemacht haben. Damit verfügen sie über Fähigkeiten und Wissen, wie sie in stärker institutionalisierten Politikbereichen nicht mehr zu finden sind. Auf ihnen baut der Peronismus seine Macht auf, sie organisieren die Basis und die machtvollen Demonstrationen. Die Basis selbst hat dabei wenig mitzusprechen. Wenn sich die *Montoneros* »Soldaten von Perón« nannten, so ist davon generell abzuleiten: Die peronistische Führung betrachtet ihre Basis als Soldaten der Bewegung. Insofern stellt sich die Frage, was eine künftige Rolle der *Piquetero*-Bewegung unter einer peronistischen Regierung sein kann und was für eine Opposition für sie überhaupt möglich ist. Der Peronismus zeigt sich hier in einer Doppelfunktion: Er bremst und integriert zugleich. Er bremst die sozialen Forderungen und integriert diejenigen, die Forderungen stellen.

Kirchner vertritt einen sozialdemokratisch inspirierten, pragmatischen Peronismus, der Konzepte der 1970er Jahre aufgreift. Doch für Sidicaro (2004: 40) sind die Bedingungen für ein stabiles neues peronistisches Modell nicht

---

[8] Wobei der Klientelismus nach Ansicht des Sozialministers der Provinz Buenos Aires, Juan Pablo Cafiero, immer in beide Richtungen funktioniert: »Der politische Klientelismus ist auf beiden Seiten. Auf der Seite des Politikers, der Partei oder des Funktionärs, der ihn kreiert, bis hin zur Piquetero-Bewegung, welche die Gruppen und Arbeitspläne verwaltet und die Leute unter Druck setzt, dem Anführer seinen Teil abzutreten.« (zit. n. Dinatale 2004: 47)

gegeben: »Es sind zwar Peronisten an der Regierung, aber es gibt keine soziohistorischen Bedingungen, etwas zu kreieren, das dem ersten oder zweiten Peronismus ähnelt.« Kirchners Projekt charakterisiert er zutreffend: »Der Peronismus vollzog eine außerordentliche Transformation vom Neoliberalismus zu einem komplizierten Diskurs, mit Fragmenten der keynesianischen Ideologie der 1960er Jahre und einer eindeutigen Haltung zu den Verbrechen der Diktatur, deren Opfer er entschädigte. Auf der diskursiven Ebene ist Kirchner eine neue Konstruktion.« (ebd.)

Ähnlich verhält es sich mit dem Peronismus von Christina Fernández de Kirchner, der zum gegenwärtigen Zeitpunkt erst in Konturen zu erkennen ist, aber im Wesentlichen auf derselben Linie liegt. Am 1. März 2008 definierte Fernández im Parlament ihre Wirtschaftspolitik folgendermaßen: »Es handelt sich um ein Akkumulationsmodell mit sehr starken sozialen Ausprägungen und einem starken Exportsektor. Das Grundfundament ist ein doppelter Überschuss; Haushaltsüberschuss und Handelsüberschuss. [...] Wir mahnen die privaten Banken, die eine sehr hohe Rentabilität haben, ihre Kredite nicht nur für den Konsum bereitzustellen, sondern auch für produktive Investitionen.« (Página 12, 2.3.2008: 2f.)

Linksperonismus – tragfähiges Bündnis aus Gewerkschaften und sozialen Bewegungen?

Unter den Regierungen Kirchner und Fernández scheint der Linksperonismus als temporär tragfähiges Bündnis zwischen sozialen Bewegungen, Gewerkschaften und Regierungsapparat zu funktionieren. Tarifabschlüsse im Transportgewerbe von etwa 20% setzten Anfang 2008 Maßstäbe für die Verhandlungen in anderen Branchen (El Clarín 20.2.08: 1). Die staatliche Vermittlung bevorzugt die Arbeiterinteressen.

Doch die fortschrittliche Ausrichtung des Linksperonismus wird durch den starken Nationalismus gehemmt. Ebenso wenig überzeugend bleibt der Bezug auf Perón, einen Politiker, der keine Probleme damit hatte, Nazi-Kriegsverbrecher ins Land zu lotsen, damit sie beim Aufbau der nationalen Industrie halfen. Ebenso war Perón alles andere als ein brillanter Theoretiker; er formulierte oft sehr grobschlächtig, wenn er sich beispielsweise auf die USA mit Vorliebe als »die Yankees« (etwa Perón 1968: 188) bezieht. Peróns Schriften behandeln vor allem die Art und Weise, *wie* eine Bewegung zu führen sei und nicht etwa, wie ein Modell der Umverteilung funktionieren könnte. Als Präsident hat er während seiner ersten Präsidentschaft zusätzlich den kommunistischen Gewerkschaften die Basis genommen. Er hat während der zweiten Präsidentschaft von den Machenschaften der Mördergruppe Triple A[9] zumindest gewusst, da sie von seinem ehemaligen Privatsekretär und Sozialminister José López Rega angeführt wurde.

Doch keiner anderen Kraft gelang es, den Peronismus zu ersetzen. Die peronistische Basis bestand bis zur Regierung Menem (1989-1999) aus den Armen. Und zwar aus jenen Armen, die in den Slums leben, die als Arbeiter tätig sind und die als Handwerker ohne Anstellungen täglich nach kleinen Jobs suchen, um sich zu ernähren. Vor dem Peronismus wählten die Armen meist konservative Parteien. Den klassischen Parteien, wie etwa der *Radikalen Bürgerunion* (UCR) ist es nicht gelungen, sich eine Basis in der Unterklasse aufzubauen. Sie schafften es nicht, die Mittel- und die Oberschicht soweit auf ihre Seite zu bringen, damit es für einen Wahlsieg hätte reichen können. So kann es vorkommen, dass, wie 2003, drei peronistische Kandidaten gegeneinander antreten und im Terrain der Mittelklasse auf Stimmenfang gehen. Kirchner gewann die Wahl, weil er den Peronismus mit einem Mitte-Links-Diskurs auch für die urbane Mittelklasse wählbar machte – und holte sich so Stimmen der UCR. Es gelingt den klassischen Parteien auch deshalb nicht, sich bei den Armen zu etablieren, weil sie überhaupt nicht mit ihren Diskursen an sie herankommen, schreibt Manuel Mora y Araujo (1995: 53).

Den Peronisten kommt ihre ideologische Dehnbarkeit entgegen. Und anstatt auf Diskurs setzen sie auf direkte Aktion und Hilfe. In den *Unidades Básicas* in den Armenvierteln von Buenos Aires, Córdoba und Rosario bauen sie Suppenküchen, Schulen und schaffen Arbeitplätze durch Sozialpläne. Auf diese Weise entsteht eine klientelistische Wechselwirkung: Die Armen brauchen die Peronisten, um zu überleben. Die Peronisten brauchen die Armen als Stimmgeber und Demonstranten. Keine andere Partei hat ein solch dichtes Netz in den Slums und den Stadtteilen wie die Peronisten. Dieses Netz von *Punteros* ist nach wie vor eines der wichtigsten organisatorischen Standbeine der Peronisten.

Aus historischer Perspektive ist der Linksperonismus ein Programm, das mit dem Aufbau eines argentinischen Sozialismus gescheitert ist. »Die Forderung ›sozialistisches Vaterland‹ oder ›nationaler Sozialismus‹ waren zweideutige und konfuse Forderungen, mit denen der Anführer und die Jungen die Notwendigkeit betonten, die antiimperialistische Erfahrung der fünfziger Jahre zu vertiefen. Als die Jungen riefen: ›die nationale Befreiung für den nationalen Sozialismus‹ schien es so, als wollten sie Trotzkis Theorie von der permanenten Revolution auf Argentinien anwenden. Was jedoch fehlte, war der Aufbau einer realen

[9] Triple A steht für Alianza Anticouminista Argentina (AAA). Sie war eine paramilitärische Terrorgruppe, die 1973 von José López Rega gegründet wurde und linke Politiker und Aktivisten jagte, entführte und ermordete.

linken Organisation der Arbeiter, die eine nationale Front bildete. Ohne diese Organisation ist die Möglichkeit des Sozialismus nicht denkbar. Deshalb folgen die Arbeiter einem Anführer, mit dem sie ihre Lebensbedingungen während des Peronismus selbst im kapitalistischen Rahmen konkret verändern konnten«, so Galasso (2005: 1296) über den Grund, warum es den *Montoneros* nicht gelang, in der Arbeiterklasse dauerhaft Fuß zu fassen. Eine Erklärung, die auch auf den Linksperonismus als Ganzen anwendbar ist. Der Peronismus bleibt widersprüchlich. Oder in den Worten von Boris/Hiedl (1978: 76): »Im Gesamtüberblick bietet die peronistische Herrschaft (1946-1955) ein verwirrendes Bild scheinbar gegensätzlicher Momente« – was sich bis heute kaum verändert hat. Horacio González betont: »Dieses halbe Jahrhundert des Peronismus kann als die Gegenwart des unvorhersehbaren betrachtet werden. Der Peronismus kann definiert werden, wie Dante Panzeri den Fußball definiert hat: ›Die Dynamik des Unvorhersehbaren‹, also als eine Dialektik, die keine gesicherten Ziele hat – und deshalb eine Mischung ist aus Beklemmung, Unbehagen, von der Leere und von der Erinnerung, die weiterlebt und zwar wegen dieser großen Erneuerung der politischen Aktion und ihrer eigenen unvorhersehbaren Rekonstruktion.«[10] Der Linksperonismus stellt gegenwärtig die realpolitische Alternative zum Programm der neoliberalen Hegemonie dar. Es ist aber nicht gesagt, dass dies so bleibt, und das bedeutet nicht, dass es nicht wünschenswert und notwendig wäre, darüber hinauszugehen.

Literatur

Anguita, Eduardo/Caparrós, Martín (2006): La Voluntad. Una historia de la militancia revolucionaria en la Argentina, Buenos Aires.

Baschetti, Roberto (Hrsg.) (1988): Documentos de la resistencia peronista, 1955-1970, Buenos Aires.

Basualdo, Victoria (2007): Cooke, John William, Eintrag in: Tarcus, Horacio (Hrsg.): Diccionario Biográfico de la izquierda argentina. De los anarquistas a la »nueva izquierda« (1870-1876), Buenos Aires, S. 148-151.

Boris, Dieter/Hiedl, Peter (1978): Argentinien. Geschichte und politische Gegenwart, Köln.

Burgos, Raúl (2004): Los gramscianos argentinos. Cultura y política en la experiencia de *Pasado y Presente*, Buenos Aires.

Caballero, Roberto/Larraquy, Marcelo (2000): Galimberti. De Perón a Susana. De *Montoneros* a la CIA, Buenos Aires.

Cooke, John William (1967): Peronismo y revolución, Buenos Aires.

---

[10] Interview geführt in Buenos Aires, 18.2.2007.

Cooke, John William (2007a): Acción Parlamentaria, Tomo I Obras Completas, recopilación de Eduardo Luis Duhalde, Buenos Aires.
Cooke, John William (2007b): Correspondencia Perón-Cooke, Tomo II Obras Completas, recopilación de Eduardo Luis Duhalde, Buenos Aires.
Cooke, J.W./Perón, Juan Domingo (1972): Correspondencia, Buenos Aires.
Dinatale, Martín (2004): El festival de la pobreza. El uso de planes sociales en la Argentina, Buenos Aires.
Galasso, Norberto (2005): Perón, Buenos Aires.
Gillespie, Richard (1987): Soldados de Perón. Los Montoneros, Buenos Aires.
González, Horacio (2004): Filosofía de la conspiración. Marxistas, Peronistas y Carbonarios, Buenos Aires.
González, Horacio (2007): Perón. Reflejos de una vida, Buenos Aires.
James, Daniel (2005): Resistencia e integración. El Peronismo y la clase trabajadora argentina 1946-1976, Buenos Aires.
Luna, Félix (1992): Perón y su tiempo, Buenos Aires.
Malcher, Ingo (2008): Tango Argentino. Portrait eines Landes, München.
Murmis, Miguel/Portantiero, Juan Carlos (2004): Estudios sobre los orígenes del Peronismo. Edición Definitiva, Buenos Aires.
Mora y Araujo, Manuel (1995): De Perón a Menem. Una historia del peronismo, in: Borón, Atilio, et al (Hrsg.): Peronismo y Menemismo, Buenos Aires, 47-66.
Natanson, José (Hrsg.) (2004): El presidente inesperado. El gobierno de Kirchner según los intelectuales argentinos, Rosario.
Novaro, Marcos/Palermo, Vicente (2003): La Dictadura Militar 1976/1983. Del golpe de estado a la restauración democrática, Buenos Aires.
Perón, Juan Domingo (1967): Latinoamérica, ahora o nunca, Montevideo.
Perón, Juan Domingo (1968): La hora de los pueblos, Madrid.
Perón, Juan Domingo (1983): Correspondencia 1, Buenos Aires.
Perón, Juan Domingo (1983): Correspondencia 2, Buenos Aires.
Perón, Juan Domingo (1985): Correspondencia 3, Buenos Aires.
Portantiero, Juan Carlos (2004): ¿Kirchner es peronista?, Interview in: Natanson, a.a.O., S. 45-47.
Sáenz Quesada, María (2002): La Argentina. Historia del País y de su gente, Buenos Aires.
Schuster, Federico (2004): Kirchner, la protesta social y el movimiento piquetero, in: Natanson, a.a.O, S. 105-109.
Sidicaro, Ricardo (2002): Los tres Peronismos. Estado y poder económico 1946-1955/1973-1976/1989-99, Buenos Aires.
Sidicaro, Ricardo (2004): ¿Kirchner es peronista?, in: Natanson (Hrsg.), a.a.O., S. 39-43.
Tarcus, Horacio (2007): Marx en la Argentina. Sus primeros lectores obreros, intelectuales y científicos, Buenos Aires.
Tarcus, Horacio (Hrsg.) (2007): Diccionario biográfico de la izquierda Argentina. De los anarquistas a la »nueva izquierda« (1870-1976), Buenos Aires.

Albert Sterr

Modellwechsel mit Hindernissen

Autoritärer Neoliberalismus und Aufschwung alternativer Bewegungen in Mexiko

Unter den Stichworten »Linkswende« oder »Populismus« wird der politische Pendelschlag in Lateinamerika diskutiert. Seit einigen Jahren manifestiert sich der Meinungsumschwung im nunmehr wahlentscheidenden Wunsch breiter Mehrheiten nach der Abkehr vom neoliberalen Programm und dem Umschwenken hin zu einer Politik des sozialen Ausgleichs. Gleichzeitig gibt es aber in allen Ländern eine von Fall zu Fall unterschiedlich starke Tendenz, die sich für die Beibehaltung des Status quo einsetzt. Dies belegte zuletzt wieder die jährliche Meinungsumfrage »Latinobarómetro«, die im *Economist* (16.11.2007) vorgestellt wurde. Kräfteverhältnisse, Programme, Umsetzung und Reichweite der Neuorientierung sind jeweils anders gelagert und werden in den einzelnen Ländern und politischen Lagern auch entsprechend unterschiedlich gewertet. Für realistische Einschätzungen ist es unabdingbar, zur Kenntnis zu nehmen, dass es in jedem Land vielfältige und widerstreitende politische Kräfte und Fraktionen gibt, die keineswegs alle in dieselbe Richtung deuten. Vielmehr ist die tatsächliche Politik das Ergebnis der sozio-ökonomischen, politischen, ideologischen und mitunter auch militärischen Kräfteverhältnisse. Bisweilen ergeben sich dabei Qualitätssprünge, die in dieser Weise von keinem Akteur so intendiert waren. Um zwei Pole zu nennen: Brasilien unter Lula ist eben keineswegs mit dem Schlagwort »Fortführung der neoliberalen Politik« umfassend analysiert. Schließlich gibt es innerhalb der Arbeiterpartei (PT) Flügel, die für eine andere Politik kämpfen oder bedeutsame Kräfte wie die Landlosenbewegung MST. Genauso wenig wird durch Präsident Chávez' Parole vom »Sozialismus des 21. Jahrhunderts« oder durch die Einteilung der politischen Lager in bolivarianische Revolutionäre – abzüglich ihren »Verrätern« – und Oligarchie die Lage in Venezuela erhellt.

Nach dem Staatsparteiensystem

Mexiko, das neben Brasilien mit 107 Mio. Einwohnern bevölkerungsreichste und wirtschaftlich bedeutsamste Land Lateinamerikas (BIP 2006: 840 Mrd. US-Dollar; Außenhandel: Im- und Export jeweils ca. 260 Mrd. US-Dollar) scheint – wieder einmal – einen Sonderweg einzuschlagen. Denn die Politik der seit 2007 amtierenden national-konservativen Regierung von Felípe Calderón kann als Gegenmodell zum allgemeinen Linkstrend in Südamerika verstanden werden. Von den größeren Staaten verfolgt nur Kolumbien unter dem autoritären und mit den Drogenmafias und Paramilitärs eng kooperierenden Regime von Präsident Uribe einen vergleichbaren Kurs, in dem sich eine strikt neoliberale Wirtschaftspolitik mit einer autoritären Innenpolitik ergänzt – einschließlich ihrer offenen Flanke zu Elementen des Staatsterrorismus. Unter dem Stichwort »Kampf gegen Drogenmafia und Terror« wird der autoritäre innenpolitische Kurs in beiden Fällen von den USA mit bedeutenden Finanztransfers (Plan Colombia: 5 Mrd. US-Dollar seit 1999; Mérida-Initiative ab Herbst 2007 angekündigt mit 1,5 Mrd. US-Dollar für Mexikos innere Aufrüstung in den nächsten drei Jahren) gefördert und von der Europäischen Union politisch mitgetragen. Dass dabei in beiden Ländern Menschenrechte in einem bedeutenden Maße verletzt werden, wird von den involvierten staatspolitischen Akteuren höchstens wie ein bedauernswerter Kollateralschaden behandelt, d.h. nicht erwähnt und geleugnet. Wenn diese Strategie angesichts überdeutlicher Fakten nicht mehr vertreten werden kann, werden politische Morde, Folter oder das Verschwindenlassen aus der Sicherheitsstrategie herausdefiniert und zum Einzelfall verharmlost. Dies hat sowohl in Kolumbien als auch in Mexiko besonders negative Auswirkungen, da beide Länder ohnehin seit Jahrzehnten durch autoritäre und antidemokratische Strukturen gekennzeichnet sind (für Mexiko vgl. Boris 1996).

Im Falle Mexikos endete das Staatsparteiensystem erst im Juli 2000 mit dem Wahlsieg des konservativen Oppositionskandidaten Vicente Fox. Unter dem Druck von Basisbewegungen kam die von der Partei der Institutionellen Revolution (PRI) in die Wege geleitete kontrollierte politische Öffnung zu einem vorläufigen Abschluss. Etwa eine Dekade nach der Entstaatlichung der Wirtschaft folgte die Entstaatlichung der Gesellschaft und des politischen Systems. Während sich die PRI mit einer starken Parlamentsfraktion und ihren verbliebenen Machtzentren in Ländern und großen Kommunen begnügen musste, erstarkte mit der Partei Nationale Aktion (PAN) der rechte und mit der Partei der Demokratischen Revolution (PRD) der (gemäßigt) linke Rand des Parteiensystems. Präsident Vicente Fox führte bruchlos die von neoliberal orientierten PRI-Technokraten in den 1980er Jahren eingeleitete und mit dem NAFTA-Abkommen von 1994 juristisch fixierte Wirtschaftspolitik fort.

Er konnte sie jedoch nicht vertiefen und radikalisieren, was seine innen- und außenpolitischen Bündnispartner von ihm erwartet hatten. Erstens fehlte dafür im Parlament die Mehrheit und zweitens scheute Fox davor zurück, die sozial tief gespaltene Gesellschaft auch politisch zu polarisieren. Die Hoffung auf eine qualitative Verbesserung der sozio-ökonomischen Lage für die Bevölkerungsmehrheiten wurde enttäuscht. In der restlichen Amtszeit zeigte sich, dass die These vom »Wechsel ohne Wandel« (Boris/Sterr 2002) zutraf. Das politische Personal wurde ausgetauscht. Fahrer (PRI) und Beifahrer (PAN) tauschten die Aufgaben, aber der Wagen fuhr weiter auf demselben (neoliberalen) Kurs. Die Bilanz des ersten Sexenniums unter Ägide der PAN: Personeller Wechsel, aber keine sozio-politische Alternative.

Ruhe vor dem Sturm

Dennoch sahen im Vorfeld der Parlaments- und Präsidentschaftswahlen vom Juli 2006 weder die großen internationalen Zeitungen noch die akademischen Think Tanks die tiefgreifenden politischen Umbrüche voraus, die seither eingetreten sind. Mexiko wandelte sich binnen weniger Monate von einem Hort der makroökonomischen Prosperität und der politischen Ruhe, beides ganz im Sinne des großen Nachbarn im Norden, in ein Land mit einer »potentiell explosiven Situation« (FAZ, 3.7.2006). Heute, so scheint mir, kann niemand prognostizieren, wohin sich Mexiko in den kommenden ein, zwei oder drei Jahren bewegen wird. Vor den letzten Präsidentschaftswahlen sah das noch ganz anders aus. Damals ging z.B. der *Economist* davon aus, dass trotz eines vorhersehbar knappen Ausgangs bei den Präsidentschaftswahlen sowie fehlenden Parlamentsmehrheiten der Urnengang vom Juli 2006 »das ökonomische Umfeld nicht destabilisieren« werde. »Denn die vorsichtige Geld- und Finanzpolitik wird aufrechterhalten werden und so helfen, die makroökonomische Stabilität zu konsolidieren« (Economist, 24.1.2006). Die deutsche »Bundesagentur für Außenwirtschaft« (bfai) sah den Wahlen ebenfalls gelassen entgegen, da »die Wirtschaft sich in den letzten Jahren zunehmend von der Politik abgekoppelt« habe. Auch der Zapatisten-Sprecher Subcomandante Marcos betonte – mit ganz anderen Argumenten und Zielen –, dass die Wahlen sowieso nichts ändern könnten. Deshalb riefen die Zapatisten die »Andere Kampagne« aus. Mitten im Wahlkampf, der von heftigem anti-linkem Trommelfeuer der Konservativen gegen die Opposition geprägt war, machte Marcos aus seiner Ablehnung der links-zentristischen Allianz um die PRD und ihren Kandidaten Andrés Manuel López Obrador (AMLO) keinen Hehl. Er bezeichnete AMLO als integralen Teil einer politischen Elite, wörtlich als »linke Hand der Rechten«. Die Zapatisten, das führte er noch *nach* dem knappen und äußerst umstrittenen Wahlergebnis aus, seien »Feinde von AMLO und der PRD« (La Jornada, 7.7.2006). Diese müssten »von unten« mittels sozialer Mobilisierung bekämpft werden. Intellektuelle Weggefährten des Zapatismus wie Ana Esther Ceceña (2006) teilen diese Auffassung.

Städtisches Aufbegehren gegen das neoliberale Establishment: die Massenbewegung gegen Wahlbetrug

Das denkbar knappe Wahlergebnis und die heftigen Betrugs- und Manipulationsvorwürfe, die vom unterlegenen Mitte-Links-Kandidaten López Obrador vorgebracht wurden, änderten das politische Szenario völlig. Wöchentliche Großdemonstrationen mit bis zu einer Million Teilnehmenden in der Hauptstadt und sechs Wochen andauernde Massenaktionen des zivilen Ungehorsams mit zehntausenden Aktivisten legten die Metropole vorübergehend lahm. Die sich verschärfende Links-Rechts-Konfrontation zwischen der konservativ-neoliberalen Regierungspartei PAN und der städtischen Massenbewegung, an deren Spitze der unterlegene Präsidentschaftskandidat stand, brachen den Jahrzehnte alten ideologischen Kitt der »Nationalen Einheit« auf. In Mexiko entstanden die Rechte und die Linke wieder als politisch-ideologische Pole innerhalb des politischen Systems. Auf vielen Ebenen stehen sich seither neoliberale Rechte, deren Kern ein Block von PAN und PRI ist, und eine globalisierungskritische und auf sozialen Ausgleich setzende national-populare Strömung um López Obrador sowie unabhängige linke soziale Bewegungen gegenüber. Das außerparlamentarische Spektrum, das sich mit der Anhängerschaft von López Obrador überschneidet aber nicht deckt, mobilisiert mit gegen die neoliberale Rechte und beteiligt sich zum Teil an der per Akklamation von Hunderttausenden gegründeten Nationaldemokratischen Konvention (CND). Letzteres ist ein Sammelbecken, das López Obrador unterstützt und sich in Begriff und Bündnischarakter an einen von den Zapatisten lancierten Vorläufer anlehnt. Der ideologisch alles andere als eindeutige Schlingerkurs des Mitte-Links-Kandidaten hat zwar viele Wechselwähler angezogen, seine konservativen Gegner und auch ein Teil der Intellektuellen sehen aber in López Obrador vor allem den populistischen Tribun. Roger Bartra (2007) geht soweit, dass er angesichts der Stärkung der national-popularen Strömung um López Obrador die sozialistische Linke als eigentliche Verliererin, ja als »aussterbende Spezies« bezeichnet.

Die Kontroverse mit der neoliberalen und autoritären Rechten wird an vielen Punkten ausgetragen. Zuerst um die Frage, ob »Stimme für Stimme und Urne für Urne« nachgezählt werden muss, so die von den zuständigen Gerichten abgeschmetterte Forderung der Unterlegenen. Dann um die Besetzung der parlamentarischen Posten und Symbole, wo sich PRD- und PAN-Leute vor laufenden TV-Kameras handgreifliche Auseinandersetzungen lieferten. Zuletzt um die Abschiedsrede des alten und die Amtseinführung des neuen Präsidenten, die wegen befürchteter Proteste der Mitte-Links-Fraktion in Form einer geheimen Farce durchgeführt wurde. Die »Nationaldemokratische Konvention« und Andrés Manuel López Obrador weigern sich weiter, den Konservativen als Präsidenten anzuerkennen. AMLO ließ sich vor zehntausenden Anhängern auf dem zentralen Zócalo zum »legitimen Gegenpräsidenten« ausrufen. Mit der Weigerung der links-zentristischen Parlamentsopposition, den Sieg des Konservativen anzuerkennen, bekam die staatliche Institutionalität einen Riss, der von konservativen Beobachtern mit Sorge registriert wird. Die Konrad-Adenauer-Stiftung beispielsweise wirft der Opposition vor, sie betreibe ein »Spiel mit dem Feuer« (Priess 2006: 133). Für das geordnete Funktionieren einer parlamentarischen Demokratie ist die Anerkennung der Oppositionsrolle durch die Wahlverlierer von grundlegender Bedeutung. Die neue Regierung hat weiterhin ein ernst zu nehmendes Legitimitätsdefizit, auch wenn die mexikanischen Massenmedien und die internationalen Verbündeten Calderóns dies aus leicht nachvollziehbaren Motiven nicht zur Kenntnis nehmen wollen. Das Legitimationsproblem Calderóns ist umso gravierender, als die Linkszentristen um den ehemaligen Bürgermeister von Mexiko-Stadt im Großraum der Metropole ein Traumergebnis von knapp 60% oder 4,5 Mio. Stimmen erzielen konnten. Vergleicht man dies mit den 1,5 Mio. Stimmen, die AMLO im Jahr 2000 bei seiner Wahl zum Bürgermeister von Mexiko D.F. geholt hatte, so erhält man ein Bild vom Popularitätszuwachs.

Der Präsident dagegen hat in seiner Hauptstadt keine mobilisierungsfähige Massenbasis. Die Kampagne gegen den Wahlbetrug und die Gründung der »Nationaldemokratischen Konvention« hat das Spektrum um Oppositionsführer Andrés Manuel Lòpez Obrador und die parlamentarisch tätige PRD um eine aktionsfähige soziale Bewegung erweitert. Sie stellt eine qualitativ neue politische Kraft dar und fungiert als Ventil für die angestaute Unzufriedenheit. Außerdem speist sie sich nicht nur aus Wut über die Wahlniederlage, sondern aus vielen Quellen und geht weit über die klassische PRD-Anhängerschaft hinaus. Die Grenzen dieser Bewegung liegen vor allem darin, dass sie auf den Volkstribun López Obrador zugeschnitten ist und von diesem »von oben« mobilisiert, in Bahnen gelenkt und nach Bedarf auch demobilisiert wird. Dennoch wäre es falsch anzunehmen, der Anführer könne die »Proteste nach eigenem Gutdünken einfach an- und ausknipsen«, wie Anne Huffschmid (2006) anmerkte. Die weitverbreitete Unzufriedenheit, für die der Protest gegen den Wahlbetrug lediglich als Katalysator diente, ist kein individuelles Thema von López Obrador, sondern eine kollektive Frage. Dass die Unruhe nicht auf einen Bereich oder einen Caudillo verengt ist, zeigten zuletzt die eindrucksvollen Campesino-Mobilisierungen vom Januar und Februar 2008 gegen die Folgen des NAFTA-Abkommens. Es bleibt festzuhalten, dass es seit Jahrzehnten auf Seiten der progressiven und linken Kräfte keine vergleichbare Mobilisierungskapazität gab. Das gilt sowohl für die Quantität – Millionen Menschen beteiligten sich an den Protesten – als auch für die Qualität: Zehntausende nahmen an Blockadeaktionen teil und legten auf diese Weise die Hauptstadt lahm. Wie sehr der national-populare Ansatz von López Obrador die Befürworter des neoliberalen Status quo verärgert, lässt sich deutlich an der Berichterstattung internationaler Leitmedien nachlesen. Sie lassen kein gutes Haar mehr an AMLO: »schlechter Verlierer« (New York Times), »Machiavellist« (Economist) oder voller Verachtung in der NZZ (25.6.2006): »Linkspopulist der übelsten Sorte, Messias der Armen, Heilsbringer und Schlangenbeschwörer, der mit klassenkämpferischer Rhetorik zur Verketzerung von Globalisierung und Privatisierung anhebt«. Die Bewegung gegen den Wahlbetrug, die in die »Nationaldemokratische Konvention« mündete, ist eine der bedeutendsten reformorientierten Massenbewegungen, die es in Mexiko in den letzten Jahrzehnten gab.

Eine linke oder gar antikapitalistische Politik, welche wirklich den Anspruch hat, die »versteinerten Verhältnisse zum Tanzen zu bringen«, muss das Potenzial, das sich hier äußert, für sich gewinnen können. Es war ein schwerer Fehler der Zapatisten und der in ihrem Gefolge antikapitalistisch und antiinstitutionell argumentierenden »Anderen Kampagne« (La Otra), sich nicht massiv sowie mit eigenen Schwerpunkten und Inhalten in diese Bewegung einzubringen, sondern sich stattdessen am schwankenden Kurs von López Obrador und der chamäleonhaften PRD abzuarbeiten. Die »Nationaldemokratische Konvention« trägt wesentlich dazu bei, den repressiven, betrügerischen und fraktionellen Klassencharakter der bestehenden staatlichen Institutionen bloßzustellen. Sie verlangt eine demokratische Neugründung der Institutionen und eine Wiedererlangung der Volkssouveränität. Von ihrem sozialen Gehalt her ist sie insofern begrenzt, als sie keine grundlegende soziale und gesellschaftliche Alternative aufzeigt. Sie strebt eine modernisierte Neuauflage der staatskapitalistischen Umverteilungsökonomie an, wobei sie mit den Herausforderungen der globalisierten Ökonomie sicher sehr pragmatisch umgehen würde, d.h. auch unter López Obrador stünde die willige Unterordnung unter wirkliche oder vermeintliche Zwänge des Weltmarkts nicht zur Diskussion.

Der Zapatismus und die von ihm geprägte Otra Campaña haben bisher die 15 Millionen Menschen (von 71 Mio. Wahlberechtigten!), die für diese ambivalente national-populare Option ihre Stimme abgaben und dann auf die Straße gingen, um ihr Votum zu verteidigen, in sektiererischer Manier einfach rechts liegen gelassen. Offenbar befangen in ihrer Strategie, die Autonomie geografisch abgelegener und militärisch umzingelter Widerstandsgemeinden zu verteidigen, vermochten sie nicht wahrzunehmen, dass es dieser Block ist, den man braucht, um Breschen zu schlagen in »das konservative Mexiko, in dem die regierende Rechte ihr neoliberales und reaktionäres Projekt vorantreiben will«, so der Historiker Massimo Modonesi (Rebelión, 4.11.2006). Dem Zapatismus und der »Anderen Kampagne« war es aufgrund ihres Ansatzes nicht möglich, auf die Anliegen der Protestbewegung einzugehen und dieser ein eigenes Politikangebot zu machen. Damit haben sich Zapatisten und La Otra bis auf weiteres ins politische Abseits manövriert. Anne Huffschmid (2006: 35), eine der bekanntesten pro-zapatistischen Stimmen hierzulande, quantifizierte den aktuell mobilisierbaren Einflussbereich der »Anderen Kampagne« auf »einige Tausend«. Subkommandant Marcos hatte in der Tageszeitung *La Jornada* (7.7.2006) den faktischen Wahlboykott-Kurs der Zapatisten damit zu relativieren versucht, dass er die Stimmenzahl, die López Obrador dadurch verloren gingen, auf etwa 100.000 taxierte, was 0,2% der Stimmen wären. Beides scheint mir ebenso realistisch wie aus Sicht der EZLN niederschmetternd.

Eine regionale Alternative: Die Volkserhebung in Oaxaca

Zeitlich parallel zu den Wahlauseinandersetzungen, in der Sache jedoch unabhängig davon, entfaltete sich im südlichen Bundesstaat Oaxaca eine bedeutende soziale Mobilisierung. Angeführt von der regionalen Lehrergewerkschaft Sektion XXI der SNTE und außerparlamentarischen, kommunalen, linken und linksradikalen Gruppen, die in der Bevölkerung breiten Widerhall für ihre sozialen und politischen Forderungen fanden, entwickelte sich eine im Mai 2006 begonnene Tarifauseinandersetzung der Lehrergewerkschaft zu einer Volksrebellion gegen den PRI-Gouverneur Ulíses Ruiz Ortiz. Diese wurde im November 2006 blutig niedergeschlagen. Bei den sieben Großdemos im Jahre 2006, den so genannten *Megamarchas*, gingen wiederholt hunderttausende Menschen auf die Straße – und das bei einer Gesamteinwohnerzahl des Bundesstaates von 3,5 Mio. Menschen. Die Staatsgewalt wurde zwischen Juni/Juli 2006 und November in sämtlichen Formen, also Exekutive, Legislative und Jurisdiktion außer Funktion gesetzt (Mercker 2007). Die Basisbewegung konnte in Oaxaca-Stadt über Monate hinweg de facto eine parallele Macht installieren, eine embryonale Form des *poder popular*. Neben der Blockade der Polizeikräfte scheint mir dabei insbesondere die Ausweitung der linken Massenkommunikation mittels besetzter Radiostationen von Bedeutung. So wurde in der Region vieles diskutiert und denunziert, wie es in der breiten Öffentlichkeit noch nie der Fall war.

Mit der »Volksversammlung der Völker von Oaxaca« (APPO) konstituierte sich schließlich ein Forum von 350 Organisationen, in dem sich seither soziale und politische Vereinigungen, kommunale und regionale Interessensvertretungen, Modernisierer, Reformer und Revolutionäre verschiedenster Couleur versammeln. Mit der APPO gelang es erstmals seit vielen Jahrzehnten, ein Instrument der außerparlamentarischen Linken zu schaffen, das offen, massenorientiert und kampferprobt zugleich ist. Dabei ist die APPO mehr als die Summe ihrer Teile. Sie ist, obwohl auf einen Bundesstaat begrenzt, zu einem Vorbild geworden, was die mexikanische außerparlamentarische Linke sein könnte. Die APPO ist Ergebnis einer langen, jedoch lokal und politisch-sozial sehr zersplitterten Kräfteakkumulation. Sie entstand im Schoß einer breit getragenen und dennoch von den Formen und Inhalten her radikalen Massenbewegung.

Sie gewann binnen weniger Monate nicht nur gegenüber den sie tragenden Organisationen, sondern auch gegenüber den staatlichen Institutionen und politischen Parteien eine relative Autonomie, indem sie deren Regeln zum Teil nicht anerkannte. Ihre Aktionsformen reichen bis zu militanten Massenaktionen, Blockaden und Besetzungen. Gleichzeitig war sie durchgängig die Instanz, die mit staatlichen Stellen über den Rücktritt des Gouverneurs Ulíses Ruiz oder die Freilassung von Inhaftierten verhandelte. Die auf den ersten Blick sehr realpolitische Rücktrittsforderung entwickelte eine enorme Sprengkraft, weil sie die weit verbreitete Unzufriedenheit zu bündeln vermochte. Aus ihr resultierte die Demontage einer seit 80 Jahren andauernden PRI-Dominanz in einem der ärmsten, autoritärsten und gewalttätigsten Bundesstaaten Mexikos. Die APPO verlangt mittlerweile die Einberufung einer Verfassungsgebenden Versammlung, um so eine soziale und demokratische Neugründung einzuleiten. Hier eröffnen sich neue Horizonte.

Die APPO ist trotz ihrer inneren Pluralität sehr handlungsfähig, da es intern einen großen Willen gibt, »Gruppenegoismus und Sektierertum« (das durchaus einige Mitgliedsorganisationen kennzeichnet) zurückzudrängen. Sie hat ein Programm erarbeitet, das integrierend wirkt und ist weit mobilisierungsfähiger, als die Summe der Einzelbewegungen es je war. Zum Ziel hat sie sich die Überwindung der lokalen und sektoralen Fragmentierung der Kämpfe durch deren Politisierung gesetzt bis hin auf die Bundesebene und schließlich Ausweitung eines Arbeitskampfes zu einer regionalen Rebellion gegen den Neoliberalismus und seine Durchführungsorgane. Der Spagat zwischen radikaler Massenmobilisierung und pragmatischer Bündnispolitik bis hinein in die links-zentristische PRD von López Obrador, die Spannweite von scharfer antistaatlicher Agitation, militanter Selbstverteidigung und geordnetem Rückzug angesichts der Offensive der paramilitärisch ausgerüsteten »Präventiven Bundespolizei« (PFP) Ende Oktober und schließlich die vorübergehende Einstellung der öffentlichen Mobilisierung und das Abtauchen der Führungskader bildeten die Voraussetzung dafür, dass die APPO die schlimmste Repressionskampagne seit den 1970er Jahren überstehen konnte.

Trotz massiver Verfolgung mit 26 vorwiegend durch Paramilitärs Ermordeten, 35 Verschwundenen, über 200 Verhafteten und Gefolterten sowie tausenden Verletzten gewann die APPO im Dezember 2006 die Initiative auf der Straße wieder zurück. Im Beisein von linken PRD-Abgeordneten gab es zunächst kleinere Aktionen für die Freilassung der Gefangenen und kurz vor dem Jahreswechsel gelang es anlässlich einer gemeinsamen Demonstration von APPO und PRD erneut, einige tausend Teilnehmende zu mobilisieren. Im Mai und Juni/Juli 2007 gab es Großdemonstrationen mit bis zu 100.000 Teilnehmenden, bevor Armee- und Polizei im Juli die offenen Proteste mit einer zweiten Repressionswelle zurückdrängten. Wieder waren hunderte Verhaftete, Verletzte und Gefolterte zu beklagen. Dennoch: die APPO ist trotz vermehrter Aktivitäten paramilitärischer Banden weiter aktiv. Das mehrgleisige Vorgehen, das die punktuelle Zusammenarbeit mit zentristischen Kräften wie der PRD einschließt, zeitigte Erfolge. Dessen ungeachtet gibt es innerhalb der APPO massive Streitigkeiten über den einzuschlagenden Kurs etwa in Sachen Wahlteilnahme. So zogen sich auf der einen Seite eher gemäßigte Führer der Lehrergewerkschaft wie Rueda Pacheco zurück, auf der anderen Seite gibt es etwa von Basisgruppen oder verschiedenen trotzkistischen Organisationen harte Kritik an der vermeintlich zu zugeständnisbereiten APPO-Führung, die bis hin zu Verratsvorwürfen gehen (Valle Baeza 2007). Trotz dieser inneren Spannungen sind sich viele bewusst, dass die APPO nur als plurales Forum handlungsfähig bleibt. In vielen Stellungnahmen werden Pluralität und Einheit als Garanten des Erfolges beschworen. Nach der zweiten Repressionswelle vom Sommer 2007 und angesichts der Tatsache, dass ein schneller Sturz des Gouverneurs aktuell nicht zu erreichen ist, befindet sich die Bewegung in einer Phase des Rückzuges, der Sammlung und der Neuorientierung. Handlungsfähig ist sie weiterhin, das haben verschiedenste Aktionen nachdrücklich bewiesen.

Zweierlei ist bemerkenswert: Rund um die Zuspitzung in Oaxaca meldeten sich mehrfach, zum Teil mit bewaffneten Aktionen, Guerillagruppen bzw. eine Guerillakoordination zu Wort. Mit den Angriffen der EPR-Guerilla auf Einrichtungen der Ölgesellschaft PEMEX im Juli und September 2007, die jeweils Verluste in Höhe von mehreren hundert Millionen US-Dollar zur Folge hatten und über 1.000 Unternehmen vorübergehend zur Stilllegung ihrer Produktion zwangen, wurde diesbezüglich der Ernst der Lage noch einmal unterstrichen. In den Massenmedien ist seither punktuell eine Diskussion über Guerilla, Gewalt und ihre Rolle im Widerstand gegen den Neoliberalismus zu beobachten. Damit wird die Debatte um eine offen systemfeindliche Facette erweitert.

Außerdem war die APPO bzw. der Aufstand in Oaxaca in der entscheidenden Phase sehr isoliert von anderen linken Kräften. In der »Stunde der Prüfung«, so der altlinke Intellektuelle Adolfo Gilly, »ließen die politischen und gewerkschaftlichen Organisationen Oaxaca allein« (La Jornada, 31.10.2006). Das links-zentristische Spektrum beschränkte sich darauf, lediglich im Nachhinein die Repression zu kritisieren. Diese Kritik, wie sie auch in einem offenen Brief von López Obrador nach dem Einmarsch der Bundespolizei geäußert wurde, hat nach Gillys Auffassung »keinen Wert«. Denn es gab keinerlei Versuch, mittels einer massiven Mobilisierung der Kräfte, die sich eben noch für López Obrador eingesetzt hatten, die sich abzeichnende Repressionswelle zu blockieren. Das gilt auch für die übrigen Gruppen und Organisationen der Linken. Abgesehen von wohlfeilen Solidaritätsadressen und kleineren Aktionen wurden keine Proteste lanciert. Zum Zeitpunkt, als die Rebellion Oaxaca noch kontrollierte, kam es zu keiner breit getragenen Anti-Repressions-Mobilisierung in der Hauptstadt. Außer einem Aufruf für einen landesweiten Streik am 22. November, der wenig Resonanz fand, einigen Kommuniqués sowie einer kleinen internationalen Mobilisierung Wochen *nach* der Hexenjagd, war auch von den Zapatisten und der Anderen Kampagne nicht viel zu vernehmen. Deswegen bilanziert Adolfo Gilly, dass außerhalb Oaxacas die außerparlamentarische Linke »nicht über größere Kräfte verfügt«.

Die linkszentristische Parlamentspartei: Partei der demokratischen Revolution (PRD)

Andrés Manuel López Obrador (AMLO) von der Partei der demokratischen Revolution, die mit zwei kleinen Mitte-Links-Parteien die Allianz zum Wohle Aller gebildet hatte, konnte gegenüber dem Jahr 2000 trotz einer beispiellosen Angstkampagne gegen ihn die Stimmenanzahl mehr als verdoppeln. AMLO legte gegenüber den letzten Präsidentschaftswahlen um 20 auf offiziell 35,3% zu, seine Partei bei den Parlamentswahlen um 10%. Mit den 160 von insgesamt 500 Sitzen erzielte die in den letzten Jahren von schweren internen Krisen und Korruptionsskandalen gebeutelte PRD das weitaus beste Ergebnis ihrer Geschichte. Sie mauserte sich von der dritten Kraft zur zweitstärksten Partei. Große Zugewinne konnte sie im Großraum Mexiko-Stadt verbuchen, wo sie weiter regiert, und im umliegenden Bundesstaat Mexiko. Darüber hinaus liegen in den armen, ländlich geprägten Bundesstaaten in der Mitte und im Süden Mexikos ihre Hochburgen. Bemerkenswert ist, dass die PRD in den Regionen, die ökonomisch am Tropf der Überweisungen der in den USA lebenden Migranten hängen (2007: 25 Mrd. US-Dollar), ihre langjährige Stärke zur Mehrheitsfähigkeit ausgebaut hat. In den dynamischen Industrieregionen des Nordens sind die Ergebnisse durchweg schwach und liegen z.T. unter 20%. Dennoch hat López Obrador auch hier Zugewinne erlangt. Die Parlamentswahlen (Abgeordnetenhaus und Senat) sowie die Landtags- und Gouverneurswahlen in einigen Regionen bestätigten diese Trends: die Spaltung in einen reichen, konservativ ausgerichteten und klar von der PAN dominierten Norden und einen verarmten Süden des Landes, wo die linkszentristische PRD von der alten Staatspartei PRI massiv Stimmen holte. Eigentliche Verliererin war die PRI, die in beiden Häusern die Hälfte ihrer Mandate verlor, jedoch wegen ihrer 16 Gouverneursposten, ihrer Rolle als Mehrheitsbeschafferin und aufgrund ihrer 10 Mio. Stammwähler weiterhin Bedeutung hat. Doch auch die PRI konnte 2007 bei einigen Landtagswahlen Erfolge verbuchen – überraschenderweise auch in Oaxaca. Dies ist auf generell sehr niedrige Wahlbeteiligungen sowie darauf zurückzuführen, dass die alte Staatspartei ihre reduzierte Stammwählerschaft mit den altbekannten Methoden mobilisieren konnte. PAN und PRD konnten die wahlentscheidenden Wechselwähler nicht für ihre Listen und Kandidaten gewinnen. Es ist weder der gemäßigten Linken gelungen, in den konservativen Hochburgen Erfolge zu erzielen, noch machte die PAN im Großraum um Mexiko-Stadt nennenswerte Fortschritte. Es ist auffällig, dass die PAN in Bundesstaaten mit starken sozialen und politischen Konflikten wie Chiapas, Oaxaca oder Guerrero jeweils sehr schwach ist und über 17% nicht hinauskommt. Wenn es dort Unruhen gibt, ist die konservative Bundesregierung auf die repressive Kollaboration der PRI wie etwa in Oaxaca oder die Zuarbeit der regionalen Mitte-Links-Kräfte wie in Guerrero und Chiapas angewiesen, um die Lage wieder in den Griff zu bekommen. Eine Strategie der »harten Hand«, die von außerhalb entsandten Militär- und Polizeikräften durchgesetzt wird, wie von Felípe Calderón im Januar 2008 zuletzt gegen streikende Minenarbeiter in Nordmexiko praktiziert, lässt die Konflikte eskalieren und hat einen hohen Preis: Sie steht und fällt mit massiver Repression. Sie ist nur im engen Bündnis mit der alten Staatspartei PRI und unter Duldung der PRD durchführbar.

Für die Protestierenden heißt das: Die wirtschaftlichen und politischen Eliten verbünden sich, um die Globalisierungsverlierer sogar an der Ausübung ihrer verfassungsmäßig verbrieften Rechte zu hindern. Der alte korporatistisch geprägte Autoritarismus vermischt sich mit dem neuen, der sich aus sozialer Ausschließung, offener Militarisierung und der Ausbreitung krimineller Netze speist. Beide Formen des Autoritarismus koexistieren und blockieren nicht nur die notwendige Demokratisierung Mexikos, sondern stärken alte, autoritäre und klientelistische Strukturen und fügen ihnen neue Formen des Autoritarismus hinzu. Die qualitative Stärkung antidemokratischer Elemente findet heute unter dem Deckmantel der vermeintlichen Bekämpfung von Drogenmafia und Kriminalität statt. Der geänderte politische Diskurs in Mexiko, die Aufwertung der Armee als wichtigem aktiven innenpolitischen Akteur sowie die Kriminalisierung sozialer und politischer Dissidenz erinnern an die Phase des schmutzigen Krieges in den 1970er Jahren. Dies reflektiert sich auch in der Warnung der Menschenrechtsorganisationen vor der »Kolumbianisierung« Mexikos. Teile der PRD, vor allem die Regierungen in konfliktiven Bundesstaaten wie in Guerrero, tragen die Verpolizeilichung, Militarisierung und Kriminalisierung der sozialen Konflikte mit. Die PRD in ihrer Gesamtheit ist deshalb von links spürbar unter Druck geraten. Dies manifestierte sich prägnant bei den Landtagswahlen 2007 in Oaxaca. Die örtlichen PRD-Verbände, die sich von der Protestbewegung ferngehalten hatten, hatten wie bei den Präsidentschaftswahlen im Jahr davor auf die Bestrafung der PRI an den Urnen gesetzt. Letztlich überwog jedoch der Widerwille gegen alle Parteien, und die PRD war die Hauptverliererin der auf ein Drittel der Stimmberechtigten gesunkenen Wahlbeteiligung. Die in zerstrittene Gruppen aufgesplitterte PRD hat zahlreiche große Probleme: Sie muss ihre neue Position im Parteiensystem konsolidieren; sie muss mit der erheblichen Anzahl von PRI-Überläufern fertig werden, die in der neuen Verpackung ihren alten klientelistischen und korrupten Politikstil weiterführen wollen; sie muss in den wirtschaftlich dynamischen Zentren wachsen und sie muss zudem ein kohärentes Reformprogramm entwickeln, dass umsetzbar ist und für ihre Anhängerschaft aus den Unterklassen spürbare Fortschritte bringt. Problematisch ist das Verhalten der sechs PRD-Gouverneure sowie der Parlamentsfraktion, die geneigt sind, mit der PAN-Regierung zu verhandeln und bereits bei verschiedenen Gesetzesvorhaben wie etwa der Wahlrechtsreform auch kooperationsbereit waren. Dies steht im Widerspruch zum harten Konfrontationskurs ihres Präsidentschaftskandidaten López Obrador und führt im Grunde zu einer politischen Dauerkrise zwischen der ausschließlich parlamentsorientierten Mehrheitsströmung der »Neuen Linken« und dem auf außerparlamentarische Bewegungen unter seiner Kontrolle setzenden Kandidaten López Obrador (vgl. Schmidt 2007).

Fazit

Insgesamt hat sich seit der Amtseinführung der zweiten PAN-Regierung gezeigt, dass auch in Mexiko die massenwirksame Kritik am Neoliberalismus und seinen Erfüllungsgehilfen zugenommen hat und es einen breiten Zulauf für eine Reformoption mit sozialpolitischen Akzenten gibt. Dieser Ansatz wird gelegentlich als »harmlos sozialdemokratisch« bezeichnet (z.B. Huffschmid 2006: 34). Allerdings stellt sich die Frage, warum dann das mexikanische und internationale Establishment derart dagegen zu Felde ziehen. Meiner Einschätzung nach versammeln und organisieren sich hinter einem gemäßigten Kandidaten und Programm oder hinter realpolitischen Forderungen wie in Oaxaca breite Gesellschaftsschichten, die für eine Abkehr vom neoliberalen Kurs eintreten, jedoch noch nicht klar definieren können, wie Alternativen im Einzelnen aussehen sollen. Der Aufbau einer tragfähigen politischen Alternative ist eine Aufgabe, die, wie María José Rodríguez (2008) treffend feststellt, erst auf der Tagesordnung steht, wenn die gewachsenen Mobilisierungserfolge sich auch in verbesserter Organisierung niederschlagen. Dabei sollten, folgt man Armando Bartra (2006), sowohl die parlamentarische Ebene als auch Straßenproteste ihre jeweils spezifischen Stärken ausbauen und miteinander kombinieren. Es ist die Bewegung gewordene Potenzialität dieser Prozesse, die den politisch und ökonomisch Mächtigen Sorgen macht.

Literatur

Bartra, Armando (2006): La izquierda mexicana en la encrujiada: de la resistencia al fraude electoral a la Convención Nacional Democrática, in: Observatorio Social de América Latina (OSAL) 7:2, Buenos Aires, S. 57-68.

Bartra, Roger (2007): ¿Una especie en extinción? La izquierda mexicana tras la derrota, in: Nueva Sociedad, 36:5, Caracas, S. 4-12.

Boris, Dieter (1996): Mexiko im Umbruch. Modellfall einer gescheiterten Entwicklungspolitik, Darmstadt.

Boris, Dieter/Sterr, Albert (2002): FOXtrott in Mexiko. Demokratisierung oder Neopopulismus?, Köln.

Bundesagentur für Außenwirtschaft (2006): Mexiko – Wirtschaftstrends 2006.

Ceceña, Ana Esther (2006): 2006: entre la promesa y la tragedia, in: Observatorio Social de América Latina (OSAL) 7:2, Buenos Aires, S. 15-25.

Economist (2006): Survey: Mexico, London 16.11.2006.

Huffschmid, Anne (2006): Traurige Demokratie. Mexiko vor der Unregierbarkeit, in: Aus Politik und Zeitgeschichte 46:51/52, Bonn, S. 34ff.

Mercker, Uli (2007): Mexiko: Oaxaca probt den Aufstand, in: Blätter für deutsche und internationale Politik 52:10, S. 1180-1184.

Priess, Frank (2006): Ein gespaltenes Mexiko wählt Kontinuität, in: KAS-Auslandsinformationen 22:8, Berlin, S. 125-160.

Rodríguez, María Jose (2008): La construcción de alternativas políticas en México, in: Revista de Estudios Latinoamericanos, Nueva Época 3:1, México (i.E.).

Schmidt, Gerold (2007): Wo geht's lang. In Mexiko regieren die Konservativen – der Linken fehlt eine klare Orientierung, in: Lateinamerika Jahrbuch 31, Münster, S. 203-211.

Valle Baeza, Alejandro (2007): Oaxaca: una rebelión importante ¿hasta dónde llegará?, in: Rebelión 30.11.2007, www.rebelion.org/noticia.php?id=59744 www.rebelion.org.

Bea Müller

Die »bolivarische Revolution«

Frauenbewegungen und feministische Politik

Seit Hugo Chávez 1998 zum Präsidenten Venezuelas gewählt wurde, haben sich die politischen und sozialen Verhältnisse des Landes deutlich verändert. Die »bolivarische Revolution«[1] markiert das faktische Ende des seit den 1980er Jahren in die Krise geratenen Zwei-Parteien-Systems und des mit ihm verbundenen polit-ökonomischen Herrschaftsmodells. Obwohl die bolivarische Entwicklung sehr auf die Figur des Präsidenten zentriert ist, öffnet sie Spielräume für linke und subalterne Bewegungen und steht für einen sozialen und polit-ökonomischen Wandel in Venezuela, der durch eine neue Verfassung, aber auch durch andere politische, gesellschaftliche und wirtschaftliche Projekte eingeleitet wird. Die »bolivarische Revolution« ist allerdings ein uneinheitlicher Prozess: Das Ziel ist ein noch nicht klar definiertes Konzept eines »Sozialismus des 21. Jahrhunderts«, das vor allem durch die Aneignung und Umverteilung der Erdölrente umgesetzt werden soll (vgl. Müller 2007). Die venezolanische Regierung vertritt den Anspruch, eine fortschrittliche, ja revolutionäre linke Kraft in Lateinamerika zu sein. Aus feministischer Perspektive wird einerseits die starke Partizipation der Frauen im bolivarischen Prozess betont und andererseits der Verlust von radikalfeministischen Anliegen bemängelt. Tatsächlich ist eine zunehmende Organisierung der Frauen wie auch anderer sozialer Akteure zu beobachten. Diese Mobilisierung hängt allerdings sehr deutlich vom Staat ab. Deshalb ist die Frage interessant, ob eine (halb)staatliche Frauenbewegung sich für feministische Belange (im Sinne von mehr Geschlechtergerechtigkeit) einsetzen kann, oder ob ihre Mobilisierung vor allem der Durchsetzung der bolivarischen Ziele dient, seien diese feministisch oder nicht. So ist auch zu analysieren, wieviel Einfluss die Frauenbewegung auf die bolivarische Regierung hat bzw. in welchem Verhältnis sie zur ihr steht.

[1] Der Begriff »bolivarisch« bezieht sich auf Venezuelas Unabhängigkeitskämpfer Simón Bolívar (1783-1830). Das Land heißt, seit die neue Verfassung im Jahr 1999 in Kraft trat, »Bolivarische Republik Venezuela«. Seit den 1960er Jahren begann die linke Guerillabewegung sich auf Helden der Vergangenheit wie beispielsweise Bolívar zu beziehen und schlug damit einen nationalistischeren Kurs ein. Bis zu diesem Zeitpunkt lehnte die marxistische Linke in Venezuela den positiven Bezug auf die Figur Bolívar ab, da er – auch von Marx selbst – als Bourgeois, der den imperialen Interessen Englands diente, gesehen wurde (Gott 2005: 93).

Zum Verständnis von Geschlechtergerechtigkeit und Frauenbewegungen

Die Problematik der Ungerechtigkeit zwischen den Geschlechtern ist Nancy Fraser (2001) zufolge nur durch eine Transformation der ökonomischen Struktur zu beseitigen. Damit käme es zu einer Abschaffung der geschlechtlichen Arbeitsteilung und der Beseitigung der finanziellen Diskriminierung von Frauen. Einhergehen muss diese »Umverteilung« allerdings mit der Dimension der »Anerkennung« einer Transformation auf kultureller Ebene, die etwa die Abschaffung von Androzentrismus und Sexismus beinhalten würde. Das Mittel zur Aufhebung von Anerkennungsdefiziten ist die Dekonstruktion der geschlechtlichen Identitäten (Fraser 2001: 26ff.). Dieser von Fraser herausgearbeitete »perspektivische Dualismus« erlaubt es, den gerechtigkeitsfördernden Gehalt einer gesellschaftlichen Praxis vom Standpunkt der Umverteilung sowie aus dem Blickwinkel der Anerkennung zu analysieren (Jung 2007: 22). Der Kern ihres Gerechtigkeitsmodells liegt im Begriff der »partizipatorischen Gleichstellung«, der auf die Ebenbürtigkeit und Gleichrangigkeit als qualitative Bedingung verweist (ebd.: 22). Auf diese normative Orientierung in der Frage der Geschlechtergerechtigkeit wird der bolivarische Prozess untersucht.

Als wichtigste Akteurin zur Umsetzung von Geschlechtergerechtigkeit wird hier die bolivarische Frauenbewegung betrachtet, die teilweise in staatlichen Strukturen organisiert ist. Aufgrund der Diskussionen in Venezuela bezüglich der Frage, ob überhaupt von einer bolivarischen Frauen*bewegung* gesprochen werden kann (Bahl/Goetz 2007b: 6), ist in diesem Kontext zunächst der Begriff Frauenbewegung zu klären. Im Gegensatz zu Sonja Alvarez (1990: 23), für die alle Formen, wie etwa »mit dem Staat verbundene Massenorganisationen für Frauen, Frauengruppen in politischen Parteien, Gewerkschaften und anderen Organisationen der Zivilgesellschaft, deren erstes Ziel es nicht ist, Genderthemen aus der Perspektive von Frauen zu vertreten«, nicht zur Frauenbewegung gehören (Molyneux 1998: 224), schließt Molyneux (1998) alle diese Formen in ihre Definition der Frauenbewegung ein (Mihee Hong 2005). Sie konzeptionalisiert verschiedene Organisationsformen, die von einer »autonomen Bewegung«, die ihre eigenen Ziele verfolgt, über »assoziierte Formen« reichen, bei der autonome Gruppen mit politischen Parteien und staatlichen Organisationen arbeiten, bis hin zu »gesteuerten Mobilisierungen«, bei der die Autorität und Initiative von außen kommt (Molyneux 1998: 224ff.). Die bolivarischen Organisationsformen der Frauenbewegung können mehrheitlich als »assoziierte Formen« bis hin zu Formen der »gesteuerten Mobilisierung« betrachtet werden. Wichtiger als die Frage der Unabhängigkeit scheint hier allerdings, ob die bolivarische Frauenbewegung – obwohl sie keine autonome Organisationsform darstellt – sich für einen grundlegenden Wandel der Geschlechterverhältnisse im Sinne von mehr

Geschlechtergerechtigkeit engagiert, oder ob sie gänzlich in das Regierungsprojekt eingebunden ist. Verteidigt sie ausschließlich die bolivarische Revolution als Ganze, auch wenn bestimmte Maßnahmen feministischen Forderungen entgegenlaufen?

Historische Entwicklung der Frauenbewegungen in Venezuela

In den 1940er Jahren, der frühen Phase der venezolanischen Frauenbewegungen, setzten sich diese meist aus Mitgliedern der Mittelklasse zusammen. Im Kampf gegen die Diktatur von Marcos Perez Jiménez in den 1950er Jahren kämpften allerdings Frauen aus allen sozialen Klassen gegen dieses Herrschaftssystem. Die darauf folgende paktierte Demokratie[2] schloss Frauen aus den verschiedenen Klassen, unabhängige soziale AkteurInnen sowie die Kommunistische Partei aus dem elitären Modell aus. Das neu gegründete überparteiliche und klassenübergreifende Frauenkomitee wurde in eine nationale Frauengewerkschaft umgewandelt und kurz daraufhin aufgelöst. In den darauf folgenden Guerillakämpfen beteiligten sich Frauen, spielten aber keine dominante Rolle (Fernandes 2007: 103).

Carmen Teresa García Ramírez und Carmen Rosillo (2005) teilen die ab den 1970er Jahren entstehenden Frauenbewegungen in Venezuela in zwei Phasen ein. Die erste Periode (1975-1998) zeichnet sich durch eine Allianz zwischen Frauenorganisationen verschiedenster ideologischer und parteilicher Einstellungen aus. In dieser Zeit konnte sukzessive eine Verbindung zwischen Staat, NGOs und akademischen Kreisen aufgebaut werden. Es bildeten sich Netzwerke heraus, die als elitär klassifiziert werden können, da die Mehrheit der Frauen aus diesen Organisationsformen ausgeschlossen war. Es wurden Organisationsstrukturen aufgebaut, die als »Kerngruppen« zur Elite der Frauenbewegung aufstiegen (etwa die *Coordinadora de Organizaciones de Mujeres*). Allerdings war dies eher die Organisationsform von Frauen aus der Mittelklasse. Frauen der Unterklasse organisierten sich ebenfalls – was oftmals in Arbeiten über die Frauenbewegungen nicht betrachtet wird. Ihre Arbeitsbereiche lagen eher in lokalen Stadtteilorganisationen, wie den *Círculos Femininos,* die sich vor allem mit Problemen in den Armenvierteln beschäftigten (Gesundheit, Bildung, Arbeit

[2] Das Bündnis des Punto-Fijo-Paktes bestand aus einer Allianz zwischen den beiden bürgerlichen Parteien – der sozialdemokratischen Acción Democrática (AD) –, dem christdemokratischen Comité de Organización Política Electoral Independiente (COPEI), dem Unternehmerverband Fedecámaras, dem Gewerkschaftsdachverband Confederación de los Trabajadores de Venezuela (CTV), den Streitkräften und der Kirche.

etc.). Dennoch gab es erfolgreiche Versuche, die verschiedenen Gruppierungen zu vernetzen (Fernandes 2007: 103).

In der Zeit der neoliberalen Umstrukturierung in den 1980er und 1990er Jahren steigerte sich die Armut so dramatisch, dass sich die Frauenbewegungen deutlicher entlang der Klassenlinien spalteten. Die Unter- und Mittelklassen waren von den polit-ökonomischen Veränderungen besonders betroffen, erlebten finanzielle Not und übernahmen im Kontext von Privatisierungen und Kürzungen des Sozialstaates oftmals Aufgaben der sozialen Dienstleistungen, die vormals in staatlicher Verantwortlichkeit lagen. Dies führte laut Fernandes (2007: 107) zu einer gesteigerten Arbeitsbelastung für Frauen der unteren Klassen und verhinderte daher den Kampf gegen die Strukturanpassungsprogramme. Aber spätestens mit der sozialen Rebellion im Jahr 1989 – bekannt als Caracazo[3] – entstanden auch neue und radikale Protestformen und Organisationen in den Barrios, die gegen das politische System kämpften.

Der Teil der Frauenbewegungen, der eher aus Mitgliedern der Ober- und Mittelschicht zusammengesetzt war, kämpfte in den 1980er und 1990er Jahren verstärkt um kulturelle Verbesserungen (Wagner 2005). So konnten die Frauenbewegungen auf der kulturell-rechtlichen Ebene auch einige Fortschritte erzielen (García Ramírez/Rosillo 2005). Jedoch war von den sozioökonomischen Auswirkungen, wie etwa der Verarmung, Marginalisierung und Prekarisierung der Arbeitsverhältnisse ein großer Teil der venezolanischen Bevölkerung betroffen und es bleibt festzuhalten, dass die Mehrheit der Frauen der Unter- und Mittelklasse trotz der genannten Verbesserungen auf kultureller Ebene zu den Verliererinnen der neoliberalen Strukturanpassung gehört.

Bolivarische Frauenbewegung

Die zweite Phase der Frauenbewegung (ab 1999) unterscheidet sich deutlich von der ersten Periode und begann mit der Diskussion, Ausarbeitung und Verabschiedung der neuen Verfassung, mit der eine partizipative und protagonistische Demokratie institutionalisiert wurde. In diesem Konzept wird die

[3] Nach Bekanntgabe und Teilumsetzung des ersten orthodoxen Strukturanpassungsprogramms im Jahr 1989 (vor allem der Erhöhung der Benzinpreise) entlud sich der Protest in einer spontanen Rebellion, dem Caracazo, die vom Militär blutig niedergeschlagen wurde. Das Jahr 1989 wird als Wendepunkt der venezolanischen Geschichte betrachtet. Die schockartige Umsetzung des neoliberalen Strukturanpassungsprogramms und der darauf folgende spontane Protest sowie die rapide Verschlechterung der Lebensbedingungen großer Teile der Bevölkerung markierten den weiteren Zerfall des bestehenden Punto-Fijo-Systems.

repräsentative Demokratie mit Formen der direkten Demokratie kombiniert. Hierbei kann nicht nur von einer politischen Partizipation gesprochen werden, sondern auch von einer sozialen und ökonomischen (López Maya 2006: 160). Dass so viele fortschrittliche Artikel in die Verfassung aufgenommen wurden, ist der hohen Beteiligung der Frauenbewegungen sowie der sozialen Bewegungen im Allgemeinen zu verdanken. Zu den wichtigsten Neuerungen aus einer geschlechtergerechtigkeitsorientierten Perspektive gehören neben dem Art. 88, der Hausarbeit als mehrwertschaffend betrachtet (wörtl. que crea valor agregado), die Gründung des Fraueninstituts (INAMUJER) und der Frauenbank (BANMUJER). Dass überdies die Verfassung in nicht-sexistischer Sprache verfasst ist, ist der Hartnäckigkeit der Vertreterin des nationalen Frauenrates zu verdanken, die dies trotz des männlichen Unverständnisses durchsetzte. Nicht durchgesetzt werden konnte hingegen etwa die Legalisierung der Abtreibung und die Erweiterung der Definition der Ehe, die auch homosexuelle Partnerschaften einschließen würde (Bahl/Goetz 2007b: 7).[4]

Die bolivarischen AkteurInnen waren sich bewusst, dass die Realisierung einer partizipativen Demokratie die Basisorganisierung der Bevölkerung und so auch der Frauen voraussetzt. Dazu dienen die so genannten Basistreffpunkte *puntos de encuentros* mit mindestens jeweils fünf Frauen.[5] Diese neue Organisationsform der bolivarischen Frauenbewegung umfasst vor allem die unteren Klassen und stellt den ersten signifikanten Unterschied zu der früheren dominanten Organisationsform in Form von Netzwerken dar. Durch diese Treffpunkte, die politische Krise im Allgemeinen sowie die entstehende politische Polarisierung auch unter Frauen entstanden weitere Risse in der Allianz der Frauenorganisationen. Entsprechend kam es zum Bruch der fragilen »alten« Frauenbewegungen (García Ramírez/Rosillo 2005) und einer deutlicheren Spaltung in BefürworterInnen und GegnerInnen des chavistischen Prozesses.

Nun entstand eine neue bolivarische Frauenbewegung. Allerdings erlaubt die spezifische Struktur dieser Bewegung die Frage, ob überhaupt von einer Frauenbewegung gesprochen werden kann oder eher von »Frauen in Bewegung« (Rowbotham 1992; Bahl/Goetz 2007b: 6). Mit Molyneux (1998) wird davon ausgegangen, dass es sich meist um so genannte assoziierte Organisationsformen handelt, die aber dennoch als Frauenbewegung bezeichnet werden können. Tatsächlich sind in Venezuela sehr viele Frauen in bolivarischen Parteien und

---

[4] Dies ist sehr wahrscheinlich auch auf den Einfluss katholischer Frauen in der verfassungsgebenden Versammlung zurückzuführen.

[5] Vgl. http://www.inamujer.gob.ve/puntosencuentros.html [12.5.2008].

Organisationen zusammengeschlossen (Bahl/Goetz 2007b: 6).[6] Auch Frauen in den Armenvierteln sind einerseits direkt an Regierungsprojekten beteiligt, ihre Organisationsstrukturen sind teilweise andererseits auf lokaler Ebene autonom. Wenn die in bolivarischen Partei- und Organisationsstrukturen organisierten Frauen zur Frauenbewegung gezählt werden könnten, obwohl sie sich in staatlichen Strukturen befinden, scheint die relevante Frage zu sein, wie sehr sie sich für die Umsetzung von Geschlechtergerechtigkeit und einen grundlegenden Wandel der Geschlechterverhältnisse einsetzen. Einige Feministinnen, die sich nicht in bolivarischen Kontexten organisieren (Espina 2007; Armengol 2007), und verschiedene Autorinnen (z.B. Bahl/Goetz 2007b) kritisieren die fehlende Autonomie scharf. Dennoch zeigt sich an den folgenden Beispielen, dass Teile der Frauenbewegung relevanten Einfluss auf die reale Politik haben und dies – trotz aller Ambivalenzen vieler Maßnahmen – zu mehr Geschlechtergerechtigkeit beitragen kann.

Staatliche Institutionen und institutionalisierte Frauenpolitik

Zur Bedeutung von Artikel 88 und der Hausarbeitsdebatte

Der Artikel 88 zur Hausarbeit stellt den zentralen Bezugspunkt für die Frauenbewegung dar. Eine nähere Betrachtung desselben ist unerlässlich, um eine erste Annäherung an die Frage der Geschlechtergerechtigkeit im venezolanischen Prozess zu leisten: »Der Staat garantiert die Gleichheit und Gleichbehandlung zwischen Männern und Frauen in ihrem Recht auf Arbeit. Der Staat erkennt die Hausarbeit als ökonomische Tätigkeit an, die Mehrwert schafft und Reichtum und sozialen Wohlstand produziert. Die Hausfrauen haben in Übereinstimmung mit dem Gesetz das Recht auf Zugang zum Sozialsystem« (Constitución de la República Bolivariana de Venezuela, 1999, Übers. B.M.).

Der Artikel 88 der bolivarischen Verfassung wird in Teilen der (venezolanischen) Frauenbewegung als zentraler Angriff auf die geschlechtliche Arbeitsteilung verstanden, insofern dieser die Hausarbeit nicht mehr als private, unbezahlte und unsichtbare Arbeit betrachtet, die Frauen »aus Liebe« tätigen. Dieser Artikel wird als Errungenschaft gesehen, der durch die aktive Beteiligung einer Vielzahl von Frauenorganisationen an der Ausarbeitung der Verfassung realisiert werden konnte. Allen voran ist er der heutigen Präsidentin der Frauenbank Nora

[6] Zur bolivarischen Frauenbewegung, die sich in den chavistischen Parteien organisiert, gehören die Bewegungen Manuelita Sáenz (PPT), Clara Zetkin (PCV) und Fuerza Bolivariana de Mujeres (Bolivarische Frauenkraft) (MVR heute PSUV B.M.) (Blanco 2007).

Castañeda zu verdanken. Damit ist ein zentrales Anliegen der Frauenbewegung in der venezolanischen Verfassung verankert. Aber ist dies auch ein Schritt zu mehr Geschlechtergerechtigkeit?

Zwar wird die Hausarbeit in Venezuela verfassungsrechtlich nicht mehr als private Tätigkeit betrachtet, jedoch ist die wirkliche Aufnahme von Hausfrauen in das Netz der sozialen Sicherheit noch nicht umgesetzt und mit Problemen behaftet. Zwar wurde 2005 ein Gesetz über »soziale Sicherheit« auch für Hausfrauen in Notlagen verabschiedet, allerdings erreicht es derzeit genauso wie der Hausfrauenlohn nur wenige Frauen (Friebel/Schumacher 2006: 26).[7] Die Vergütung von Hausfrauen ist mit 60-80% des Mindestlohns von städtischen ArbeiterInnen beziffert (Provea 2005). Da der Mindestlohn bei unter 200 US-Dollar liegt, ist – selbst wenn es zu einer Realisierung der Vergütung kommt – zu befürchten, dass ein neuer Niedriglohnsektor entsteht und Hausfrauen weiterhin in Armut bzw. in Abhängigkeit von ihrem Ehemann leben. In Anbetracht der extremen Armutsproblematik, die besonders auch bei alleinerziehenden Müttern in Venezuela eklatant ist, ist aber selbst ein niedriger Lohn für diese Frauen eine Verbesserung. Auch ist die Organisierung der Hausfrauen in der 2003 gegründeten Hausfrauengewerkschaft positiv zu bewerten. Diese Gewerkschaft kümmert sich nicht nur um die Einhaltung des Gesetzes und vertritt die Frauen in ihrem Anspruch auf eine Rente, sondern organisiert auch Bildungsveranstaltungen für Hausfrauen und regt zur Gründung von Kooperativen mit haushaltnahen Tätigkeiten, wie etwa Putzen, Kochen etc. an.[8]

Allerdings hat die Institutionalisierung der Hausarbeit an sich auch eine problematische Seite, da dadurch die Hausarbeit weiterhin privatisiert ist und der Art. 88, der sich nur an die Haus*frauen* richtet, die geschlechtliche Arbeitsteilung rechtlich zementiert und reproduziert. Die Frauen werden auf ihre Rolle als Hausfrauen festgeschrieben, auch wenn dabei die vormals private, unsichtbare Arbeit dadurch, dass sie als ökonomisch produktiv betrachtet wird, aufgewertet wird. Mariarosa Dalla Costa (2006 [1973]: 43) betonte schon 1973, dass es für Frauen nicht darum gehen sollte, einen Lohn für Hausarbeit zu fordern, »[...] der doch nicht reichen würde; sondern vielmehr [darum] solche Kampfformen [zu erproben], die sofort die gesamte Struktur der Hausarbeit in Frage stellen, durch die wir die Arbeit unmittelbar verweigern, und als Hausfrauen verweigern und das Haus als Ghetto unserer Existenz verweigern; denn das Problem ist nicht

---

[7] Im Rahmen der Mission Madres del Barrio erhielten im Jahr 2006 240.000 Hausfrauen (von etwa 2,5 Mio. Hausfrauen) 60-80% des Mindestlohnes. Diese Frauen mussten sich zur Leistung von Sozialarbeit in den Barrios verpflichten (Voz Clasista 2008: 6).

[8] Vgl.: http://upsidedownworld.org/main/content/view/52/35/ [12.5.2008].

so sehr und nicht ausschließlich die ganze Arbeit hinzuschmeißen, sondern die gesamte Hausfrauenrolle zu zerstören.«

Mit Artikel 88 sind aus feministischer Sicht im Sinne der Geschlechtergerechtigkeit also widersprüchliche Erfolge erzielt worden. Einerseits ist die Debatte um Hausarbeit überhaupt angestoßen worden und beschränkt sich nicht wie in vielen anderen Ländern (inner- und außerhalb Lateinamerikas) auf einen kleinen Zirkel von Feministinnen. Sie wirkt der Abwertung und Unsichtbarmachung »weiblicher« Arbeit entgegen und könnte zu einer Veränderung auf der Ebene der Anerkennung führen. Allerdings bleiben Umsetzung wie auch Inhalt des Artikels problematisch und verringern die Ungleichheit zwischen den Geschlechtern nicht, sondern schreiben die geschlechtliche Arbeitsteilung fest. Wichtig ist der Hausarbeitsartikel nichtsdestoweniger vor allem für Frauen der unteren Klasse. Die Mittel- und Oberschicht hat in Venezuela meist Hausangestellte und verlagert so teilweise die geschlechtspezifische Arbeitsteilung auf Frauen der unteren Klasse (meist fällt dies in Venezuela mit indigener Herkunft und nichtweißer Hautfarbe zusammen). Die Zahlung des Lohns für Hausarbeit trägt so zur Linderung der extremen Armut bei, tastet aber die Herrschaftsverhältnisse nicht an.

Institutionalisierte politische Partizipation von Frauen

Die Anfangsperiode der »bolivarischen Revolution« ist durch den Abwehrkampf gegen die alte politische Elite, aber auch durch einen Anstieg der Partizipation der Frauen in wichtigen Entscheidungspositionen gekennzeichnet. So stieg die Zahl der Ministerinnen und Vizeministerinnen erheblich an, und ein Jahr lang hatte Venezuela eine Vizepräsidentin (García Ramírez 2005). Auch spielte die Genderthematik im nationalen Diskurs eine bedeutendere Rolle, was sich beispielsweise in dem Nationalen Plan für Chancengleichheit von 2003 materialisierte. Allerdings waren im Jahr 2007 von 25 Ministerien nur fünf mit Frauen besetzt (Bahl/Goetz 2007a) – davon keines mit dem Schwerpunkt Frauen – und im 2005 gewählten Parlament nahmen Frauen nur 26 von 167 Sitzen ein (Friebel/Schumacher 2006: 26).

Problematisch scheint auch die Abschaffung der gesetzlich fixierten Quotenregelung im Jahr 2000. In einem Gesetz über politische Partizipation und Wahlrecht war festgelegt, dass 30% der Parlamentsabgeordneten Frauen sein müssen. María León, Präsidentin von INAMUJER forderte dagegen, eine gesetzliche Regelung zur paritätischen Quotenregelung einzuführen. Allerdings waren trotz dieser Forderung und einer Empfehlung des nationalen Wahlrates (CNE), die Parteilisten zur Parlamentswahl 2005 paritätisch quotiert aufzustellen, nicht einmal 30% der KanditatInnen auf den Parteilisten Frauen (Espina 2007: 21). Dies zeigt, dass sich allein durch Gesetze – oder wie in diesem Fall Vorschläge des Nationalen Wahlrats – tradierte geschlechtsspezifische Normen, etwa dass Frauen nicht geeignet seien für die öffentlichen Ämter, nicht verändern. In dem Fall fehlt es erneut an Maßnahmen, die eine kulturelle Transformation einleiten, die die Annerkennung von Frauen verändern würde.

Die Arbeit des Fraueninstituts INAMUJER

Das nationale Fraueninstitut INAMUJER wurde 1999 gegründet.[9] Allerdings gab es schon vor Beginn der »bolivarische Revolution« ein Fraueninstitut, das sich vor allem auch um die Hilfe und Unterstützung von Opfern von Gewalt kümmerte, damals als Nationaler Frauenrat bekannt (Bahl/Goetz 2007b: 6). Ziel des Instituts ist es, einen Genderfokus in alle Regierungsprogramme zu implementieren.

Besonders erfolgreich ist das Institut in der Schaffung von Einkommensmöglichkeiten für Frauen und der Organisierung der Frauen der unteren Klassen, die durch die bereits erwähnten Treffpunkte (*puntos de encuentros*) gefördert wird. Ziel dabei ist es, eine Verbindung zwischen den Frauen an der Basis und dem Staat herzustellen, um ein solidarisches Netz unter Frauen aufzubauen und die Armut zu bekämpfen. Nach Angaben von INAMUJER gibt es derzeit nahezu 18.000 solcher Treffpunkte, die mehr als 177.000 Frauen organisieren.[10]

Zudem gibt es eine Notrufnummer für von durch Gewalt bedrohten Frauen sowie Frauenhäuser, die allerdings in ihrer Kapazität noch sehr beschränkt sind.

Kritisch ist indessen zu sehen, dass das Institut auch aktiv »Umsiedlungskampagnen« betreibt: Es wird versucht, durch Kredite, zusätzliche Renten und andere Unterstützungen Frauen aus den Armenvierteln zu motivieren, in ländliche Gebiete zu ziehen, um etwa Kooperativen aufzubauen (Kron 2004: 62). Damit werden Frauen einerseits auch vom Fraueninstitut zur Umsetzung der nationalen Entwicklungsziele ermutigt, die nicht unbedingt im Sinne von mehr Geschlechtergerechtigkeit zu betrachten sind und dem partizipativen Anspruch der »bolivarischen Revolution« wenig gerecht werden.

Des Weiteren wird etwa von Giocona Espina (2007: 21) kritisiert, dass die »Bolivarische Frauenkraft«, die über das Institut organisiert wird, keine feministische Agenda habe (Espina 2007: 21). Vielmehr sei sie bloß eine politische Organisation, um die »bolivarische Revolution« zu unterstützen (Espina 2005: 21), der es an feministischer Kritik am Prozess und an der chavistischen Bewegung fehle (Armengol 2007: 8). So gibt es Mitarbeiterinnen des INAMUJER, die mit Argumenten der katholischen Kirche gegen das Recht auf Abtreibung auftreten (Bahl/Goetz 2007b: 7). Kritisiert wird zudem von Teilen der nicht-bolivarischen

---

[9] Vgl. http://www.inamujer.gob.ve/ [12.5.2008].

[10] Vgl. http://www.inamujer.gob.ve/puntosencuentros.html [12.5.2008].

Frauenbewegung, dass Chávez die dominante Figur bei frauenpolitischen Anlässen ist, wie etwa der Feier zum Internationalen Frauentag (Bahl/Goetz 2007b: 8) und von Repräsentantinnen der bolivarischen Frauenbewegung wie María León als der unangreifbare Leiter der Frauenbewegung stilisiert wird (Malaver 2007; León 2005).

Zur Bedeutung der Frauenbank BANMUJER

Das Institut INAMUJER arbeitet sehr eng mit der venezolanischen Frauenbank zur Vergabe von Kleinkrediten zusammen. Am 8. März im Jahr 2001 wurde die Banco de la Mujer (BANMUJER) aufgebaut, die als halbstaatliche Institution dazu dienen sollte, Kleinkredite an Frauen zu vergeben, ohne dass sie eine Bürgschaft hinterlegen müssen. Diese Kredite werden als Startkapital zur Gründung eines kleinen Unternehmens vergeben (Castañeda 2005). Die MitarbeiterInnen dieser Bank gehen in die Barrios und informieren die Frauen über die Möglichkeit der Kreditaufnahme und über Schulungen und Workshops der Bank.

Nora Castañeda, Präsidentin von BANMUJER und langjährige Kämpferin in den venezolanischen Frauenbewegungen (Castañeda 2004), versteht diese Bank als wichtigstes Instrument zur Bekämpfung der weiblichen Armut in Venezuela (Kron 2004: 62). Die Bank dient der »Selbstbeschäftigung« (autoempleo), die eine solidarische und soziale Ökonomie schaffen soll und dem »Empowerment« der Frauen dient (ebd.: 62).

Dass dieses Instrument der Armutsbekämpfung in seiner hegemonialen Anwendung weder sozialistisch noch feministisch sein muss, zeigt der – oftmals neoliberale – Entstehungs- und Anwendungskontext. In dieser Form hatte die Einführung der Kleinkredite meist lediglich eine Verwaltung und Individualisierung der Armut zur Folge.

Der heutige Einsatz der Kleinkredite der Frauenbank in Venezuela und anderen lateinamerikanischen Ländern unterscheidet sich jedoch deutlich von den neoliberalen Formen. In Venezuela werden die Aufgaben des Staates erneut ausgeweitet, und das neue Kreditwesen folgt nicht ausschließlich der kapitalistischen Logik: Es werden geringere Zinsen auf die Kredite erhoben und sie werden an ein Kollektiv vergeben, um eine Kooperative aufzubauen, nicht etwa um Luxusgüter zu kaufen.

Die beiden Institutionen INAMUJER und BANMUJER dienen dem Versuch, die Armut von Frauen zu verringern und eine Umverteilung einzuleiten. Dies geschieht nicht nur über Kleinkredite, sondern auch über die Ausarbeitung von Gesetzesvorschlägen und Reformen. Das Fraueninstitut organisiert außerdem die bolivarische Frauenbewegung und die lokalen Treffpunkte. Dieses Institut unterstützt also die »assoziierte und gesteuerte Mobilisierung« an der Basis, indem die Projekte von oben nach unten weitergegeben werden. Allerdings wird die Ausgestaltung der Programme von lokalen Zusammenschlüssen übernommen, die eigene Organisationsstrukturen aufgebaut haben, die nicht als ausschließlich staatlich bezeichnet werden können und daher auch teilweise den Spielraum haben, feministische Forderungen jenseits des Regierungsprogramms zu verfolgen.

Staatliche Basisorganisierung, Missionen und Geschlechtergerechtigkeit

Einige Frauen wie María León sind in die chavistische Bewegung integriert und haben auch in der Chávez-Regierung bedeutende Positionen erlangt. Auch in der nationalen Arbeitergewerkschaft sind Frauen vertreten. Jedoch sind diese Organisationen weiterhin hierarchisch strukturiert und männerdominiert. Weitaus mehr Partizipation konnten Frauen in den Organisationen der Armenviertel erreichen (Fernandes 2007: 109).

Auch wenn viele Frauen in den Armenvierteln in lokalen Freiräumen arbeiten, identifizieren sie sich oftmals sehr stark mit den Regierungsprogrammen. Sie arbeiten also meist in assoziierten Formen mit dem Staat, während sie ein gewisses Maß an Autonomie behalten, sind aber durch die »gesteuerte Mobilisierung« von oben und die Institutionalisierung ihrer Kämpfe in dieser Autonomie gefährdet. Diese könnte mehr Arbeitsbelastung für eine »Sache« bedeuten, die nicht zwangsläufig zur Verbesserung der Bedingungen von Frauen führt (ebd.), aber die Energie beschränkt, sich für feministische Belange einzusetzen.

Bei einer Betrachtung der Organisationsformen und der Beteiligung der Frauen der subalternen Klasse an der »bolivarischen Revolution« ist vor allem zu erkennen, dass viele Frauen zwar über die staatlichen Programme organisiert sind, sich aber nicht unbedingt als Chavista bezeichnen. Vielmehr identifizieren sie sich mit der Kultur des Stadtteils und greifen auf alternative Strukturen zurück, die unabhängig von der bolivarische Revolution und dem Staat bestehen (ebd.).

So wurden aber auch durch viele Regierungsprogramme die so genannten Misiones (dt.: Missionen), die häufig als »Bypass des Staates« verstanden werden, in den Armenvierteln etabliert. Im Sozial- und Wirtschaftsbereich werden Parallelstrukturen aufgebaut, um den Staat teilweise umgehen zu können, da die bürokratischen Apparate des Staates keine schnellen Veränderungen zuließen.[11] So wurden seit 2003 Bildungsmissionen aufgebaut, die der Alphabetisierung

[11] Das liegt einerseits an der Schwäche der staatlichen Institutionen und andererseits daran, dass im Staatsapparat weiterhin viele GegnerInnen des chavistischen Projektes tätig sind, welche die schnelle Umsetzung der Missionen blockieren könnten.

(Mission Robinson), der Erreichung der Hochschulreife (Mission Ribas) und der Absolvierung eines Universitätsstudiums dienen. Zudem wurden nahezu im ganzen Land mit den Mercados de Alimentos C.A. (Mercal) staatlich subventionierte Läden aufgebaut, die Lebensmittel zu einem Rabatt von 40% unter dem üblichen Marktpreis an die Bevölkerung verkaufen. In Fällen extremer Armut sollen laut Regierungsangaben die Produkte auch umsonst verteilt werden.

Weiterhin wurden eine Gesundheitsmission (Barrio Adentro) und eine Mission zur Förderung von Kooperativen (Vuelvan Caras) aufgebaut. Diese Missionen tragen alle zur Verminderung der Armut bei und stellen einen Versuch dar, die sozioökonomischen Ungerechtigkeiten, die ein Strukturmerkmal des Kapitalismus sind, zu beseitigen und eine Umverteilung einzuleiten. Sie alle haben aber keinen expliziten Genderfokus, allerdings profitieren Frauen in überproportionaler Weise von vielen Programmen. Auch ist die Partizipation der Frauen, etwa als Lehrende bei den Bildungsprogrammen, sehr hoch. Besondere Bedeutung kommt allerdings den aufgebauten Volksküchen (Casas Alimentarias) zu. Am Beispiel der Suppenküchen lässt sich sehr deutlich die Widersprüchlichkeit von assoziierter Mobilisierung sowie die Ambivalenz der Regierungsprogramme aufzeigen. Diese Volksküchen dienen einerseits dazu, die reproduktive Arbeit zu kollektivieren und in extremer Armut lebenden Kindern und alleinerziehenden Müttern wenigstens eine warme Mahlzeit am Tag zu garantieren. Andererseits verfestigt aber das Arrangement in vielen Stadtteilen, indem vor allem Frauen diese Küchen betreiben, die geschlechtspezifische Arbeitsteilung. Überdies berichtet Fernandes (2007: 120) von positiven Organisierungseffekten in den Stadtteilen selbst, die aber immer wieder drohen, durch Regierungspolitiken für andere Zwecke eingenommen zu werden, indem die Küchen etwa Werbung für die Regierung machen sollten, was immer wieder zu Konflikten zwischen Basisgruppen und lokalen PolitikerInnen führt.

Andererseits werden in den Stadtteilversammlungen die Probleme besprochen und die Entscheidungen demokratisiert. Dabei wird auch über die dreifache Arbeitsbelastung der Frauen durch Erwerbsarbeit, Arbeit im Haushalt und die ehrenamtliche Stadtteilarbeit diskutiert und diese Schieflage zumindest sichtbar gemacht. Zwar bedeutet das noch lange keine Geschlechterrevolution, kann aber in einem Land des »machismo« wie Venezuela durchaus als Fortschritt gewertet werden. Die zaghafte Veränderung oder Infragestellung der traditionellen Geschlechterrollen wird in einigen Barrios allerdings durch lokale Politiker untergraben (ebd.: 118).

Bolivarische Geschlechtergerechtigkeit?

Die bolivarische Regierung will die sozioökonomischen Verhältnisse verändern mit dem Fernziel, den »Sozialismus des 21. Jahrhunderts« in Venezuela einzuführen. Die wichtigste Veränderung aus geschlechtergerechter Perspektive ist die Förderung der Organisierung an der Basis, die zwar vom Staat abhängt, aber auch zu einem erheblichen Anstieg lokaler Organisierung führt. So entstand mit Beginn der »bolivarischen Revolution« auch eine verstärkte Mobilisierung von Frauen vor allem in den Armenvierteln, die als assoziierte bis gesteuerte Mobilisierung zu charakterisieren ist. Auch die Institutionalisierung von »Frauenbelangen« in Form der Frauenbank und dem Fraueninstitut stellt eine Veränderung der »bolivarischen Revolution« dar. Dass Feministinnen in das bolivarische Regierungsprojekt integriert sind, könnte zu einer Verschiebung der Kräfteverhältnisses zugunsten von geschlechtergerechten Politiken führen, da Feministinnen in staatlichen Institutionen die Agenda bestimmen und daher Einfluss auf die offiziellen Politiken nehmen. Die Integration führte jedoch auch zu einer geringeren Kritikfähigkeit gegenüber der Regierung.

Es bleibt festzuhalten, dass der Einfluss der Frauenbewegungen auf die Verfassung zu sehr fortschrittlichen Artikeln führte, die die Möglichkeit der geschlechtergerechten Veränderung bieten. So könnte beispielsweise der Hausarbeitsartikel zur Transformation auf der Ebene der Anerkennung führen, da die »weibliche« Arbeit nicht mehr unsichtbar ist. Der Hausfrauenlohn zerstört zwar nicht die geschlechtsspezifische Arbeitsteilung, da er für Frauen und nicht für Männer gezahlt werden soll, dient aber dennoch der sozioökonomischen Absicherung und daher der Verringerung der finanziellen Abhängigkeit der Frauen gegenüber ihren Ehemännern.

Auf der Ebene der Umverteilung können vor allem durch die Arbeit des Fraueninstituts und der Frauenbank Erfolge erzielt werden, aber auch durch die Implementierung der Missionen werden die sozioökonomischen Strukturen in den Armenvierteln verändert. Hier geht es um eine Umverteilung des Reichtums, der aus dem Erdölexport gewonnen wird. Allerdings wird bei diesen Maßnahmen keine besondere feministische Perspektive eingenommen. Im Sinne von Nancy Fraser bleibt die bolivarische Frauenbewegung (mit einigen Ausnahmen) bei dem Anspruch der Umverteilung stehen, der sich relativ bequem in den bolivarischen Prozess im Allgemeinen eingliedern lässt.

Literatur

Alvarez, Sonja (1990): Engendering Democracy in Brazil. Women's Movements in Transition Politics, Princeton.

Armengol, Lali (2007): »Durch die rosa Brille«. Interview mit der venezolanischen Feministin Lali Armengol, in: iz3w 33:2, S. 8.

Bahl, Eva/Götz, Judith (2007a): Gesetzmäßigkeiten in Venezuela. Frauenrechte zumindest auf dem Papier gestärkt, in: Lateinamerika Nachrichten 36:5, Mai.

Bahl, Eva/Goetz, Judith (2007b): It's a long way Baby! Die bolivarianische »Revolution« in Venezuela und ihre Nebenwidersprüche, in: iz3w 33:2, S. 6-8.

Blanco, Jessie (2007): Nuestro socialismo feminista?, www.aporrea.org/ideologia/a31009.html [12.5.08].

Castañeda, Nora (2005): Die Revolution mag keine Zinsen, Interview in: Freitag, 28.10.2005, www.freitag.de/2005/43/05430802.php [12.5.08].

Castañeda, Nora (2004): Making woman sovereign and participative: Becoming the protagonist of their own reality, in: Motion Magazine, September.

Dalla Costa, Mariarosa (1973): Die Frauen und der gesellschaftliche Umsturz, in: Kurz-Scherf, Ingrid/Dzewas, Imke/Lieb, Anja/Reusch, Marie (Hrsg.): Reader Feministische Politik und Wissenschaft. Positionen, Perspektiven, Anregungen aus Geschichte und Gegenwart, Königstein/Taunus.

Espina, Gioconda (2007): Beyond polarization: Organized Venezuelan Woman promote their minimum Agenda, in: Nacla Report on the Americas 40:2, S. 20-24.

Espina, Gioconda (2005): Wo sind die Feministinnen?, in: ila, Juli/August, Nr. 287, S. 20-22.

Fernandes, Sujatha (2007): Barrio Women and Popular Politics in Chávez' Venezuela, in: Latin American Politics and Society 49:3, S. 97-127.

Fraser, Nancy (2001): Die halbierte Gerechtigkeit, Frankfurt/M.

Friebel, Anne/Schumacher, Juliane (2006): Abwahl der Machos. Die unterschiedlichen Wege von Frauen in Chile und Venezuela aus dem gesellschaftlichen Abseits, in: iz3w 32:2, S. 25-26.

García Ramírez, Carmen Teresa/Rosillo, Carmen (2005): Algunos logros y tareas pendientes del movimiento de mujeres (MM) de Venezuela, in: rebellion.org, www.rebelion.org/noticia.php?id=12454 [12.5.08].

García-Guadilla, María Pilar (2003): Civil Society: Institutionalization, Fragmentation, Autonomy, in: Ellner, Steve/Hellinger, Daniel: Venezuelan Politics in the Chávez Era. Class, Polarization and Conflict, London, S. 179-197.

Gott, Richard (2005): Hugo Chávez and the Bolivarian Revolution, London.

Hellinger, Daniel (2003): Political Overview: The Breakdown of Puntofijismo and the Rise of Chavismo, in: Ellner, Steve/Hellinger, Daniel: Venezuelan Politics in the Chávez Era. Class, Polarization and Conflict, London, S. 27-55.

Jung, Tina (2007): Geschlechterdemokratie als »rhetorische Modernisierung«? Eine feministische ReVision, Freiburg.

Kron, Stefanie (2004): Venezuela: Verfassung und staatliche Frauenpolitik, in:

femina politica 13:1, S. 55-66.

Lenz, Ilse (2004): Frauenbewegungen: Zu den Anliegen und Verlaufsformen von Frauenbewegungen als sozialen Bewegungen, in: Becker, Ruth/Kordendiek, Beate (Hrsg.): Handbuch der Frauen- und Geschlechterforschung. Wiesbaden, S. 665-675.

León, María (2005): »El Socialismo del Siglo XXI es el Comunismo«, www.rebelion.org/noticia.php?id=19606 [12.5.08].

López Maya, Margarita (2006): La Construcción de Contrahegemonía. Notas sobre la Concepción del Desarollo Económico en el Proyecto Bolivariano, in: Revista Venezolana de Economía y Ciencias sociales 12:2, S. 157-163.

Malaver, Tatjana (2007): Mujeres y socialismo del siglo XXI: ¿un feminismo patriarcal?, www.jir.org.ve/article.php3?id_article=394.

Mihee Hong (2005): Der Wandel des Geschlechterverhältnisses und die Frauenbewegung in Südkorea, Dissertation Ruhr- Universität Bochum.

Molyneux, Maxine (1998): Analysing Women's Movements. Development and Change 29, S. 219-245.

Müller, Beatrice (2007): Öl und Entwicklung – das Beispiel Venezuela, unveröff. Magisterarbeit, Marburg.

Provea (2005): Informe anual octubre-septiembre 2004-2005. Situación de los Derechos Humanos en Venezuela, Caracas.

Rowbotham, Sheila (1992): Women in Movement: Feminism and Social Action, New York/London.

Voz Clasista (2008): Gewerkschaftliche Nachrichten aus Venezuela, Wien.

Wagner, Sarah (2005): Woman and Venezuela's Revolution, in: Venezuelanalysis.com, www.venezuelanalysis.com/analysis/877 [12.5.08].

Urs Müller-Plantenberg

Schlaglichter auf das Verhältnis zwischen Parteien, Gewerkschaften und sozialen Bewegungen in Chile

Vor 1973 – die Macht der Parteien

Vor dem Militärputsch vom 11. September 1973 waren die in der CUT (*Central Única de Trabajadores* = Arbeiter-Einheitszentrale) zusammengeschlossenen Föderationen und Konföderationen von Betriebsgewerkschaften vor allem ein Feld des Kampfes um politischen Einfluss – ein Feld, auf dem die politischen Parteien, allen voran die Kommunistische, die Christdemokratische und die Sozialistische Partei um Einfluss rangen. Es ging darum, welche Partei die jeweilige Einzelgewerkschaft, Föderation oder Konföderation beherrschte oder, wie man allgemein sagte, »kontrollierte«. Das ging so weit, dass die Wahlen für die zentrale Führung der CUT im Mai 1972 als allgemeine Abstimmung aller Mitglieder durchgeführt wurden, bei der nur Listen der verschiedenen Parteien antraten. Auf diese Weise wurde der Kommunist Luis Figueroa als Vertreter der stärksten Liste zum Präsidenten der CUT gewählt, der Christdemokrat Ernesto Vogel zum Vizepräsidenten und der Sozialist Rolando Calderón zum Generalsekretär.

Als mit dem Fuhrunternehmerstreik im Oktober 1972 und einer um sich greifenden Versorgungskrise die Regierung des Staatspräsidenten Salvador Allende in Bedrängnis geriet, versuchte dieser, dadurch Herr der Lage zu werden, dass er Carlos Prats, den Oberkommandierenden des Heeres, zum Innenminister machte und auch andere hochrangige Militärs in die Regierung aufnahm. Zum Ausgleich ernannte er – unter Beibehaltung ihrer Funktionen in der CUT – Figueroa zum Arbeitsminister und Calderón zum Landwirtschaftsminister. Was sich unter anderen Umständen vielleicht als Machtgewinn der Gewerkschaften hätte interpretieren lassen, erwies sich in dieser Konstellation als Versuch einer kontrollierenden Einbindung in das Regierungsgeschäft von Allendes Koalition der *Unidad Popular*.

Neben der Gewerkschaftsbewegung waren auch andere schon länger existierende soziale Bewegungen in dieser Zeit durch die in ihnen herrschenden Kämpfe der Parteien um Hegemonie und Kontrolle gekennzeichnet. Das gilt etwa für die Bewegung der Frauen oder die der *pobladores*, der Bewohner der städtischen Elendsviertel, oder die der indigenen Mapuche. Und selbst in den so genannten *cordones industriales*, in denen sich die Arbeiter und Angestellten jeweils mehrerer Betriebe 1973 zur Verteidigung von Produktion und Versorgung zusammenschlossen, war das Ringen der Parteien um die Macht unübersehbar.

1973 bis 1978 – die Macht der Militärs

All dies änderte sich grundlegend mit dem Militärputsch vom 11. September 1973. Eine der ersten Maßnahmen der nun regierenden Militärjunta mit General Augusto Pinochet an der Spitze war das Verbot der linken Parteien, dem bald ein Verbot der Christdemokratischen Partei und dann das Verbot aller Parteien folgte. Damit hatten die Parteien, deren führende Köpfe verfolgt, ermordet oder ins Exil getrieben wurden und die nur noch im Untergrund arbeiten konnten, jede Möglichkeit verloren, auf die sozialen Bewegungen und insbesondere auf die Gewerkschaften ernsthaft Einfluss zu nehmen.

Aber deren Situation war kaum besser. Die Gewerkschaften beispielsweise durften zwar weiter existieren, aber nur auf Betriebsebene. Ihre Funktionäre galten als abgesetzt, die Leitung hatten die jeweils ältesten Betriebsangehörigen zu übernehmen. Versammlungen waren nur nach Anmeldung bei der Polizei erlaubt, Streiks wurden verboten. Der Preis für die Ware Arbeitskraft wurde im Gegensatz zu allen anderen Preisen, die liberalisiert worden waren, amtlich festgelegt. Weil die Konsumentenpreise im Jahr 1973 angeblich um das Fünffache – in Wirklichkeit um mehr als das Siebenfache – gestiegen waren, wurden die Löhne und Gehälter um das Vierfache erhöht und von da an gemäß dem Inflationsindex laufend angepasst. Das Ergebnis waren sehr niedrige Reallöhne, gegen die sich die Gewerkschaften nicht zu Wehr setzen konnten.

Erheblich verschärft wurde die Situation aber dadurch, dass im April 1975 die so genannten Chicago Boys das Ruder der Wirtschaftspolitik übernahmen und unter dem Superminister Jorge Cauas eine Schockpolitik durchsetzten, die die chilenische Wirtschaft vollkommen schutzlos den Stürmen des Weltmarkts aussetzte. Das Ergebnis: Die Industrieproduktion sank 1975 um 24% und das Bruttoinlandsprodukt um 14%, die offiziell gemessene Arbeitslosigkeit stieg auf 30%, wobei die knapp 20%, die in Mindestbeschäftigungsprogrammen praktisch ohne Einkommen blieben, nicht einmal mitgezählt wurden.

Es ist klar, dass in einer solchen Situation des verzweifelten Kampfes um den Lebensunterhalt die Gewerkschaften den Menschen nicht viel anzubieten hatten. Umso mehr entstanden und wuchsen jetzt aus der Not heraus jene »neuen sozialen Bewegungen«, die in den folgenden Jahren zu einem bevorzugten

Forschungsgegenstand der Sozialwissenschaften wurden. In Stadtteilen und Elendsvierteln wurden *ollas comunes*, gemeinsame Küchen gegründet, um die Lebenshaltungskosten zu senken. Kleinere Handwerks- und Dienstleistungsbetriebe wuchsen zu einer alternativen *economía popular,* einer Volksökonomie, die aus eigenen Kräften ein Minimum an Beschäftigung und Einkommen ermöglichen sollte.

Andere soziale Bewegungen entstanden ganz direkt als Antwort auf die militärische, politische und ökonomische Unterdrückung. So wurde die Frage der Achtung der Menschenrechte, die früher in Chile kaum jemanden interessiert hatte, für die Angehörigen der gefolterten, ermordeten und verschwundenen Opfer der Militärdiktatur zu einem essentiellen Problem, um das sich immer mehr Gruppen mit starker Unterstützung durch die katholische Kirche kümmerten. Auch die Mapuche, denen die Militärregierung gemäß der neoliberalen Doktrin die Weitergeltung ihrer kollektiven Eigentumsrechte verweigerte, um sie gegen ihren Willen zu individuellen Eigentümern zu machen, organisierten sich, um ihre kulturelle Identität und ihre Territorien zu verteidigen.

Wenn sich Frauen in dieser Zeit zu gemeinsamen Projekten zusammenfanden, betonten sie immer weniger ihre frühere Parteipräferenz als vielmehr ihre gemeinsame Identität als Frauen. Und überhaupt entstand jenseits aller Parteiungen in diesen Jahren – zeitgleich zu ihresgleichen in anderen Ländern – als zunächst zartes Pflänzchen eine Umweltbewegung, die dann immer stärker auf die katastrophalen Folgen des Raubbaukapitalismus neoliberaler Provenienz in Chile aufmerksam machte.

Wenn irgendwer die Militärs und die Chicago Boys in diesen Jahren herausforderte, dann waren es diese neuen sozialen Bewegungen und kaum die Gewerkschaften und erst recht nicht die politischen Parteien. Nach neoliberaler Auffassung kann jeder seines Glückes Schmied werden, wenn er sich seiner Umwelt anpasst. Wenn jemand keine Anstellung findet, dann muss er eben selbständig werden – oder Unternehmer. Das Entscheidende an den neuen sozialen Bewegungen war aber, dass ihre Protagonisten jeweils eine Gruppenidentität hatten, die sie nicht einfach abschütteln konnten. Wer Angehörige verloren hatte, konnte sie nicht zurückbekommen. Die Mapuche konnten keine Weißen werden. Die Frauen konnten keine Männer werden. Und fast kein Armer konnte zu einem Reichen werden.

1978 bis 1989 – die Macht der Chicago Boys

Die neoliberalen Wirtschaftspolitiker fürchteten gleichwohl, dass mit der von ihnen erhofften Erholung der Konjunktur die Gewerkschaften wegen der wenigen ihnen noch verbliebenen Rechte zur stärkeren Gefahr für ihre Pläne werden könnten. Ein von der Planungsbehörde des Präsidenten Pinochet im Mai 1978 entwickelter Plan zur »Bekämpfung der Arbeitslosigkeit« durch Abschaffung dieser Rechte der Arbeiter wurde zwar wegen großer Entrüstung in weiten Teilen der Bevölkerung zurückgezogen. Er fand aber dann fast unverändert Eingang in ein neues Arbeitsgesetzbuch, das von einem Tag auf den anderen im Juli ohne jede öffentliche Diskussion verkündet wurde. Damit wurde unter anderem der allgemeine Kündigungsschutz aufgehoben, der bisher noch sicherte, dass Entlassungen nur in klar definierten Ausnahmesituationen und nach Genehmigung, die fast immer erteilt wurde, durchgeführt werden durften. Ebenso wurde der besondere Kündigungsschutz für werdende Mütter und für Betriebsräte beseitigt.

Die Empörung über diesen neuen arbeiterfeindlichen Schritt der Regierung reichte dieses Mal sogar bis in die Reihen der von der Junta ernannten Gewerkschaftsführer, die sich in einem regierungstreuen Gewerkschaftsverband namens UNTRACH (*Nationale Union der Arbeiter Chiles*) zusammengeschlossen hatten, um die bis dahin tonangebenden »Gruppe der Zehn«, ein Bündnis christ- und sozialdemokratischer Führer von größeren Gewerkschaftsorganisationen, zu schwächen. Am entschlossensten aber trat der gewerkschaftsfeindlichen Regierungspolitik ein im Laufe des Jahres 1978 neu gegründeter Verband namens CNS (*Nationale Gewerkschaftskoordination*) entgegen, in dem linke und christdemokratische Gewerkschaftsführer gemeinsam zu arbeiten begannen. In einem Schreiben an Pinochet aus Anlass des fünften Jahrestages des Putsches im September forderte die CNS in ungewohnt offener, anklagender Sprache die volle Wiederherstellung der gewerkschaftlichen und politischen Rechte und Freiheiten, die Rücknahme des Arbeitsgesetzbuches, freie Gewerkschaftswahlen, freie Tarifverhandlungen, Streikrecht und Lohnsteigerungen. Schon seit Juli hatten die *Kupferarbeiter in Chuquicamata*, der größten Kupfermine der Welt, höhere Löhne und bessere Arbeitsbedingungen verlangt und sich zum Zeichen des Protests geweigert, die Kantinen zu besuchen. Nur mit Mühe gelang es der Regierung, durch Verhängung des Belagerungszustandes über die gesamte Provinz und mehrere Verhaftungen, der Bewegung unter den strategisch wichtigen Bergarbeitern Herr zu werden.

Gegen die wachsende Aktivität und das immer furchtlosere Auftreten der Gewerkschaften wusste sich die Regierung schließlich nicht mehr anders als durch drastische Maßnahmen zu helfen. Am 20. Oktober wurden die sieben wichtigsten Mitgliedsverbände der CNS als »marxistische Vereinigungen« per Dekret verboten. Ihr Eigentum wurde konfisziert. Aber damit nicht genug: Am 27. Oktober trat der Arbeitsminister Vasco Costa vor die Fernsehkameras und kündigte (an einem Freitagabend) für den 31. Oktober (also den Dienstag darauf, zwei Arbeitstage später) »freie Gewerkschaftswahlen« in allen privaten Industriebetrieben und Bauunternehmen an. Bei diesen »freien« Wahlen erhielt jedes Gewerkschaftsmitglied das Recht, zwei beliebige Kollegen zu benennen. Die drei Kollegen mit den höchsten Stimmenzahlen bildeten die neue Gewerkschaftsführung im Betrieb. Nicht wählbar waren alle Personen, die erst seit weniger als fünf Jahren im Betrieb arbeiteten (also seit dem Putsch), alle Personen, die in den letzten zehn Jahren einer politischen Partei angehört hatten oder bei irgendwelchen Wahlen für eine politische Gruppe kandidiert hatten (also alle politisch aktiven und bewussten Arbeiter) und schließlich alle gegenwärtig amtierenden Gewerkschaftsfunktionäre. Die öffentliche Vertretung von Arbeiterinteressen ohne ausdrückliche Befugnis wurde unter Androhung von Gefängnisstrafen verboten. Die neu gewählten Gewerkschaftsfunktionäre hatten einen Eid darauf zu leisten, dass sie sich für die vier Jahre ihrer Amtszeit jeder politischen Betätigung enthalten würden. Ihnen wurde in Aussicht gestellt, dass sie in Zukunft Tarifverhandlungen auf betrieblicher Basis aufnehmen könnten.

Diese »freien Gewerkschaftswahlen« hatten in den meisten Betrieben das Ergebnis, dass Gewerkschaftsführungen »gewählt« wurden, deren Mitglieder nur sehr wenige Stimmen erhalten hatten und die über keinerlei Erfahrung im gewerkschaftlichen Kampf verfügten. Um diesen von der Regierung nicht nur anerkannten, sondern bewusst herbeigeführten Mangel an Erfahrung auszugleichen, wurde mit der – der bayerischen CSU nahestehenden – Hanns-Seidel-Stiftung ein Abkommen zur Gründung eines Instituts für Gewerkschaftsschulung geschlossen, in dem die frisch gewählten Gewerkschaftsführer lernen sollten, die Interessen ihrer Mitglieder »mit der wirklichen Situation der Unternehmen zu harmonisieren«, wie die Aufgabe in der juntatreuen Presse beschrieben wurde.

Dieser Versuch einer totalen Zersplitterung, Entmachtung und Entpolitisierung der chilenischen Gewerkschaftsbewegung erwies sich aber sehr bald als ein Fehlschlag: Die amerikanische Regionalorganisation des Internationalen Bundes Freier Gewerkschaften (ORIT) drohte Ende November unter Führung des US-Gewerkschaftsbundes AFL-CIO für den Fall der Aufrechterhaltung der gewerkschaftsfeindlichen Politik der chilenischen Regierung einen totalen Boykott aller chilenischen Waren und Dienstleistungen an. Die Regierung klagte daraufhin zwar die mit der AFL-CIO eng zusammenarbeitende »Gruppe der Zehn« als Vaterlandsverräter an, sah sich dann aber doch gezwungen einzulenken. Ende Dezember wurde das Kabinett umgebildet und ein neuer

Arbeitsminister ernannt. Er suchte Kontakt zu allen – eigentlich schon verbotenen – Gewerkschaftsverbänden und verkündete Anfang 1979 einen »Plan der Arbeit« (plan laboral). Danach durften sich die Gewerkschaften in Zukunft wieder ohne Anmeldung bei der Polizei versammeln, sofern sie dabei nur »eigene Angelegenheiten« besprachen. Gesetzliche Regelungen über Tarifverhandlungen, Streiks, Neuwahlen und Finanzierung der Gewerkschaften sollten innerhalb eines halben Jahres folgen. Obwohl dieser Plan von fast allen Gewerkschaften als völlig ungenügend zur Erfüllung ihrer Forderungen bezeichnet wurde, beschlossen daraufhin die Führungen der amerikanischen Gewerkschaften, den Boykott, der sich übrigens auch auf Nicaragua und Kuba erstrecken sollte, auf unbestimmte Zeit zu verschieben.

Die dann erlassenen gesetzlichen Regelungen höhlten das Streikrecht praktisch völlig aus. Streiks mussten frühzeitig angekündigt werden. Während dieser Frist und des auf 60 Tage begrenzten Streiks hatten die Unternehmer von nun an das Recht, Streikbrecher einzustellen. Gleichzeitig wurde die Indexierung der Löhne und Gehälter aufgehoben, sodass nicht einmal ein Inflationsausgleich gesichert war. Eine Episode aus den 1980er Jahren zeigt, was diese Regelungen unter den Bedingungen hoher Arbeitslosigkeit für die Gewerkschaften bedeutete. Weil der Preisindex seit der letzten Lohnanpassung um 22% gestiegen war, forderten die Angestellten der Bank für Handel und Industrie eine Gehaltssteigerung von mindestens 22%, und ihre Gewerkschaft kündigte an, dass sie nach der einzuhaltenden Frist einen Streik beginnen würde. Die Leitung der Bank bot ganze zwei Prozent Gehaltssteigerung an und heuerte sofort so viele Arbeitslose an, dass sie neben jeden Angestellten einen Streikbrecher stellen konnte, damit dieser sich durch Zusehen auf die Übernahme des Arbeitsplatzes vorbereiten konnte. Dadurch wurden die Angestellten so entnervt, dass die Gewerkschaftsfunktionäre auf ihr Verlangen hin die Ankündigung des Streiks zurücknehmen mussten. Diese erhielten von der Geschäftsführung daraufhin das Angebot, dass sie – und nur sie – eine Gehaltssteigerung von 22% bekommen könnten, vorausgesetzt, dass sie die Gewerkschaft verlassen würden.

Dadurch, dass die Mitglieder mit politischen oder gewerkschaftlichen Erfahrungen vom passiven Wahlrecht ausgeschlossen waren, wurden nun Leute zu Funktionären gewählt, die auf irgendeine Weise in ihren Betrieben bekannt waren – etwa als gute Fußballer oder als Lagerarbeiter mit vielen Kontakten zur Belegschaft. Die Chicago Boys hatten sich davon wohl eine Schwächung der Gewerkschaften erhofft. Das Gegenteil davon trat jedoch ein, weil die neuen Funktionäre in ihrer ersten Unerfahrenheit natürlich den Rat der alten und erfahrenen Kollegen suchten. Auf diese Weise wurden auch sie politisiert, und mit der Zeit verdoppelte sich so die Zahl der Kollegen, die zur Leitung befähigt waren.

In einer kurzen Phase wirtschaftlicher Hochkonjunktur gelang es dem Diktator General Augusto Pinochet 1980, sich in einer Volksabstimmung eine maßgeschneiderte Verfassung genehmigen zu lassen, die ihm mindestens acht, möglicherweise aber 16 weitere Jahre als Diktator erlaubte und erst danach den Übergang zu einer kontrollierten Demokratie ermöglichte, in der politisch autoritäre und ökonomisch liberale Bestimmungen festgeschrieben werden sollten.

Als dann 1982 auch Chile von der ganz Lateinamerika erfassenden Verschuldungskrise heimgesucht wurde und das Bruttosozialprodukt erneut um etwa 14% sank, zeigte sich, dass die Verbitterung sowohl der Armen und Arbeitslosen, als auch der Arbeiterschaft und der Mittelklasse angesichts des Fehlens jeder Perspektive einer auch nur mittelfristigen Öffnung oder Verbesserung der Situation so groß geworden war, dass eine sehr breite Protestbewegung entstand. Über viele Monate hinweg nahmen sich an jedem 11. Tag eines Monats die armen Leute aus den Elendsvierteln ebenso wie Herrschaften aus der Oberklasse – scheinbar ohne jede Verabredung – die Straße und artikulierten lärmend und Töpfe schlagend ihren Protest gegen die Fortdauer der Diktatur. Natürlich waren alle sozialen Bewegungen an diesen Protesten und an ihrer Vorbereitung intensiv beteiligt. Die führende Rolle nahmen aber eindeutig die Gewerkschaften ein, die zwar juristisch und ökonomisch geschwächt, wegen ihrer Benachteiligung aber umso kampfbereiter waren. Seither haben sie nie wieder eine so wichtige Rolle spielen können.

Die politischen Parteien sahen sich zwar wegen der Aussicht auf Wahlen – wenn auch in ferner Zukunft – und wegen etwas mehr Betätigungsfreiheit im Aufwind, fanden aber vorläufig bei den sozialen Bewegungen wenig Interesse. Bezeichnend ist ein Vorfall, der sich an einem der großen Protesttage in einem Elendsviertel am Rande von Santiago abspielte. Ein Polizist traf mit einem Schuss – wahrscheinlich unabsichtlich – einen französischen Priester tödlich, der in seinem Zimmer friedlich arbeitete. Natürlich gab es nach diesem tragischen Ereignis eine große Aufregung, sofort eilten Ex-Abgeordnete verschiedener Parteien herbei, um den Protestierenden ihre Solidarität auszudrücken. Sie waren zutiefst verstört, als niemand sie erkannte. Die Leute hatten sie vergessen, weil sie seit zehn Jahren nicht mehr im Fernsehen zu sehen gewesen waren.

Solange die Parteien illegalisiert waren und im gesellschaftlichen Leben nicht offen in Erscheinung treten konnten, blieb es vor allem Sache der sozialen Bewegungen, die Bedürfnisse und Interessen der Menschen zu vertreten, die zu ihnen gefunden hatten. Dabei gewannen vor allem die Bewegungen an Bedeutung und Stärke, die sich um Probleme kümmerten, für die die nur auf Marktmechanismen vertrauende, neoliberale Politik keine adäquate oder überhaupt keine Lösung anbieten konnte: die Diskriminierung der Frauen, das mangelhafte Gesundheitssystem, das ungerechte Bildungssystem, den Umweltschutz, die kulturelle Identität und materielle Situation der indigenen Völker und anderes mehr. Die sozialen Bewegungen profitierten in dieser Zeit auch – mehr als die verbotenen politischen Parteien – von der Arbeit und den Zuwendungen inländischer und ausländischer Nichtregierungsorganisationen und Stiftungen. Sie waren dann auch sehr stark daran beteiligt, im Jahre 1988 die Kampagne für das Nein gegen eine erneute Präsidentschaft Pinochets und für freie Wahlen im Jahre 1989 zum Sieg zu führen. Von da an aber wandte sich das politische Interesse der chilenischen Gesellschaft sofort wieder voll den politischen Parteien zu, die versprachen, die Anliegen, Bedürfnisse und Interessen der Menschen zu bündeln und politisch wirksam zu vertreten.

Nach 1989 – und wieder die Macht der Parteien

Die Parteien bündelten die Bedürfnisse und Interessen der Menschen, nicht aber die der sozialen Bewegungen. Der Unterschied wurde deutlich, als sich Vertretungen der Parteien der *Concertación Democrática*, der Koalition, die die Wahlen vom Dezember 1989 gewonnen hatte, nach ihrem Wahlsieg zum ersten Mal trafen, um ihre gemeinsame Arbeit als Regierungskoalition zu planen. Zu den 17 Parteien, die die Koalition bildeten und von denen nur fünf im neuen Kongress vertreten waren, gab es auch eine kleine Gruppe, die noch immer den traditionsreichen Namen *Izquierda Cristiana* (IC=Christliche Linke) führte. Die Partei war 1971 als Abspaltung von der Christdemokratischen Partei entstanden und hatte sich der *Unidad Popular* des Präsidenten Salvador Allende angeschlossen. Sie hatte sich besonders der Bewohner der Elendsviertel und der Landarbeiter und Kleinbauern angenommen und deren Bewegungen unterstützt. In der Zeit der Diktatur gehörte sie – im Inland und im Exil – wahrscheinlich zu den kreativsten und solidarischsten Gruppen der chilenischen Linken. Als es dann aber gegen Ende der 1980er Jahre um die Legalisierung der Parteien ging, suchten die meisten der führenden Köpfe den Anschluss an die Sozialistische Partei, wo die Aussicht auf wirksame Arbeit größer schien und manchem von ihnen ein schneller Aufstieg winkte. Ein kleiner Kern blieb und trat weiter unverdrossen für die bisherigen Ideen ein.

Als die 17 Parteien nun im Januar 1990 zusammentraten, forderte die Vertretung der IC, die keine Abgeordneten im Kongress hatte, dass die Zusammenarbeit mit den sozialen Bewegungen als wichtiger Punkt auf die Tagesordnung dieser und zukünftiger Besprechungen gesetzt werden sollte. Damit stieß sie auf völlige Ablehnung. Keine der anderen Parteien machte sich diesen Punkt zu eigen. Die für die Ablehnung vorgebrachten Gründe waren unterschiedlich. Spürbar war vor allem die Befürchtung, dass durch das unkontrollierbare Agieren der sozialen Bewegungen die eben erst gewonnene Demokratie in Gefahr gebracht werden könnte, dass die Militärs unnötig gereizt würden. Auch dürfte in der repräsentativen Demokratie die gewichtige Rolle der politischen Parteien nicht geschmälert werden.

Die *Izquierda Cristiana* existiert noch heute, ist aber schon vor vielen Jahren aus der Regierungskoalition, die heute nur noch die vier größeren Parteien verbindet, ausgeschieden. Ein Grund für die Ablehnung ihrer Initiative war sicher auch, dass jede einzelne Partei geglaubt hat, die ihr jeweils nahestehenden sozialen Bewegungen zu führen und kontrollieren zu können. Festzuhalten ist jedenfalls, dass die Vorstellung, Demokratie könne durch basisdemokratische Impulse von sozialen Bewegungen gefördert und gefestigt werden, in Chile allenfalls im außerparlamentarischen Raum Gehör findet.

Das hat nicht verhindern können, dass die sozialen Bewegungen in den 18 Jahren seit dem Ende der Diktatur manches erreicht haben. Ohne die unermüdliche Arbeit der Menschenrechtsgruppen wäre die juristische Aufarbeitung der Morde und Menschenrechtsverletzungen in der Zeit der Diktatur wahrscheinlich noch mehr verzögert worden und noch dürftiger ausgefallen, als es der Fall war. Ohne den verzweifelten Kampf der indigenen Gruppen um ihre angestammten Landrechte und gegen die weiterhin gültige und gegen sie angewendete Terrorismus-Gesetzgebung hätten die Mapuche wahrscheinlich immer noch viel weniger Rechte. Ohne die beharrliche Aktivität vieler Frauengruppen wäre in diesem konservativen Land die Diskriminierung des weiblichen Geschlechts wahrscheinlich immer noch viel härter zu ertragen und sicher keine Präsidentin wie Michelle Bachelet 2006 gewählt worden. Und ohne die unentwegten Mahnungen der sehr aktiven Umweltbewegung hätten der Raubbau an den Naturwäldern und die Gefährdung der in der Landwirtschaft arbeitenden Menschen durch Pestizide noch ganz andere Ausmaße angenommen.

Und heute – die Macht der »Pinguine«

Wie sich im Jahre 2006 herausstellte, existiert aber in der unter dem Einfluss neoliberaler Wirtschaftspolitik atomisierten chilenischen Gesellschaft doch noch ein Potenzial sozialer Bewegungen, das man kaum für möglich gehalten hatte. Zu reden ist hier von der Bewegung der Schülerinnen und Schüler gegen das herrschende Bildungssystem.

In ihrem Programm für die Wahlen im Dezember 2005 hatten die *Concertación Democrática*, die seit 1990 die Regierung stellt, und die sozialistische Kandidatin Michelle Bachelet den Problemen des Bildungssystems keine größere Beachtung geschenkt. Dabei hatte es unter der Oberfläche längst gebrodelt. Schon nach ihrer Rückkehr aus den Sommerferien im März 2005 hatten sich Schülerinnen und Schüler zusammengetan, um das Bildungssystem einer gründlichen Kritik zu unterziehen, und von der Regierung des Präsidenten Lagos Abhilfe verlangt. Sie wurden über ein Jahr immer wieder vertröstet, ohne auch nur eine Antwort zu erhalten. Als sie jetzt im März erlebten, dass eine neue Präsidentin versprach, den Ungerechtigkeiten in der chilenischen Gesellschaft ein Ende zu setzen oder ihnen doch wenigstens ernsthaft zu begegnen, aber das chilenische Bildungssystem mit keinem Wort auch nur erwähnte, schuf sich die angestaute Wut der jungen Leute, die in ihren Schuluniformen ein wenig wie Pinguine aussehen und sich deshalb auch so nannten, Bahn in Protesten, deren Heftigkeit niemand erwartet hatte.

Die Ungerechtigkeit des chilenischen Bildungssystems ist ein direktes Ergebnis der so genannten großen Modernisierung, die in der Zeit der Militärdiktatur von den neoliberalen Chicago Boys durchgesetzt worden war. Der erste Schritt erfolgte Ende der 1970er Jahre mit der »Munizipalisierung« des Schulsystems, mit der die Verantwortung für die Schulen in die Hände der Gemeinden gelegt wurde. Diese von den neoliberalen Ideologen gefeierte »Dezentralisierung« bedeutete in der Praxis, dass die öffentlichen Schulen der Kommunen, in denen die Reichen leben, schon bald wesentlich besser ausgestattet waren – und auch bessere Lehrerinnen und Lehrer anwerben konnten –, als die Schulen der Munizipien mit vielen Elendsvierteln. Der zweite Schritt war die Zulassung und staatliche Förderung von immer mehr privaten Schulen und Hochschulen, die bessere Bildungschancen boten, bei denen aber über die Zulassung jetzt die Größe des Geldbeutels der Eltern direkt entschied. Und der dritte Schritt war ein Gesetz, das den Drahtziehern der Militärdiktatur so wichtig erschien, dass sie es noch am 10. März 1990, also am allerletzten Tag ihres Wirkens an der Spitze des Staates in Kraft setzten. Dieses so genannte Organisch-konstitutionelle Bildungsgesetz (*Ley Orgánica Constitucional de Educación* = LOCE) setzt als oberstes Prinzip die Freiheit der Bildung, was in der konkreten Ausformulierung dann die Auslieferung des gesamten Bildungssystems an den freien Markt bedeutet. Bildung wird als Sache des Geschäfts betrachtet, vom Recht auf Bildung ist nicht mehr die Rede.

Die Folge dieser »Reformen« ist eine extreme Ungleichheit der Bildungschancen und der damit verbundenen Aufstiegschancen. Beispielsweise schneiden die Absolventen der öffentlichen Schulen bei den Hochschulzulassungen wesentlich schlechter ab als die der Privatschulen. Obwohl diese Situation offen zutage liegt und alle das wissen, haben die Regierungen der *Concertación* am Kern dieses »reformierten« Systems keineswegs gerüttelt.

Jedenfalls erlebte Chile in den Monaten Mai und Juni 2006 eine Massenmobilisierung der »Pinguine«, wie es sie noch nie gegeben hatte. Den Schülerinnen und Schüler der öffentlichen Schulen schlossen sich die der halbstaatlich finanzierten Schulen und in unerwarteter Solidarität sogar die der rein privaten Schulen an, dazu die Studentinnen und Studenten der Universitäten. Die Forderungen nach langfristig wirksamen strukturellen Veränderungen fand wahrnehmbare Sympathie bei großen Teilen der Bevölkerung.

Die ersten Proteste begannen Ende April 2006 in der Hauptstadt Santiago. Aber selbst, als Mitte Mai die ersten Schulen besetzt waren, ließen die Präsidentin und ihre Regierung noch keinerlei Reaktion erkennen. Der rechte Moment, eine gerechte Sache von Anfang an zu unterstützen, wurde verschlafen. So weiteten sich die Proteste und Schulbesetzungen immer mehr aus, bis es am 30. Mai zu einem großen, landesweiten Streik kam, bei dem etwa 800.000 Jugendliche und Sympathisanten auf den Straßen waren, um ihren Zorn darüber auszudrücken, dass jahrelang nichts gegen die soziale Ungerechtigkeit getan worden war. In allen größeren Städten kam es zu Protesten, in Santiago aber waren die Auseinandersetzungen auf den Straßen am heftigsten. Mit Schlagstöcken, Tränengasbomben und Wasserwerfern ging die Polizei gegen die jungen Leute vor, die sich mit Steinwürfen zur Wehr setzten. 700 Schülerinnen und Schüler wurden festgenommen. Das polizeiliche Vorgehen war – auch gegen Leute aus den Medien – von einer derartigen Brutalität, dass Osvaldo Jara, der Präfekt der polizeilichen Spezialkräfte, seinen Hut nehmen musste.

Drei Tage nach den Straßenschlachten vom 30. Mai reagierte Michelle Bachelet endlich mit einer Fernsehansprache, in der sie sich mit einigen Forderungen der »Pinguine« identifizierte. Das eigentliche Kernproblem aber, nämlich das durch das LOCE festgezurrte extrem ungerechte System des Bildungswesens, sprach sie nicht an. Noch im April hatte Bildungsminister Martin Lisic dieses Gesetz für »unantastbar« erklärt.

Weitere vier Tage später gab die Präsidentin die Zusammensetzung eines »Rates für Qualität der Bildung« bekannt, an dem nicht nur Wissenschaft, Politik und Lehrkräfte, sondern auch die Schülerschaft und die Studentenschaft beteiligt wurden. Er sollte zum gesamten Bildungssystem Vorschläge erarbeiten. Obwohl die »Pinguine« sich von diesem sehr heterogenen Rat mit seinen 81 Mitgliedern nicht allzu viel erwarteten, beschlossen sie, den Schulstreik und die Schulbesetzungen zunächst zu beenden und – auch mit Hilfe der Eltern – in den Schulen alles wieder ordentlich herzurichten. Auch damit gewannen sie die Sympathien der öffentlichen Meinung.

Michelle Bachelet wurde von der Entwicklung erneut überrascht, sie stieg erst im letzten Moment auf den fahrenden Zug auf. Immerhin hat sie sich dann zu eigenen Fehlern bekannt und die verantwortlichen Minister für Bildung und Inneres ausgewechselt. Der so genannte Qualitätsrat hat ihr nach langen und zähen Verhandlungen im Dezember 2006 Vorschläge für die Umgestaltung des

Bildungssystems überreicht, die dann im April 2007 in eine Gesetzesvorlage Eingang gefunden haben. Die Schülerinnen und Schüler hätten sich zwar weitergehende Vorschläge gewünscht; immerhin soll aber das letzte Gesetz der Ära Pinochet völlig abgeschafft und durch eines ersetzt werden, in dem die Qualität der Bildung und vor allen Dingen das Recht auf Bildung eindeutig Vorrang haben sollen vor der Freiheit der Bildung, sprich: dem Geschäft mit ihr. Nach den Worten der Präsidentin soll das neue Gesetz vor allem verhindern, dass das Bildungswesen weiterhin ein Ort der Diskriminierung und eine Quelle privaten Profits bleibt.

Die Reform des Bildungswesens wird noch lange auf der Tagesordnung bleiben. Die Bewegung der »Pinguine«, die in den Tagen der großen Mobilisierung über alle Parteigrenzen einheitlich agierte und – vor allem mit Hilfe des Internets – hervorragend organisiert war, wird darauf achten, dass ihre berechtigten Interessen nicht wieder zugunsten der Herrschaft des Marktes an den Rand gedrängt werden.

Juliana Ströbele-Gregor

Kanon mit Gegenstimme – Soziale Bewegungen und Politik in Bolivien

Aus internationaler Perspektive wird die Regierung von Evo Morales in Bolivien aufgrund ihrer Programmatik und weil sie als Repräsentant der *movimientos populares*, der »Volksbewegungen« gilt, einer »neuen Linken« in Lateinamerika zugeordnet. Ohne weitere Erklärung werden – besonders im politischen und medialen Diskurs – die Begriffe *movimiento popular* und *movimiento social* besonders von jenen, die dieser Linken nahestehen, als Ausdruck direkter Demokratie gefeiert.[1] Übersehen wird dabei oftmals die kulturelle Diversität und die damit verbundenen unterschiedlichen Organisationsformen, die sich in den diversen sozialen Bewegungen widerspiegeln und sie prägen. Wie wirken indigene Traditionen, verankerte gewerkschaftliche Strukturen, neue Inhalte und neue Instrumente partizipativer Demokratie zusammen? Freilich hat sich seit einigen Jahren eine produktive Dynamik zwischen »traditionellen« Formen der Partizipation und direkter Demokratie entwickelt, die durchaus auf Veränderungen innerhalb der politischen Kultur Boliviens hindeutet.

Das gesellschaftliche Umfeld, in dem soziale Bewegungen entstehen, besteht in Bolivien in Ungleichheit auf allen gesellschaftlichen Ebenen, großer Armut und rassistischer Diskriminierung der als *indios* klassifizierten Bevölkerungsmehrheit.[2] Die gesellschaftliche, wirtschaftliche und politische Macht liegt in den Händen einer vergleichsweise kleinen, sich »weiß« verstehenden Mittel- und Oberschicht. Zwischen dem alten Verfassungstext, demzufolge in Art. 6 alle Bürger gleich sind und die »gleichen Rechte genießen, ohne Unterschied der Rasse, des Geschlechts, der Sprache, Religion, politischen Meinung, Herkunft, wirtschaftlichen oder sozialen Lage« und der Verfassungswirklichkeit klafft eine große Lücke – das betrifft die Rechtsstaatlichkeit ebenso wie die Umsetzung sozialer Leistungen für die ärmeren Schichten und die Landbevölkerung. Über 20 Jahre Demokratisierungsprozess hatten zwar zu wichtigen institutionellen Reformen geführt. Die Folgen der Strukturanpassungsprogramme des »Washington

---

[1] Kritisch zu Bolivien: Laserna/Schwarzbauer 2005.

[2] Laut Zensus von 2002 definierten sich 62% der Bevölkerung als Angehörige eines indigenen Volkes. In Bolivien existieren 36 Ethnien; die größten Völker sind die aus der Andenregion stammenden Aymara und Quechua, gefolgt von den Guaraní, die im Chaco beheimatet sind.

Consensus«, die damit verbundene Privatisierung staatlicher Unternehmen und Leistungen sowie der Rückzug des Staates hatten jedoch den Abstand zwischen Arm und Reich, Stadt und Land noch vergrößert. Die Folge davon waren soziale Proteste, die spätestens seit dem Jahr 2000 immer größere und heftigere Ausmaße annahmen. Im Oktober 2003 eskalierte die Situation zu einem Aufstand, der mit der Flucht und dem Rücktritt des Präsidenten endete. Zentrum des Aufstandes war die Migrantenstadt El Alto. Die Protagonisten waren diverse soziale Bewegungen und antikapitalistische Interessengruppen – allen voran die indigene Bevölkerung. Trotz unterschiedlicher Einzelinteressen bestand Einigkeit in den grundlegenden Forderungen: Abkehr vom neoliberalen Wirtschaftsmodell, Re-Nationalisierung des Erdgas- und Erdöl-Sektors, grundlegende Dienstleistungen wie Wasser und Sozialversicherung in öffentlicher Hand, Einberufung einer Verfassungsgebenden Versammlung unter Beteiligung der indigenen Völker, die starke Partizipationsrechte der Bevölkerung auf allen Ebenen beinhaltet, Anerkennung der Rechte indigener Völker, eigene selbstverwaltete Territorien, Eigentumsrechte an den natürlichen Ressourcen. Sie waren Ergebnis der Erfahrungen mit einem Staat, mit dem man sich nicht (mehr) identifizierte sowie der gemeinsame Wille zum Umbau der Gesellschaft.[3]

Die »Politik auf der Straße« (Calderón/Szmukler 2000) einschließlich gewaltsamer Protestaktionen, wie sie seit 2000 immer stärker den Alltag in Bolivien bestimmten, gehören traditionell zum Instrumentarium der meisten sozialen Bewegungen des Landes. Zugleich leisten sie einen wichtigen Beitrag zu neuen Instrumenten der Demokratie. Es waren die neuen sozialen Bewegungen – etwa die indigene Bewegung, das Bewegungsbündnis des »Wasserkrieges« in Cochabamba, die Frauenbewegung, die Menschenrechtsbewegung u.a. –, die das Referendum, Gesetzesinitiativen im Bereich Bürgerschaft, öffentliche Anhörungen und die Verfassungsgebende Versammlung durchsetzten. Als Elemente der partizipativen Demokratie wurden sie auf dem Wege einer Gesetzesreform im Februar 2004 in die (alte) Verfassung aufgenommen. Der Forderung nach partizipativer Demokratie waren heftige kritische Debatten über die Arbeit der politischen Parteien vorausgegangen. Eine Öffnung des politischen Repräsentationssystems war unvermeidlich, das Parteienmonopol wurde gebrochen (vgl. Lavaud 2007: 161). Bei den Kommunalwahlen im Dezember 2004 konnten sich aufgrund institutioneller Reformen erstmals neue soziale Akteure, Bürgervereinigungen und Organisationen der indigenen Völker neben politischen Parteien an einem Wahlkampf beteiligen, was den Einfluss der sozialen Bewegungen auf die Demokratiedebatte verdeutlicht (Mayorga 2007: 6). Ihre Forderungen

[3] Eine gute Übersicht über die Auseinandersetzungen mit dem Staat und die sozialen Kämpfe im Verlauf des 20. Jahrhunderts gibt Calderón 1999.

beschränkten sich nicht mehr auf so genannte Einzelinteressen. Es war ihnen gelungen, zentrale Themen wie staatliche soziale Leistungen und Fördermaßnahmen, Dezentralisierung und die Verfügung über das Erdgas zum Gegenstand der öffentlichen Debatte zu machen. Sie ermöglichten damit, dass politische Entscheidungen nicht mehr so einfach zwischen den Parteien ausgemauschelt werden konnten wie bisher. Vor diesem Hintergrund sortierten sich die politischen Kräfte neu.

Ein weiteres Charakteristikum der sozialen Bewegungen ist ihre Vernetzung und Einbindung in internationale Diskussionen und Lobbying. Für die indigene Bewegung sind das die Debatte um Diversität, soziale und kulturelle Menschenrechte, Autonomie sowie Globalisierungskritik; für die Menschenrechtsbewegung die Themen Verletzung der Menschenrechte und Aufarbeitung von Verbrechen während der Diktaturen; für die Frauenbewegung die Debatte um Bürgerinnenrechte, Gewalt und geschlechtsspezifische Diskriminierung. Nur eine nennenswerte Ökologiebewegung ist in Bolivien noch nicht in Erscheinung getreten, obgleich Umweltzerstörungen enorme Ausmaße angenommen haben. Das Thema Nachhaltigkeit und Schutz der natürlichen Umwelt wird – zum Teil sehr romantisierend – den indigenen Bewegungen zugeschrieben. Diese stellen sich in ihren politischen Diskursen gern als Hüterin des Waldes und der Mutter Erde (pachamama) dar, auch wenn dies mit der Praxis oft nicht mehr unbedingt übereinstimmt.

Die MAS (*Movimiento al Socialismo*; dt: Bewegung zum Sozialismus), die Partei des Präsidenten, ist selbst aus einer sozialen Bewegung hervorgegangen: der Bewegung der Cocabauern, die für die Freigabe des Cocaanbaus und -handels streitet. Sie wurde gegründet als »politisches Instrument« der sechs Verbände (*federaciones*) der Cocabauern im tropischen Chapare zur Durchsetzung ihrer Interessen in der politischen Arena. Diese Bewegung wiederum eint zwei Bewegungstraditionen: zum einen die der linken Bergarbeiterbewegung, denn viele Cocabauern waren ehemals Bergleute, die mit der Schließung der staatlichen Minen in den 1980er Jahren im Cocaanbau ein neues Einkommen suchten. Zum anderen die Tradition der Kataristenbewegung. Sie vereint indianistische und gewerkschaftliche Positionen und wird getragen von Aymara und Quechua, Bauern und Migranten in den Hochlandstädten. Die 1999 gegründete MAS ist also eine Bewegungspartei – aber keineswegs die Partei aller sozialen Bewegungen, auch wenn die MAS das so darstellt.

Inhaltlich hatte die Regierung Morales durchaus den Forderungskatalog der Protestbewegungen aufgenommen: Sie versprach die Durchsetzung der Rechte der indigenen Völker und die Dekolonisierung des Landes ebenso wie eine Abkehr von der neoliberalen Politik, die Einberufung und Wahl eines Verfassungskonvents unter Beteiligung der Indígenas, die Re-Nationalisierung des Erdgas-, Erdöl-, Wasser- und Minensektors und eine Abkehr vom »neoliberalen Wirtschaftsmodell«, die Reform des Agrargesetzes und Freigabe des Cocaanbaus, die Rückkehr zu einem starken Staat, dessen vordringlichste Aufgabe die Verbesserung der Lebensverhältnisse der Bevölkerungsmehrheit ist (vgl. Ströbele-Gregor 2007) und die Teilhabe »des Volkes« an politischen und wirtschaftlichen Entscheidungsprozessen – insbesondere die Einbeziehung von sozialen Bewegungen in die Regierung. »Wir sind die Regierung der sozialen Bewegungen«, so bezeichnet dementsprechend Präsident Evo Morales beständig seinen politischen Standort. Und es verwundert kaum, dass sich Morales weiterhin zum Vorsitzenden des Verbandes der Cocabauern wählen lässt. Damit setzt er innen- und außenpolitisch ein Zeichen. Er erhebt die Interessen seiner unmittelbaren Basis, der Bewegung der Cocaproduzenten, zur nationalen Politik.

Panorama der sozialen Bewegungen

Dass im politischen und medialen Diskurs in Bolivien soziale Bewegungen stets gleichgesetzt werden mit den »fortschrittlichen« und Demokratie fördernden Kräften, rückwärtsgewandte Positionen hingegen der Kategorie »kulturelle Identität« zugeordnet werden, oder jene, die sich mit der politischen Opposition identifizieren, erst gar nicht als soziale Bewegungen angesehen werden, sollte hinterfragt werden. Der Soziologe Joachim Raschke (1988: 12) gibt in seiner Geschichte der sozialen Bewegungen in Europa einen Hinweis, der auch für das Verständnis Boliviens hilfreich ist: »Soziale Bewegungen sind nicht identisch mit ›Kräften des Fortschritts‹. Nicht selten wollen sie einen »Fortschritt« aufhalten, für den die Betroffenen zu zahlen hatten. [...] Soziale Bewegungen können Kräfte der Vergangenheit sein, die ›zurück‹ wollen. Soziale Bewegungen zeigen nicht den ehernen Gang der Geschichte – diesen Glauben der Arbeiterbewegung hat spätestens der Faschismus zerstört.«

Raschkes Interpretation schärft den Blick auf die politische Opposition. Diese wird angeführt von der rechts-konservativen Partei PODEMOS und dem *Comité Cívico* von Santa Cruz. Ziel ist der Machterhalt der »alten Elite« und die Verfügung über den Ressourcenreichtum. Seit die Opposition ein Referendum zur Frage der Autonomie der Departements durchsetzen konnte und diese in den ressourcenreichen Departements des Tieflands Tarija, Pando, Beni und vor allem den Wirtschaftsmotor Santa Cruz für sich entscheiden konnte, ist deutlich geworden, dass dort starke regionalistische Bewegungen existieren. Die Hauptakteure dieser Bewegungen gehören überwiegend der Mittel- und Oberschicht an. Mit ihrer Selbstdefinition als weiße bzw. mestizisch-kreolische

Bolivianer grenzen sie sich scharf von den »Indios im Hochland« ab. Sie stellen sich entschieden dem eingeleiteten gesellschaftlichen Wandel entgegen, der ihre Machtposition durch Umverteilung einschränken will. Als Gegner des Verfassungsentwurfs verweigerten die Oppositionsparteien im November ihre Mitwirkung bei dessen Verabschiedung. Und sie mobilisieren gegen die Rentenreform, die auf einer Kürzung ihrer bis dato gesetzlich zugesicherten Einnahmen aus dem Erdgas-Abgaben basiert sowie gegen die Agrarreform, die zulasten des Großgrundbesitzes erfolgen soll.

Elemente rückwärtsgewandten Denkens sind allerdings auch in der indigenen Bewegung verbreitet: jedoch mit geradezu entgegengesetzten Zielen. Radikal indianistische Strömungen wie die Partei MIP (*Movimiento Indígena Pachakutik*) des »Mallku« Felipe Quispe oder der traditionsorientierte Aymara- und Quechua-Verband CONAMAQ (*Coordinadora Nacional de Ayllus y Markas del Qullasuyu*) streben indigene Autonomie nach dem Vorbild der vorspanischen Häuptlingstümer der Aymara im Qullasuyu an, das von Nordchile bis nach Arequipa in Peru reichte. Die Betonung der eigenen kulturellen Identität und die Aufwertung ihrer vorspanischen Geschichte und Gesellschaftsordnung ist der Angelpunkt dieser rückwärtsgewandten Strömungen. Idealisierend werden die sozialen und politischen Strukturen, Werte und Normen der vorspanischen Gesellschaftsordnung überhöht und auch als Voraussetzung für eine zukünftige solidarische, partizipative Gesellschaft in Bolivien und in den Andenländern insgesamt angesehen. Weiße (*karas*) haben darin, zumindest bei jenen Bewegungsteilen, die dem MIP ideologisch verbunden sind, keinen Platz. Das von Quispe geprägte Wort von den »zwei Bolivien« beschreibt nicht nur die aktuelle ungleiche Gesellschaft. Es ist auch das Zukunftsprogramm eines homogenen indigenen und eines anderen »weißen« Staates.

Die »Rückwärtsgewandten« sind zwar nur ein Teil der neuen indigenen Bewegung in Bolivien, doch ihre kulturalistischen und politischen Diskurse und Praktiken finden sich auch in anderen Teilen der Bewegung, insbesondere im Hochland. Das gilt beispielsweise für den Nationalen Kleinbauernverband CSUTCB (*Confederación Sindical Unica de Trabajadores Comesinos de Bolivia*) und für den nationalen Landfrauenverband Bartolina Sisa. Beide Verbände hatten sich zeitweise gespalten in einen vom radikal-indianistischen Felipe Quispe geführten Flügel und eine MAS-Strömung. Die MIP-Position mit ihren radikal-indianistischen Vorstellungen ist weiterhin stark vertreten. Aber auch so manche Aktivisten und Organisationen der Protestaktionen im Jahr 2003 werden davon beeinflusst. Gemeinsame inhaltliche Bezugspunkte sind die kulturelle Identität, die koloniale Unterdrückungsgeschichte und die Ablehnung der gegenwärtigen Herrschaftsform in Bolivien: Das umfasst die repräsentative Demokratie nach westlichem Vorbild, den exkludierenden Kapitalismus und die reale Macht in den Händen einer kleinen »Weißen Elite«. Die Diskurse sind in hohem Maße identitätsstiftend und legitimieren Ansprüche und Forderungen mit Bezug auf 500 Jahre Unterdrückung. Für »moderne« indigene Organisationen wie Verbände, Parteien, aber auch Nachbarschaftsorganisationen (*juntas vecinales*) sind diese Diskurse wesentliche Elemente ihrer politischen Strategie (vgl. Ströbele-Gregor 2006). Eine weitere Gemeinsamkeit besteht darin, dass Strukturen und die politische Kultur der jeweiligen indigenen Organisation stark kulturell geprägt sind. Das betrifft die Denkmuster, Normen und Formen des sozialen Handelns, die sich auf die traditionellen Selbstverwaltungsstrukturen der Dorfgemeinschaft gründen. Zusammen mit den Gewerkschaftsstrukturen ist eine facettenreiche Verbindung entstanden, die charakteristisch ist für die verschiedenen Organisationen und Aktionsformen der heterogenen indigenen Bewegung. Die politischen Forderungen, die mittlerweile von der gesamten indigenen Bewegung Boliviens getragen werden, die Visionen, Programme, der Aufbau soziopolitischer Verbände und eigenständiger Parteien haben ihren Ursprung in der Migrantenszene der Hochlandstädte. Hierbei spielten Aymara-Aktivisten und Intellektuelle, oft mit Unterstützung von Anthropologen und NROs, eine zentrale Rolle. Gefordert werden Anerkennung als eigenständige Völker (*pueblos originarios, pueblos indígenas*) und Gleichstellung der Kulturen mit eigener Gerichtsbarkeit, Sprache, Religion, territorialer Autonomie und Selbstregierung sowie Eigentum und Verfügungsrecht über die Ressourcen innerhalb der indigenen Territorien. Diese Forderungen basieren wesentlich auf der Vorstellung der Einheit von Einwohnern und Territorium. Kaum berücksichtigt wird dabei die Realität von Migration in die Städte und andere Landesteile sowie die damit einhergehenden heterogenen Lebenszusammenhänge. Übergangen werden auch Interessenunterschiede von Hochland- und Tieflandvölkern, die im Kontext der Migration von Aymara und Quechua in die Tropenregionen entstehen. Dabei geht es zumeist um Konflikte um Land sowie um unterschiedliche Produktionsweisen und wirtschaftliche Interessen.

Selbstorganisation und die Politik auf der Straße

Respekt und Furcht löst bei den nicht-indigenen Städtern stets die starke Durchsetzungskraft von Bewegungsorganisationen aus – etwa wenn lokale Basisorganisationen mit ihren bloqueos, den Straßensperren, die Verkehrsadern der Städte und Zufahrtswege blockieren und damit Verkehr und Versorgung der Hochlandstädte – allen voran La Paz – lahmlegen. Kollektives politisches Handeln vollzieht sich in Bolivien als Kultur der Politik der Straße vorbei an den staatlichen Institutionen. Das hat eine lange, auf historischen Erfahrungen beruhende Tradition (Mayorga 2007: 5). Zu den entscheidenden Erfahrungen gehört, dass die bisherigen Regierungen staatliche Institutionen, auch in Zeiten der Demokratie, meist im eigenen Interesse nutzten und die subalternen Klassen hier selten Gehör und Recht fanden. Selbstorganisation war und ist also sowohl Teil der Überlebensstrategien als auch eine Voraussetzung zur Teilnahme in der politischen Arena. Der hohe Grad an Selbstorganisation und organisatorischer Disziplin ist ein Merkmal der Aymara und Quechua und hat seine kulturellen Wurzeln ebenso in der andinen Dorfgemeinschaft wie in der Erfahrung der staatlichen Ignoranz. Bei den Formen der Teilhabe innerhalb der soziopolitischen Organisationen handelt es sich nicht um demokratische Strukturen im Sinne der westlichen repräsentativen Demokratie. Sie basieren vielmehr oft auf Formen der direkten Demokratie, etwa der Partizipation in der *asamblea*, der Vollversammlung, die ein zentrales Element sämtlicher indigener Organisationen ist. Allerdings basiert diese Teilhabe nicht immer auf Freiwilligkeit, sondern eine soziale »Selbstverständlichkeit« liegt dieser Partizipation zugrunde und Verweigerung wird sanktioniert (Seoane /Nacci 2007: 103f.). In der politischen Kultur der Aymara und Quechua sind Gruppenharmonie und Kollektivität statt Individualismus und daraus abgeleitet Konsensentscheidungen, Reziprozität, Dienst für die Gemeinschaft, Würde und Respekt die Leitideen des Zusammenlebens. Von der Gemeinschaft abweichendes Verhalten oder Dissens werden sozial sanktioniert – mit dem Ziel, Harmonie wiederherzustellen. Das heißt, dass es auf der politischen Ebene kein Minderheitenvotum gibt. Wo Konsens nicht hergestellt werden kann, erfolgt der Bruch. Ein anschauliches Beispiel dafür ist die Geschichte des nationalen indigenen Bauernverbandes CSUTCB, der mehrfach auseinanderbrach.

Partizipation ist eingebettet in vertikale Strukturen. Die Beschlüsse der gewählten *dirigentes*, Repräsentanten auf der nächsthöheren Organisationsstufe, sind durchzuführen. Die Organisationsdisziplin und die Sanktionsgewalt machen dies möglich. Bei Kampagnen wie den Überland-Straßenblockaden Oktober 2003 war zentrale Planung ein wichtiges Element für die erfolgreiche Erhöhung des Drucks auf die Regierung.

Die Idee der Repräsentation ist, obgleich strukturell in den »modernen« indigenen Verbänden auf lokaler, regionaler, nationaler und internationaler Ebene vorhanden, über die lokale Ebene hinaus kulturell wenig verankert. Zwar werden indigene Repräsentanten von der jeweiligen *asamblea* gewählt und sind ihr rechenschaftspflichtig. Allerdings sind die lokal übergreifenden Strukturen, die von der Gewerkschaftsbewegung übernommen wurden, um als Interessenvertretung gegenüber dem Staat und auf internationaler Ebene agieren zu können, nicht verinnerlicht. Die soziale Kontrolle des *dirigente* erweist sich auf den höchsten Organisationsebenen als labil. Hier entsteht Raum für die Verfolgung von Eigeninteressen. Das schürt Misstrauen bei der Basis gegenüber den *dirigentes*, geht aber einher mit den auf der Grundlage des Reziprozitätsprinzips basierenden Erwartungen, dass es materielle Zuwendungen und Vorteile vor allem für die eigene Herkunftsgruppe gibt. Dies schürt wiederum das Misstrauen jener Gruppen, die der *dirigente* zwar qua Amt auch zu vertreten hat, aber die nicht seiner Herkunftsgruppe angehören – Widersprüche und Stolpersteine, die auch aus westlichen repräsentativen Demokratien wohlbekannt sind.

Auch die indigenen politischen Organisationen der Tieflandvölker wie der Dachverband CIDOB (*Confederación Indígena del Oriente Boliviano*) oder die angeschlossenen regionalen Verbände wie z.B. der Verband der Guaraníes, APG (*Asamblea del Pueblo Guaraní)* oder der Völker des Beni, CPIB (*Central de los Pueblos Indígenas del Beni*) sind formal nach dem Vorbild von Gewerkschaften aufgebaut. Doch die kulturellen Unterschiede zwischen den Tieflandvölkern und den Aymara und Quechua drückt sich auch in ihrer Organisationspraxis aus. Partizipation bei den Tieflandvölkern berücksichtigt beispielsweise sehr viel stärker individuelle Entscheidungen. Der Einfluss der *dirigentes* basiert zu einem Großteil auf ihrer Ausstrahlungskraft, ihr Verhältnis zum Staat zeichnet sich durch Pragmatik und Flexibilität aus. Die Tieflandvölker verfolgen im Gegensatz zu den Aymara keine ideologisch festen, politisch maximalistischen Positionen. Zwar ist es die Forderung nach Territorium, Selbstregierung und Verfügungsgewalt über die Ressourcen auf ihrem Land, die seit Ende der 1980er Jahre zu einer starken Bewegung und zum Ausbau der Organisationen geführt hat. Bei der Verfolgung ihrer Forderungen jedoch haben sie stets große Verhandlungsflexibilität gezeigt und auch Teilerfolge als Schritte hin zum Ziel gewertet. So forderten sie Anfang der 1990er Jahre eine eigene Gesetzgebung, die *Ley Indígena*, die ihre Forderungen anerkennen sollte. Grundlage dafür war die Konvention 169 der Internationalen Arbeitsorganisation (ILO). Die damaligen Regierungen lehnten dies ab. Der Staatspräsident Paz Zamora sah sich jedoch 1992 dazu veranlasst, per Dekret erstmals fünf autonome indigene Territorien anzuerkennen. Die Tiefland-Bewegung verzichtete daraufhin einstweilen auf eine *Ley Indígena* – und verfolgte die Idee eines Verfassungskonvents. Diese Forderung hatte sie erstmals bei ihrem berühmten Marsch vom Tiefland zum Regierungssitz La Paz 1990 erhoben, mit dem sie ihren Forderungen nach Land Nachdruck verliehen hatte.

Gleichwohl wäre es völlig verkürzt, die »traditionelle« Politik auf der Straße nur als Strategie von jeweiligen Gruppierungen zur Interessendurchsetzung zu begreifen, deren Voraussetzungen straff organisierter und vertikaler Verbandstrukturen mit verpflichtender Mitgliedschaft und Partizipation sind. In Cochabamba entstand 1999/2000 ein spontanes, breites Bündnis quer durch alle gesellschaftlichen Schichten. An den Protestaktionen des »Wasserkrieges«

(*guerra del agua*) beteiligten sich ansonsten unpolitische Bürger und Bürgerinnen, die Landbevölkerung sowie Gewerkschaften und diverse Organisationen der Stadt und umliegender Gemeinden. Anlass war die Privatisierung der Trinkwasserversorgung und Bewässerung der seit Jahren unter Wassermangel leidenden Stadt und ihrer Umgebung. Ein Teil der Finanzierung wollte das Konsortium über eine sofortige Erhöhung der Gebühren, »sozusagen als kostenpflichtiges Versprechen für die Zukunft« (Quiroga 2001: 160) garantieren, was auf breiten, zunächst unorganisierten Protest stieß. Daraus entwickelten sich Aktionsgruppen aller Art. Unterstützung kam sodann von städtischen und ländlichen Gewerkschaften, die bald die Führung übernahmen. Spontane Aktionen führten zum Teil zu gewaltsamen Konfrontationen mit den repressiven Ordnungskräften. Eine Wendung nahm die Bewegung, als sich andere Akteure einmischten, die eigene Interessen verfolgten. So trugen die Coca-Bauern aus dem Chapar ihren Kampf gegen die Coca-Vernichtungspolitik der Regierung auf die Straßen von Cochabamba. Dennoch zeichnete sich der »Wasserkrieg« nicht nur durch Konfrontationen mit der Staatsgewalt oder den Versuch der *Cocaleros* aus, die Mobilisierung auch für eigene Zwecke zu nutzen. Vielmehr war es eine der (wenigen) erfolgreichen Widerstandsaktionen einer sozialen Bewegung, in der es nicht nur um die Durchsetzung eines Partikularinteresses ging, sondern um das Gemeinwohl. Der Widerstand wandte sich gegen die schon seit Jahren von verschiedenen Regierungen verfolgte Privatisierungspolitik. Die Bewegung für eine Re-Nationalisierung des Gas- und Erdölsektors konnte an diese privatisierungskritische Argumentationslinie anknüpfen, wie auch der zunehmende Ruf nach einer Neuordnung des Landes und einem Verfassungskonvent. Er war der Ausdruck einer Akkumulation enttäuschter Erwartungen an ein Regierungssystem, das demokratisch verfasst ist, und von dem sich dennoch ein Großteil der Bevölkerung nicht repräsentiert fand.

Für die Neuordnung Boliviens

Die Verfassungsforderung einte seit den sozialen Protesten 2000 die diversen sozialen Bewegungen. Gleichzeitig wurde die Debatte um Autonomie von der Opposition (in Santa Cruz) auf die politische Tagesordnung gesetzt. Sie wurde von Separatismusdrohungen begleitet. Die Opposition machte ihre Zustimmung zur Verfassungsgebenden Versammlung von der Durchführung eines Autonomiereferendums abhängig. Ihr Ziel war die Absicherung ihrer wirtschaftlichen Interessen. Schließlich einigten sich die Parteien und das Parlament verabschiedete 2006 die gesetzlichen Voraussetzungen für den Konvent und ein Referendum über die Autonomie einzelner Departements. Der Ausgang des Referendums konnte nicht verwundern. Die vier Tieflandbezirke Santa Cruz, Beni, Pando und Tarija stimmten für diese Form der Autonomie.

In der nächsten Runde ging es um eine neue Verfassung. Mit dem Ziel, einen gemeinsamen eigenen Verfassungsentwurf vorzulegen, kam es zum Bündnis indigener Dachorganisationen und Bauernverbände in der *Asamblea Nacional de Organizaciones Indígenas Originarias Campesinas y de Colonizadores de Bolivia*, kurz *Pacto de Unidad,* Pakt der Einheit genannt. Die Organisationen der Cocabauern schlossen sich diesem Bündnis erstaunlicherweise nicht an und stellten damit ihre enge Anbindung an den MAS und die Regierung unter Beweis. Vermutlich steckten dahinter auch die durchaus starken Interessengegensätze und Konflikte zwischen Cocabauern und Indígenas des Tieflands. Zwar übernahm der MAS im Verlauf der Verhandlungen im Konvent viele inhaltliche Elemente des Indígena-Entwurfs eines »plurinationalen Staates und der Selbstbestimmung indigener Völker und Nationen und Bauern«, doch das reichte dem *Pacto de Unidad* nicht. Die Dachverbände CIDOB und CONAMAQ drohten dem Konvent ihre Zustimmung abzuerkennen, falls ihre Forderungen nicht vollständig einbezogen würden (Los Tiempos, 9.6.2007).

An diesem Konflikt wird deutlich, dass die indigene Bewegung durchaus kein »stabiler Verbündeter« der Regierung ist (Mayorga 2007), sondern ein konjunkturelles und bisweilen instrumentelles Verhältnis zur Regierung Morales hat. Das trifft auch für andere soziale Bewegungen zu. Nur wenn die eigenen spezifischen Interessen hundertprozentig aufgenommen werden, gilt die Zustimmung als sicher. Die eigenen Forderungen stehen jedoch stets an erster Stelle und werden nicht selten mit Straßenblockaden und Demonstrationen untermauert. Und so sieht sich auch Evo Morales, wie alle Präsidenten vor ihm, immer wieder dem massiven Druck von Einzelgruppen ausgesetzt, wenn diese mit geringer Neigung zum Verhandlungsdialog ihre Forderungen auf der Straße durchzusetzen versuchen. Das neue Vizeministerium für soziale Bewegungen, dessen Aufgabe die Koordination zwischen Regierung und den Bewegungen sein soll, hat sich hauptsächlich mit Konfliktschlichtung zu befassen.

Ein neues Bolivien oder zwei? Zwischen sozialem Fortschritt und bleibenden Problemen

Folglich sind gesellschaftliche Wandlungsprozesse und neue Teilhabeformen der Bevölkerungsmehrheit festzustellen, so die große Beteiligung bei Referenden (Quiroga 2004), die starke Mobilisierung der Bevölkerung des Hochlandes anlässlich der Debatte um die Hauptstadtfrage im Kontext der Verfassungsgebenden Versammlung 2007, die Gründung einer Vielzahl von Bürgerorganisationen zur

Teilnahme an den Kommunalwahlen 2004 – nachdem in einer Gesetzesreform neben den politischen Parteien auch freie Wählergemeinschaften zugelassen wurden (Goedeking 2004/2005; Ströbele-Gregor 2006: 315-317) – und das Beispiel der Bürgeraktivitäten zur Verhinderung der Privatisierung der Wasserversorgung in Cochabamba (Crabtree 2006) sowie in El Alto (Becker 2005). Vor allen Dingen auch die aktive Teilhabe der Bürgerinnen und Bürger bei der Aufstellung und Wahl der Kandidaten für die Verfassungsgebende Versammlung (Cordero 2007). Aber zugleich bleiben noch einige Herausforderungen an die Gestaltung von Demokratie. Die sozialen Bewegungen haben viel erreicht: Ein Mehr an direkter Demokratie und ein starkes und verbreitetes Interesse bzw. Teilnahme an gesellschaftlichen Prozessen sind Realität geworden. Der Wahlsieg von MAS und Evo Morales bedeutet eine Machtsteigerung dieser Bewegungen. Zentrale Forderungen wie die Verfassungsgebende Versammlung, die Re-Nationalisierung des Erdgassektors, die Agrarreform konnten durchgesetzt werden oder wurden zumindest von der Regierung in Angriff genommen. Die Forderung der Subalternen, insbesondere der Landbevölkerung nach Entwicklung des ländlichen Raums, fließt in die Regierungspolitik ein. Erstmals in der bolivianischen Geschichte findet eine derartige Aufwertung der ländlichen indigenen Bevölkerung im Regierungshandeln und im politischen Diskurs statt. »Evo Presidente« hat zu einer enormen Stärkung des Selbstbewusstseins der Indígenas geführt. Stolz und bisweilen mit drohendem Unterton heißt es: »Jetzt sind wir dran«.

Allerdings ist die Beziehung zwischen sozialen Bewegungen und Regierung nicht so stabil, wie es den Anschein hat und in den Diskursen der Regierung dargestellt wird. Staatliche demokratisch legitimierte Institutionen wurden ins Abseits gedrängt. Evo Morales, der aus der gewerkschaftlichen Bewegungstradition stammt, misstraut offensichtlich diesen Institutionen. Deshalb baut er, statt sie zu stärken, an diesen vorbei Parallelstrukturen auf, um seine direkten Beziehungen mit den ihm nahestehenden sozialen Bewegungen und »dem Volk« zu festigen. Seine Anhänger verstehen es als direkte Demokratie, seine Kritiker werfen ihm Populismus vor. Auf Seiten so mancher sozialen Bewegungen besteht weiterhin Demokratisierungsbedarf (vgl. Laserna/Schwarzbauer 2005: 26-29; Mayorga 2007). Die vertikalen Strukturen innerhalb vieler Organisationen, Zwangspartizipation und eine verbreitete Kultur des Caudillismo stehen einer offenen Gesellschaft und transparenter Teilhabe entgegen. Allerdings, das sei hier wiederholt, ist eine produktive Dynamik zwischen »traditionellen« Formen der Partizipation und direkter Demokratie zu beobachten. Damit wurden Entwicklungsprozesse in der politischen Kultur in Gang gesetzt, die den Ausbau von selbstbestimmter Teilhabe an gesellschaftlichen Gestaltungsprozessen unterstützen.

Ob sich der von den Indigenen ersehnte Wechsel der Machtverhältnisse tatsächlich durchsetzen lässt, bleibt abzuwarten. Sicher ist, dass die Schritte zur Veränderung der Machtverhältnisse die soziale und politische Spaltung des Landes sichtbar gemacht haben. Die ressourcenreichen Regionen Santa Cruz, Tarija, Beni und Pando verweigern eine Umverteilung ihrer Einnahmen. Die sich »weiß« verstehenden herrschenden Mittel- und Oberschichten sind nicht bereit, ihre Machtposition zu teilen. Ihre spezifischen Vorstellungen von Autonomie (unterlegt mit Separatismusdrohungen) zur Absicherung ihrer wirtschaftlichen Vormachtstellung werden auch in den Städten Cochabamba und Sucre von diesen Machtgruppen unterstützt und von regionalistischen sozialen Bewegungen getragen. Auf beiden Seiten der Konfliktparteien verstärkt sich die ethnische Identitätsbildung, die seitens der sich als weiß verstehenden Oberschicht mit rassistischen Diskursen unterfüttert wird. Heftige und gewaltsame Auseinandersetzungen um die Durchführung der Verfassungsgebenden Versammlung sowie um die Hauptstadtfrage kennzeichneten das Jahr 2007. Die Frage, wie, und ob die Spaltung des Landes zu überwinden ist, ist derzeit völlig offen. Die Konfrontationspolitik der Machtgruppen und der regionalistischen Bewegungen des Tieflands im Verbund mit der rechten Oppositionspartei PODEMOS geben wenig Anlass zur Hoffnung auf einen baldigen nachhaltigen Kompromiss. Manche sagen bereits die Spaltung in »zwei Boliviens« voraus. Jüngstes Zwischenergebnis auf dem Weg zu »zwei Bolivien« stellt das am 4. Mai 2008 erfolgte Referendum für ein eigenes Autonomie-Statut des Departements Santa Cruz dar. Dahinter steht das Comité Cívico von Santa Cruz, in dem wiederum die Großgrundbesitzer und das Agrobusiness tonangebend sind. Ihre Interessen an der Verfügung über die natürlichen Ressourcen und Beibehaltung alter Machtstrukturen kommen darin voll zum Ausdruck. Dieses Statut lässt sich als eine Kampfansage an die Regierung lesen, und es handelt sich um eine klare Absage an den Nationalen Verfassungsentwurf (siehe Observatorio Tierra 7.4.2008; Schorr 2008).

Literatur

Becker, Anne (2005): Suez hat den Kanal voll, in: Lateinamerika-Nachrichten 34:2, S. 4-8.

Bopp, Franziska/Ismar, Georg (Hrsg.) (2006): Bolivien – Neue Wege und alte Gegensätze, Berlin.

Calderón, Fernando (1999): Un Siglo de Luchas Sociales, in: Campero Prudencio, Fernando (Hrsg.): Bolivia en el Siglo XX. La formación de la Bolivia Contemporánea, La Paz, S. 427-450.

Calderón, Fernando/Szmukler, Alicia (2000): La política en las calles, La Paz.

Cordero, Carlos (2007): Sistema electoral, democracia y Asamblea Consituyente, in: Ayo, Diego (Hrsg.): Democracia boliviana – Un modelo para desarmar – 32

entrevistas por Diego Ayo, La Paz, S. 93-112.
Crabtree, John (2006): Patterns of Protest: the Genesis of a New Politics in Bolivia, in: Bopp/Ismar (Hrsg.), a.a.O., S. 151-182.
Escobar, Arturo/Alvarez, Sonia E. (Hrsg.) (1992): The Making of Social Movements in Latin America, Oxford.
Evers, Tilman (1985): Identity: The Hidden Side of Social Movements in Latin America, in: Slater, David (Hrsg.): New Social Movements and the State in Latin America, Cinnaminson, S. 43-71.
Fundación Tierra (2008): Estatutos Autonómicos y Latifundio, in: Observatoria Tierra, 9. April 2008, www.ftierra-observa.org [12.4.2008].
Galindo, Mario/Cruz, Bonifacio/Pardo, Elisabeth/Bueno, Ramiro (2007): Visiones aymaras sobre autonomías. Aportes para la construcción del Estado nacional, La Paz.
Goedeking, Ulrich (2004/2005): Vertraute Namen und Stabilität, in: Bolivia – Berichte und Analysen 24:1, S. 3-7.
Laserna, Roberto/Schwarzbauer, Annette (2005): Bolivien: Soziale Bewegungen und Probleme der Regierbarkeit, Europa América Latina: Analysen und Berichte 19, Rio de Janeiro.
Lavaud, Jean-Pierre (2007): »Hat Bolivien seine Zukunft verpfändet?«, in: Nueva Sociedad 36:3, Deutsche Sonderausgabe, Buenos Aires, S. 158-176.
Mayorga, Fernando (2007): Movimientos Sociales, Política y Estado. Publicado en Opiniones y Análisis, 84, Temas de coyuntura nacional, Tomo 1, La Paz.
Quiroga, Yesko (2001): Bolivien: Aufstand im Modell-Land, in: Jahrbuch Lateinamerika 25, Münster, S. 153-168.
Quiroga, Yesko (2004): Referendum in Bolivien: Mehr Bürgerbeteiligung zur Stabilisierung einer prekären Demokratie, in: Brennpunkt Lateinamerika 14, S. 161-170.
Raschke, Joachim (1988): Soziale Bewegungen. Ein historisch-systematischer Grundriss, Frankfurt/M.
Schorr, Bettina (2008): Mission erfüllt?, in: Bolivia – Analysen und Berichte 27:1, S. 3-11.
Seoane, José A./Nacci, María José (2007): Movimientos sociales y democracia en América Latina, frente al »neoliberalismo de guerra«, in: De la Fuente, Manuel/ Hufty, Marc (Hrsg.): Movimientos sociales y ciudadanía, La Paz, S. 85-126.
Stefanoni, Pablo (2007): Sieben Fragen und sieben Antworten zu Bolivien unter Evo Morales, in: Nueva Sociedad 36:3, Deutsche Sonderausgabe, Buenos Aires, S. 51-73.
Ströbele-Gregor, Juliana (2006): Für ein anderes Bolivien – aber für welches? Indigene Völker und Staat in Bolivien, in: Bopp/Ismar (Hrsg.), a.a.O., S. 279-326.
Ströbele-Gregor, Juliana (2007): Bolivien im Umbruch. Ein Jahr Evo Morales – eine Zwischenbilanz, in: Jahrbuch Lateinamerika 31, Münster, S. 182-193.

Stefan Peters

Enttäuschte Hoffnung

Von Euphorie zur Lethargie bei Gewerkschaften, sozialen Bewegungen und Parteibasis der Frente Amplio in Uruguay

Mit dem Wahlsieg der Parteienkoalition Frente Amplio (FA) 2004 kam es zu bedeutenden Veränderungen der politischen Landschaft Uruguays: Erstmals in der Geschichte des Landes trat im März 2005 eine linksgerichtete Regierung ihr Amt an.[1] Drei Jahre nach dem Amtsantritt von Präsident Tabaré Vázquez, der sich auf eine absolute Mehrheit in beiden Kammern des Parlamentes stützen kann, ist die anfängliche Euphorie innerhalb der Wählerschaft der FA – trotz der positiven sozio-ökonomischen Entwicklung – einer allgemeinen Enttäuschung über die Regierungspolitik gewichen (vgl. Falero 2006: 60). Der Spagat zwischen Kontinuität und Wandel im Verhältnis zur Politik der verschiedenen Vorgängerregierungen der traditionellen Parteien[2] generiert ständig neue Konflikte, sowohl innerhalb der FA als auch im Verhältnis der FA zu ihrer Wählerschaft, zu den Gewerkschaften und zu den sozialen Bewegungen.

Innerhalb des weiten Feldes, das mit dem Begriff »soziale Bewegungen« beschrieben wird (vgl. Raschke 1987), kann man unterscheiden zwischen solchen, die einen genuinen politischen Anspruch haben und anderen, die sich selbst als völlig oder weitgehend unpolitisch einschätzen. Zu letzteren gehören in Uruguay beispielsweise Wohltätigkeitsorganisationen, die nicht selten eine religiöse Trägerschaft haben. Seit langem spielen sie eine wichtige Rolle bei der Umsetzung sozialpolitischer Maßnahmen. Ihre Abhängigkeit von öffentlichen Mitteln fördert dabei tendenziell die Etablierung klientelistischer Strukturen (vgl. Thimmel 2004: 245), andererseits ist mittlerweile auch die öffentliche Verwaltung auf diese Akteure der Zivilgesellschaft angewiesen, um bestimmte Wohlfahrtsmaßnahmen – wie z.B. das zu Beginn der Amtszeit der FA eingeführte soziale Notfallprogramm (PANES) – gewährleisten zu können. Trotz der Bedeutung dieser Kooperation zwischen Regierung und NGOs

[1] Innerhalb dessen, was viele Autoren als »Linkswende« in Lateinamerika beschreiben, fügt sich die Regierung der FA in die Gruppe der moderaten, eher sozialdemokratisch geprägten Linksregierungen ein. Ähnlichkeiten bestehen vor allem mit den Regierungen Chiles und Brasiliens.

[2] Mit dem Begriff »traditionelle Parteien« werden in Uruguay die Partido Colorado (PC) und die Partido Nacional (PN; auch als blancos bezeichnet) belegt.

soll im Weiteren das Verhältnis zwischen der FA und den sich als politisch links gerichteten sozialen Bewegungen, inklusive den Gewerkschaften – vor allem deren Dachverband PIT-CNT (Plenario Intersindical de Trabajadores – Convención Nacional de Trabajadores) – analysiert werden. Dabei wird das schwierige Verhältnis zwischen genereller politischer Sympathie, persönlichen Loyalitätsüberschneidungen und einer zunehmenden politischen Distanzierung zwischen Regierung und sozialen Bewegungen im Zentrum der Untersuchungen stehen. Vorher soll die Herausbildung dieses Beziehungsgeflechtes in historischer Perspektive betrachtet werden.

Die uruguayische Linke in der zweiten Hälfte des 20. Jahrhunderts

Schon früh im 20. Jahrhundert bildete sich in Uruguay ein relativ gut ausgebauter Sozialstaat heraus. Die positive wirtschaftliche Entwicklung in der ersten Hälfte des 20. Jahrhunderts, mit starker Verhandlungsmacht ausgestattete Gewerkschaften und das politische Programm des Batllismo[3] führten auf sozialpolitischem Gebiet zu einer Sonderstellung des Landes auf dem Kontinent. Seit Mitte der 1950er Jahre geriet das Entwicklungsmodell des Neobatllismo[4] zusehends in die Krise (vgl. Finch 2005: 245ff.). Neben diesem Faktor trug das Beispiel der Kubanischen Revolution als weiterer Punkt zur Neubestimmung des Inhaltes linker Politik in Uruguay bei. Auf eine programmatische Erneuerung, die eine stärkere Hinwendung zur lateinamerikanischen Linken beinhaltete, folgte ein Prozess weiterer Zersplitterung der politischen und gewerkschaftlichen Gruppen, die sich schließlich, vor dem Hintergrund der Intensivierung der gesellschaftlichen Konflikte und einer immer stärker werdenden autoritären Orientierung der Regierung, in ideologisch heterogenen Bündnissen zusammenschlossen (vgl. Rey Tristán 2005: 70f.).

Im Bereich der Gewerkschaften entstand 1966 auf Basis der im Vorjahr auf dem Congreso del Pueblo beschlossenen Programmpunkte die Convención Nacional de Trabajadores (CNT) als Dachverband der Einzelgewerkschaften (vgl. Mantero Álvarez 2003: 164ff.). Ein ähnlicher Prozess fand auf dem Gebiet der vorher stark fragmentierten politischen Parteien des linken Spektrums statt. Verschiedene sozialistische, befreiungsnationalistische, kommunistische und

---

[3] Der Begriff Batllismo bezeichnet das politische Programm des Präsidenten José Batlle y Ordóñez (1903-1907 und 1911-1915), dessen Regierung versuchte, die sozioökonomische Entwicklung durch Staatsinterventionen zu fördern.

[4] Der Neobatllismo setzte dabei im Gegensatz zum Batllismo stärker auf die Strategie der Importsubstituierenden Industrialisierung.

christdemokratische Parteien schlossen sich 1971 mit einigen linken Gruppen aus den traditionellen Parteien zur Frente Amplio zusammen. Ziel dieser heterogenen Parteienkoalition war es, die Zersplitterung der Linken zu überwinden und so das starre Zweiparteiensystem um eine linke Alternative zu erweitern. Die Entstehung der FA vollzog sich vor dem Hintergrund immer deutlicher werdender autoritärer Tendenzen seit dem Amtsantritt von Präsident Pacheco (PC) Ende des Jahres 1967. Die gesellschaftlichen Konflikte spitzten sich zu. Als programmatische Basis der FA dienten antioligarchische, antiimperialistische, nationalistische und volksnahe Elemente (vgl. De Armas/Garcé/Yaffé 2002: 27). Hiermit erreichte die FA bei den Wahlen 1971 zwar nur 18% der Stimmen, die Entwicklungen der Unidad Popular in Chile zeigten jedoch, dass eine solche Parteienkoalition sich in demokratischen Wahlen durchaus durchsetzen konnte.

Soziale Bewegungen entstanden in dieser Zeit erst allmählich (vgl. Villareal/Santandru 1999: 50). Hier ist vor allem die Studentenbewegung zu nennen, die auch in Uruguay in den 1960er Jahren politisch von Bedeutung war und die zu einem der wichtigsten Rekrutierungsfelder der Stadtguerilla Tupamaros (MLN-T) für den bewaffneten Kampf wurde. Zu Konflikten zwischen Guerilla und Gewerkschaften bzw. linken politischen Parteien kam es insbesondere in Bezug auf die »Gewaltfrage«.

Sowohl innerhalb der FA, als auch im Bereich der Gewerkschaften entstanden Gruppen, die deren legalistischen Kurs in Frage stellten und sich für die praktische Unterstützung einer revolutionären Strategie einsetzten. Zwar konnten sich diese radikalen Gruppen weder innerhalb der FA noch in der CNT durchsetzen, doch waren sie mehr als unbedeutende Splittergruppen und machten somit deutlich, dass die Guerilla über ein gesellschaftlich relevantes Umfeld von Sympathisanten verfügte. Ihre Selbsteinschätzung, nach der sie das »Volk« verträten, war jedoch weit entfernt von der Realität. Die autoritäre Politik von Pacheco und dessen Nachfolger Bordaberry (PC) konnte sich in einer polarisierten und stark politisierten Gesellschaft bei Wahlen gegen liberale und sozialistische Kräfte durchsetzen (vgl. Rey Tristán 2005: 428).

In Uruguay kann ein langsamer, gradueller Weg in die Diktatur (1973-1985) festgestellt werden. Freiheitsrechte wurden noch unter der demokratisch gewählten Regierung von Pacheco, die den Ausnahmezustand praktisch zur Normalität machte, systematisch ausgehöhlt. Während der Präsidentschaft seines Nachfolgers Bordaberry nahm der Einfluss des Militärs auf die Politik sukzessive zu. Im Verlaufe des Jahres 1972 wurde die MLN-T, die dem massiven Einsatz des Militärs im Inneren nicht gewachsen war, zerschlagen (vgl. Marchesi 2002: 105). Nach dem Staatsstreich im Juni 1973 wurden die politischen Parteien der Linken und die Gewerkschaften verboten und ihre Führungspersonen inhaftiert. Diejenigen, die sich vor Verhaftung und Folter retten konnten, gingen ins Exil. Ein von der CNT ausgerufener Generalstreik konnte nur einige Tage aufrechterhalten werden.

Trotz der allgemeinen Repression, die vor allem in den Jahren bis 1980 oppositionelle politische Artikulationen fast zum Erliegen brachte, gilt die Zeit der zivil-militärischen Diktatur in Uruguay als Beginn der Entstehung verschiedener sozialer Bewegungen. Sie waren die Konsequenz der Lücken, die das Verbot von politischen Parteien und Gewerkschaften hinterließ. Bis heute sind soziale Bewegungen in Uruguay – im Gegensatz zu anderen Ländern Lateinamerikas – in erster Linie ein urbanes Phänomen (vgl. Illert 1999: 304). Im Land selbst entstanden als Antwort auf die desaströse wirtschaftliche und soziale Entwicklung zahlreiche nachbarschaftliche und soziale Zusammenschlüsse (vgl. ebd.: 306), während sich im europäischen und US-amerikanischen Exil verschiedene Menschenrechtsgruppen bildeten. Die Menschenrechtspolitik dieser Akteure war sehr professionell und zumindest in Bezug auf die Fähigkeit zur Organisation internationaler Solidarität für die politischen Gefangenen – die nicht als Kämpfer für eine andere Gesellschaftsordnung, sondern u.a. als Studenten präsentiert wurden – verhältnismäßig effektiv (vgl. Markarian 2006: 197f.). Zusätzlichen Aufwind erhielten die sozialen Bewegungen vom unerwarteten Scheitern der Diktatur in ihrem Versuch, das Regime durch ein Plebiszit zu legitimieren (1980). In der klassischen Dreiteilung der Diktatur[5] wird dieses Datum als Beginn der Transition zur Demokratie verstanden (vgl. Caetano/Rilla 2005: 149). Zwar fand während der Periode von 1980 bis 1985 kein linearer Prozess politischer Öffnung statt, jedoch erhöhten sich die politischen Artikulationsmöglichkeiten von Parteien, Gewerkschaften und sozialen Bewegungen in dieser Periode. Der erhöhte gesellschaftliche Druck auf das Regime bewahrte allerdings nicht vor einem paktierten Übergang, dessen Folgen bis weit in die postdiktatoriale Gesellschaft spürbar waren. Als Kulminationspunkt dieses Prozesses kam es

[5] Die Etappe von 1973 bis zur Ablösung Bordaberrys durch den Militär Aparicio Méndez 1976 ist die erste der drei Phasen und wird als kommissarische Diktatur bezeichnet, um den während dieser Periode von den Militärs betonten temporären Charakter der Aussetzung der Demokratie zu würdigen. Dies habe sich in der zweiten Phase von 1976-1980 geändert, als Versuche von Seiten der Diktatur vorgenommen wurden, diese auf der Grundlage bestimmter Werte zu institutionalisieren. Mit dem Scheitern eben dieses Versuchs – symbolisiert durch die unerwartete Niederlage der Regierung beim Plebiszit über eine neue Verfassung 1980 – ist der zweite Wendepunkt innerhalb der zivil-militärischen Diktatur benannt. Von nun an wird gemeinhin vom Beginn der Transition gesprochen, eine Phase, die sich bis zum Wahlprozess 1984/1985 hinzog und in der das Scheitern des Regimes durch die Wirtschaftskrise 1982 nochmals unterstrichen wurde (vgl. Caetano/Rilla 2005: 13).

1984 zu semi-demokratischen Wahlen, bei denen Sanguinetti (PC) zum Präsidenten gewählt wurde.

Vergleicht man die Wahlen von 1984 mit dem letzten Urnengang vor der Diktatur (1971), so fällt auf, dass im Wahlergebnis kaum Veränderungen auftraten. Trotzdem wäre es falsch, eine Kontinuität zwischen der politischen Situation vom Beginn der 1970er Jahre und jener Mitte der 1980er Jahre zu konstatieren. Die traumatischen Erfahrungen der Diktatur und der Repression gepaart mit neuen Erfahrungen im Exil, sozio-ökonomischen Transformationen und einer Veränderung der globalen politischen Lage führten zu deutlichen Verschiebungen in der politischen Landschaft Uruguays, die sich in einer Verringerung der gesellschaftlichen Polarisierung niederschlug (vgl. Garcé/Yaffé 2004: 63). Das Argument der Erfahrungen der Vergangenheit diente im Diskurs der Regierung Sanguinettis zur Diskreditierung radikaler politischer Forderungen (vgl. Rico 1989: 138), wurde aber auch von einem großen Teil der Basis von FA und Gewerkschaften übernommen.

Die sozialen Bewegungen konnten ihre Bedeutungszunahme nicht über das Ende der Diktatur hinaus aufrechterhalten. Vielmehr kam es zu einem Niedergang der Aktivitäten sozialer Bewegungen (Canel 1992: 277). Eine Ausnahme bildete lediglich die Mobilisierung gegen das »Ley de Caducidad«, ein Gesetz, das von Militärs oder Polizisten während der Diktatur aus politischen Motiven begangene Straftaten von der Strafverfolgung ausnimmt. Verschiedene Menschenrechtsgruppen und Opfervereinigungen hatten ein Plebiszit erwirkt, mit dem dieses Gesetz abgeschafft werden sollte. Die Bestätigung des Ley de Caducidad im Volksentscheid demonstrierte die Wirksamkeit der vergangenheitspolitischen Maßnahmen der Regierung Sanguinettis und führte zu einem bis Mitte der 1990er Jahre andauernden gesellschaftlichen Schweigen über die Verbrechen der Diktatur (vgl. Marchesi 2002: 133ff.).

Das Problem der sozialen Bewegungen, sich in der postdiktatorialen Gesellschaft als wichtige politische Akteure zu behaupten, wird unter anderem mit der Übermacht der Parteien erklärt. Demnach hätten sich oppositionelle Forderungen vor allem innerhalb der Strukturen der FA artikuliert (vgl. Canel 1992: 285). Diese Interpretation befindet sich in einer Traditionslinie, die Uruguay als parteienzentrierte Gesellschaft beschreibt und behauptet, dass in einer Situation programmatischer Ähnlichkeiten und personellen Überschneidungen zwischen FA, sozialen Bewegungen und Gewerkschaften, die FA als attraktivste Option politischer Intervention erschien.

Vor dem Hintergrund einer Tendenz zur allgemeinen Mäßigung der politischen Positionen der FA, die sich immer mehr zu einer Partei sozialdemokratischer Provenienz entwickelte, führte dies zu einer schrittweisen Integration der politischen und sozio-ökonomischen Forderungen der sozialen Bewegungen in das politische System Uruguays. Die Widersprüche zwischen weitergehenden Forderungen seitens einiger minoritärer Gruppen innerhalb der FA und der allgemeinen politischen Ausrichtung der Parteienkoalition traten in der Opposition nur vereinzelt zum Vorschein.

Gerade hinsichtlich der Mobilisierung gesellschaftlichen Protestes gegen Privatisierungen arbeiteten FA, Gewerkschaften und soziale Bewegungen immer wieder erfolgreich zusammen (vgl. Tittor 2005: 53f.), sodass die »neoliberalen« Reformen in Uruguay – im Vergleich zu anderen Staaten Lateinamerikas – relativ moderat ausfielen. Gleichwohl ging es bei diesen erfolgreichen Mobilisierungen meist nur um die Verteidigung des Alten. Offensive Forderungen wurden nur selten, z.B. auf dem Gebiet der Geschlechterverhältnisse, geäußert. Hier ist es vor allem sozialen Bewegungen zu verdanken, dass emanzipatorische Forderungen schrittweise in das Bewusstsein der Bevölkerung gelangen und – trotz aller nach wie vor vorhandenen Unzulänglichkeiten – graduelle Fortschritte zu verzeichnen sind.

Ein weiterer Punkt zur Erklärung der Vorherrschaft der FA in der Artikulation linken Protestes gegen die Regierungspolitik liegt in der Schwäche alternativer politischer Akteure. Die Bedeutung der sozialen Bewegungen nahm zwar während der Diktatur stetig zu, trotzdem blieb ihr politisches Gewicht beschränkt. Hinzu kommt, dass es sich bei den verschiedenen sozialen Bewegungen um sehr unterschiedliche Gebilde handelte, die nicht als einzelner Akteur verstanden werden können. Nur wenige Organisationen wie die Vereinigungen von Angehörigen der Opfer der Diktatur oder die Wohnungsbaukooperative FUCVAM (Federación Uruguaya de Cooperativas de Viviendas por Ayuda Mutua) besitzen gesamtgesellschaftliche Relevanz. Die Gewerkschaften erlebten insbesondere ab 1992 eine Erosion ihrer Bedeutung (vgl. Buquet et al. 2007: 154).

Die während der Diktatur erlittene Repression ist hierfür nur ein Erklärungsfaktor. Hinzu kommen der mit der Krise des Entwicklungsmodells des Neobatllismo verbundene Strukturwandel und die damit einhergehende Deindustrialisierung. Eine Zunahme der Arbeitslosigkeit und vor allem der Wandel der Beschäftigungsstruktur schwächten die Position der Gewerkschaften, deren Verhandlungsposition zusätzlich durch institutionelle Reformen erodierte (vgl. Olesker 2001: 78).

Von Euphorie zur Lethargie: Veränderungen durch den Wahlsieg der FA

Die tiefe Wirtschaftskrise von 1999 bis 2003 – mit dem Höhepunkt im August 2002 – verschärfte die schon vorher prekäre soziale Situation der Bevölkerung Uruguays. Armut und extreme Armut,[6] Marginalisierung, Arbeitslosigkeit, Unterbeschäftigung und Emigration stiegen dramatisch an (vgl. de Sierra/Graña 2004). Im Gegensatz zu Argentinien kam es jedoch in Uruguay während der Krise nicht zu radikalen Protestformen seitens der Bevölkerung. Der Unmut kanalisierte sich in dem seitens des politischen Systems als legitim betrachteten Rahmen (vgl. Caetano 2005: 45f.). Die FA diente als systemimmanente Alternative zur vorherigen – als neoliberal bezeichneten – Politik der traditionellen Parteien und transformierte so den Protest in die Hoffnung auf einen Wandel der Politik durch einen Wahlsieg der FA. Zweifellos kommt die Erklärung des Wahlsieges der FA im Jahre 2004 ohne den Hinweis auf die Konsequenzen der Krise nicht aus. Doch sollte sie sich hierin nicht erschöpfen. Die Mäßigung der Positionen der FA, die Traditionalisierung und Nationalisierung ihrer politischen Diskurse, der Beweis der Regierungsfähigkeit in Montevideo, die Popularität ihrer führenden Figuren sowie der Rückenwind, den die FA von anderen »linken« Regierungen aus der Region bekommen hat, müssen ebenfalls zur Erklärung herangezogen werden. Die starke Mobilisierung der Basis der FA, der Gewerkschaften und der sozialen Bewegungen im Vorfeld der Wahlen unterstrich erneut die politische Nähe dieser Akteure zueinander. Innerhalb dieser gesellschaftlichen Sektoren breitete sich eine – nur kurz währende – Euphorie aus, die Vázquez am Wahlabend mit der Aufforderung »¡Festejen uruguayos, festejen!« zum Ausdruck brachte.

Nach einem lang andauernden Prozess der Schwächung der Gewerkschaften konnten diese – unter anderem durch eine institutionelle Verbesserung ihrer Interventionsmöglichkeiten und des arbeitsrechtlichen Schutzes von Gewerkschaftsmitgliedern (vgl. Rodriguez/Cozzano/Mazucchi 2006: 2) – im Verlauf der bisherigen Regierungsperiode der FA ihre Mitgliederzahlen nach eigenen Angaben beinahe verdoppeln (vgl. Brecha 24.8.2006: 7). Neue gewerkschaftliche Organisationen formierten sich in Bereichen, wie im Dienstleistungssektor, in denen vormals kaum gemeinschaftliche Interessensvertretungen vorzufinden waren (vgl. Buquet et al. 2007: 157). Als Gründe hierfür sind die Ausweitung gewerkschaftlicher Rechte und vor allem die Wiedereinführung von tripartiären Tarifverhandlungen, bei denen neben Arbeitnehmern und Arbeitgebern auch Vertreter der Regierung teilnehmen, zu nennen (vgl. Notaro 2007: 8). Während

[6] Die Armut konzentriert sich vor allem bei Kindern und Jugendlichen. Weiterhin sind Frauen überproportional stark von Armut betroffen.

dies für die Gewerkschaften den Vorteil brachte, in einer Schwächephase mit Unterstützung der Regierung eine Erhöhung der Reallöhne erreichen zu können, erhoffte sich die Regierung vor allem die Reduzierung der Konfliktivität in den Arbeitsbeziehungen. Letzteres kann zwar für das Jahr 2005 konstatiert werden, schon 2006 nahm jedoch die Anzahl der Arbeitskämpfe zu. Außerdem erhöhte sich als Folge der Ausweitung gewerkschaftlicher Rechte in einigen Fällen auch die Intensität der Auseinandersetzungen (vgl. Buquet et al. 2007: 158f.). Neben den Lohnabschlüssen, die hinter den Erwartungen zurückblieben, und dem generellen Erstarken der Gewerkschaften sind auch die Enttäuschung über die generelle wirtschafts- und sozialpolitische Richtung der Regierung ursächlich für die Zunahme der Konflikte. Schon lange richtet sich die gewerkschaftliche Mobilisierung nicht mehr nur gegen die Arbeitgeber, sondern die Regierung selbst gerät zunehmend in die Kritik. Zwar wird stets betont, dass die Regierung der FA den Arbeitnehmern gewisse Vorteile gebracht habe, jedoch blieben diese Verbesserungen hinter den hohen Erwartungen zurück. Kritik entzündet sich vor allem an der makroökonomischen Ausrichtung der Regierung, für die symbolisch Wirtschafts- und Finanzminister Danilo Astori steht (vgl. Notaro 2007: 13). Die Entscheidung, der Zahlung der Auslandsschulden Priorität einzuräumen, wird genauso kritisiert wie die strikte Haushaltsdisziplin und der Abschluss eines Investitionsabkommens mit den USA (vgl. Traversa 2005: 204ff.). An diese Kritik knüpfen auch die sozialen Bewegungen an. Sie kritisieren die Kontinuitäten in der Regierungspolitik und vermissen die Richtungsänderungen, die von Vázquez am Beginn seiner Amtszeit angekündigt wurden (vgl. Vázquez 2005: 4). Viele der Aktivisten sahen sich bereits kurz nach dem Regierungsantritt enttäuscht und konnten seitdem nicht wieder für die Unterstützung der Regierungspolitik gewonnen werden. Bei vielen sozialen Bewegungen, deren Aktivitäten sich vor allem auf ein bestimmtes Politikfeld konzentrieren und die sich vom Wahlsieg der FA eine deutliche Verbesserung der Chancen zur Umsetzung ihrer konkreten Ziele versprachen, machte sich aufgrund von verschiedenen Verschiebungen der Positionen der FA schnell Enttäuschung breit: Feministische Gruppen kritisierten die Ankündigung Vázquez', ein Veto gegen die Legalisierung der Abtreibung einzulegen; Umweltschützer sahen sich in ihrem Kampf gegen die Aufnahme der Papierproduktion in der Fabrik »Botnia« am Grenzfluss »Uruguay« in einer nationalistisch aufgeladenen Stimmung alleine gelassen;[7] Gegner von Privati-

[7] Die argentinische Regierung wirft Uruguay vor, den Vertrag über die Nutzung des Grenzflusses gebrochen zu haben. Zumindest vordergründig geht es bei dem Konflikt um mögliche Umweltbelastungen, die der Fluss und die Umgebung durch die Zelluloseproduktion erleiden. Ein Blick auf die Konfliktparteien verdeutlicht jedoch, dass die Konsequenzen für die Umwelt eher vorgeschoben sind. Die Konfliktlinie läuft beinahe

sierungen wurden von der Weigerung der Regierung, sich kategorisch gegen den weiteren Verkauf von staatlichen Unternehmen auszusprechen, brüskiert; die Wohnungsbaukooperative FUCVAM zeigte sich enttäuscht ob der geringen Ressourcen, die für die Schaffung von Wohnraum im Staatshaushalt vorgesehen waren (vgl. Brecha 13.1.2006: 17) etc. Diese Kritikpunkte werden von anderen sozialen Bewegungen und Gewerkschaften meist weitgehend geteilt, sodass Protestpotenzial entsteht. Dieses Potenzial hat sich jedoch bis jetzt nicht in großen Mobilisierungen gegen die Regierung artikuliert, sondern schlägt sich eher in der schwindenden Fähigkeit seitens der FA nieder, große Demonstrationen oder Kundgebungen zur Unterstützung ihrer Politik zu organisieren. Bis jetzt ergab sich aus dem Spannungsverhältnis zwischen Unterstützung und Kritik also eher eine politische Lethargie als vergrößerte Interventionsmöglichkeiten für soziale Bewegungen, auch wenn die politische Nähe zur FA die Möglichkeiten zur Einflussnahme auf die Regierungspolitik zweifelsfrei erhöht. Trotz aller Kritik wies die Regierung der FA bis jetzt eine hohe Stabilität auf.

Obwohl es im Umgang mit der Vergangenheit der Diktatur ebenfalls unterschiedliche Meinungen zwischen der Regierung und den sozialen Bewegungen gibt, ist der Konflikt auf diesem Gebiet anders gelagert. Schon vor den Wahlen machte die FA deutlich, dass sie nicht beabsichtige, parlamentarische Mehrheiten zur Abschaffung des Ley de Caducidad nutzen zu wollen (vgl. Garcé/Yaffé 2004: 101). Diese Position wird zwar weder von den Gewerkschaften noch von Menschenrechtsgruppen oder Opfervereinigungen geteilt, jedoch erkennen diese an, dass es zu einem substantiellen Unterschied in der Auslegung dieses Gesetzes seit 2005 gekommen ist. Erstens wurde eine Kommission eingesetzt, die erstmals die Verbrechen an den »Verschwundenen« systematisch untersucht hat und dabei nicht als Schlussstrich unter die Geschichte konzipiert war. Zweitens ist die Inhaftierung einiger der führenden Persönlichkeiten des Regimes Ausdruck des deutlichen Fortschritts beim Versuch, die Verantwortlichen für die Menschenrechtsverletzungen zur Rechenschaft zu ziehen. Der von der Regierung eingeschlagene Weg ist dabei der moderateste von drei Versuchen, die vollkommene Straffreiheit der Täter zu überwinden. Der erste alternative Vorschlag verweist auf die Unvereinbarkeit des Ley de Caducidad mit der Menschenrechtskonvention der OAS (vgl. Blengias Valdés 2005: 188), während der zweite Vorschlag das Gesetz entweder auf parlamentarischem Wege oder mittels eines erneuten Referendums abschaffen möchte (vgl. Brecha, 25.11.2006: 6). Da der parlamentarische Weg versperrt ist, haben verschiedene Gruppen eine

vollständig entlang der Grenze nationaler Zuschreibungen. Es stehen sich nicht so sehr Umweltschützer und Befürworter industriellen Wachstums gegenüber, sondern Argentinier und Uruguayer.

Kampagne für die Abhaltung eines erneuten Plebiszits über das Gesetz in die Wege geleitet, an dem sich auch Aktivisten der FA beteiligen.

Zu schwerwiegenden Differenzen zwischen der Regierung bzw. dem Präsidenten und den sozialen Bewegungen aber auch weiter Teile der Parteilinken der FA kam es im Dezember 2006, als Vázquez ankündigte, eine Veranstaltung nationaler Versöhnung stattfinden zu lassen. Wütende Proteste verhinderten die Abhaltung einer gemeinsamen Parade von Militärs und Zivilisten. Stattdessen fand die Veranstaltung in einem kleineren Rahmen statt, jedoch ohne dass sich die generelle Aussage grundlegend verändert hätte (vgl. Buquet et al. 2007: 143f.). Zwar gab es eine Mobilisierung radikalerer Gruppen der Linken und von Opfervereinigungen gegen diese Versöhnungsgesten, doch war weder bei dieser noch bei der offiziellen Veranstaltung eine große Partizipation der Bevölkerung zu verzeichnen – auch hier erzeugten die politischen Meinungsverschiedenheiten politische Lethargie.

Zwischen kritischer Unterstützung und weit verbreiteter Enttäuschung

In historischer Perspektive ist nicht nur ein Wandel der Positionen der FA, sondern auch derer der sozialen Bewegungen und Gewerkschaften festzustellen. Größtenteils erschöpfen sich deren Forderungen in einer Rückkehr zum mythisierten Uruguay der ersten Hälfte des 20. Jahrhunderts. Stark idealisiert, stellt die Zeit des (Neo-)Batllismo einen Bezugsrahmen dar, auf den sich FA, PIT-CNT und soziale Bewegungen gleichermaßen positiv beziehen. Hierin drücken sich einerseits die Mäßigung der politischen Positionen dieser Akteure und andererseits der meist defensive Charakter ihrer Forderungen sowie ihre Traditionalisierung aus. Radikale Gruppen sind marginalisiert und beschränken sich auf die – bisweilen folkloristische – Reproduktion traditionslinker Diskurse.

Während direkt nach dem Wahlsieg der FA eine Welle der Euphorie die uruguayische Linke erfasste, sollte sich dies schon bald ob der sehr moderaten Politik der Regierung ändern. Die Konsequenz hieraus war jedoch nicht die Entstehung einer oppositionellen Bewegung, sondern eine allgemeine politische Lethargie innerhalb der uruguayischen Linken. Es besteht weitgehende Einigkeit darüber, dass von der Regierung der FA eine grundlegend andere Politik erwartet wurde. Der angekündigte Wandel wird vermisst. Trotz teilweise heftiger Kritik an einzelnen Entscheidungen wird dennoch stets vermieden, in grundsätzliche Opposition zur Regierung zu treten. Meinungsverschiedenheiten entzünden sich vor allem an der Politik des Wirtschafts- und Finanzministers Astori, in der Vertreter der Gewerkschaften und der sozialen Bewegungen Kontinuitätslinien mit den »neoliberalen« Vorgängerregierungen verorten. Grundsätzlich sind die

Möglichkeiten der Einflussnahme auf Regierungsentscheidungen für Gewerkschaften und soziale Bewegungen mit dem Wahlsieg der FA zwar gestiegen, dies jedoch zu dem Preis der Aufgabe einer strikt oppositionellen Haltung gegenüber der Regierung.

Das Spannungsverhältnis zwischen Ablehnung und Zustimmung zur Regierungspolitik wurde seitens der Gewerkschaften mit dem Begriff der kritischen Unterstützung umschrieben, die sie der Regierung zukommen lassen wollen, wobei sie – ebenso wie die sozialen Bewegungen – immer wieder ihre Unabhängigkeit betonen (vgl. Narbondo et al. 2006: 157). Noch kam es nicht zu Versuchen der Bildung einer breiten linken Opposition gegen die Regierungspolitik und es kann auch nicht von einem Bruch zwischen Gewerkschaften und Regierung gesprochen werden. Zu eng sind die Verbindungen – häufig auch Überschneidungen – zwischen PIT-CNT, sozialen Bewegungen und FA.[8] Die Fokussierung des Protestes auf einzelne eng umrissene Themenfelder führt dazu, dass aus dem erneuten Anstieg der gesellschaftlichen Konfliktivität, bei der häufig auch die Regierung im Zentrum der Kritik steht, keine bedeutenden Mobilisierungen gegen diese entstehen. Zwar muss der allseits konstatierte Rückgang der Mobilisierunsfähigkeit der FA auf diese generelle Skepsis gegenüber der Regierungspolitik zurückgeführt werden. Die Mobilisierungsprobleme sind für die FA von besonderer Bedeutung, weil die FA, anders als die übrigen Parteien, einen großen Teil ihrer Identität aus partizipativen Elementen gewinnt. Gleichwohl gilt das »progressive« Regierungsprojekt nach wie vor als hoffnungsvoll und unterstützenswert oder zumindest als »kleineres Übel« (vgl. Falero 2006: 63).

Mit Blick auf die nächsten Wahlen 2009 könnte sich zeigen, wie fragil das momentane Gleichgewicht von Unterstützung und Kritik zwischen Regierung, FA, Gewerkschaften und sozialen Bewegungen ist. Es ist keinesfalls sicher, dass es Astori als Präsidentschaftskandidat der FA gelingen wird, die Stimmen des »linken Lagers« zu gewinnen. Mit der von ihm repräsentierten Politik werden die enttäuschten Hoffnungen all jener verbunden, die sich von dem Regierungswechsel stärkere Veränderungen der politischen Grundsatzentscheidungen erhofften. Eine mögliche Präsidentschaft Astoris würde der FA aller Wahrscheinlichkeit nach heftige interne Konflikte bescheren.

---

[8] Die PIT-CNT weist z.B. eine starke Nähe zu den Positionen der Kommunistischen Partei Uruguays (PCU) auf (vgl. Notaro 2007: 13). Der Vorsitzende der PIT-CNT, Castillo, ist gleichzeitig Mitglied der PCU und wurde sogar als zukünftiger Vorsitzender der FA gehandelt.

Literatur

Blengias Valdés, Mariana (2005): La interpelación de los derechos humanos en veinte años de democracia, in: Caetano, Gerardo (Hrsg.): 20 años de democracia. Uruguay 1985-2005: miradas multiples, Montevideo, S. 155-192.

Buquet, Daniel u.a. (2007): Instituciones y actores, in: Instituto de Ciencia Política (Hrsg.): Informe de Coyuntura N° 7. La hora de reformas. Gobierno, actores y políticas en el Uruguay 2006-2007, Montevideo, S. 109-169.

Caetano, Gerardo (2005): Marco histórico y cambio político en dos décadas de democracia. De la transición democrática al gobierno de la izquierda (1985-2005), in: ders. (Hrsg.): 20 años de democracia. Uruguay 1985-2005: miradas múltiples, Montevideo, S. 15-73.

Caetano, Gerardo/Rilla, José (2005): Breve historia de la dictadura (1973-1985), Montevideo.

Canel, Eduardo (1992): Democratization and the Decline of Urban Social Movements in Uruguay: A Political-Institutional Account, in: Escobar, Arturo/Álvarez, Sonia E. (Hrsg.): The Making of Social Movements in Latin America. Identity, Strategy and Democracy, Boulder, S. 276-290.

De Armas, Gustavo/Garcé, Adolfo/Yaffé, Jaime (2002): Partidos e ideologías políticas en el Uruguay de hoy, Montevideo.

De Sierra, Gerónimo/Graña, Francois (2004): Uruguay: pobreza y exclusión duradera. De la integración social a la fragmentación structural, in: Mazzei, Eduardo (Hrsg.): El Uruguay desde la Sociología II, Montevideo, S. 249-261.

Falero, Alfredo (2006): Ciclos de luchas sociales, transformaciones sociopolíticos y escenarios posibles en Uruguay, in: Mazzei, Enrique (Hrsg.): El Uruguay desde la sociología IV, Montevideo, S. 47-66.

Finch, Henry (2005): La economía política del Uruguay contemporánea 1870-2000, Montevideo.

Garcé, Adolfo/Yaffé, Jaime (2004): La era progresista, Montevideo.

Illert, Jutta (1999): Actores de la sociedad civil en el proceso de transición: las organizaciones no gubernamentales en Uruguay, in: Hengstenberg, Peter/Kohut, Karl/Maihold, Günther (Hrsg.): Sociedad civil en América Latina: representación de intereses y gobernabilidad, Caracas, S. 301-315.

Mantero Álvarez, Ricardo (2003): Historia del movimiento sindical uruguayo, Montevideo.

Marchesi, Aldo (2002): ¿Guerra o Terrorismo de Estado? Recuerdos enfrentados sobre el pasado reciente uruguayo, in: Jelin, Elizabeth (Hrsg.): Las conmemoraciones: Las disputas en las fechas 'in-felices', Madrid, S. 101-147.

Markarian, Vania (2006): Idos y recién llegados. La izquierda uruguaya en el exilio y las redes transnacionales de derechos humanos, Montevideo.

Narbondo, Pedro u.a. (2006): Políticas públicas y reforma del estado, in: Instituto de Ciencia Política (Hrsg.): Informe Coyuntural N° 6. ¿Y ahora? El primer ciclo del gobierno de izquierda en Uruguay, Montevideo, S. 119-159.

Notaro, Jorge (2007): Los consejos de salarios en el Uruguay 2005-2006, Documento de Trabajo del Departamento de Economía 04/ 07, Montevideo.

Olesker, Daniel (2001): Crecimiento y exclusión. Nacimiento, consolidación y crisis del modelo de acumulación capitalista en Uruguay (1968-2000), Montevideo.

Raschke, Joachim (1987): Zum Begriff der sozialen Bewegung, in: Roth, Roland/ Rucht, Dieter (Hrsg.): Neue soziale Bewegungen in der Bundesrepublik Deutschland, Frankfurt/M., S. 19-29.

Rey Tristán, Eduardo (2005): La izquierda revolucionaria uruguaya 1955-1973, Sevilla.

Rico, Álvaro (1989): Los usos de la historia y la racionalidad liberal en el Tercer Batllismo, in: Instituto de Ciencia Política (Hrsg.): Los partidos políticos de cara al '90, Montevideo, S. 135-172.

Rodriguez, Juan Manuel/Cozzano, Beatriz/Mazucchi, Graciela (2006): Las Relaciones Laborales año 2006: análisis y temas pendientes, Programa de Modernización de las Relaciones Laborales, Montevideo. www.ucu.edu.uy/Portals/0/Publico/ Facultades/Ciencias%20Empresariales/RRLL_2006.pdf (Zugriff 21.4.2008).

Thimmel, Stefan (2004): (Vor)Letzte Station Hoffnung. Soziale Bewegungen in Uruguay zwischen Autonomie und Parteien-Hegemonie, in: Kaltmeier, Olaf/ Kastner, Jens/Tuider, Elisabeth (Hrsg.): Soziale Bewegungen in Lateinamerika, Münster, S. 234-250.

Tittor, Anne (2005): Soziale Kämpfe gegen Privatisierung in Lateinamerika, in: Boris, Dieter/Schmalz, Stefan/Tittor, Anne (Hrsg.): Lateinamerika: Verfall neoliberaler Hegemonie? Hamburg, S. 40-68.

Vázquez, Tabaré (2005): Nuevas perspectivas políticas. Discurso 1/3/2005, in: Revista Regional de Trabajo Social 19:3, S. 2-12.

Villareal, Nelson/Santandru, Alain (1999): ONG y políticas públicas, in: Cuadernos de Marcha: Tercera Época, 14:12, S. 49-57.

Joachim Becker

Zwiespältige Verhältnisse

Progressive Regierungen und soziale Bewegungen in Südafrika und Brasilien

Seit einigen Jahren regieren in Südafrika und in Brasilien progressive Parteien – der African National Congress (ANC) und die Partido dos Trabalhadores (PT). Beide waren historisch eng mit sozialen Bewegungen, speziell der Gewerkschaftsbewegung, verbunden. Beide stellen Regierungen in sozial hochgradig polarisierten Regionalmächten mit einer starken inneren Bourgeoisie und einer gewichtigen Präsenz des transnationalen Kapitals. Entsprechend groß sind die Widerstände gegen tiefgreifende sozio-ökonomische Veränderungen. Progressive Veränderungen haben ANC und PT eher in der Sozial- denn in Wirtschaftspolitik durchgesetzt. Entsprechend zwiespältig – zwischen historischer Verbundenheit und aktueller Frustration – fällt das Verhältnis der sozialen Bewegungen zur ANC- und PT-Regierung aus. Im Vergleich der beiden Länder steht der ANC anscheinend stärker unter Druck von unten als die PT. Den Gründen für diesen Unterschied will ich in diesem Beitrag nachgehen.

Der lange Weg zur Regierungsmacht

Die aktuelle Konstellation ist nicht zu verstehen, ohne auf die politischen und sozialen Kämpfe in den beiden Ländern in den letzten 30 bis 35 Jahren einzugehen. Sowohl in Südafrika als auch in Brasilien lebte der Widerstand gegen Apartheidregime bzw. Militärdiktatur gegen Ende des langen Zyklus der binnenmarktorientierten Industrialisierung in den 1970er Jahren auf und erhielt einen entscheidenden Schub. Die PT entstand erst in dieser Phase, während es dem ANC gelang, nach mehr als einem Jahrzehnt der Defensive allmählich in eine offensive Position zu kommen.

Der ANC wurde bereits 1912 vor allem von schwarzen Intellektuellen gegründet. In den 1920er Jahren erlebte die schwarze Gewerkschaftsbewegung einen ersten Aufschwung und es kam zu einer Annäherung von ANC und Kommunistischer Partei. In die Zwischenkriegszeit fiel auch der systematische Beginn einer importsubstituierenden Industrialisierung. Mit dieser zeichnete sich die Herausbildung eines – allerdings nicht konfliktfreien – Bündnisses zwischen den großen Kapitalgruppen und der weißen Arbeiterschaft ab. Dieses wurde 1948 mit dem Wahlsieg der Nationalen Partei (NP) zementiert, welche den »rassischen Kapitalismus« (Gelb 1991) und politische Rechtlosigkeit der schwarzen Bevölkerung in Form der Apartheid verfestigte. Die NP förderte speziell das burische Kapital und etablierte eine breite soziale Basis unter der weißen Minderheit, indem sie weißen Mittelschichten und weißer Arbeiterschaft Vollbeschäftigung und hohe Löhne garantierte. Auf den weißen Hocheinkommensmarkt richtete sich die verarbeitende Industrie aus. Diese musste allerdings eine weitgehende Beschränkung des Binnenmarktes auf die weiße Minderheit in Kauf nehmen. Agrar- und Minenkapital konnten über billige schwarze Arbeitskraft verfügen. Das Minenkapital stand im Zentrum der Ökonomie. Es war der zentrale Devisenbringer und diversifizierte sich auch in andere Bereiche, beispielsweise in den Bankensektor (vgl. Gelb 1991; Fine/Rustomjee 1996).

Der ANC und seine Verbündeten, darunter auch die illegalisierte South African Communist Party (SACP), mobilisierten hingegen für eine nicht-rassische politische Ordnung und Gesellschaft. Die damals stärkste Strömung im ANC vertrat eine Position des »afrikanischen Nationalismus«. Hierunter verstand sie, so Nelson Mandela (1978: 20), »ein Aufgeben der weißen Herrschaft und solch einen Wandel in der Struktur der südafrikanischen Gesellschaft, dass die Verhältnisse, die Ausbeutung und menschliches Elend hervorrufen, verschwinden. Daher ist unser Ziel die Gewinnung nationaler Freiheit für das afrikanische Volk und die Schaffung einer freien Gesellschaft der Völker, in der rassische Unterdrückung und Verfolgung verboten sind.« Weiter links stehende Strömungen legten stärkeres Gewicht auf die schwarze Arbeiterklasse und die klassenmäßige Transformation. In der Freiheitscharta von 1955 fasste der ANC progressive wirtschaftliche und soziale Reformen, darunter eine Nationalisierung von Schlüsselindustrien, ins Auge (ANC 1977). In den 1950er Jahren standen für den ANC Massenaktionen im Vordergrund. Angesichts der scharfen Unterdrückung kamen jedoch zunehmend Fragen der Herausbildung von Untergrundstrukturen und des bewaffneten Kampfes auf die Tagesordnung. Nach dem Verbot des ANC und des von ihm abgespaltenen »afrikanistischen« Panafricanist Congress (PAC) und der Verhaftung vieler seiner Führungspersönlichkeiten wurde der Widerstand in den Untergrund und in das Exil abgedrängt. Diesen Herausforderungen wurde der ANC weit besser gerecht als der PAC (vgl. Lodge 1983: 295ff.). Es gelang ihm, solide Exilstrukturen aufzubauen, Verbündete im Ausland zu gewinnen und zumindest rudimentäre Untergrundstrukturen im Land wiederaufzubauen. Offener Widerstand war jedoch bis Mitte der 1970er Jahre kaum möglich.

Der Wiederaufschwung des Widerstandes fiel mit der Destabilisierung und Erschöpfung des Modells eines »rassischen Fordismus« (Gelb 1991: 19ff.) zusammen. Das Ende des Finanzsystems von Bretton Woods hatte unmittelbare Konsequenzen für Südafrika. Denn es bedeutete die Aufgabe einer fixen Parität von Gold und US-Dollar im Jahr 1971. Da Gold das wichtigste südafrikanische Exportprodukt war, begannen die Exporterlöse stark zu schwanken (Kahn 1991: 61ff.). Gleichzeitig stieß auch das Industrialisierungsmodell an die engen Grenzen des rassistisch eingegrenzten Binnenmarktes und litt unter dem politisch bedingten Mangel an FacharbeiterInnen und rückläufigem Produktivitätswachstum. Die äußere Restriktion des Wirtschaftsmodells wurde fühlbarer, seine Dynamik ließ nach.

1973 kam es zu einer ersten Streikwelle in Durban. Diese markierte den Beginn einer neuen schwarzen Gewerkschaftsbewegung. Ein Teil der neuen Gewerkschaften konzentrierte sich auf den Aufbau von Branchengewerkschaften mit starker betrieblicher Verankerung und Kampfkraft. Als alternatives Modell entstanden auch allgemeine Gewerkschaften, die branchenübergreifend und mit explizit politischem Anspruch zu organisieren versuchten. Einige Gewerkschaften begannen, in die restriktiven tarifpolitischen Strukturen einzutreten und gleichzeitig deren rassistischen Charakter herauszufordern. Andere Gewerkschaften hielten sich abseits offizieller Strukturen. Ein Teil der neuen Gewerkschaftsbewegung verstand sich explizit als nicht-rassisch (vor allem die Fosatu-Gewerkschaften), während sich eine andere Strömung vor allem als Vertretung der »afrikanischen« ArbeiterInnen definierte.

Insgesamt war für die neue Gewerkschaftsbewegung die Betonung demokratischer innergewerkschaftlicher Strukturen und eine starke betriebliche Verankerung kennzeichnend. In harten Konflikten und trotz staatlicher Repression konnten die neuen Gewerkschaften sowohl eine De-Facto-Anerkennung durch die Kapitalseite als auch 1979 eine Rechtsänderung zugunsten der nicht-rassischen Gewerkschaften durchsetzen (vgl. Friedman 1987; Luckhardt/Wall 1981). Die nicht-rassischen Fosatu-Gewerkschaften, allgemeine Gewerkschaften und die Bergarbeitergewerkschaft schlossen sich 1985 zum Congress of South African Trade Unions (Cosatu) zusammen, dessen politisch gemeinsamer Bezugspunkt die Freiheitscharta wurde. Die eher »afrikanistischen« Gewerkschaften bildeten einen kleineren und organisatorisch schwächeren Verband. Zwischen 1973 und 1996 stieg der gewerkschaftliche Organisationsgrad – abgesehen von der Landwirtschaft – von 14,8 auf 57,5% (Buhlungu 2003: 186). Damit wurden die Gewerkschaften zu einer politisch zentralen Kraft. Cosatu bezog auch politisch immer klarer Stellung und orientierte sich zunehmend auf den ANC, der seinerseits Cosatu als »einen essentiellen Bestandteil des demokratischen Kampfes« anerkannte (zit. nach Buhlungu 2002: 185; siehe auch Lambert/Webster 1988, v.a. 33f.).

Zu etwa derselben Zeit wie die neue Gewerkschaftsbewegung bildeten sich in den 1970er Jahren schwarze StudentInnen- und SchülerInnenorganisationen heraus. Nach den vielen Jahren harter Repression und politischer Friedhofsruhe stellen sie zunächst vor allem die (Wieder-)Gewinnung schwarzen Selbstvertrauens – eines Black Consciousness – in den Vordergrund. Wie Pityana (2007: 14), eine der Schlüsselpersonen des Black Consciousness im Rückblick hervorhebt, verstand sich die Bewegung zumindest anfangs nicht als Alternative zur traditionellen Befreiungsbewegung.

Die Einführung des verhassten Afrikaans als Schulsprache löste im Kontext einer wirtschaftlichen Rezession, steigender Arbeitslosigkeit und frustrierter Aufstiegserwartungen der schwarzen Mittelschichten am 16. Juni 1976 heftige SchülerInnenproteste aus, auf die das Regime mit größter Härte reagierte. Der 16. Juni bedeutete den vorläufigen Höhepunkt eines neuen Protestzyklus. Trotz Repression gelang es dem Regime nicht, die »Ruhe« der späten 1960er Jahre wiederherzustellen. Allerdings sahen sich viele jugendliche AktivistInnen gezwungen, aus dem Land zu fliehen. Der ANC konnte einen erheblichen Teil der neuen AktivistInnengeneration ungeachtet der Unterschiede in der politischen Sozialisation integrieren (Suttner 2002: 21f.; Schleicher 2004: 32ff.). Damit vermochte der ANC, die veränderte Konjunktur zu nutzen.

Dem verstärkten Widerstand suchte das Regime ab 1978 mit einer Politik von Repression und Kooptation Herr zu werden. Eine Politik der Destabilisierung der Nachbarstaaten sollte den ANC von äußerer Unterstützung abschneiden und die Experimente nationaler Unabhängigkeit, vor allem im Fall sozialistischer Einfärbungen, destabilisieren und diskreditieren (Becker 1988). Im Inneren wurde die Repression um den Versuch der Schaffung einer kooptationsbereiten Mittelklasse und der Stärkung von regimenahen schwarzen Staatsstrukturen in den ländlichen Gebieten der Homelands und der städtischen Townships ergänzt. Die politische Mobilisierung des Widerstandes richtete sich speziell gegen diese Kollaborationsstrukturen und die von ihnen verwalteten elenden Lebensverhältnisse. So wurden politische Fragen und Alltagsnöte miteinander verbunden (vgl. Seekings 1992). Zunächst schlossen sich ca. 300 Gruppen 1983 zur ANC-nahen United Democratic Front (UDF) zusammen. Die UDF-Gründung war, so das damalige ANC-Führungsmitglied Francis Meli (1988: 192f.), »die Kulmination lokaler Kampagnen und entsprang der Notwendigkeit, die isolierten Kämpfe zu einer nationalen Kampagne zu koordinieren«. Die UDF legte großen Wert auf innere demokratische Prozesse. Über die politische Mobilisierung gelang es, Apartheid-Südafrika ein Stück weit unregierbar zu machen. Der Aufbau von lokalen Gegenstrukturen war jedoch weitaus prekärer. Die Proteste entglitten zuweilen der politischen Kontrolle, was sich zum Beispiel in Fällen der politischen Selbstjustiz an angeblichen oder realen »Verrätern« äußerte. In der zweiten Hälfte der 1980er Jahre war die Repression zeitweise so stark, dass Cosatu praktisch »die einzige repräsentative Organisation dieser [demokratischen] Bewegung war, die direkten Zugang zu den Massen hatte« (Buhlungu 2002: 186).

Die Massenmobilisierung war eines der zentralen Elemente der ANC-Strategie in den 1980er Jahren. AktivistInnen der ANC-Untergrundstrukturen waren in den legalen Organisationen präsent. Allerdings ist die UDF nicht durch den ANC gegründet worden, sondern war eine autonome Initiative, die sich allerdings politisch auf den ANC bezog. Viele AktivistInnen von UDF-Gruppen hatten das Selbstverständnis, die ANC-Politik umzusetzen (Suttner 2005: 66ff.). Der bewaffnete Kampf des ANC ermutigte die Widerstandsbereitschaft. Auf internationalem Gebiet setzte der ANC Sanktionen gegen Südafrika wirksam auf die Tagesordnung. Besonders stark trafen Südafrika durch politischen Druck durchgesetzte Einschränkungen im internationalen Finanzgeschäft.

Die Verbindung zwischen innerer Rebellion und Sanktionen schwächte das Apartheidregime wirtschaftlich – und dann auch politisch. Der Versuch, die Akkumulationskrise durch eine Reorientierung auf eine finanzgetriebene Akkumulation und eine damit verbundene Liberalisierung des internationalen Kapitalverkehrs anzugehen, musste angesichts galoppierender Kapitalflucht im Ansatz abgebrochen werden (vgl. Gelb 1991: 25ff.; Kahn 1991: 84ff.). Angesichts des politischen Patts begannen die großen Kapitalgruppen gegen Ende der 1980er Jahre, die Allianz mit der weißen Arbeiterschaft in Frage zu stellen. Auch innerhalb der Nationalen Partei verloren weißes Kleinbürgertum und Arbeiterschaft an Gewicht. VertreterInnen des liberalen Establishments und der Unternehmerwelt begannen, vorsichtig und mit internationaler Vermittlung Kontakte zum ANC herzustellen. Auch maßgeblichen Gruppen in der Nationalen Partei wurde die Perspektivlosigkeit der bisherigen Repressionspolitik bewusst. Angesichts der Erosion und anschließenden Implosion des Staatsozialismus in der Sowjetunion und in Osteuropa verloren sowohl Teile des südafrikanischen Establishments als auch seine Verbündeten in westlichen Ländern die Angst vor sozialistischen Experimenten seitens des ANC.

Mit der Aufhebung des Verbots von ANC, PAC und der mit dem ANC auf das Engste verbundenen SACP sowie der Haftentlassung der bekanntesten ANC-Führer strebte das südafrikanische Regime offen eine Verhandlungslösung an. Die NP-Führung verfolgte hierbei eine Politik des »kontrollierten Wandels«. Sie suchte einerseits eine Machtteilung für eine möglichst lange Übergangszeit zu erreichen, Minderheitsrechte (und -privilegien) festzuschreiben, Autonomie für ihre potenziellen regionalen Hochburgen zu gewinnen und wirtschaftsliberale Elemente in Verfassungsprinzipien festzuschreiben (Becker 1991; Marais 1998: 90f.). Hierin hatte sie durchaus Erfolg, speziell bei den wirtschaftsliberalen Elementen (z.B. »Unabhängigkeit« der Zentralbank; Marais 1998: 91, 96). Einerseits wurde die Ausrichtung auf individuelle liberale Rechte und Wirtschaftsliberalismus von einer Myriade liberaler Think-Tanks unterstützt (Taylor 2002: 40ff.), andererseits wurde der ANC mit Gewalt und Gewaltandrohung unter Druck gesetzt, Kompromisslösungen zuzustimmen. Verdeckte Todesschwadrone operierten. Inkatha, welche das Homeland KwaZulu regierte und eine Demokratisierung der ländlichen Strukturen zu verhindern trachtete, lieferte sich mit dem ANC und demokratischen Kräften in Natal einen latenten Bürgerkrieg.

Der ANC, der sich in eine Partei transformierte und eine Allianz mit der SACP und Cosatu bildete, vermochte eine nicht-rassische politische Ordnung und demokratische Wahlen durchzusetzen. In den ersten demokratischen Wahlen im Jahr errang er 62,7% der Stimmen gegenüber 20,4% für die NP und 10,5% für Inkatha (Marais 1998: 93). Damit gewann er ein klares politisches Mandat – und das auch noch aus einer politischen Mobilisierung heraus. Durch die Verfassungsprinzipien und die Gestaltung der staatlichen Institutionen waren allerdings seine Spielräume für sozio-ökonomische Veränderungen eingeschränkt.

In Brasilien entstand ebenfalls in den 1970er Jahren eine neue Linke. Sie weist keine soweit gehende institutionelle Kontinuität mit der Vergangenheit auf, wie sie der ANC in Südafrika verkörpert. Vielmehr ist organisatorisch-institutionelle Diskontinuität ein Kennzeichen der brasilianischen Linken, aber auch der Rechten (vgl. Moreira 2000: 165). Das 1964 etablierte Militärregime zerschlug die politischen Organisationen der Linken. Die Zahl der Parteien wurde auf die rechte Arena (Aliança pela Renovação Nacional) und die nach links offene MDB (Movimento Democrático Brasileiro) begrenzt. Das Modell des »tropischen Fordismus« (Faria 1996) Brasiliens zeichnete sich durch eine extreme Einkommenskonzentration aus. Auf den Hocheinkommensmarkt orientierte sich die verarbeitende Industrie (Automobilindustrie, dauerhafte Konsumgüter). Die Politik der Importsubstitution wurde in Brasilien weitergehender und länger vorangetrieben als in den anderen lateinamerikanischen Staaten, aber auch als in Südafrika. Im II. Entwicklungsplan trieb das Militärregime die Importsubstitution auch in den Bereich der Investitions- und Zwischengüter voran, sodass eine relativ komplette Industriestruktur entstand (Faria 1996: 79ff.). Diese Industrialisierungsphase wurde zu einem relevanten Teil mit Auslandskrediten finanziert. Die Erhöhung der US-Zinsen Ende der 1970er Jahre verteuerte diese Kredite sehr. Anfang der 1980er Jahre schlitterte Brasilien in eine Krise der Außenschuld. Unter der Ägide des IWF und unter Druck der Gläubiger wurde die brasilianische Regierung zu einer Politik der Sparprogramme gezwungen, um über die Einschränkung der Binnennachfrage und der Importe einen Exportüberschuss zu erzielen, der die Devisen für den Schuldendienst bereitstellen würde. Damit wurde die Politik einer Flucht nach vorn über forciertes Wachstum, welche die Spannungen des ungleichen Wirtschaftsmodells in politisch bearbeitbaren Grenzen halten sollte (vgl. Fiori 1995), in Frage gestellt. Das

Militärregime sah sich einerseits durch einige Kapitalgruppen, bei denen die vertiefte Importsubstitution auf Ablehnung gestoßen war, andererseits durch soziale Bewegungen von unten in Frage gestellt.

Nach der extremen Repression der späten 1960er Jahre, konnten sich soziale Initiativen und kritische Intellektuelle in den 1970er Jahren erst allmählich wieder etablieren. Lokale Initiativen setzten vielfach an den Folgen des ungleichen Entwicklungsmodells und der wilden Urbanisierung mit ihrer ausgedehnten Favela-Bildung an (vgl. Novy 1994). Ein Dach für solche Initiativen bot zum Teil die katholische Kirche, in der progressive Kräfte an Bedeutung gewannen. Für einen Teil der Lokalinitiativen war die Befreiungstheologie eine wichtige Inspiration, sie organisierten sich in Basisgemeinden (vgl. Boris 1998: 157ff.).

1978 und 1979 kam es im Industriegürtel von São Paulo zu Streikbewegungen. Sie waren der Ausgangspunkt für die Entstehung einer neuen Gewerkschaftsbewegung, die aus oppositionellen Gruppierungen in den etablierten, staatlich gegängelten, korporatistischen Gewerkschaften heraus entstanden. Kennzeichen des »novo sindicalismo« waren – ähnlich wie in Südafrika – die Betonung starker betrieblicher Verankerung, demokratischer innergewerkschaftlicher Strukturen, Engagement in der breiten Bewegung für eine Redemokratisierung und die Offenheit gegenüber anderen sozialen Bewegungen (vgl. Ramalho/Santana 2003: 31; Cardoso 2003: 61ff.). Getragen wurde er vor allem von jüngeren, relativ gut qualifizierten ArbeiterInnen, die von der korporatistischen Gewerkschaftstradition weniger geprägt waren (Boris 1998: 58ff.; 92ff.). Die Gewerkschaften dieser Strömung konnten Anfang der 1980er Jahre Streikrecht und Tarifautonomie faktisch durchsetzen und gründeten 1983 die Central Única dos Trabalhadores (CUT). Die CUT profilierte sich in den 1980er Jahren in Lohnkämpfen und in der gesamtgesellschaftlichen Re-Demokratisierungsbewegung. Allerdings blieben die korporatistischen Gewerkschaften mit ihren engen Verbindungen in das politische Establishment ein wichtiger Konkurrent. Weder politisch noch organisatorisch vermochte die CUT, die Stärke von Cosatu zu erreichen. Der gewerkschaftliche Organisationsgrad bewegte sich in Brasilien zu Beginn der 1990er Jahre um die 22% (bzw. bezogen auf die sozialversicherungspflichtig Beschäftigten 28%; Cardoso 2003: 216). Spätestens das Jahr 1994 bedeutete für die CUT eine negative Wende. Der liberale Plano Real, der den Real eng an den Dollar band, beendete über die hierdurch verursachte Überbewertung der Währung und den verstärkten Importdruck stark inflationäre Tendenzen. Darüber gewann die liberale Politik – trotz hoher Arbeitslosigkeit – zunächst an Legitimität (vgl. Becker/Jäger 2005). Die CUT-Gewerkschaften sahen sich gezwungen, von offensiven Lohnkämpfen auf defensive Arbeitsplatzsicherung umzusatteln. Die Regierung Cardoso reagierte mit brachialen Methoden auf den Streik der Ölarbeiter, die zu den wichtigsten Sektionen der CUT gehörten. Auch die Privatisierungspolitik schwächte speziell die CUT-Gewerkschaften. Erst nach der Finanzkrise 1998/99 und dem damit verbundenen Legitimitätsverlust der Regierung Cardoso gewann die CUT wieder an Spielraum.

Aus dem »novo sindicalismo«, den Stadtteilinitiativen und Basisgemeinden, aber auch aus kleinen linken – teils trotzkistisch, teils maoistisch eingefärbten – Gruppen sowie einzelnen Kadern aus der zerschlagenen Stadtguerilla der 1960er Jahre heraus wurde 1980 die PT gegründet. Sie verstand sich als autonome Kraft der Arbeiterklasse. Faktisch repräsentierte sie ein Bündnis von progressiven Sektoren der Mittelschichten und der industriellen Arbeiterschaft. Ihre ersten organisatorischen Kerne entstanden in den stark industrialisierten Regionen um São Paulo sowie anderen großstädtischen Zentren (vgl. Singer 2001: 20ff., 50ff., Kucinski 2003: 24ff.). Von der Partido Comunista Brasileiro (PCB), der traditionellen, über lange Perioden verbotenen Hauptkraft der Linken, unterschied sich die PT unter anderem durch ihr pluralistisches Sozialismusverständnis und ihre kritische Haltung zu den staatssozialistischen Ländern. Auch die langjährige Orientierung der PCB auf die vermeintlich moderne nationale Bourgeoisie wurde von der PT kritisiert (Moreira 2000: 139; Kucinski 2003: 26f.). Die Nachfolgepartei der PCB steht auch heute deutlich rechts von der PT. Im Gegensatz zu Südafrika brach also die Linke der 1970er und 1980er Jahre mit der traditionellen Linken.

In der politischen Mobilisierung der 1980er Jahre verband die PT soziale Fragen mit einer tragenden Rolle in der Redemokratisierungsbewegung. Trotz ihrer kleinen parlamentarischen Vertretung spielte die PT eine wichtige Rolle bei der Ausarbeitung einer neuen Verfassung im Jahr 1988. Aus der starken sozialen und politischen Mobilisierung heraus erreichte der PT-Präsidentschaftskandidat Inácio Lula da Silva 1989 in der ersten direkten Präsidentschaftswahl seit 29 Jahren in der zweiten Runde 44,2% der Stimmen und verpasste so den Wahlsieg nur knapp (Kucinski 2003: 43, Tab. 1.4). Gewählt wurde Collor de Mello, der eine akzentuiert neoliberale Wende einläutete. Mit der Wahl Fernando Henrique Cardosos zum Staatspräsidenten im Jahr 1994 konsolidierte sich die Orientierung der Wirtschaftspolitik auf Finanzinteressen. Cardoso wurde mit dem Plano Real verbunden, der die brasilianische Währung eng an den Dollar band. Über eine faktische Überbewertung des Real, einen starken Importsog und eine Disziplinierung der Gewerkschaften wurde die Inflation gebrochen und der Verteilungskampf zugunsten der Kapitalseite entschieden. Über die starke Absenkung der Inflation gewann Cardoso zunächst breiten Rückhalt (vgl. Novy 2001: 261f.).

Mit dieser Wende verloren die sozialen Bewegungen – mit Ausnahme der Landlosenbewegung – stark an Schwung. Ende der 1980er Jahre gelang es der PT allerdings noch im Aufwind des Aufbruchs der 1980er Jahre, in großen

Metropolen wie São Paulo oder Porto Alegre die Bürgermeisterwahlen zu gewinnen. Über originelle und demokratisierende Lokal- und Bundesstaatspolitik – wie dem partizipativen Budget in Porto Alegre und im Bundesstaat Rio Grande do Sul (vgl. Becker 2003; Leubolt 2006) – begann sich die PT als eine potenzielle Regierungsalternative zu profilieren. Eine weitere Etappe waren Erfolge auf der Ebene der Bundesstaaten. Sowohl auf Ebene der Kommunen als auch auf Ebene der Bundesstaaten entwickelte die PT unterschiedliche Profile. Bei Vorherrschaft des linken Flügels standen stärker Initiativen zugunsten der armen Bevölkerungsgruppen und – auf Ebene des Bundesstaates – zur Stärkung der produktiven Kapazität (v.a. in Rio Grande do Sul) im Mittelpunkt. Bei Vorherrschaft des zentristischen Flügels hingegen gab es deutliche Avancen in Richtung auf die Mittelschichten. In der Tendenz schwächte die PT die Schärfe ihrer Kritik ab.

Mit der Finanzkrise und der Abwertung des Real 1998/99 und der nachfolgenden Stagnation mit hoher Arbeitslosigkeit erodierte die Popularität des Cardoso-Lagers. Dies drückte sich zwar nicht in einer starken gesellschaftlichen Mobilisierung, wohl aber in steigenden Wahlpräferenzen der PT aus. Der Mehrheitsflügel der PT bereitete sich auf einen eventuellen Wahlsieg Lulas bei den anstehenden Präsidentschaftswahlen vor, indem er möglichst breite Allianzen ins Auge fasste. Trotzdem kam es im Vorfeld der Wahlen zu starker Kapitalflucht. Lula versicherte daraufhin in einem »Brief an das brasilianische Volk«, dessen eigentlicher Adressat die FinanzinvestorInnen waren, eine von ihm geführte Regierung würde eine IWF-konforme Politik hoher Zinsen und hoher Primärüberschüsse im Budget, welche den Zinsendienst gewährleisten, fortsetzen. Elektoral ging die Strategie auf. In der zweiten Runde der Präsidentschaftswahlen 2002 gewann Lula 61,3% der Stimmen (Kucinski 2003: 43, Tab. 1.4). Von einer Parlamentsmehrheit war die PT allerdings weit entfernt, sodass sie auf Koalitionsbildungen angewiesen war.

Sowohl in Südafrika als auch in Brasilien verbanden die sozialen Bewegungen soziale und demokratiepolitische Forderungen in den 1970er und 1980er Jahren. In beiden Fällen waren die Gewerkschaften ein zentraler Bestandteil dieser sozialen Bewegungen. Allerdings errang Cosatu in Südafrika eine stärkere Position als die CUT in Brasilien. ANC und PT waren eng mit den sozialen Bewegungen verbunden. Allerdings musste der ANC im Gegensatz zur PT lange Zeit im Untergrund (und Exil) operieren und sah sich einer ungleich stärkeren Repression ausgesetzt. Die gesellschaftlichen Spaltungslinien waren in Südafrika durch den amtlichen Rassismus noch komplizierter ausgeprägt als in Brasilien, wo Rassismus eine subtilere Ausprägung annimmt und die politischen Trennlinien bei weitem nicht so prägt. Ein zentraler Unterschied ist, dass der ANC die Wahlen aus einer starken gesellschaftlichen Mobilisierung heraus gewann, während dem PT-Wahlsieg ein Jahrzehnt der Ebbe der sozialen Bewegungen und eines langsamen Aufbaus elektoraler Positionen der PT vorausging. Insoweit stand die ANC-Führung unter stärkerem Druck von unten. Gleichzeitig wurden die Spielräume des ANC durch den Verfassungskompromiss und die Fähigkeit rechter Kräfte zur militärischen Destabilisierung eingeschränkt.

Zwiespältige Verhältnisse: soziale Bewegungen und Regierungsparteien

Mit der Regierungsübernahme veränderte sich das Verhältnis von sozialen Bewegungen zu ANC und PT, aber auch die Verhältnisse innerhalb der beiden Parteien. In beiden Ländern wurden viele frühere ParteiaktivistInnen nun vom Staatssektor absorbiert. In Südafrika bedeutete die Re-Legalisierung des ANC die allmähliche Transformation der Befreiungsbewegung in eine politische Partei. Hierbei mussten verschiedene Widerstandstraditionen und Generationen mit unterschiedlichen Erfahrungen in Südafrika und im weitgestreuten Exil (Afrika, Westeuropa, staatssozialistische Länder) zusammengeführt werden (vgl. Suttner 2002; Schleicher 2004). Zudem war und ist der ANC eine Multi-Klassen-Organisation. In der Negation der Apartheid war leichter ein Konsens herzustellen als über die Frage der Ausrichtung der Regierungspolitik. Das Spannungsverhältnis zwischen »afrikanischem Nationalismus« und sozialistisch orientierten Kräften wurde aktualisiert (Taylor 2002: 38ff.). Erstere schrieben sich vor allem »Black Economic Empowerment« – also die Schaffung einer Schicht schwarzer Geschäftsleute, den Aufstieg von Schwarzen in Spitzenpositionen des Staates und des Managements, Ausgleich der Bildungschancen – auf die Fahnen. Die daraus resultierende Praxis kann als Versuch der Schaffung eines schwarzen Bürgertums interpretiert werden (Southall 2005). Die sozialistisch orientierten Kräfte kamen zu dem Schluss, dass der Übergang zum Sozialismus nicht unmittelbar auf der Tagesordnung stand. Stattdessen orientierten sie sich auf »transformatorische« Reformen, wie den Ausbau des öffentlichen Sektors oder die Stärkung von Genossenschaften (SACP 2006: 28ff.). Um diese durchzusetzen, wurde sowohl einer Veränderung des Staates in Richtung auf einen »progressiven Entwicklungsstaat« als auch die Mobilisierung unabhängiger Gewerkschaften und anderer sozialer Bewegungen für erforderlich gehalten (ebd.: 17, 29). Ein zweites Spannungsverhältnis entstand zwischen jenen, die sich für eine orthodoxe Wirtschaftspolitik mit Liberalisierung des Außenhandels und des Kapitalverkehrs sowie einer restriktiven Fiskalpolitik aussprachen und BefürworterInnen eines aktivierenden, industriepolitisch intervenierenden Entwicklungsstaates (vgl. Schwank 2008). Diese beiden Trennungslinien überschnitten sich zwar, waren und sind aber nicht identisch.

Manche dieser Spannungslinien fanden sich auch in der SACP wieder, die mit dem ANC auf das engste verbunden ist. Erste Verbindungen zwischen ANC und der Kommunistischen Partei entstanden bereits in den 1920er Jahren. Sie verstärkten sich deutlich in den 1950er Jahren, als der ANC auf eine aktivere Politik der Mobilisierung umschwenkte und KommunistInnen nach dem Verbot der Kommunistischen Partei in den damals noch legalen Strukturen der Kongress-Bewegung arbeiteten. Gleichzeitig etablierte die SACP damals eigene Untergrundstrukturen. Nach dem Verbot des ANC und seiner Abdrängung in Untergrund und Exil spielten SACP-Mitglieder über Doppelmitgliedschaften eine wichtige Rolle im ANC, in seinem bewaffneten Arm und in seiner Strategieentwicklung (vgl. Ellis/Sechaba 1992; SACP: 8ff.). Mit der Legalisierung von ANC und SACP stellte sich für die Kommunistische Partei sowohl die Frage nach ihrer politischen Ausrichtung als auch nach ihrem Verhältnis zum ANC. Die Implosion des Staatssozialismus machte in der SACP eine Debatte ihres Sozialismus-Verständnisses unumgänglich. Der damalige SACP-Generalsekretär Joe Slovo stellte in einer breit diskutierten Broschüre im Jahr 1990 die Frage: »Has Socialism Failed?« Seine Antwort war, dass es sich beim Staatssozialismus der Sowjetunion um eine deformierte Version von Sozialismus gehandelt und zu deren Scheitern speziell der Mangel an Demokratie beigetragen habe (Slovo 1990). Die SACP hat für ihre innerparteiliche Diskussion hieraus Konsequenzen gezogen und zeichnet sich seit ihrer Legalisierung durch eine lebendige Debattenkultur aus. Der SACP war klar, dass die Implosion des Staatssozialismus auch Konsequenzen für die Realisierungschancen sozialistischer Vorstellungen in Südafrika haben würde. Der mehrheitliche linke Flügel orientiert sich auf eine Politik »transformatorischer« Reformen (SACP 2006: 13ff., 28ff.). Eine andere Strömung, die auch auf ministerieller Ebene vertreten ist, zog hingegen die Schlussfolgerung, dass die veränderte Konstellation nunmehr eine liberal-orthodoxe makro-ökonomische Politik möglich mache. Immer wieder ist die Frage aufgeflammt, ob sich die SACP vom ANC lösen und eigenständig als linke Kraft zu Wahlen antreten solle. Bislang hat sich diese Position nicht durchgesetzt. SACP-Mitglieder sind weiterhin in der Führung des ANC zu finden und dürften auch bei den kommenden Wahlen auf ANC-Listen antreten. In der Allianz von ANC, SACP und Cosatu findet sich die SACP oftmals an der Seite der Gewerkschaften.

Ein enges Verhältnis zu Cosatu war für den ANC vor allem in den ersten Jahren nach seiner Legalisierung aufgrund der starken Mitgliederstrukturen von Cosatu wichtig. Danach verlor Cosatu allerdings allmählich Einfluss auf die ANC-Politik (Buhlungu 2002). In bestimmte neu geschaffene staatliche neokorporatistische Foren wurden die Gewerkschaften allerdings eingebunden, und es wurde ein sehr gewerkschaftsfreundliches Arbeitsgesetz im Jahr 1995 verabschiedet. Die Kehrseite war, dass Gewerkschaftsarbeit immer mehr aus Gremienarbeit besteht. Der Aderlass von Gewerkschaftsfunktionären in Richtung ANC- und Staatsapparat und die partielle Deindustrialisierung schwächten die Gewerkschaften ebenfalls (vgl. Buhlungu 2003). Trotz dieser Schwierigkeit haben sich die Gewerkschaften, bei denen die neokorporatistische Ausrichtung nicht auf ungeteilte Zustimmung stieß (vgl. Marais 1998: 230ff.), die Fähigkeit zu internen strategischen Debatten und Konflikten mit Kapital und ANC-Regierung bewahrt. Die Allianz von Cosatu mit dem ANC ist nicht allein durch Kooperation, sondern auch durch Konflikte gekennzeichnet. Die Verbindung zwischen Cosatu und den anderen sozialen Bewegungen ist allerdings schwächer geworden.

Die UDF löste sich als Dach vieler sozialer und politischer ANC-naher Initiativen 1991 auf, da sie ihre Rolle als erschöpft ansah. Stattdessen bildeten sich zum Teil sektorale Organisationen heraus. Soziale Initiativen verloren einerseits AktivistInnen an den Staatsapparat, andererseits gewannen sie – wenngleich sektoral und lokal in unterschiedlichem Ausmaß – Zugang zu staatlichen Strukturen. Allerdings hat sich die Haltung der sozialen Initiativen von unten im Hinblick auf die ANC-Politik mit der Zeit ausdifferenziert und zur Kooperation ist in variablem Ausmaß auch der Konflikt getreten (Ballard/Habib/Valodia 2006).

Auf der anderen Seite suchten wirtschaftsnahe Stiftungen und liberale Think-Tanks wie Idasa die ANC-Regierung auf eine liberale, orthodoxe Wirtschaftspolitik sowie eine Sozialpolitik mit liberalen Anklängen (z.B. gebührenpflichtiger Zugang zu wesentlichen Teilen der Infrastruktur) zu bringen. Einerseits wurden sie entsprechend publizistisch tätig, andererseits suchten sie den Schulterschluss mit dem liberal-orientierten ANC-Flügel sowie der Ministerialbürokratie, bei der es eine gewisse personelle Kontinuität gab (vgl. Marais 1998; Taylor 2002: 40ff.). In ihren Bemühungen wurden sie durch die Finanzierung westlicher, v.a. US-amerikanischer, Einrichtungen (z.B. USAID, National Endowment for Democracy; Taylor 2002: 43ff.), sowie das Engagement internationaler Finanzinstitutionen, wie Studien und konzeptueller Beratungstätigkeit von IWF und Weltbank (Marais 1998: 151ff.; Bond 1999: 160ff.) unterstützt. Das heißt, die wirtschaftspolitisch orthodox-liberal orientierten Kräfte wirkten über zivilgesellschaftliche Institutionen, ihnen freundlich gesinnte Sektoren im ANC und über ihre Verbindungen in den Staatsapparat. Von 1990 bis 1996 gelang es ihnen, die Ausrichtung der wirtschaftspolitischen Vorstellungen des ANC maßgeblich zu verschieben und eine orthodoxe makro-ökonomische Politik durchzusetzen. Gefestigt wurde die orthodoxe Ausrichtung der Wirtschaftspolitik durch die Besetzung der Spitze von Finanzministerium und Zentralbank, die zu wirtschaftspolitischen Leitinstitutionen wurden, zunächst mit Angehörigen des weißen Establishments und dann mit liberal ausgerichteten ANC-Mitgliedern. Die kohärente Durchsetzung dieser Politik wurde durch die Entscheidungszentralisation im Präsidentschaftsamt seit der Wahl von Thabo Mbeki weiter zementiert (vgl. Schwank 2008).

Von einer ursprünglichen Orientierung auf Wachstum durch Umverteilung kam es im nach 1996 handlungsleitenden Programm Growth, Employment and Redistribution (GEAR) (Department of Finance 1996) zu einer Akzentsetzung auf Außenöffnung sowie restriktive Fiskal- und Geldpolitik.

Der entscheidende Schritt der Außenwirtschaftsliberalisierung war die allmähliche Abschaffung der Devisenkontrollen, einschließlich der Kapitalverkehrskontrollen (Marais 1998: 129f.). Damit wurde dem Kapital die Kapitalflucht erleichtert. Dies stärkte strukturell die Kapitalseite. Denn auf unerwünschte Geld-, Fiskal- oder sonstige Wirtschaftspolitik kann diese nun mit der Standortverlagerung drohen bzw. reagieren. Der Druck in Richtung auf eine Politik relativ hoher Zinsen, um das Kapital im Land zu halten, und einer eher restriktiven Budgetpolitik wurde so gestärkt. Auch der Außenhandel wurde liberalisiert. Die staatliche Industriepolitik war auf den Bergbau-Energie-Komplex fokussiert (Schwank 2008). Hauptbegünstigte dieser Wirtschaftspolitik waren Finanzinteressen sowie der Bergbau-Energie-Komplex. Der Ausbau der wirtschaftlichen Struktur hielt mit dem Bedarf nicht unbedingt Schritt. Besonders deutlich wird dies bei der Elektrizitätsversorgung, wo ein Jahrzehnt mangelnder Investitionen derzeit zu häufigen Stromausfällen führt.

Die Regierungen während der beiden Amtsperioden von Südafrikas zweitem Präsidenten Thabo Mbeki, der in den Grundlinien die Politik von Nelson Mandela, dem ersten Präsidenten des demokratischen Südafrika, fortsetzte, forcierten außerdem das Black Economic Empowerment. So wurden Unternehmensanteile an schwarze Geschäftsleute transferiert, die oft aus dem ANC-Establishment stammten, und der Aufstieg von schwarzen Beschäftigten in die führenden Etagen von Unternehmen und Staat gefördert (Ponte/Roberts/Van Sittert 2007). Von dieser Politik profitierten eine aufstrebende schwarze Bourgeoisie und Teile der schwarzen Mittelschichten. Die Grundlinien der Wirtschaftspolitik wurden so von wirtschaftliberaler Orthodoxie und »afrikanischem Nationalismus« bestimmt.

Während die schwarze Arbeiterschaft, soweit sie ihre Arbeitsplätze behielt, von den arbeitnehmerfreundlichen Arbeitsgesetzen profitierte, kam den ärmsten Bevölkerungsgruppen in erster Linie ein systematischer und starker Ausbau der Infrastruktur (Wohnraum, Schulen, Wasser- und Elektrizitätsversorgung) zugute. Auch die Sozialleistungen wurden deutlich erweitert. Die Zahl der EmpfängerInnen von Wohlfahrtszahlungen stieg seit 1999 von etwa drei auf ca. zwölf Millionen heute (Mail & Guardian, 21.12.2007: 12).

Die Wachstumsziele von GEAR wurden weit verfehlt. Das Wirtschaftswachstum war schwach – 2,77% pro Jahr von 1994 bis 2003 – und instabil. Die

Pro-Kopf-Einkommen stiegen in dieser Zeit nur um 0,77% (Gelb 2005: 384), danach ist es allerdings getragen durch eine gestiegene Binnennachfrage zu einer Wachstumsbeschleunigung auf ein jährliches BIP-Wachstum von ca. 5% für die Jahre 2004 bis 2006 gekommen (South African Reserve Bank 2007: 148). Die Investitionsquote war mit unter 20% des BIP in den 1990er Jahren schwach. Die äußere Verwundbarkeit verstärkte sich eher noch, die Leistungsbilanz ist seit 1994 in fast allen Jahren negativ (Gelb 2005: 390). Die formelle Beschäftigung ging nach Berechnung der südafrikanischen Zentralbank zwischen 1996 und 2002 von 5,23 auf 4,66 Mio. zurück (n. Seekings/Natrass 2006: 315, Tab. 9.9). Entsprechend verheerend fällt die Arbeitslosigkeit aus – nach der engen Definition stieg sie zwischen 1994 und 2002 von 20 auf 30,5%, nach der breiten Definition von 28,6 auf 41,8% (Altman 2005: 425, Tab. 16.2). Die leichten Verbesserungen der letzten Zeit haben an der Dramatik der Arbeitslosigkeit kaum etwas geändert.

Die extrem hohe und weiter gestiegene Arbeitslosigkeit ist ein wesentlicher Armutsfaktor. Für Ballard, Habib und Valodia (2006: 405) »ist das hohe und steigende Niveau von Armut und Ungleichheit, welches unsere Gesellschaft charakterisiert, der wohl wichtigste Faktor, der den Aufschwung der gegenwärtigen sozialen Bewegungen in Südafrika hervorruft.« Tatsächlich ist eine Intensivierung der sozialen Kämpfe seit den zweiten demokratischen Wahlen im Jahr 1999 festzustellen. Sie richten sich vor allem gegen die GEAR-Wirtschaftspolitik und deren Folgen, speziell seitens der Gewerkschaften, sowie Rückstände beim Ausbau der Infrastruktur und die Zahlungspflichten bei deren Nutzung. Die Zentralregierung verlagerte die Dienstleistungsversorgung oft auf die kommunale Ebene, ohne entsprechend das Budget aufzustocken. Die Kommunen suchten dann Einnahmen über Gebühren zu erzielen und Privatisierungen wurden eingeleitet. Angesichts der hohen Arbeitslosigkeit waren viele nicht zahlungsfähig. Daraufhin kam es wie in den Tagen der Apartheid zu Zahlungsverweigerungen. Reagierten die staatlichen Stellen mit Wohnungskündigung und dem Abdrehen von Wasser und Strom, entzündeten sich hieran erneute Protestbewegungen (ebd.: 397f.; 405).

Angesichts der sozialen Proteste stockte die Regierung Mbeki die öffentlichen Investitionen auf und forcierte den Ausbau der Infrastruktur. Auch die Rhetorik in der Wirtschaftspolitik verschob sich in Richtung auf den Entwicklungsstaat, und es wurde die Privatisierungspolitik praktisch aufgegeben. Aber die Grenzen dieser semantischen und realen Verschiebungen wurden rasch deutlich. Die Geldpolitik bleibt sehr restriktiv. Das detaillierte Konzept des Industrie- und Handelsministeriums für eine aktivierende Industriepolitik nach ostasiatischem Vorbild wurde vom Finanzministerium im letzten Jahr rasch desavouiert (Schwank 2008).

Die Unzufriedenheit mit den ungelösten strukturellen Problemen wie extrem hoher Arbeitslosigkeit fand auch Resonanz im ANC selbst. Staats- und Parteipräsident Thabo Mbeki verlor sichtbar an Rückhalt im ANC. Zu seinem Rivalen wurde sein früherer Vize-Präsident Jacob Zuma, den er nach der gerichtlichen Verurteilung von dessen Finanzberater wegen Korruption geschasst hatte. Zuma wurde danach in einem Korruptionsverfahren aus »technischen« Gründen freigesprochen. Einen Freispruch erwirkte er auch in einem Vergewaltigungsprozess, in dem er ein Frauenbild zu erkennen gab, das ihn für höhere Regierungsweihen eigentlich nicht qualifiziert. Unzufriedenheit mit der Wirtschaftspolitik und der Art der Parteiführung führten Ende 2007 zu einer Abwahl Mbekis als Parteivorsitzenden und dem deutlichen Triumph Zumas, der als Politiker mit größerer Konzertierungsfähigkeit gehandelt wird (vgl. Russell/MacNamara/Wallis 2007). Direkt nach seiner Wahl zum ANC-Präsidenten wurde gegen Zuma erneut eine Korruptionsklage eingebracht. So liegt auf seinem Wahlsieg eine starke Hypothek. Er hat als Vize-Präsident die Wirtschaftspolitik Mbekis mitgetragen. Insofern könnten die Politikänderungen eher den Stil denn den Inhalt betreffen. Allerdings verschob die neue ANC-Führung den Akzent der Wirtschaftspolitik auf die Priorität der Bekämpfung der Arbeitslosigkeit. Welche Taten den Erklärungen folgen, ist abzuwarten. Auf jeden Fall zeigen diese Entwicklungen, dass sozialer Protest Änderungen hervorrufen kann.

In der brasilianischen PT sind zum Teil ähnliche Konfliktlinien wie im ANC erkennbar. Wirtschaftspolitisch stehen sich »neoliberal« und »sozial-keynesianisch« orientierte Akteure gegenüber (Schmalz 2007: 115ff.). Die wirtschaftlichen Schlüsselinstitutionen – Finanzministerium und Zentralbank – wurden zunächst mit ParteigängerInnen einer Kontinuität in der Fiskal- und Geldpolitik neoliberaler Ausprägung besetzt (Boris 2003: 13f.). Sie stützten sich nicht auf die Konzepte von PT-ÖkonomInnen, sondern auf neoliberale BeraterInnen (vgl. Faria 2003). Die VertreterInnen einer stärker entwicklungsorientierten, sozial-keynesianischen Richtung wurden mit nachgeordneten Ministerien und Einrichtungen bedacht. Da die PT keine Parlamentsmehrheit erringen konnte, musste sie parlamentarische Allianzen schmieden. Dies schlug sich auch auf Kabinettsebene nieder. Es wurden allerdings nicht nur VertreterInnen anderer Parteien ins Kabinett aufgenommen, sondern vielfach ging es auch um die Repräsentanz bestimmter gesellschaftlicher Sektoren, z.B. ging das Landwirtschaftsministerium an einen Vertreter des Agro-Business, das Landreformministerium an einen Vertreter des linken PT-Flügels, das Ministerium für Entwicklung/Außenhandel an einen Industriellen (Schmalz 2007: 109, Tab. 4). Damit kommt es zur Interessenkonzertierung auf Regierungsebene. Dieses Arrangement hat offensichtlich dazu beigetragen, das Niveau offener Konflikte sehr gering zu halten. Ein Teil der sozialen Bewegungen gewann – z.T. abhängig von der Politik des zuständigen Ministeriums – verbesserten Zugang zu staatlichen Stellen. Das ist ähnlich wie in Südafrika. Die CUT ist allerdings nicht so bedeutsam als Bündnispartner wie Cosatu in Südafrika.

Die Besetzung der wirtschaftlichen Schlüsselministerien spiegelte die Kräfteverhältnisse zu Beginn der Amtszeit Lula wider. Innerparteilich rekrutierten sich die Anhänger einer restriktiven Geldpolitik, welche die anderen wirtschaftspolitischen Bereiche konditioniert, vor allem aus dem Bundesstaat São Paulo, der nicht nur das Industrie-, sondern auch das Finanzzentrum des Landes ist. Diese Kräfte hatten schon im Vorfeld der Wahlen darauf gedrängt, nicht mit einem klar definierten Wirtschaftsprogramm in die Wahlen zu gehen. Die Welle der Kapitalflucht im Vorfeld der Wahlen stärkte die Position jener Petistas, die argumentierten, dass in der makroökonomischen Politik größte Vorsicht, d.h. Kontinuität, geboten sei. Sowohl das Versprechen Lulas, die IWF-Auflagen zu erfüllen, als auch die Besetzung der wirtschaftspolitischen Schlüsselministerien mit Vertretern neoliberaler Politik signalisierten Kontinuität in der Geld- und Fiskalpolitik. Die Regierung radikalisierte anfangs die Hochzinspolitik sogar noch, erst später wurden allmählich und nicht durchgängig die Zinsen gesenkt. Vorgeblich sollten die hohen Zinsen die Inflation niedrig halten. Real ging es vor allem darum, das Kapital im Land zu halten. Hohe Primärüberschüsse im Budget signalisierten die Bereitschaft, dem Schuldendienst budgetäre Priorität einzuräumen. Dies war eine Schlüsselforderung des IWF im Sinne der Gläubiger. Der IWF erteilte der Regierung Lula denn auch die politische Absolution. Mit diesem Politikmuster und dem Gütesiegel des IWF galt die Regierung Lula in der Finanzwelt als wirtschaftspolitisch »glaubwürdig«. Die von linken Ökonomen befürwortete Alternative von Kapitalverkehrskontrollen, die eine substanzielle Zinssenkung ermöglichen würden (vgl. Sicsú 2003: 101ff.; Carvalho 2003), wurde von den zentralen Kräften in der Regierung Lula abgelehnt. Sie unternahm sogar weitere Liberalisierungsschritte (Sicsú 2007: Kap. 8; Schmalz 2007: 237). Damit wurde ein zentrales Druckmittel der Kapitalseite nicht angegangen. Hingegen reduzierte die Regierung Lula sehr wohl die externe Verwundbarkeit auf dem Gebiet der Auslandsverschuldung durch einen Schuldenabbau bis zum Jahr 2006. Auch von der IWF-Aufsicht löste sie sich mit der Zeit. 2005 tilgte sie alle IWF-Schulden. Damit wurde dieses Fenster der IWF-Beeinflussung geschlossen. Beunruhigung bei Finanzinsitutionen oder in der Wirtschaftspresse löste diese Entscheidung – trotz des damit verbundenen Autonomiegewinns der brasilianischen Regierung – zu diesem Zeitpunkt nicht mehr aus (vgl. Visca 2005).

Herrschte auf dem Gebiet der Geld- und Fiskalpolitik ein erhebliches Maß an Kontinuität vor, so setzte die Regierung Lula bei der Industrie- und Einkommenspolitik Akzente zur Stärkung der produktiven Kapazität und vorsichtigen

Stärkung der Binnennachfrage. Sie erhöhte systematisch die Mindestlöhne (die auch als Indexmaß für bestimmte Sozialleistungen gelten) und verbilligte den Zugang zu Konsumentenkrediten für LohnempfängerInnen mit eigenem Konto (vgl. Mercadante 2006: 73ff.,111f.; Weil 2007). Positiv auf die konjunkturelle Entwicklung wirkten sich auch die hohen Rohstoffpreise aus. Nach einem ganz schwachen Wachstum im Jahr 2003 wuchs das BIP zwischen 2004 und 2006 jährlich real zwischen 3,2 und 5,7% (Banco Central do Brasil 2008). Die Beschäftigung nahm leicht zu – allerdings nur in den Niedriglohngruppen. In den Hochlohngruppen war sie hingegen rückläufig (Araújo 2006: 148, Tab. 5). Auch wenn zwischen der regierenden PT und der Mehrheitsströmung in der CUT ein freundschaftliches Klima herrschte, war für die CUT die wirtschaftspolitische Bilanz der Regierung Lula eher ambivalent. Über die Reform der Pensionsversicherung für die öffentlichen Bediensteten kam es sogar mit Teilen der Gewerkschaftsbewegung zum offenen Konflikt. Einzelne wichtige Gewerkschaften haben die CUT verlassen und plädieren für einen konfrontativeren Kurs (Galvão 2006). Die Auseinandersetzung über die Pensionsreform war einer der zentralen Anlässe zu einer Abspaltung von der PT, die sich als eine neue Partei, die Partido Socialismo e Liberdade (PSOL), konstituierte. Die PSOL lässt sich am ehesten als Kraft linksrepublikanischen Anspruchs kennzeichnen, die für eine aktive Rolle des Staates im Entwicklungsprozess eintritt, sich sehr stark auf die Interessen der öffentlich Bediensteten bezieht und ihre Anhängerschaft vor allem aus den gehobenen Mittelschichten rekrutiert.

Deutlich und systematisch baute die Regierung Lula die Einkommenstransfers an die ärmste Bevölkerung aus. Allein zwischen Dezember 2003 und August 2006 stieg die Zahl der Empfängerfamilien der Bolsa Familia, dem zentralen Stützungsprogramm, von 3,6 auf 11,1 Mio. (IPEA 2007: 105, Tab. 6). In die Vergabe der Zahlungen wurden Lokalinitiativen in einer demokratisierenden Weise einbezogen. Auf diese Weise wurden die sozialen Rechte ausgebaut. Die Armutsrate ist von 35,6 im Jahr 2002 auf 30,1% im Jahr 2005 zurückgegangen (ebd.: 81, Tab. 1). Allerdings blieb auch die Sozialpolitik konditioniert von der restriktiven Fiskal- und Geldpolitik. Die Regierung Lula gab in den Jahren 2003 bis 2005 im Schnitt 2,58% des BIP für Einkommenstransfers an die Ärmsten aus (Mercadante 2006: 122f.), die Zinszahlungen auf die öffentliche Schuld beanspruchte im selben Zeitraum durchschnittlich 7,7% des BIP (Araujo 2006: 104).

Das Verhältnis der sozialen Bewegungen von unten zur Regierung Lula ließ sich in den ersten vier Jahren bestenfalls als ambivalent bezeichnen. Einerseits erweiterten sich institutionelle Spielräume und kam es zu Verbesserungen vor allem in der Einkommens- und Sozialpolitik, andererseits bedeutete das hohe Maß der Kontinuität in der Geldpolitik und der liberalen Haltung gegenüber dem internationalen Kapitalverkehr eine Beschränkung für viele andere Bereiche. Ein relevanter Teil der sozialen Bewegung setzte auf die Nutzung der institutionellen Spielräume, während andere dies mit einer Politik selektiven Konfliktes zu verbinden versuchen. Hierbei zeichnete sich das Lula-kritische Lager durch ein beträchtliches Maß an Spaltungen aus (vgl. Silva/Lima 2007). Konflikte blieben in der Regel sektoral begrenzt. Mit wenigen Ausnahmen – vor allem der Landlosenbewegung MST (Movimento dos Trabalhadores Rurais Sem Terra; Duqette 2006: 170ff.) – vermochten die sozialen Bewegungen, weder ein klares Forderungsprofil noch dauerhaften Druck von links auf die Regierung Lula auszuüben. Damit war der Druck von unten auf die Regierung Lula deutlich geringer als jener auf die Regierung Mbeki in Südafrika. Die progressiven Ansätze der Regierung Lula waren primär das Ergebnis von Initiativen von der Spitze des Staatsapparates, weit weniger das Resultat von Druck von unten. João Pedro Stedile (2006: 152) vom MST hob hervor, dass Lula die Wahl in einem Moment des Niedergangs der Massenbewegung gewann; dies erkläre die Ambivalenz der Regierung Lula.

Trotz globaler Erfolge zeigten die Präsidentschafts- und Parlamentswahlen 2006 für die PT auch Schwächen auf. Lula wurde erst im zweiten Wahlgang wiedergewählt und die PT schnitt in ihren traditionellen industriellen Hochburgen in São Paulo und im Süden des Landes relativ schwach ab, während sie im armen Nordosten substanzielle Fortschritte machte (Becker 2006). Hierauf hat Lula im ersten Jahr seiner zweiten Amtszeit reagiert. Es kam in der personellen Besetzung von Schlüsselpositionen wie in der Ausrichtung der Wirtschaftspolitik zu einer leichten Stärkung des »sozialkeynesianischen« Lagers (vgl. Schmalz 2007: 251).

Mit der Regierung Lula ist es also zu einer gewissen Verschiebung innerhalb des Machtblockes gekommen. Die innere Industrie-, und Agrarbourgeoisie haben ihre Position leicht verbessern können, was in der Export- und Industriepolitik zum Ausdruck kommt. Teile der Industriellen strebten sogar offen eine Zusammenarbeit mit der Regierung Lula an. Das Klein- und Mittelkapital blieb allerdings am Rande (vgl. Boito Jr. 2006: 238; Schmalz 2007: 102). Gleichzeitig wird die führende Rolle der Finanzinteressen, wenngleich in abgeschwächter Form, in der Geld- und Budgetpolitik deutlich. Ihre soziale Basis hat die Regierung Lula vor allem unter der armen Bevölkerung durch Mindestlohnerhöhungen, Ausweitung der Beschäftigung und Sozialtransfers ausgebaut. Der besser etablierten Industriearbeiterschaften und den lohnabhängigen Mittelschichten hatte sie weniger zu bieten. Deshalb dürfte die PT in ihren früheren Hochburgen an Stimmanteilen verloren haben. Manche Sektoren der Mittelschicht haben sich der PSOL zugewandt, andere radikalisieren sich nach rechts und wenden sich aggressiv gegen die armen Sektoren der Bevölkerung und Konzessionen zu deren Gunsten. Beide politische Sektoren haben in der Vergangenheit Proteste organisiert (vgl. Silva/Lima 2007: 57). Hierin unterscheidet sich die Dynamik von Südafrika. Der ANC hat die aufstrebende schwarze Mittelschicht an sich gebunden, und die sozialen Proteste kommen in Südafrika gerade auch aus der städtischen Marginalbevölkerung.

Schlussfolgerungen

Das Verhältnis zwischen den heute regierenden Parteien und den sozialen Bewegungen in Südafrika und Brasilien zeigt einige grundlegende Ähnlichkeiten, aber auch signifikante Unterschiede im Detail. In den Jahren des Befreiungskampfes in Südafrika bzw. dem Ringen um eine Redemokratisierung in Brasilien war das Verhältnis von ANC bzw. PT und den progressiven sozialen Bewegungen sehr eng. Der ANC wurde noch auf der Welle sozialer Mobilisierung ins Regierungsamt gewählt, während dem PT-Wahlsieg eine Phase relativ schwacher Mobilisierung, aber zunehmender sozialer Unzufriedenheit, welche die PT auf ihre Mühlen lenken konnte, vorausging.

Mit der Regierungsübernahme traten die Unterschiede in der politischen Orientierung innerhalb von ANC und PT deutlicher als in der Phase von Widerstand und Opposition zu Tage. In beiden Fällen standen sich wirtschaftspolitisch AnhängerInnen der liberalen Orthodoxie und eines entwicklungsorientierten Sozialkeynesianismus gegenüber. Beim ANC wurde diese Konfliktlinie noch überlagert von der Prioritätensetzung soziale Emanzipation oder Black Economic Empowerment. Kapitalinteressen klinkten sich in diese Konflikte ein. Ein zentrales Anliegen speziell des Finanzkapitals, aber im Fall Südafrikas auch des mineralisch-energetischen Komplexes, war die Bewahrung bzw. Herstellung weitgehender Freiheit des Kapitalverkehrs, weil dann die Kapitalseite ihr unangenehme Maßnahmen mit Kapitalflucht abstrafen kann. Hierin war die Kapitalseite erfolgreich. Die Geld- und etwas eingeschränkter die Fiskalpolitik gehorchten in beiden Ländern der liberalen Orthodoxie. Gewisse Akzente wurden auch in der Industriepolitik gesetzt, vor allem zugunsten großer Unternehmensgruppen. Eine Besonderheit Südafrikas war die Förderung neuer schwarzer Wirtschaftsgruppen im Rahmen des Black Economic Empowerment. Für diesen Ausgang des Konfliktes um die Wirtschaftspolitik waren weniger Auseinandersetzungen in der Zivilgesellschaft, als vielmehr die Herstellung eines direkten Drahtes zu den staatlichen Entscheidungsstellen, die Besetzung wirtschaftspolitischer Schlüsselpositionen mit ÖkonomInnen aus dem liberalen Establishment und die Einflussnahme internationaler Finanzinstitutionen, vor allem in der Anfangsphase, maßgeblich. Der armen Bevölkerung kam primär der Ausbau der Sozialpolitik zugute, in Südafrika konnte Cosatu auch eine gewerkschaftsfreundliche Arbeitsgesetzgebung durchsetzen.

Für soziale Bewegungen von unten öffneten sich mit der Regierungsübernahme von ANC und PT neue institutionelle Spielräume und es gab deutliche sozialpolitische Fortschritte; gleichzeitig fielen die strukturellen Veränderungen in der Wirtschaft relativ begrenzt aus. In Brasilien wurden ökonomische Defizite immerhin abgemildert, während sie sich in Südafrika sogar eher noch verschärften. Während der PT eine leichte Abnahme der Armut und Einkommensungleichheit in Brasilien gelang, verschärfte sich die Polarisierung der materiellen Lage in Südafrika tendenziell noch. Wenngleich viele soziale Bewegungen und Initiativen in Südafrika die neuen institutionellen Spielräume zu nutzen suchten, kam es recht bald zu einem Wiederaufleben der sozialen Proteste, die zum Teil Protestformen aus den 1980er Jahren – wie Zahlungsboykotts – aufnahmen. Diese speisten sich sowohl aus Unzufriedenheit mit der Wirtschaftspolitik und hohen Arbeitslosigkeit wie auch aus der Kostenpflicht bei der Nutzung vieler neuer Infrastrukturen. Auch die Gewerkschaften protestierten in Südafrika gegen Aspekte der Wirtschaftspolitik. In Brasilien war das Protestniveau weit geringer, stark sektoral begrenzt und stärker auf Sektoren der Mittelschichten (v.a. im öffentlichen Dienst) bezogen. Die PT verlor allerdings in ihren ursprünglichen Kernschichten und -regionen an Rückhalt. In beiden Fällen reagierten die Parteiführungen auf diese Entwicklungen – soziale Proteste in Südafrika, Wahlverhalten in Brasilien – mit einer leichten Akzentverschiebung in die entwicklungsorientierte, sozialkeynesianische Richtung. Im Fall des ANC konnte die Parteiführung Thabo Mbekis allerdings nicht verhindern, dass sie beim letzten Parteitag aus Unzufriedenheit mit der Wirtschaftspolitik und dem fehlenden Basisbezug abgewählt wurde. Das Verhältnis zwischen sozialen Bewegungen von unten und den progressiven Regierungsparteien bleibt durch Zwiespältigkeiten, Kooperation und Konflikt gekennzeichnet.

Literatur

Abdelkrim-Delanne, Christine (2008): Panne d'énergie, in: afrique-asie, März, 67.

Altman, Miriam (2005): The state of employment, in: Daniel, John/Southall, Roger/Lutchman, Jessica (Hrsg.): State of the Nation. South Africa 2004-2005, Kapstadt, S. 423-454.

ANC (1977): Die Freiheitscharta, angenommen vom Volkskongreß in Kliptown, 26. Juni 1955, in: issa (Hrsg.): Dokumente der südafrikanischen Befreiungsbewegung von 1945-1976, Bonn, S. 36-39.

ANC/Cosatu (1991): Die Wirtschaft nach der Apartheid, in: Anti-Apartheid-Bewegung (Hrsg.): Verhandlungen in Südafrika: Chancen, Risiken, Perspektiven, Bonn, S. 56-63.

Araújo, José Prata (2006): Um retrato do Brasil. Balanço do governo Lula, São Paulo.

Ballard, Richard/Habib, Adam/Valodia, Imraan (2006): Social movements in South Africa: promoting crisis or creating stability?, in: Padayachee, Vishnu (Hrsg.): The development decade? Economic and social change in South Africa, 1994-2004, Kapstadt, S. 397-412.

Banco Central do Brasil (2008): Indicadores Econômicos. www.bcb.gov.br [25.1.2008].

Becker, Joachim (1988): Angola, Mosambik und Zimbabwe: Im Visier Südafrikas, Köln.

Becker, Joachim (1991): Verhandlungen in Südafrika – Hintergründe, Chancen, Risiken, Perspektiven, in: Anti-Apartheid-Bewegung (Hrsg.): Verhandlungen in Südafrika: Chancen, Risiken, Perspektiven, Bonn, S. 3-26.

Becker, Joachim (2003): Contra la corriente: política municipal alternativa en el Cono Sur, in: Sociedade em Debate, 9:3, S. 225-265.

Becker, Joachim (2006): Brazil: Elections Reveal a Divided Country. www.ipe.or.at [09.03.2008].

Becker, Joachim/Jäger, Johannes (2005): Geld und Legitimität. Monetäre Strategien in Argentinien, Uruguay und Brasilien, in: Boris, Dieter/Schmalz, Stefan/Tittor, Anne (Hrsg.): Lateinamerika: Verfall neoliberaler Hegemonie?, Hamburg, S. 87-111.

Boito Jr., Armando (2006): A burguesia no Governo Lula, in: Basualdo, Eduardo M./Arceo, Enrique (Hrsg.): Neoliberalismo y sectores dominantes. Tendencias globales y experiencias nacionales, Buenos Aires, S. 237-263.

Bond, Patrick (1999): Elite Transition. From Apartheid to Neoliberalism in South Africa, London/Pietermaritzburg.

Boris, Dieter (1990): Arbeiterbewegung in Lateinamerika, Marburg.

Boris, Dieter (1998): Soziale Bewegungen in Lateinamerika, Hamburg.

Boris, Dieter (2003): Die Transformation in Brasilien. Supplement der Zeitschrift »Sozialismus«, 11/2003.

Buhlungu, Sakehla (2002): From »Madiba magic« to »Mbeki logic«. Mbeki and the ANC's trade union allies, in: Jacobs, Jean/Calland, Richard (Hrsg.): Mbeki's world. The politics and ideology of the South African president, Pietermaritzburg/London, S. 179-200.

Buhlungu, Sakhela (2003): The State of Trade Unionism in Post-Apartheid South Africa, in: Daniel, John/Habib, Adam/Southall, Roger (Hrsg.): State of the Nation. South Africa 2003-2004, Kapstadt, S. 184-203.

Cardoso, Adalberto Moreira (2003): A década neoliberal e a crise dos sindicatos no Brasil, São Paulo.

Carvalho, Fernando J. Cardim de (2003): Controles de capital e recuperação da

iniciativa em política econômica, in: Paula, João Antonio de (Hrsg.): A economia política da mudança. Os desafíos e os equívocos do início do governo Lula, Belo Horizonte, S. 235-244.
Davis, Denis (2003): From the Freedom Charter to the Washington Consensus, in: Maphai, Vincent T./Gottschalk, Keith (Hrsg.): Parties, politics and the future of democracy. Johannesburg (Development Update 4:3, Special Edition), S. 31-49.
Department of Finance (1996): Growth, Employment and Redistribution. A Macroeconomic Strategy, Pretoria.
Duquette, Michel (2006): Le radicalisme rural et l'administration Lula: espoirs et enjeux de la réforme agraire, in: Van Eeuwen, Daniel (Hrsg.): Le nouveau Brésil de Lula. La Tours d'Aigues, S. 155-180.
Ellis, Stephen/Sechaba, Tsepo (1992): Comrades against Apartheid. The ANC & the South African Communist Party in Exile, London/Bloomington.
Faria, Luiz Augusto Estrella (1996): Fordismo periférico, fordismo tropical y posfordismo: el camino brasileño de acumulación y crisis, in: Ciclos en la historia, la economía y la sociedad, 6:10, S. 73-101.
Faria, Luiz Augusto E. (2003): Entre confiança e mudança. in: Carta de Conjuntura FEE, 12:6, S. 7-8.
Fine, Ben/Rustomjee, Zavareh (1996): The Political Economy of South Africa. From the Minerals-Energy Complex to Industrialisation, London.
Fiori, José Luis (1995): O vôo da coruja. Uma leitura não-liberal das crise do estado desenvolvimentista, Rio de Janeiro.
Friedman, Steven (1987): Building Tomorrow Today. African Workers in Trade Unions 1970-1984, Johannesburg.
Galvão, Andréia (2006): Le mouvement syndical face au gouvernement Lula: dilemmes, défis et paradoxes, in: Van Eeuwen, Daniel (Hrsg.): Le nouveau Brésil de Lula. La Tours d'Aigues, S. 137-154.
Gelb, Stephen (1991): South Africa's economic crisis: an overview, in: Gelb, Stephen (Hrsg.): South Africa's economic crisis, Kapstadt/London, S. 1-32.
Gelb, Stephen (2005): An overview of the South African economy, in: Daniel, John/Southall, Roger/Lutchman, Jessica (Hrsg.): State of the Nation. South Africa 2004-2005, Kapstadt, S. 367-400.
IPEA (2007): Políticas sociais. Acompanhamento e análise. Edição especial 13.
Kahn, Brian (1991): The crisis and South Africa's balance of payments, in: Gelb, Stephen (Hrsg.): South Africa's economic crisis. Kapstadt/London, S. 59-87.
Kucinski, Bernardo (2003): The Rise of the Workers' Party. In: Branford, Sue/Kucinksi, Bernardo/Wainwright, Hilary: Politics Transformed: Lula and the Workers' Party in Brazil. London, S. 13-53.
Lambert, Rob/Webster, Eddie (1988): The Re-emergence of Political Unionism in Contemporary South Africa?, in: Cobbett, William/Cohen, Robin (Hrsg.): Popular Struggles in South Africa. Sheffield/London, S. 20-41.
Leubolt, Bernhard (2006): Staat als Gemeinwesen. Das Partizipative Budget in Rio Grande do Sul und Porto Alegre, Wien.

Lodge, Tom (1983): Black Politics in South Africa since 1945, London.
Luckhardt, Ken/Wall, Brenda (1981): Arbeiter gegen Apartheid. Die neue Gewerkschaftsbewegung in Südafrika (Ergänzt und aktualisiert von Sigrid Thomsen), Bonn.
Macroeconomic Research Group (1993): Making Democracy Work, Bellville.
Mandela, Nelson (1978): No Easy Walk to Freedom. 3. Auflage, London.
Marais, Hein (1998): South Africa: Limits to Change. The Political Economy of Transformation, London/Kapstadt.
Meli, Francis (1988): South Africa Belongs to Us. A History of the ANC, London et al.
Mercadante, Aloizio (2006): Brasil: primeiro tempo. Análise comparativo do governo Lula, São Paulo.
Moreira, Constanza (2000): La izquierda en Uruguay y Brasil: cultura política y desarrollo político-partidario, in: Mallo, Susana/Moreira, Constanza (Hrsg.): La larga espera. Itinerarios de las izquierdas en Argentina, Brasil y Uruguay, Montevideo, S. 127-170.
Novy, Andreas (1994): Lokaler Widerstand und struktureller Wandel in Brasilien: Lokalinitiativen der Armen an der Peripherie von São Paulo, Frankfurt/M.
Novy, Andreas (2001): Brasilien: die Unordnung der Peripherie. Von der Sklavenhaltergesellschaft zur Diktatur des Geldes, Wien.
Pityana, Nyameko Barney (2007): Das Erbe Steve Bikos, in: afrika süd, 36:5, S. 11-15
Ponte, Stefano/Roberts, Simon/van Sittert, Lance (2007): »Black Economic Empowerment«, Business and the State in South Africa, in: Development and Change, 38:5, S. 933-955.
Ramalho, José Ricardo/Santana, Marco Aurélio (2003): Trabalhadores, sindicatos e a nova questão social, in: Santana, Marco Aurélio/Ramalho, José Ricardo (Hrsg.): Além da fábrica.: trabalhadores, sindicatos e a nova questão social, São Paulo, S. 11-43.
Russell, Alec/MacNamara, William/Wallis, William (2007): Post-apartheid phase two, in: Financial Times, 20.12., S. 7.
SACP (2006): CC Commission Discussion Document, in: Bua Komanisi!, 5:1, S. 3-31.
Schleicher, Hans-Georg (2004): Südafrikas neue Elite. Die Prägung der ANC-Führung durch das Exil, Hamburg.
Schmalz, Stefan (2007): Brasilien in der Weltwirtschaft. Die Regierung Lula und die neue Süd-Süd-Kooperation, Münster.
Schwank, Oliver (2008): Limits to a Developmental Regime in South Africa – Industrial Policy Revisited, in: Journal für Entwicklungspolitik, 23:2 (i.E.).
Seekings, Jeremy (1992): Civic Organisations in South African Townships, in: Moss, Glen/Obery, Ingrid (Hrsg.): South African Review 6. From »Red Friday« to Codesa. Johannesburg, S. 216-238.
Seekings, Jeremy/Natrass, Nicoli (2006): Race, Class, and Inequality in South

Africa, Scottsville.
Sicsú, João (2003): Rumos e definições da política econômica brasileira: do Plano A de FHC para o Plano A+ de Lula, in: Paula, João Antonio de (Hrsg.): A economia política da mudança. Os desafíos e os equivocos do início do governo Lula. Belo Horizonte, S. 87-107.
Sicsú, João (2007): Emprego, juros e câmbio. Finanças globais e desemprego, Rio de Janeiro.
Silva, Marcelo Kunrath da/Lima, Antônio João de (2007): Brésil: mouvements sociaux entre luttes, institutions et désenchantement, in: Alternatives sud, 14:4, S. 53-57.
Singer, André (2001). O PT, São Paulo.
Slovo, Joe (1990): Has Socialism Failed? London.
South African Reserve Bank (2007): Quarterly Bulletin, December.
Southall, Roger (2005): Black empowerment and corporate capital, in: Daniel, John/Southall, Roger/Lutchman, Jessica (Hrsg.): State of the Nation. South Africa 2004-2005, Kapstadt, S. 455-478.
Stedile, João Pedro (2006): Sair da crise com a energia do povo, in: Chaui, Marilena et al.: Leituras da crise. Diálogos sobre o PT, a democracia brasileira e o socialismo, São Paulo, S. 141-192.
Suttner, Raymond (2002): Culture(s) of the African National Congress of South Africa. Exile and Prison Experiences, in: Melber, Henning (Hrsg.): Poltical Cultures in Democratic South Africa. Nordiska Afrikainstitutet Discussion Paper 19, Uppsala, S. 16-33.
Suttner, Raymond (2005): Legacies and Meanings of the United Democratic Front (UDF) Period for Contemporary South Africa, in: Hendricks, Cheryl/Lushaba, Lwazi (Hrsg.): From National Liberation to Democratic Renaissance in Southern Africa, Dakar, S. 59-81.
Taylor, Ian (2002): Neo-liberalism and Democracy: The Role of Intellectuals in South Africa's »Democratic Transition«, in: Melber, Henning (Hrsg.): Political Cultures in Democratic South Africa. Nordiska Afrikainstitutet Discussion Paper 19, Uppsala, S. 34-52.
Visca, Paola (2005): Un gobierno de izquierda saliendo por derecha. www.economiasur.com/analisis/ViscaBrasilCancelaDeudaFMI.html [09.03.2008].
Weil, Matthias (2007): Die Sozial- und Wirtschaftspolitik der Regierung Lula, in: Z. Zeitschrift Marxistische Erneuerung 18:1, S. 122-133.

Hans-Jürgen Bieling/Christina Deckwirth

Von Seattle über Porto Alegre nach Brüssel

Die Europäisierung sozialer Bewegungen

Die Demonstrationen auf der WTO-Ministerkonferenz in Seattle im Jahr 1999 bilden den Gründungsmythos der globalisierungskritischen Bewegung. Damals war es den USA und der EU nicht gelungen, eine neue Welthandelsrunde, die so genannte Millennium-Runde, einzuleiten. Die Ursachen hierfür lagen zum Teil in den unvereinbaren Positionen der WTO-Mitgliedstaaten. Zugleich sorgten aber auch die massiven Proteste von Gewerkschaften, Menschenrechtsorganisationen, Umweltgruppen, Kirchenvertretern, indigenen Gruppen, Sozialarbeitern, Lehrern und Studenten dafür, dass die Logik der neoliberalen Globalisierung öffentlich thematisiert und in Frage gestellt wurde (vgl. Gill 2003: 212ff.). Genauer betrachtet, bildeten die Proteste von Seattle jedoch nicht den Beginn, sondern nur einen ersten Höhepunkt der öffentlichen Artikulation globalisierungskritischer Positionen. Schließlich hatten sich schon zuvor in den unterschiedlichen Weltregionen soziale Bewegungen formiert und der neoliberalen Restrukturierung, d.h. den Prozessen der Deregulierung, Flexibilisierung und Privatisierung, entgegengestellt.

Dies gilt nicht zuletzt für viele lateinamerikanische Länder, in denen die Regierungen – vor dem Hintergrund einer hohen Auslandsverschuldung – die Politik des so genannten Washington Consensus befolgten. Nachdem bereits 1994 der Widerstand der Zapatistas in Mexiko für weltweites Aufsehen gesorgt hatte, erzeugten in anderen Ländern die Prozesse der neoliberalen Restrukturierung in den 1990er Jahren ein gesellschaftliches Klima des Widerstands. Dabei waren es nicht so sehr die Gewerkschaften, sondern vor allem sozial marginalisierte Bevölkerungsgruppen, die sich in Bewegungen wie der Landlosenorganisation MST (Movimento dos Trabalhadores Rurais Sem Terra) in Brasilien, den Cocaleros in Bolivien oder den Piqueteros in Argentinien zusammengeschlossen hatten, die der wachsenden Unzufriedenheit politischen Ausdruck gaben (vgl. Boris 2005: 78ff.; 2007: 83f.).

Im Kontext der Währungs- und Finanzkrisen seit der zweiten Hälfte der 1990er Jahre verbreiterte sich dann nicht nur die soziale Basis des Protestes. Es wurden auch neue Kooperationsformen und grenzüberschreitende Kommunikationsstrukturen entwickelt, um der wirtschaftlichen Globalisierung »von oben« die Perspektiven einer sozial orientierten Globalisierung »von unten« entgegenzustellen.

Ein wichtiges Moment in diesem Prozess bildete das Weltsozialforum, das erstmals im Januar 2001 – zeitlich parallel und als Kontrapunkt zum Weltwirtschaftsforum in Davos – im brasilianischen Porto Alegre stattfand. Das Weltsozialforum war von brasilianischen Organisationen – mit internationaler Unterstützung – initiiert worden und erzeugte einen weltweiten positiven Widerhall. In den Folgejahren vervielfachte sich nicht nur die Zahl der Teilnehmer und Diskussionsforen. Es wurden auch zusätzliche regionale und nationale Sozialforen organisiert. Das erste Europäische Sozialforum (ESF), das im November 2002 in Florenz unter dem Motto »Eine andere Welt jenseits von Kapitalismus und Krieg« veranstaltet wurde, stieß mit ca. 40.000 Teilnehmern auf breite Resonanz. Seit den 1990er Jahren entwickelte sich nicht nur in Lateinamerika oder den USA, sondern auch in Europa eine globalisierungskritische Bewegung, die sowohl an die Gipfelproteste von Seattle als auch an die lateinamerikanischen Impulse der Sozialforumsbewegung anknüpft – und so gleichsam globalisierungskritische Impulse von Seattle über Porto Alegre nach Brüssel trägt. Nach einer recht dynamischen Anfangsphase befindet sich die Europäisierung sozialer Bewegungen, die hier nachgezeichnet wird, mittlerweile in einer Phase der fragilen Konsolidierung. Beispielhaft für die Entwicklung stehen hier vor allem die Europäischen Sozialforen und Attac.

Europäische Integration und Globalisierungskritik

Das Europäische Sozialforum verdeutlicht, dass die Globalisierungskritik in Europa einerseits durch die Entwicklungen in Lateinamerika – z.B. die Initiative des Weltsozialforums – inspiriert und stimuliert wurde. Andererseits waren es aber vor allem die spezifischen wirtschaftlichen, sozialen und politischen Bedingungen in Europa selbst, die zu einer intensivierten grenzüberschreitenden Vernetzung der sozialen Bewegungen und Gewerkschaften geführt haben. In den 1980er und 1990er Jahren war die Kritik der neoliberalen Globalisierung noch vornehmlich an die nationalen Regierungspolitiken oder aber die globalen, durch die USA, die EU und andere OECD-Staaten dominierten Institutionen und Kooperationsnetzwerke wie z.B. den IWF und die Weltbank, die WTO oder die G7 adressiert. Die Proteste und Demonstrationen wurden dabei lange von einem relativ kleinen Kern von Aktivisten getragen. Erst gegen Ende der 1990er Jahre wurde zunehmend zur Kenntnis genommen, dass die neoliberale Reorganisation von Ökonomie, Staat und Gesellschaft durch die EU aktiv mitgestaltet wird. Seitdem durchlaufen sowohl die sozialen Bewegungen als auch die Gewerkschaften einen »Prozess nachholender Integration« (Schroeder/Weinert 2005: 338).

Die relativ späte Thematisierung der EG bzw. EU seitens der sozialen Bewegungen ist verwunderlich, da bereits in den 1980er Jahren ein grundlegender Funktionswandel der europäischen Integration eingeleitet worden war. Noch in den Nachkriegsjahrzehnten hatte die europäische Handlungsarena in der globalen Konstellation des »eingebetteten Liberalismus« (Ruggie 1982) mit dazu beigetragen, die nationalen wohlfahrtsstaatlichen Entwicklungspfade abzustützen (vgl. Ziltener 1999: 123f.). Mit dem EG-Binnenmarktprojekt und der Wirtschafts- und Währungsunion (WWU) änderten sich dann jedoch der Charakter und die Funktionsweise der Integration. Das Binnenmarktprojekt sorgte dafür, dass die Liberalisierungs- und Deregulierungsdynamik deutlich erweitert und beschleunigt wurde, d.h. sich auf einige Bereiche erstreckte – wie z.B. die Kapital- und Kreditmärkte, grenzüberschreitende Direktinvestitionen, den Dienstleistungssektor und viele so genannte nicht-tarifäre Handelshemmnisse, die vorher ausgeklammert waren. Die WWU verstärkte diesen Prozess insofern, als mit ihr die Geldpolitik vergemeinschaftet, die finanzpolitischen Spielräume eingeschränkt und wechselkurspolitische Steuerungsmöglichkeiten aufgehoben wurden, sodass sich der »wettbewerbspolitische Anpassungsdruck« ganz auf die Arbeits- und Sozialsysteme verlagerte. Folglich war die sozioökonomische Entwicklung in der EG/EU seit Ende der 1980er Jahre zunehmend durch die Logiken einer kompetitiven Deregulierung und kompetitiven Austeritätspolitik bestimmt. Mit der im Frühjahr 2000 proklamierten Lissabon-Strategie und der »Offenen Methode der Koordinierung« (OMK) wurde dieser Prozess programmatisch nochmals akzentuiert und zugleich unterstrichen, dass über die europäische Handlungsarena die wettbewerbsorientierte Reform der Arbeitsmärkte, Sozialsysteme und öffentlichen Infrastruktur offensiv vorangetrieben wird (vgl. Bieling 2005).

Schon vorher war allerdings erkennbar geworden, dass die EU ihren selbst formulierten Anspruch, eine gesteigerte Wettbewerbsfähigkeit mit einem verbesserten sozialen Ausgleich zu kombinieren, nicht realisieren kann. So verschärften sich im Laufe der 1990er Jahre in den meisten Ländern die Probleme der sozialen Kohäsion. Die Disziplinierungs- und Ungleichheitseffekte der neoliberalen Restrukturierung – erhöhte Erwerbslosen- und Armutsquoten, die Ausweitung prekärer Beschäftigungsverhältnisse und andere Formen der sozialen Exklusion – sorgten dafür, dass sich soziale Marginalisierungs- und Unsicherheitserfahrungen verallgemeinerten und die politische Legitimation der nationalen wie europäischen Politik unterminierten (vgl. Chabanet 2007; Cafruny/Ryner 2007: 73ff.). Die EU reagierte hierauf mit der Europäischen Beschäftigungsstrategie und der Neujustierung der Strukturfonds. Es wurden jedoch keine neuen Steuerungs- und Interventionsinstrumente entwickelt, um dem Problem der schwindenden sozialen Kohäsion effektiv entgegenzutreten.

Bestimmend blieben vielmehr die neoliberalen Disziplinierungseffekte und ein »neuer Konstitutionalismus« (vgl. Gill 1998: 5), durch den private Eigentumsrechte, Marktfreiheiten und Wettbewerbsimperative vertraglich, institutionell und regulativ abgesichert und der demokratischen Einflussnahme tendenziell entzogen wurden.

Die auflebenden Proteste seit der zweiten Hälfte der 1990er Jahre richteten sich vor allem gegen diese Tendenzen der Disziplinierung und Entdemokratisierung. Die EU wurde demzufolge zunehmend als eine wichtige politische Handlungsarena wahrgenommen, die dazu beiträgt, die Prozesse der neoliberalen Globalisierung nach innen zu verstärken, aber kaum über Kompetenzen, Ressourcen und Instrumente verfügt, ein sozial, demokratisch und zivil orientiertes Europa zu ermöglichen. Die Kritik artikulierte sich nicht nur als Fundamentalkritik der bestehenden Machtverhältnisse und Regulierungsstrukturen. Sie verstand sich zugleich als öffentliche Aufforderung, die europäische Handlungsarena weiterzuentwickeln, d.h. wirtschafts- und sozialpolitisch zu transformieren, und substanziell zu demokratisieren. Über die strategischen Prioritäten und einzelnen Schritte in diesem Prozess gab es freilich recht unterschiedliche Vorstellungen bis hin zu massivem Dissens – so etwa zwischen EU-Skeptikern und -Befürwortern. Die Idee eines sozialen, demokratischen und zivilen Europas basierte nicht auf einem allseits geteilten »Masterplan«, sondern kristallisierte sich – einschließlich vieler bis heute fortbestehender Widersprüche – nur allmählich im Kontext europapolitischer Auseinandersetzungen heraus.

Europäisierung sozialer Bewegungen

Sehr grob lässt sich die Europäisierung sozialer Bewegungen, d.h. eine Europäisierung »von unten«, in drei Phasen unterteilen: in eine Entstehungsphase, eine Aufbruchsphase und schließlich eine Phase der fragilen Konsolidierung. Die *erste Phase* – die Entstehung europäisierter sozialer Protestnetzwerke – ist durch die Transnationalisierung zivilgesellschaftlicher Kooperationsmuster gekennzeichnet. Dies betraf zunächst die formellen Strukturen. Nachdem viele europäische Verbände bereits in den 1970er Jahren Dachverbände gegründet und sich in Brüssel angesiedelt hatten, löste das Binnenmarktprogramm in den 1990er Jahren einen neuen »Strom nach Brüssel« aus (vgl. Platzer 2006: 190). So wurden etwa im Jahr 1992 die sektoralen europäischen Gewerkschaftsverbände als zweite Säule in den Europäischen Gewerkschaftsbund integriert. Wenig später kam es auch zu ersten transnationalen Protesten, die inhaltlich eng auf die anhaltende »Beschäftigungskrise« bezogen waren. Schon 1993 hatte die Europäische Kommission ein Weißbuch publiziert, in dem sie sich dafür aussprach, im Kampf gegen die hohe Erwerbslosigkeit und die soziale Ausgrenzung neue Konzepte und Instrumente zu entwickeln (vgl. Europäische Kommission 1993). Dieser Impuls wurde von den Gewerkschaften, den sozialdemokratischen bzw. sozialistischen und diversen Linksparteien aufgegriffen, während sich viele der – zumeist konservativen – Regierungen gegenüber der Idee einer europäischen Beschäftigungspolitik eher reserviert bis abwehrend verhielten. Vor dem Hintergrund veränderter Machtverhältnisse in vielen EU-Mitgliedstaaten geriet das Thema im Vorfeld der Verhandlungen über den Amsterdamer Vertrag letztlich jedoch auf die europäische Agenda.

Eine aktive und symbolisch bedeutsame Rolle spielten dabei die »Euromärsche gegen Erwerbslosigkeit, ungeschützte Beschäftigung und soziale Ausgrenzung«. Die Euromärsche waren als ein transnationales Netzwerk entstanden, das sich – unter Beteiligung von Gewerkschaftsmitgliedern und politischen Aktivisten – vor allem auf die Organisationen der Arbeitslosen stützte. Im Anschluss an einen Sternmarsch während des EU-Gipfels in Amsterdam im Mai 1997 erzeugte eine Großdemonstration mit über 50.000 Personen eine beträchtliche öffentliche Aufmerksamkeit. Politisch wendeten sich die Euromärsche gegen die neoliberale Disziplinierung, insbesondere gegen die von den Regierungen verfolgten Workfare-Programme. Gleichzeitig sprachen sie sich für eine Strategie der Arbeitszeitverkürzung, für ein garantiertes Grundeinkommen, eine umfassende öffentliche Grundversorgung und die Ausweitung sozialer Rechte aus (vgl. Mathers 1999: 17). Jenseits einiger symbolträchtiger dezentraler Aktionen, wie z.B. der Besetzung von Arbeitsämtern, zeichneten sich die Euromärsche dadurch aus, dass sie der Idee einer transnationalen Vernetzung von unten schon in dieser frühen Phase der Europäisierung sozialer Bewegungen praktischen Ausdruck verliehen.

Nach den Gipfelprotesten in Amsterdam lässt sich eine *zweite Phase* transnationaler Proteste in der EU auf den Zeitraum 1997 bis 2003 datieren, die durch einen bewegungspolitischen Aufbruch im Sog globalisierungskritischer Diskussionen gekennzeichnet war. Diese Aufbruchsphase bildete gleichsam die Kehrseite neoliberaler Reformstrategien und einer verschärften sozialen Polarisierung in zahlreichen EU-Mitgliedstaaten, insbesondere in Frankreich und Italien. Auf der EU-Ebene wurden in dieser Zeit die Liberalisierung öffentlicher Netzwerkdienstleistungen (Telekommunikation, Energie, Post) und die Finanzmarktintegration eingeleitet. Außerdem bündelte die Lissabon-Strategie von 2000 unterschiedliche Liberalisierungs- und Deregulierungsprogramme, um die »Modernisierung« der europäischen Sozialmodelle nach wettbewerblichen Kriterien zu forcieren. Die Folgen dieser Politik waren eine wirtschaftliche Wachstumsschwäche, eine hohe Massenerwerbslosigkeit, verschärfte soziale Ungleichheiten, aber auch eine zunehmende Protestbereitschaft. Wichtige

Bestandteile dieser Phase sind etwa die vermehrten Gipfelproteste, die in den Jahren 1999 bis 2002 die Treffen des Europäischen Rats nahezu kontinuierlich begleiteten. Vor allem die heftigen Auseinandersetzungen während des EU-Gipfels in Göteborg im Jahr 2001 werden häufig in einem Atemzug mit den Ereignissen in Seattle 1999 und den Massenprotesten während des G 8-Gipfels in Genua 2001 genannt.

In diesem Kontext trug nicht zuletzt das globalisierungskritische Netzwerk Attac dazu bei, die transnationale Vernetzung jenseits einmaliger Protest-Events zu organisieren. Dies lag vor allem daran, dass Attac bereits kurz nach seiner Gründung in Frankreich im Jahr 1998 auf andere globalisierungskritische Aktivisten in Europa ausstrahlte. Durch den Aufbau weiterer nationaler Attac-Sektionen in zwischenzeitlich etwa 50 Ländern[1] hat das Netzwerk längst einen transnationalen Charakter erhalten. Schon auf dem Weltsozialforum in Porto Alegre stellte Attac die »einflussreichste Stimme Europas« dar (vgl. Dörre 2002: 491); und auch der Prozess der transnationalen Vernetzung globalisierungskritischer Bewegungen in Europa wurde von Attac maßgeblich mit vorangetrieben. Ab dem Jahr 2001 entstanden zudem institutionalisierte europäische Vernetzungsstrukturen innerhalb von Attac (vgl. Giegold 2004: 37). Im Vergleich zu den Euromärschen ist die Palette der Attac-Themen deutlich umfassender. Nachdem anfangs die Frage einer demokratischen Kontrolle der Finanzmärkte – Stichwort Tobin-Steuer – im Vordergrund stand, beschäftigte sich Attac sehr bald auch mit Fragen eines gerechten Handelssystems, den Prozessen der Privatisierung und des Sozialabbaus, der Umweltzerstörung, der Militarisierung und Kriegsführung oder der Geschlechtergerechtigkeit und Migration. Auch die EU selbst rückte mehr und mehr in das Zentrum der Diskussionen und Kampagnen von Attac. Das Netzwerk hat damit maßgeblich darauf hingewirkt, in der globalisierungskritischen Diskussion die Sensibilität dafür zu schärfen, dass die EU im Globalisierungsprozess eine zentrale Handlungsarena und ein wichtiges politisches Kampffeld darstellt.

Die Europäisierung »von unten« wurde allerdings nicht nur durch die neugegründeten transnationalen Netzwerke gefördert. Auch in den Gewerkschaften mehrten sich gegen Ende der 1990er Jahre die Stimmen, die sich für eine Revision der bisherigen europapolitischen Strategie aussprachen. Diese hatte – bei allen internen Konflikten – vor allem darin bestanden, über die Partizipation in korporatistischen Verhandlungssystemen die Dynamik der neoliberalen Restrukturierung durch arbeits- und beschäftigungspolitische Arrangements abzuschwä-

[1] Allerdings ist Attac nicht in allen europäischen Ländern präsent: Besonders große Attac-Netzwerke gibt es in Frankreich, Norwegen, Deutschland und Österreich, während etwa in Italien oder den Niederlanden Attac nur wenige aktive Mitglieder hat.

chen (vgl. Bieling/Schulten 2003). Unter den Bedingungen der wirtschaftlichen Stagnation wurden die gewerkschaftlichen Erwartungen jedoch auf der nationalen wie europäischen Ebene zumeist nicht erfüllt. Der sozialpartnerschaftliche Basiskonsens wurde demzufolge brüchig, zumal durch einige gewerkschaftliche Neugründungen – so z.B. der SUD (Solidaires, Unitaires et Démocratiques) in Frankreich oder der COBAS (Comitati di Base) in Italien – die etablierten Organisationen unter Druck gerieten. Zumindest ansatzweise ist seit Ende der 1990er Jahre zu erkennen, dass sich die nationalen Gewerkschaften und auch der Europäische Gewerkschaftsbund (EGB) nicht mehr allein auf die tradierten Formen der institutionellen Kooperation und des sozialen Dialogs verlassen, sondern eine größere Bereitschaft an den Tag legen, sich an sozialen Protestaktionen zu beteiligen (vgl. Taylor/Mathers 2004). Als Beispiele seien genannt: der »Europäischer Aktionstag« des Europäischen Metallgewerkschaftsbundes am 5. November 1999 und die Mobilisierung zum EU-Gipfel im Dezember 2000 in Nizza. Den Höhepunkt und Abschluss dieser Phase bildete schließlich das erste Europäische Sozialforum (ESF), das im Jahr 2002 in Florenz stattfand. Dieses wurde von einer euphorischen Stimmung getragen. Schließlich spiegelte das Forum die ganze Breite und den Elan der noch recht neuen globalisierungskritischen Bewegung wider. An der Abschlussdemonstration gegen den Irak-Krieg nahmen etwa 500.000 Menschen teil (Rucht 2006: 10).

Die *dritte Phase* der Europäisierung sozialer Proteste seit 2004 ist durch fragile Konsolidierungsprozesse gekennzeichnet. Zum einen ist ein gewisses Erlahmen der Protestkultur beobachtbar, zum anderen konnten aber auch einige Erfolge der europäischen Kampagnen und Bündnisse sowie eine Festigung zivilgesellschaftlicher Netzwerke realisiert werden. Diese ambivalente Entwicklung steht im Kontext der vermehrten Thematisierung sozialer Krisen im politischen System selbst – in Deutschland und den Niederlanden etwa durch Stimmenzuwächse von Linksparteien – und damit einer Abkehr vom harten monetaristisch-marktliberalen Kurs der 1990er Jahre. Auch in den sozialen Bewegungen ist eine verstärkte Hinwendung zu sozialen Themen wie Beschäftigung und öffentliche Dienstleistungen zu spüren. Im Unterschied zur Diskussion der Nord-Süd-Beziehungen oder internationalen Organisationen – z.B. IWF, Weltbank und WTO – werden demnach zunehmend die Folgen der marktliberalen Restrukturierung in Europa selbst thematisiert.[2]

---

[2] Beispielhaft lässt sich dies an den Anti-Privatisierungsprotesten verdeutlichen: Diese waren in den Jahren 2000 bis etwa 2004 eng auf das WTO-Dienstleistungsabkommen GATS bezogen, während seit 2004 verstärkt die (lokale) Privatisierung in der EU diskutiert wurde (vgl. Deckwirth/Fette/Rügemer 2004: 26ff.).

Die abflauende Dynamik der transnationalen sozialen Bewegung in Europa lässt sich zunächst am Beispiel der Sozialforumsbewegung nachzeichnen. Nach dem Erfolg von Florenz brachte das zweite europäische Sozialforum, das 2003 in Paris stattfand, eine gewisse Ernüchterung für die Beteiligten mit sich (vgl. Tormey 2004: 151ff.). Diese rührt aus Spannungen zwischen basisnahen Gruppen und straffer organisierten linken Parteien und Gewerkschaften sowie der linksradikalen Kritik an der »NGOisierung« des offiziellen Sozialforumsprozesses (vgl. Rucht 2006: 10) und zurückgehenden Teilnehmerzahlen. Die europäische Attac-Bewegung wurde in jüngster Zeit ebenfalls durch einige Krisen geschüttelt. So gab es im Sommer 2006 innerhalb von Attac-Frankreich heftige Flügelkämpfe um eine strategische Neuausrichtung. Eine Spaltung konnte zwar abgewendet, die Schwächung dieser wohl wichtigsten nationalen Attac-Sektion aber nicht verhindert werden (vgl. Redaktion SiG 2007). Auch innerhalb von Attac Deutschland mehrten sich in den Jahren 2006 und 2007 die Konflikte, was im Herbst 2007 zu einer fast vollständigen Neukonstituierung des Koordinierungskreises als dem Strategiezentrum führte. Zudem stagnierten oder sanken die Mitgliederzahlen in den großen Attac-Sektionen (Frankreich, Norwegen), während sich einige kleine Attac-Netzwerke – etwa in Großbritannien und Irland – sogar auflösten.

Es wäre jedoch zu einseitig, diese Entwicklungen bereits als ein vollständiges Erlahmen der Protestkultur zu interpretieren. Denn gleichzeitig führten sowohl die Sozialforen als auch die europaweite Gründung von Attac-Gruppen zum Aufbau von europäischen Strukturen, die nach wie vor Bestand haben. Dies gilt zunächst für das ESF: Neben Großdemonstrationen, Bildungsarbeit in zahlreichen Workshops und Podiumsveranstaltungen förderten die Sozialforen vor allem die transnationale Vernetzung. Nachdem bereits das ESF in Florenz wichtige Impulse für die europaweite Mobilisierung gegen den Irak-Krieg oder die europaweite Kampagne gegen das WTO-Dienstleistungsabkommen GATS gegeben hatte, folgten auch den weiteren Sozialforen europäisch-koordinierte Aktionen. Aus dem Sozialforum in Paris (2003) etwa sollte eine verstärkte Zusammenarbeit zwischen Gewerkschaften und sozialen Bewegungen zum Thema Sozialabbau hervorgehen, die sich unter anderem in einem Aufruf zu »europaweiten Protesttagen gegen den Sozialkahlschlag« am 2. und 3. April 2004 konkretisierte. Das ESF in London gab Anstöße für die Europäisierung der italienischen Mayday-Bewegung, die seit 2001 in italienischen Großstädten und seit 2005 in einigen weiteren westeuropäischen Städten alternative 1. Mai-Paraden gegen die Prekarisierung von Arbeit und Leben organisiert (vgl. www.euromayday.org). Auf dem Sozialforum in Athen formierte sich etwa ein Bündnis zum Erhalt öffentlicher Dienstleistungen in Europa, das mittlerweile mehrere pan-europäische Strategietreffen abgehalten hat und gemeinsame Kampagnenelemente vorbereitet. Vor allem haben die European Preparatory Assemblies (EPAs) im Sozialforumsprozess erheblich an Bedeutung gewonnen. Auf diesen Vorbereitungsversammlungen nehmen mittlerweile verschiedene »thematische Netzwerke« (das handelspolitische Seattle-to-Brussels-Netzwerk, das Tax Justice Network oder das Labour and Globalization Network u.a.) eine zentrale Rolle ein, was nicht nur zu einer Politisierung des Prozesses, sondern auch zu einer Verfestigung der Handlungsfähigkeit pan-europäischer Netzwerke geführt hat. Für die Repräsentanten und Funktionäre der nationalen und regionalen sozialen Bewegungsorganisationen, für Gewerkschaften oder NGOs bildeten die EPAs und die Sozialforen selbst mithin wichtige Knotenpunkte, um Kontakte zu knüpfen, Erfahrungen auszutauschen und gemeinsame Projekte zu starten. Obwohl die dynamische, bisweilen euphorische Aufbruchstimmung der zweiten Phase verflogen ist, sollte die Bedeutung der organisatorischen Vernetzung nicht unterschätzt werden. Dies gilt auch für die Attac-Netzwerke, die in dieser dritten Phase an europaweiter Handlungsfähigkeit gewonnen haben, was sich etwa in verschiedenen gemeinsamen Erklärungen, Aktionen und Anstößen für pan-europäische Kampagnen ausdrückt. Die abflauende Dynamik der europäischen Protestbewegungen wurde demzufolge dadurch aufgefangen, dass neue – möglichst längerfristige – Strukturen der strategischen Zusammenarbeit in der EU etabliert wurden. Darüber hinaus konnten die europäisierten Protestbewegungen in den letzten Jahren einige beachtliche Erfolge erzielen. Dies betraf nicht zuletzt die Ablehnung des EU-Verfassungsvertrags in Frankreich und den Niederlanden, die durch transnationale europäische Kampagnen gefördert wurde. Vor allem Frankreich – das größte Abstimmungsland – wurde so zu einem transnationalen Kampffeld gegen die marktliberalen und rüstungspolitischen Zielvorgaben des europäischen Verfassungsvertrags. Erneute Mobilisierungsversuche rund um die Verabschiedung und Ratifizierung des »Reformvertrages« in den Jahren 2007 und 2008 hatten allerdings kaum Erfolg. Neben den Referenden zum Verfassungsvertrag formierte sich nahezu zeitgleich eine europäische Kampagne gegen die geplante EU-Dienstleistungsrichtlinie, die – nach ihrem Initiator – »Bolkestein-Richtlinie« genannt wurde. Im Zentrum der Mobilisierung stand die Befürchtung, dass das geplante Herkunftslandprinzip nationale Umwelt- und Sozialstandards im Dienstleistungssektor aushebeln würde. Auch diese Kampagne feierte zumindest einige Teilerfolge. Zum einen wurde der Prozess aufgehalten und die geplante Richtlinie breit diskutiert. Dies hatte zur Folge, dass einige scharf kritisierte Passagen deutlich abgeschwächt wurden.[3] Zum

[3] Vor allem das Herkunftslandprinzip wurde aus dem Text herausgenommen, womit eine wesentliche Forderung der Stopp-Bolkestein-Kampagne aufgenommen wurde. Ob hierdurch die Deregulierung des Dienstleistungssektors aufgehalten wird, ist jedoch

anderen erzielte die Kampagne – unter anderem in Wechselwirkung mit den Referenden-Kampagnen – große Mobilisierungserfolge in der globalisierungskritischen Bewegung wie auch in den Gewerkschaften. Höhepunkt der europäischen Kampagnen bildete eine Großdemonstration am 19.3.2005 in Brüssel, zu der etwa 50.000 Gewerkschafter und Bewegungsaktivisten aus zahlreichen europäischen Ländern anreisten (taz, 21.3.2005).

Weitere Erfolge europäischer Kampagnen seien nur stichwortartig und beispielhaft genannt: Der breiten Bolkestein-Mobilisierung waren gewerkschaftliche Proteste gegen Richtlinien zur Liberalisierung der Hafenarbeit (»Port Package« I und II) in den Jahren 2003 vorausgegangen, die zu Beginn 2006 erneut aufflammten. Beide Richtlinien scheiterten im Europäischen Parlament (vgl. Süddeutsche Zeitung, 18.1.2006). Die Mobilisierung gegen das GATS und die Rolle der EU in den WTO-Verhandlungen hatte zur Folge, dass die Forderungen der EU an zahlreiche Entwicklungsländer, ihre Wasserversorgung zu liberalisieren, partiell zurückgenommen wurde (vgl. Deckwirth 2007). Zuvor hatte die EU bereits darauf verzichtet, sensible Bereiche des eigenen Binnenmarkts im Rahmen des GATS zu liberalisieren. Erfolgreich war auch die europäische Mobilisierung gegen ein erweitertes Software-Patentrecht. Eine geplante Richtlinie scheiterte im Jahr 2005 im Europäischen Parlament, nachdem sich europaweit – vor allem über das Internet – Protest formiert hatte.

Insgesamt zeugen die politischen und organisatorischen Erfolge dieser dritten Phase davon, dass – zumindest punktuell – transnationale zivilgesellschaftliche Bewegungsnetzwerke entstanden sind, die mit Hilfe von kampagnenförmig organisiertem Protest Einfluss auf die politischen Entscheidungen in der EU ausüben können.

Probleme und Perspektiven des sozialen Protests

Die Europäisierung sozialer Bewegungen hat mittlerweile ein fortgeschrittenes Stadium erreicht. Nach der Entstehungs- und Aufbruchsphase prägt eine fragile Konsolidierung die europäische Szenerie. Diese Tendenzen bergen sowohl einige Hindernisse als auch neue Chancen in sich. Die Probleme resultieren unter anderem daraus, dass – trotz der punktuellen Zusammenarbeit in Kampagnen und Sozialforen – die Spannungen zwischen den stärker institutionalisierten Gewerkschaften und den basisorientierten sozialen Bewegungen fortbestehen (vgl. Bieler/Morton 2004: 314ff.). So agiert etwa das Public Services Netz-

umstritten, da die Zulassungskriterien für Dienstleistungserbringer primär wettbewerbsorientiert definiert wurden.

werk, das aus dem Athener ESF hervorgegangen ist und durchaus auch einige nationale Gewerkschaften umfasst, parallel zur gewerkschaftlichen Initiative für eine europäische Richtlinie zum Schutz öffentlicher Dienstleistungen (vgl. Strickner 2008; Kowalsky 2008). Letztere wird von den europäischen Gewerkschaftsdachverbänden EGB und EGÖD getragen, deren Bewegungsorientierung eher schwach ausgeprägt ist.

Dieses Beispiel verweist allerdings nicht nur auf Kooperationsprobleme zwischen den Gewerkschaften und der globalisierungskritischen Bewegung, sondern innerhalb der recht heterogenen Protest-Netzwerke insgesamt. Den europäischen Koordinierungsgremien fällt es nach wie vor schwer, den unterschiedlichen Protestkulturen – etwa der nord- oder südeuropäischen Gewerkschaften, der unterschiedlichen Bewegungsströmungen oder des sehr breiten Spektrums bewegungsorientierter NGOs – Rechnung zu tragen und sie produktiv aufeinander zu beziehen. Durch den Prozess der EU-Osterweiterung, d.h. durch die regionalen und politischen Spaltungen von west- und osteuropäischen Bewegungen und Organisationen, hat sich dieses Problem weiter verschärft. Die Versuche einiger NGOs und Bewegungsnetzwerke, die Osterweiterung auch auf zivilgesellschaftlicher Ebene zu vollziehen, stellen sich bislang als nur mäßig erfolgreich dar. Dies ist zum Teil den unterschiedlichen politisch-kulturellen Kontexten geschuldet, zum Teil aber auch der schlichten Tatsache, dass häufig die materiellen Ressourcen fehlen, um weite Wege innerhalb Europas zu überwinden und ausreichend Übersetzungsangebote bereitzustellen.

Die Schwierigkeiten, eine »unabhänige« Bewegungskultur zu entwickeln, zeigen sich letztlich auch darin, dass die europäischen Protestbewegungen stark von der politischen Agenda der EU abhängig sind. Sie konnten zwar gegen einige Vorhaben, wie z.B. die Verabschiedung der »Bolkestein-Richtlinie« oder den EU-Verfassungsvertrag, eine kritische Öffentlichkeit mobilisieren, vermochten bislang aber kaum, die EU-Agenda selbst zu definieren. Erst in jüngster Zeit wurde über Abwehrkämpfe hinaus punktuell auch der Versuch unternommen, positive politische Projekte für die Mobilisierung auf europäischer Ebene zu identifizieren. Die »10 Prinzipien für einen demokratischen EU-Vertrag«[4], die verschiedene europäische Attac-Sektionen anlässlich der Erarbeitung des europäischen Reformvertrages im Frühjahr 2007 formuliert haben, sind ein erster Anfang. Dieser Ansatz könnte über die europäische Sommerakademie von Attac und das europäische Sozialforum in Malmö im Sommer und Herbst 2008 weitere Verbreitung finden. Die politische Agenda gibt schließlich 2009 als wichtiges Jahr vor, denn dann könnten die Wahlen zum Europäischen Parlament erneut für eine erhöhte Aufmerksamkeit für EU-Themen in der Öffentlichkeit sorgen. Ob

[4] Vgl. www.attac.de/aktuell/neuigkeiten/zehn-prinzipien.php [12.1.2008]

dabei allerdings die Dynamik der europäischen Proteste an die Kraft und Erfolge lateinamerikanischer Bewegungen heranreichen wird, bleibt vorerst fraglich.

Literatur

Bieler, Andreas/Morton, Adam David (2004): »Another Europe is Possible«? Labour and Social Movements at the European Social Forum, in: Globalizations 1:2, S. 303-325.

Bieling, Hans-Jürgen (2005): Die Lissabon-Strategie und das Europäische Sozialmodell, in: Baum-Ceisig, Alexandra/Faber, Anne (Hrsg.): Soziales Europa? Perspektiven des Wohlfahrtsstaates im Kontext von Europäisierung und Globalisierung, Wiesbaden, S. 136-149.

Bieling, Hans-Jürgen/Schulten, Thorsten (2003): Competitive Restructuring and Industrial Relations within the European Union: Corporatist Involvement and Beyond?, in: Cafruny, Alan/Ryner, Magnus (Hrsg.): A Ruined Fortress? Neoliberal Hegemony and Transformation in Europe, Lanham et al, S. 231-259.

Boris, Dieter (2005): Neoliberalismus und Landwirtschaft in Lateinamerika, in: Boris, Dieter/Schmalz, Stefan/Tittor, Anne (Hrsg.): Lateinamerika: Verfall neoliberaler Hegemonie?, Hamburg, S. 69-86.

Boris, Dieter (2007): Soziale Bewegungen als Form des Unterschichtenprotests. Das Beispiel Lateinamerika, in: Forschungsjournal Neue Soziale Bewegungen 20:1, S. 81-87.

Cafruny, Alan/Ryner, Magnus (2007): Europe at Bay. In the Shadow of US Hegemony, London.

Chabanet, Didier (2007): Die politischen Konsequenzen von Arbeitslosigkeit und prekärer Beschäftigung in Europa, in: Forschungsjournal Neue Soziale Bewegungen 20:1, S. 71-80.

Deckwirth, Christina (2007): Water Almost Out of GATS?, in: Prasad, Satyanarayana (Hrsg.): GATS – a legal debate. Hyderabad: ICFAI University Press, 186-204 (www.corporateeurope.org/water/gatswater2006.pdf). [12.1.2008]

Deckwirth, Christina/Fette, Dominik/Rügemer, Werner (2004): GATS lokal. Privatisierung in der Kommune und die Rolle des GATS, Bonn.

Dörre, Klaus (2002): Globalisierung und Globalisierungskritiker. Attac als neue Sammlungsbewegung?, in: Gewerkschaftliche Monatshefte 53:8, S. 486-495.

Europäische Kommission (1993): Wachstum, Wettbewerbsfähigkeit, Beschäftigung. Herausforderungen der Gegenwart und Wege ins 21. Jahrhundert. Weißbuch, Luxemburg.

Giegold, Sven (2004): Von Frankreich in die ganze Welt – Attac International, in: Attac Deutschland (Hrsg.): Alles über Attac. Frankfurt, S. 35-38.

Gill, Stephen (1998): European Governance and New Constitutionalism: Economic and Monetary Union and Alternatives to Disciplinary Neoliberalism in Europe, in: New Political Economy 3:1, S. 5-27.

Gill, Stephen (2003): Power and Resistance in the New World Order, New York.
Kowalsky, Wolfgang (2008): Die Kampagne der europäischen Gewerkschaften für öffentliche Dienstleistungen, in: Brandt, Torsten/Schulten, Thorsten/Sterkel, Gabriele/Wiedemuth, Jörg (Hrsg.): Europa im Ausverkauf. Liberalisierung und Privatisierung öffentlicher Dienstleistungen und ihre Folgen für die Tarifpolitik. Hamburg (i.E.).
Mathers, Andy (1999): Euromarch – The Struggle for a Social Europe, in: Capital & Class Nr. 68, S. 15-19.
Platzer, Hans-Wolfgang (2006): Interessenverbände und europäischer Lobbyismus, in: Weidenfeld, Werner (Hrsg.): Die Europäische Union. Politisches System und Politikbereiche, Bonn, S. 186-202.
Redaktion SiG (Sand im Getriebe) (2007): Was ist los bei Attac Frankreich? Dokumentation, in: Sand im Getriebe, Nr. 56, S. 26-31.
Rucht, Dieter (2006): Social Fora as Public Stage and Infrastructure of Global Justice Movements. Konferenzbeitrag, erhältlich unter: www.wzb.eu/zkd/zcm/pdf/presentations/rucht06_social_fora.pdf. Erscheint in: Seferiadis, Seraphim (Hrsg.): Collective Action and Social Movements in the 21st Century, Athen.
Ruggie, John Gerard (1982): International Regimes, Transactions and Change: Embedded Liberalism and the Postwar Economic Order, in: International Organization 36:2, S. 379-416.
Schroeder, Wolfgang/Weinert, Rainer (2005): Euro-Realismus, nationale Skepsis und klammheimliche Transnationalisierung: Transnationale Strategien europäischer Nationalgewerkschaften, in: Knodt, Michèle/Finke, Barbara (Hrsg.): Europäische Zivilgesellschaft. Konzepte, Akteure, Strategien. Wiesbaden, S. 319-342.
Strickner, Alexandra (2008): Das European Network for Public Services, in: Brandt, Torsten/Schulten, Thorsten/Sterkel, Gabriele/Wiedemuth, Jörg (Hrsg.): Europa im Ausverkauf. Liberalisierung und Privatisierung öffentlicher Dienstleistungen und ihre Folgen für die Tarifpolitik. Hamburg, S. 360-372.
Taylor, Graham/Mathers, Andrew (2004): The European Trade Union Confederation at the Crossroads of Change? Traversing the Variable Geometry of European Trade Unionism, in: European Journal of Industrial Relations 10:3, S. 267-285.
Tormey, Simon (2004): The 2003 European Social Forum: Where next for the anticapitalist movement?, in: Capital&Class 84:4, S. 149-157.
Ziltener, Patrick (1999): Strukturwandel der europäischen Integration. Die Europäische Union und die Veränderung von Staatlichkeit, Münster.

Gert Meyer

Arm und Reich in Russland

Auch in Russland werden nur wenige und lückenhafte statistische Daten über Arm und Reich, über die Schichtung und Spaltung der Gesellschaft, über soziale und räumliche Mobilität veröffentlicht. Die Reichen lassen sich nicht gerne in ihre Konten blicken, und um die Armen, ihre Nöte und Überlebensstrategien, kümmern sich die amtliche Statistik und die herrschende Sozialwissenschaft wenig, jedenfalls viel weniger als um die Erforschung der Kaufkraft und die Konsumwünsche der aufstrebenden urbanen Mittelschichten. Gleichwohl können die folgenden Daten der russischen amtlichen Statistik (FSGS, Rosstat) einige Einblicke in die großen gesellschaftlichen Umwälzungen während des Transformationsprozesses vermitteln.

Dieser teilt sich in zwei deutlich voneinander abgegrenzte Perioden. Einmal die Jelzin-Periode der 1990er Jahre, als sich, ein in der Wirtschaftsgeschichte wohl präzedenzloser Vorgang, das Bruttoinlandsprodukt innerhalb weniger Jahre halbierte. »Russland erlitt größere volkswirtschaftliche Verluste – gemessen am Rückgang des BIP – als während des Zweiten Weltkriegs. In dem Zeitraum 1940-1946 fiel die Industrieproduktion der Sowjetunion um 24%. Im Zeitraum 1990-1999 sank die russische Industrieproduktion um fast 60% – was sogar den Rückgang des BIP (54%) noch übertraf.« (Stiglitz 2002: 170) In dieses Jahrzehnt fiel die weitgehende Privatisierung und Neuverteilung der Produktionsmittel, Ressourcen und gesellschaftlichen Reichtumsquellen, die so genannte ursprüngliche Akkumulation des zweiten historischen Durchlaufs des russischen Kapitalismus (der erste war 1917 erst einmal gestoppt worden).

Sodann die Putin-Jahre nach 2000, als durch den sprunghaften Anstieg der Weltmarktpreise für Öl, Gas und verschiedene in Russland geförderte Rohstoffe sowie durch eine deutliche Belebung der Binnenproduktion nach der Rubelabwertung im Krisenjahr 1998 jährliche Wachstumsraten von teilweise mehr als sechs Prozent erzielt werden konnten. Russland ist, der Größe seines BIP nach, in den Kreis der zehn führenden Wirtschaftsnationen zurückgekehrt, nachdem es 1999 auf Rang 22 gestanden hatte. Sein BIP war in den schlimmsten Krisenjahren mit den Werten der Niederlande oder Nordrhein-Westfalens verglichen worden. In der Putin-Zeit wurde der direkte und indirekte staatliche Einfluss auf die Ökonomie intensiviert, etwa durch eine stärkere Kontrolle der Zentralmacht über die strategisch bedeutsamen Ressourcen. Der »oligarchische Kapitalismus« der 1990er Jahre wurde in verschiedenen Sektoren von

Elementen eines »bürokratischen Kapitalismus« überformt. Aber die grundlegenden wirtschafts-, eigentums- und gesellschaftspolitischen Entscheidungen der vorangegangenen Dekade wurden nicht revidiert. Auch gegenwärtig bleibt die russische Gesellschaft trotz des ökonomischen Aufschwungs von tiefen Ungleichheiten geprägt.

Der Anteil der Bevölkerung unterhalb der – nach einem statistischen Warenkorb amtlich festgelegten – Armutsgrenze betrug 1992, im ersten Jahr der neuen Russischen Föderation, nicht weniger als 49,3 Mio. oder 33,5% der Einwohner. Die Daten des Jahres 2000 zeigten mit 42,3 Mio. oder 29,0% nur geringe Veränderungen. Seither ist die offizielle Zahl der Armen deutlich gesunken, aber sie bezifferte sich im Jahr 2004 immer noch auf 25,2 Mio. oder 17,6% (Rossija v cifrach 2007: 112). Im ersten Halbjahr 2007 wurden 22,3 Mio. oder 15,8% registriert. 48% der unterhalb der Armutsgrenze Lebenden sind Berufstätige, 19% sind Kinder unter 15 Jahren und 32% sind Nichtberufstätige, also Rentner, Studenten und Hausfrauen. Das Existenzminimum liegt bei 3.809 Rubel – umgerechnet etwa 107 Euro (Wostok 4/2007: 8).

Auch andere Indikatoren des Lebensniveaus der Bevölkerung haben sich nach 2000 verbessert. Das Verhältnis von Durchschnittsrenten und Existenzminimum ist von 76 (2000) auf 106% (2004) gestiegen. Die Durchschnittsrenten liegen mithin wieder geringfügig über der Armutsgrenze. Die realen Geldeinkommen der Bevölkerung, die 1992 auf 52%, annähernd die Hälfte, des Vorjahrs gefallen waren, stiegen ebenso an wie die Reallöhne, der reale Mindestlohn und das reale Rentenniveau. Die Zahl der Arbeitslosen wurde für 2000 mit 7,1 Mio. und für 2006 mit 5,0 Mio. angegeben. Von diesen waren 47% Frauen, 42% Bewohner dörflicher Regionen und 10% Studenten und Pensionäre; auf den staatlichen Arbeitsämtern waren jedoch nur 1,7 Mio. registriert (Rossija v cifrach 2007: 99).

Aus welchen sozialen Gruppen rekrutierten sich die Opfer des Transformationsprozesses? Es waren Arbeitslose, Teilzeitbeschäftigte und Unqualifizierte; Rentner und Inflationsverlierer; Alleinerziehende und Kinderreiche; Bewohner von Dörfern, Kleinstädten und peripheren Regionen; traditionell schlecht bezahlte Gruppen von Lehrern, Erziehern, Kulturarbeitern, Ärzten mit einem hohen Frauenanteil, deren Löhne oft nur mit großer Verspätung ausgezahlt wurden; Angehörige von nicht marktförmigen Berufen, wie Geisteswissenschaftler oder Museumsleute; nicht zu vergessen die Gefängnis- und Arbeitslagerinsassen; Rekruten und Armeeentlassene; Kranke, Behinderte und Berufsunfähige; Invaliden und Traumatisierte der Kriege in Afghanistan und Tschetschenien; Vertriebene, Verwundete, Verschleppte und Bombardierte der Tschetschenienkriege. Hinzu traten Arbeiter und Angestellte, die in absteigenden Regionen und Branchen (etwa in der Textilindustrie oder in einzelnen Zweigen der Rüstungsindustrie) beschäftigt waren, sowie Belegschaften, die – besonders im ersten Transformationsjahrzehnt – ihre Löhne nur mit Verspätung, mit erheblichen Abschlägen, in naturaler Form (die Arbeiter mussten dann die ihnen überlassenen Gummireifen, Textilien, Schuhe, Küchengeräte, Möbel oder Elektrokabel selbst auf den Märkten verkaufen) oder überhaupt nicht erhielten. In Großstädten wuchs die Zahl der Obdachlosen und Straßenkinder, oftmals Opfer der Privatisierung von Wohnraum, ebenso die der Drogenabhängigen.

Unter diesen waren auch zahlreiche Jugendliche. »Mitte der neunziger Jahre erreichte bei uns die Drogensucht unter Fünfzehn- bis Achtzehnjährigen ein solches Ausmaß, dass morgens, wenn wir die Wohnung verließen und die Treppe hinuntergingen, die Spritzen unter unseren Sohlen knackten. Sie waren Kinder von Müttern, die zur Arbeit auf dem Markt hasteten, die Geld verdienen wollten. Kinder, um die sich den ganzen Tag niemand kümmerte, die nicht zur Schule gingen (weil es damals auch keinen regelmäßigen Unterricht gab), die Leidtragenden des Runs auf das große Geld. Heute, zu Beginn des 21. Jahrhunderts, gibt es viele Mütter zwischen vierzig und fünfzig, die ihre Kinder verloren haben.« (Politkovskaja 2006: 216)

Um über die Runden zu kommen, mussten die Ausgestoßenen des neuen Kapitalismus Phantasie, Kreativität und eine Vielzahl von Überlebensstrategien entwickeln. Manche übernahmen mehrere Jobs mit dem Risiko, die eigene Gesundheit zu ruinieren; andere versuchten sich im Straßen-, Basar- und Importhandel (Textilien und Schuhe aus der Türkei und China, gebrauchte Autos und Computer aus Westeuropa und Japan). Angehörige der Intelligencija kündigten aus Geldmangel ihre jahrzehntelangen Zeitungs- und Zeitschriftenabonnements, verwandelten ihre Büros und Labors in kleine Business-Zentren, verkauften ihren Hausrat und ihre Bücher auf den Märkten, gaben Nachhilfe für die Kinder der neuen Reichen, suchten Kontakt zu ausländischen Forschungseinrichtungen oder Stiftungen; zahlreiche Mathematiker, Naturwissenschaftler und Informatiker gingen ins westliche Ausland. Kleinlandwirtschaft, Datschenökonomie, Kartoffel-, Kohl- und Gemüseanbau, Kleintierzucht, die Kunst von Jagd und Fischfang zu den verschiedenen Jahreszeiten, das Beeren-, Pilze-, Kräuter- und Holzsammeln, die Vorratswirtschaft für die langen Winter, ebenso Produktion, Tausch und Verkauf von selbstgebranntem Schnaps (samogon), dem auch heilsame medizinische Wirkungen zugeschrieben wurden, spielten zeitweilig eine erhebliche Rolle. Das über Generationen gespeicherte, von den noch vom Lande stammenden Großeltern tradierte Wissen über Natural-, Tausch- und Überlebenswirtschaft wurde gerade in dem Moment wichtig, als die neuen Eliten die Kapitalisierung, Kommerzialisierung und Polarisierung Russlands vorantrieben.

Nach Angaben der staatlichen Statistik Russlands übertrafen die mittleren Geldeinkommen des reichsten Zehntels der Bevölkerung die mittleren Geldeinkommen des ärmsten Zehntels im letzten Sowjetjahr 1991 um das 4,5fache; im Folgejahr war es bereits das achtfache; im Jahr 2000 das 13,9fache und im Jahr 2006 das 15,3fache (vgl. Tab. 1).

Das unterste Bevölkerungsfünftel verfügte 1991 noch über knapp 12% aller Geldeinkommen, aber 1992 halbierte sich dieser Anteil auf 6%. Und unter Putin verringerte er sich weiter auf 5,4% im Jahr 2006. Die einzige Gruppe, die ihren Anteil im Gesamtzeitraum von 1991 bis 2006 kontinuierlich erhöhen konnte, war das oberste Fünftel, das unter Putin seinen Anteil von knapp 50% stabilisierte (vgl. Tab. 1).

Der Gini-Koeffizient der Einkommensverteilung (0 = vollständige Gleichheit, 1 = vollständige Ungleichheit) war 2006 auf über 0.4 gestiegen, wohingegen er 1991 bei 0.26 gelegen hatte. So die Angaben von Rosstat (vgl. Tab. 1). Der Weltentwicklungsbericht 2005 der Weltbank gibt für das Jahr 2000 einen Wert

Tabelle 1: Verteilung der Geldeinkommen der russischen Bevölkerung (1991-2006) (in Prozent)

	1991	1992	1995	2000	2001	2002	2003	2004	2005	2006
Geldeinkommen insgesamt	100	100	100	100	100	100	100	100	100	100
darunter:										
erstes Fünftel (unterste Gruppe)	11,9	6,0	6,1	5,9	5,7	5,7	5,5	5,4	5,4	5,4
zweites Fünftel	15,8	11,6	10,8	10,4	10,4	10,4	10,3	10,1	10,2	10,1
drittes Fünftel	18,8	17,6	15,2	15,1	15,4	15,4	15,3	15,1	15,2	15,1
viertes Fünftel	22,8	26,5	21,6	21,9	22,8	22,7	22,7	22,7	22,7	22,6
fünftes Fünftel (oberste Gruppe)	30,7	38,3	46,3	46,7	45,7	45,8	46,2	46,7	46,5	46,8
Gini-Koeffizient der Einkommen	0.260	0.289	0.387	0.395	0.397	0.397	0.403	0.409	0.406	0.410
Verhältnis der Durchschnitts-einkommen der reichsten und der ärmsten 10% der Bevölkerung	4,5	8,0	13,5	13,9	13,9	14,0	14,5	15,2	14,9	15,3

Quelle: Ekonomika perechodnogo perioda 2003: 748; Rosstat 2007: 113, 122

von 0.456 an, der somit über den damaligen Werten anderer GUS-Länder gelegen hätte (Estland 0.372, Aserbaidschan 0.365, Kasachstan 0.313, Belarus 0.304, Ukraine 0.290, Usbekistan 0.268); ebenfalls über dem Koeffizienten anderer osteuropäischer Transformationsländer (Bulgarien 0.319, Polen 0.316, Rumänien 0.303, Kroatien 0.290, Slowenien 0.284, Ungarn 0.244); über den Werten Indiens (0.325), der USA (0.408) und Chinas (0.447); aber unter den extremen Werten etwa Argentiniens (0.522), Mexikos (0.546), Brasiliens (0.591) oder Südafrikas (0.593) (Weltbank 2005: 310f.).

Die Ungleichheit der Vermögen ist auch in Russland bedeutend größer als die der Einkommen; die entsprechenden Gini-Koeffizienten sind offenbar noch nicht berechnet worden. In Deutschland beziffert sich der Gini-Koeffizient der Einkommensverteilung auf 0.32, jener der Vermögensverteilung auf 0.78; fast zwei Drittel der Deutschen besitzen kein nennenswertes Vermögen, wohingegen das oberste Zehntel fast 60% der Geld- und Sachvermögen hält (FAZ, 18.12.2007).

In der weltweit stark wachsenden Gruppe der Reichen und Superreichen sind Russen mittlerweile gut vertreten. Nach Angaben der Zeitschrift »Forbes« belief sich 2007 die Zahl der Dollarmilliardäre weltweit auf 946 (1998 waren es 230 und 2002 497 gewesen). In Russland wurden 53 gezählt (in den USA 415, in Deutschland 55, in Indien 36, in Großbritannien 29, in Japan 24, in Kanada 23, in Hongkong 21, in China, Spanien und Brasilien je 20, in Frankreich 15, in Italien und Saudi-Arabien je 13, in Australien 12, in Mexiko 10). Einige der Superreichen haben Russland verlassen und leben jetzt u.a. in England, Spanien, der Schweiz und auf Zypern. Die Zahl der Dollarmillionäre (Eigner von mehr als einer Mio. US-Dollar, Immobilienbesitz nicht mitgerechnet) hat in Russland die Marke von 100.000 längst überschritten. Moskau zählt zu den Metropolen mit der größten Millionärsdichte.

Der in Russland rasch wachsende Markt von Luxuswaren zeigt, dass die dortigen Reichen nicht darben müssen. Zu ihren Accessoires zählen abgeschirmte, gut bewachte, mit Designermöbeln vollgestellte Luxusvillen, manchmal mit Hubschrauberlandeplätzen; Privatflugzeuge, Jachten und Rennpferde; Immobilien im Ausland, vorzugsweise in den besseren Gegenden Londons. Der Fahrzeugpark umfasst kraftvolle Geländefahrzeuge und vor allem auch gepanzerte Stadtlimousinen. Von dem Aluminium-Oligarchen Oleg Deripaska (geschätztes Privatvermögen: mehr als 20 Mrd. US-Dollar) wird berichtet, er verfüge über eine ganze Flotte gepanzerter Mercedes-Limousinen mit verdunkelten Scheiben, damit mögliche Attentäter nicht erkennen können, in welchem Fahrzeug der Kolonne er gerade sitzt (vgl. Der Spiegel 13/2007). Alte Gemälde, gediegene Antiquitäten aus der Zarenzeit, aus Italien und Frankreich eingeflogene Gourmetprodukte machen das Leben schön. Auf speziellen »Millionärsmessen« in Moskau kann Nachschub geordert werden. Neue Kaufideen kommen beim entspannten Blättern in entsprechenden Journalen, wo sogar der letzte Generalsekretär der KPdSU für erlesene Ledertaschen, Reisekoffer und Uhren wirbt (vgl. M. Gorbatschows Werbeaktion für Produkte von Louis Vuitton; FAZ, 18.12.2007). Für Gesundheit, gutes Körperempfinden und eine sorgfältige Erziehung der Kinder, der künftigen Erben, sorgen die privatisierten Segmente des Gesundheits- und Bildungssystems oder entsprechende Einrichtungen im Ausland, etwa in der Schweiz. Die Mühsal des Alltags kann in exquisiten Kur- und Erholungsorten in den Alpen oder an den Gestaden warmer Meere, auf einer Privatinsel, abgestreift werden, wo die Oligarchen, schon längst *global players* auf dem Weltmarkt, sich über die steigenden Energie- und Rohstoffpreise freuen und über weitere Expansionsstrategien nachsinnen können (vgl. manager-magazin vom 31.10.2006). Beati possidentes!

Aber zuweilen mag das Wohlbefinden durch Erinnerungen an die wilden 1990er Jahre gestört werden, als nicht wenige der neuen Reichen, prominente Geschäftsleute, Aktien- und Devisenhändler, Banker, Aluminium- und Stahlbarone, im Kampf um die Claims von Auftragskillern umgebracht worden sind. Viele dieser Businessmorde wurden niemals aufgeklärt. Gewalt ist auch in den russischen Privatisierungs- und Aneignungsprozess eingeschrieben. »In der Tat sind die Methoden der ursprünglichen Akkumulation alles andre, nur nicht idyllisch.« (MEW 23: 742)

Basis des neuen Reichtums war das Privateigentum an wesentlichen Ressourcen und Produktionsmitteln des Landes. Binnen weniger Jahre wurde eine sich über zwei Kontinente erstreckende große Volkswirtschaft zu wesentlichen Teilen privatisiert. Die Wurzeln dieses Prozesses liegen in der späten Sowjetzeit – zum Beispiel in den Ritzen der alten Planwirtschaft mit ihrem unzureichenden Koordinierungs- und Zuteilungssystem, das die Betriebe zwang, sich über illegale Kanäle die für die Planerfüllung nötigen Materialien, Vorprodukte oder Maschinen einzutauschen oder irgendwie zu »besorgen«. Sodann spielte die bereits 1986 begonnene »Komsomolökonomie« eine wichtige Rolle. Die Jugendorganisation der Partei erhielt das Recht auf eigenständige wirtschaftliche Tätigkeit, die teilweise so erfolgreich war, dass – vor dem Hindergrund des einsetzenden wirtschaftlichen Verfalls – innerhalb kurzer Zeit die ersten jungen Millionäre heranwuchsen. Besonders lukrativ waren Außenhandelsoperationen (Import von Computern, Jeans und anderen Defizitwaren sowie Export von Öl, das zu billigen sowjetischen Preisen eingekauft und zu hohen Weltmarktpreisen verkauft wurde). Als das Projekt der Perestrojka zerbrach, sattelten Teile der politischen und ökonomischen Eliten um auf privatwirtschaftliche Tätigkeit, die mehr Gewinn versprach. Politische Macht, Insiderinformationen und entsprechende Netzwerke wurden auf vielfältigen Wegen zur Akkumulation von

Privatreichtum verwendet. Ehemalige Fabrikdirektoren und Leiter von Industrieministerien waren auf einmal Eigentümer von Riesenbetrieben; die an die Belegschaft ausgegebenen Anteilsscheine (vouchers) wanderten auf mysteriöse Weise in die Taschen der neuen Betriebseigner; statt zu investieren, wurden das Betriebsvermögen, Teile des Maschinenparks, die Grundstücke und die betrieblichen Sozialeinrichtungen (Ferienheime, Kulturhäuser, Kantinen, Kindergärten) ausgeschlachtet und verkauft; während der Hochinflation konnten mit Dollarbeständen gute Geschäfte gemacht werden; auf internen »Versteigerungen« wurden industrielle »Filetstücke« billig aufgekauft; Steuern wurden weder eingetrieben noch gezahlt; eine immense Kapitalflucht, die angesichts des hohen Rubelkurses vor 1998 besonders lukrativ war, sicherte den privaten Reichtum und vergrößerte zugleich die Armut des Landes.

Einen analogen Effekt hatte die 1995 eingefädelte Operation »Kredite gegen Unternehmensanteile« (loans for shares), bei der die in chronischen Finanznöten steckende Regierung große Teile des noch verbliebenen Staatseigentums gegen Kredite der Privatbanken oder Oligarchen tauschte. »Ein paar Leute wurden über Nacht Milliardäre. Diese Privatisierungen waren nicht politisch legitimiert. Und die Tatsache, dass sie nicht legitim waren, machte es für diese Leute noch dringlicher, ihr Kapital schnellstens außer Landes zu schaffen – bevor eine neue Regierung möglicherweise auf die Idee kam, die Privatisierungen rückgängig zu machen.« (Stiglitz 2002: 189) Im Gegenzug unterstützten die Oligarchen die Wiederwahl Jelzins 1996 mit immensen Geldbeträgen.

Weiter war zu beobachten, dass »die russische Regierung die wertvollsten Vermögenswerte des Landes, seine Bodenschätze, faktisch verschenkte, bevor sie ein System zur Erhebung von Steuern auf Bodenschätze eingeführt hatte. Das Ergebnis: ein reiches Land, das Milliarden von Dollar an ein paar Freunde und Vertraute von Jelzin verschenkte und nicht in der Lage ist, seinen Alten eine monatliche Rente in Höhe von 15 Dollar zu bezahlen.« (ebd.: 189) Schließlich flossen noch Teile der milliardenschweren Kredite des IWF zur Stützung des Rubels aufgrund der undurchsichtigen Verflechtung von staatlicher und wirtschaftlicher Macht sowie hochgradiger Korruption in die weiten Taschen der Neureichen. »Die Beweise für die grassierende Korruption in Russland waren eindeutig. In der Korruptionsstudie der Weltbank wurde die Region als eine der korruptesten weltweit bewertet. Der Westen wusste, dass ein Großteil dieser Milliarden veruntreut und den Familien und Geschäftsfreunden korrupter Beamter zugeschanzt würde.« (ebd.: 176) Aber es war der russische Staat, der diese Kredite später, mit Zinsen, zurückzuzahlen hatte.

Die wesentlichen wirtschafts- und finanzpolitischen Entscheidungen der russischen Regierung wurden vom westlichen Ausland, speziell dem US-Finanzministerium, und den internationalen Finanzinstitutionen, vor allem dem IWF, massiv unterstützt. Nach Aussagen des früheren Chefvolkswirts der Weltbank waren die westlichen Berater nach dem Ende der UdSSR »schon bald zur Stelle, um das Evangelium der Marktwirtschaft zu predigen« (ebd.: 158). Die zentralen Strategien des Washington Consensus wurden der russischen politischen Führung zur möglichst raschen Umsetzung (»Schocktherapie«) anempfohlen: die Zerschlagung der alten planwirtschaftlichen Strukturen und die flächenmäßige Privatisierung ohne Schaffung von marktwirtschaftlichen Institutionen; die Preisfreigabe und Liberalisierung der Märkte; die Stärkung des überbewerteten Rubels, die den Luxuskonsum der Reichen und den Niedergang der einheimischen Industrie beförderte; den Rückzug des Staates auch aus den Bildungs- und Gesundheitsbereichen; die Strategie der loans for shares. Auf der IWF-Agenda standen aber keine Maßnahmen gegen die rasch wachsende Armut und die schroffe soziale Spaltung; keine gegen die neuen Monopolstrukturen der Wirtschaft; gegen die Ausschlachtung der privatisierten Betriebe; gegen das sich ausbreitende »System von Nepotismus und Mafia-Kapitalismus« (ebd.: 158); für die Schaffung neuer Arbeitsplätze in kleinen und mittleren Gewerbe- und Dienstleistungsbetrieben. Stattdessen wurden die russischen exekutiven Eliten mit immer neuen Krediten abgestützt. Über die jeweiligen Kontakte, Verhandlungen und Entscheidungen drang kaum etwas an die Öffentlichkeit – die Zeiten von Glasnost` waren offensichtlich vorbei. »Doch selbst im Westen wurden die wichtigsten Entscheidungen in der Russlandpolitik – sowohl bei den internationalen Wirtschaftsinstitutionen als auch im US-Finanzministerium – weitgehend unter Ausschluss der Öffentlichkeit getroffen.« (ebd.: 196) Eine detaillierte Analyse der vielfältigen Außeneinwirkungen auf den Transformationsprozess in Russland und anderen osteuropäischen Ländern bleibt ein Desiderat der Forschung.

In Russland existierten nach dem Ende der UdSSR keine relevanten gesellschaftlichen Gruppen oder Organisationen, welche die Privatisierungs- und Polarisierungsprozesse hätten verhindern können. Nach der gleich Anfang 1992 gestarteten »Schocktherapie« schien die Gesellschaft in einen Lähmungs- und Schockzustand versetzt zu sein. Idee und Praxis des öffentlichen Wirtschaftseigentums, einer längerfristigen Volkswirtschaftsplanung schienen durch Stagnation und Verfall der sowjetischen Ökonomie auf immer diskreditiert, und die liberale Presse wurde nicht müde, auf ihre Ineffektivität und zugleich auf die Vorzüge einer Privatisierung hinzuweisen – obwohl sich bereits abzeichnete, dass diese zu einer Beschleunigung des wirtschaftlichen Niedergangs führen würde.

Im russischen Parlament verfügten Privatisierungsgegner zeitweilig noch über einflussreiche Positionen (sie konnten etwa die Privatisierung von Grund und Boden hinauszögern), aber die wesentlichen Eigentumsentscheidungen wurden von der parlamentsunabhängigen Exekutive, der Präsidialverwaltung, der Regierung und ihren Hintermännern, vorangetrieben, die alles daran setzten, durch schnelle und offensive Einschnitte eine Rückkehr zur »kommunistischen Vergangenheit« zu verhindern. Bei den Dumawahlen vom Dezember 2007 erzielte die vor allem von Älteren gewählte Kommunistische Partei (KPRF) nur noch 11,57% der Stimmen. Die alten Gewerkschaften existierten – mit geschwächter Mitgliederbasis – fort, versuchten auch, in Konflikt und Kooperation mit gewerkschaftlichen Neugründungen, die Existenzbedingungen der noch Beschäftigten zu sichern, konnten aber die Entscheidungen der politischen Machtzentrale nicht beeinflussen. Insgesamt ist nicht viel über die Rolle der Gewerkschaften im heutigen Russland bekannt. Die Streiks mancher Belegschaften richteten sich vor allem gegen verspätete Lohnzahlungen und unzumutbare Arbeitsbedingungen (etwa im Bergbau); aber insgesamt war die Streikaktivität, offiziellen und sicherlich nicht vollständigen Angaben zufolge, sehr gering (vgl. Tab. 2). Proteste von Rentnern Anfang 2005 gegen die Monetarisierung und Kürzung von traditionellen Vergünstigungen hatten Teilerfolge.

In den Krisenjahren hatten nicht kapitalismuskritische Organisationen, sondern die orthodoxe Kirche und andere religiöse Vereinigungen starken Zulauf.

Tabelle 2: Streiks in Russland (1992-2006)

Jahr	Zahl der Betriebe, in denen Streiks stattfanden	Zahl der streikenden Arbeiter und Angestellten		Nicht gearbeitete Zeit (in Arbeitstagen)		Nicht gearbeitete Tage je Streikteilnehmer
		in 1000	im Durchschnitt eines Betriebs	in 1000	Im Durchschnitt eines Betriebs	
1992	6273	357,6	57	1893,3	302	5,3
1995	8856	489,4	55	1367,0	154	2,8
2000	817	30,9	37	236,4	289	7,6
2001	291	13,0	45	47,1	162	3,6
2002	80	3,9	48	29,1	364	7,5
2003	67	5,7	86	29,5	440	5,1
2004	5993	195,5	33	210,9	36	1,1
2005	2575	84,6	33	85,9	33	1,0
2006	8	1,2	149	9,8	1231	8,3

Quelle: Rosstat 2007: 104

»Jeder, den es aus der gewohnten Lebensbahn warf, der die Arbeit verlor, von Frau oder Mann verlassen wurde, nicht mehr auf sein Glück vertraute, jeder dieser Verlierer rannte in die Kirche, obwohl er bei weitem nicht immer gläubig war.« (Politkovskaja 2006: 228) Umfragen zufolge genoss und genießt die Kirche – ebenso wie Präsident Putin und die Armee – bei der Bevölkerung ein erheblich größeres Vertrauen als etwa die Duma, die Miliz, Gewerkschaften und politische Parteien. Aber die orthodoxe Hierarchie unterstützt die neue politische Machtvertikale in viel größerem Umfang, als sie sich um die Armen kümmert. Und die von Kirche, Staat sowie rechten Parteien und Gruppen propagierten patriotischen Diskurse blockieren eine gesellschaftliche Selbstaufklärung.

Nach soziologischen Untersuchungen der Wertorientierungen der russischen Bevölkerung im Jahr 2000, gegen Ende des Niedergangsjahrzehnts, waren die Einstellungen gegenüber zentralen politischen Begriffen und Ideen außerordentlich heterogen (vgl. Tab. 3). Zum einen schien die Distanz gegenüber dem bisherigen Transformationspfad sehr deutlich zu sein, denn Begriffe wie Privatisieren, Kapitalismus, liberal, Politik, Macht oder Elite wiesen negative Konnotationen auf, wohingegen traditionelle Kernbegriffe der alten Sowjetordnung, wie Kollektiv, Genosse, Gleichheit, Solidarität, Arbeit, Lernen oder Gerechtigkeit positiv wahrgenommen wurden. Gleichzeitig waren aber Begriffe wie Revolution, Nationalisieren, Kommunismus und »radikal« negativ bewertet, und der Begriff der Freiheit – von allen Begriffen am positivsten besetzt – wurde höher bewertet als jener der Gleichheit. Die negativsten Assoziationen rief der Begriff Konflikt hervor, sodass, gegen Ende der vorangegangenen Zeit der Wirren und im Jahr der Wahl Putins zum Präsidenten, Stabilität, Sicherheit und Ordnung als zentrale Bedürfnisse der Bevölkerung in den Vordergrund traten. Für sie war insgesamt ein »fragmentiertes Bewusstsein« charakteristisch, in dem sowohl »sozialistische« also auch »kapitalistische« Vorstellungen in einer bunten Gemengelage koexistierten. Für einzelne soziale Gruppen (Junge/Alte, Männer/Frauen, Städter/Landbewohner, untere/obere Einkommensschichten usw.) wären diese Durchschnittswerte zu spezifizieren. Womöglich vertraten die Älteren stärker die »traditionellen Sowjetwerte«, die Jüngeren hingegen eher die postsozialistischen und liberalen.

Nach 1991 konzentrierten sich weite Teile der Bevölkerung angesichts von Inflation (die langjährige Ersparnisse der Familien vernichtete) und Verarmung auf das Überleben und auf die elementarsten Überlebensgemeinschaften, wie Familie, enge Verwandtschaft, den engsten Freundeskreis. Es blieb wenig Kraft für gesellschaftliche Selbstorganisation oder Aktivität in gewerkschaftlichen oder politischen Organisationen, in bürgergesellschaftlichen Gruppen, Initiativen und Bewegungen. Solche existieren in Russland sehr wohl (vgl. www.ikd.ru), leiden aber unter mangelnden finanziellen und personellen Ressourcen, unter

Tabelle 3: Einstellungen der russischen Bevölkerung gegenüber zentralen Begriffen der Politik und Gesellschaft (2000) (in Prozent)

Begriffe	Eher negative Einstellungen	Eher positive Einstellungen
Konflikt	77,2	22,8
Privatisieren	75,3	24,7
Revolution	71,0	29,0
Radikal	68,1	31,9
Kapitalismus	66,3	33,7
Liberal	65,3	34,3
Politik	63,8	36,2
Elite	59,8	40,2
Nationalisieren	59,3	40,7
Kommunismus	58,2	41,8
Macht	55,9	44,1
Dollar	53,4	44,6
Westen	53,3	46,7
Reform	50,7	43,3
Selbstverwaltung	35,5	64,5
Kollektiv	27,0	73,0
Genosse	19,2	80,8
Ideale	18,1	81,9
Gleichheit	15,6	84,4
Moral	10,9	89,1
Solidarität	7,6	92,4
Arbeit	4,3	95,7
Lernen	3,8	96,2
Gerechtigkeit	3,7	96,3
Wissenschaft	3,5	96,5
Heimat	3,1	96,9
Verantwortung	2,3	97,7
Freiheit	1,9	98,1

Quelle: Petuchov 2001: 8

Koordinationsproblemen und teilweise unter administrativer Gängelung. Ob die sich gegenwärtig verbessernden Lebenslagen zu stärkerer gesellschaftlich-politischer Aktivität führen, bleibt zu untersuchen. Im Vergleich zur Epoche des ersten russischen Kapitalismus vor 1914, als eine Vielzahl von durchsetzungsfähigen Organisationen der Unterklassen geschaffen wurde (politische Parteien, Gewerkschaften, Genossenschaften, Arbeiterpresse, Arbeiterräte [Sowjets], Streikausschüsse, Betriebskomitees u.a.) erscheinen die gegenwärtigen Unterschichten bislang als weniger organisationswillig und -fähig.

Seit 2000 verstärken sich die Hoffnungen der russischen Bevölkerung auf eine Besserung der Lage durch staatliche sozial- und arbeitspolitische Maßnahmen (die durch die immensen Öl-, Gas- und Rohstoffeinnahmen und die Haushaltsüberschüsse möglich geworden sind), durch Teilhabe an dem allgemeinen Wirtschaftsaufschwung und den Reallohnsteigerungen. Diese treffen auf die vielfältigen Verlockungen der in den Metropolen und den Öl- und Gasstandorten aufblühenden Konsumangebote. Wie die wachsende Ausstattung der privaten Haushalte mit Autos, PCs, audiovisuellen Geräten, Handys, neuen Möbeln und modernen Haushaltsmaschinen zeigt, entstehen im Rahmen des polarisierten Grundmusters der Gesellschaft neue Mittelschichten, die in den 1990er Jahren weitgehend erodiert waren. Getragen werden sie vor allem von den jüngeren, gut ausgebildeten, aufstiegsorientierten urbanen Generationen, die einen stärker individualisierten Lebens- und Konsumstil pflegen. Gleichwohl bleibt das aktuelle Problem einer immer noch großen Schicht von armen Menschen in einem potenziell reichen Land.

Der Weg zur gesellschaftlichen, gewerkschaftlichen und politischen Selbstorganisation, zur Stärkung macht- und kapitalismuskritischer Positionen in der Öffentlichkeit und zur Diskussion von gesellschaftlichen Alternativen jenseits des Status quo, bei wissenschaftlich-kritischer und praktisch-politischer Aufarbeitung des gescheiterten sowjetischen Versuchs, ist auch in Russland windungsreich, lang und steinig.

Literatur

Harter, Stefanie/Grävingholt, Jörn/Pleines, Heiko/Schröder, Hans-Henning (Hrsg.) (2003): Geschäfte mit der Macht. Wirtschaftseliten als politische Akteure im Russland der Transformationsjahre 1992-2001, Bremen.

Institut sociologii RAN (2002): Social`noe neravenstvo etničeskich grupp: predstavlenija i real`nost`, Moskau.

Kryschtanowskaja, Olga (2004): Anatomie der russischen Elite, Köln.

MEW = Marx, Karl/Friedrich Engels (1968ff.): Werke. Herausgegeben vom Institut für Marxismus-Leninismus beim ZK der SED, Berlin.

Mommsen, Margareta/Nußberger, Angelika (2007): Das System Putin, München.

Petuchov, Vladimir (2001): Obščestvo i vlast`, in: Svobodnaja mysl`-XXI, 2001:4, 4-11.

Politkovskaja, Anna (2006): In Putins Russland, Bonn.

Rosstat (2006a): Ekonomičeskaja aktivnost` naselenija Rossii. Po rezul`tatam vyboročnych obsledovanij. Statističeskij sbornik, Moskau.

Rosstat (2006b): Trud i zanjatost`v Rossii 2005. Statističeskij sbornik, Moskau.

Rosstat (2007): Rossija v cifrach. Kratkij statističeskij sbornik, Moskau.

Steiner, Helmut/Jadow, Wladimir A. (Hrsg.) (1999): Rußland – wohin? Rußland aus der Sicht russischer Soziologen, Berlin.
Stiglitz, Joseph E. (2002): Die Schatten der Globalisierung, Bonn.
Weltbank (2005): Weltentwicklungsbericht, Düsseldorf.
Zaslavskaja, Tatjana Ivanovna (2004): Sovremennoe rossijskoe obščestvo. Social`nyj mechanizm transformacii, Moskau.

Werner Ruf

Der politische Islam – eine Widerstandsbewegung?

Die Politisierung des Islams

Der Islam, und erst recht die davon abgeleiteten Begriffe wie Islamismus, politischer Islam, islamischer Fundamentalismus oder (im Frz.) Integrismus wecken im Westen mittlerweile Assoziationen mit Gewalt, Terror und diffuser Angst. In allen monotheistischen Religionen finden sich Elemente, die zur Rechtfertigung von Gewalt genutzt werden können,[1] und fraglos wurden Islam und Christentum schon in den Kreuzzügen (Berman 1996: 19-24) und während der *reconquista* auf der iberischen Halbinsel politisch instrumentalisiert. Der Islamismus oder politische Islam ist jedoch eine Erscheinung der Moderne, die aus der Schaffung kollektiver Identitäten im bürgerlichen Zeitalter resultiert (Schulze 2002; Ruf 2006). Insofern ist er eine Reaktion auf den Imperialismus und die koloniale Expansion Europas in den Orient. Erstmalig artikulierte sich ein politisierter und gegen den Westen gerichteter Islam in der antikolonialen Bewegung Ahmed Barelwis, der 1826 in Indien zum *jihad* gegen die Engländer aufrief (Reissner 1989: 470). Wichtig für das Verständnis dieser Wechselbeziehung ist, dass der Imperialismus seinerseits die Religionszugehörigkeit zur kollektiven Diskriminierung der Unterworfenen nutzte, die oft vom Dienst in der öffentlichen Verwaltung oder vom Zugang zu freien Berufen, ja von ihren politischen Rechten ausgeschlossen wurden.[2]

Die koloniale Unterwerfung des Orients bedeutete für gläubige Muslime zugleich eine religiöse Herausforderung, war doch in ihrem Verständnis der Islam die jüngste der drei monotheistischen Buchreligionen, die Gott durch

---

[1] Verdienstvoll ist in diesem Zusammenhang die von Jürgen Todenhöfer (2008: 217-277) vorgenommene Gegenüberstellung einschlägiger Stellen aus dem Alten Testament, dem Neuen Testament und des Koran.

[2] Am krassesten war dies in Algerien, das von Frankreich als Teil des französischen Staatsgebiets betrachtet wurde. Daher waren die Algerier rechtlich Franzosen. Sie wurden einem spezifischen »muslimischen Recht« unterstellt, das ihnen einige Besonderheiten im Familien- und Erbrecht beließ, ihnen aber die bürgerlichen Rechte, etwa das aktive und passive Wahlrecht, wie auch den Zugang zum öffentlichen Dienst verweigerte. Zum Kriegsdienst waren sie selbstverständlich verpflichtet.

die großen Propheten *Ibrahim* (Abraham), *Mussa* (Moses) und *Issa* (Jesus) den Menschen offenbart hatte. Da sie immer wieder vom Weg der Wahrheit abgekommen waren, hatte Gott mit Mohamed einen letzten Propheten geschickt, dem er seine Botschaft selbst diktierte.

Also waren die Muslime im vollen Besitz der Wahrheit. Die Gnade Gottes befähigte sie dazu, militärisch, technisch und wissenschaftlich den anderen Völkern überlegen zu sein, wie das durchaus in den ersten Jahrhunderten der Hochblüte des Islams in Mesopotamien und auf der iberischen Halbinsel der Fall war. Im Zentrum der Auseinandersetzung mit dem Westen stand nach der kolonialen Expansion die Debatte zwischen Jamal ed-Din el Afghani und Ernest Renan über dessen im Jahre 1883 formulierte rassistische Thesen, in denen er den Semiten jede Fähigkeit zu rationalem Denken absprach (Renan 1948: 333).[3]

Was lag also dem sich politisierenden Islam näher als die Rückkehr zu den Quellen des Glaubens, um die frühere Überlegenheit zurück zu gewinnen (vgl. Peters 2002)? Die bedeutendsten Vertreter dieser Richtung – Jamal ed-Din al-Afghani (1839-1897) und Muhamad Abduh (1849-1905) – forderten die Rückkehr zu den Quellen des Glaubens und die Bezugnahme auf die Vorfahren (*salaf*)[4], was der Bewegung den Namen *Salafiya* gab. Muslim sein und die Erfahrung, aufgrund der Zugehörigkeit zu diesem Kulturkreis durch die Kolonialherren diskriminiert und unterdrückt zu werden, gab der Religion eine identitäre Komponente und einen politischen Auftrag: »Auf diese Weise wurde aus dem Islam für viele Muslime etwas, was in ihrem Bewusstsein überwiegend – und bei manchen von ihnen sogar ausschließlich – ein Wesenselement ihrer kulturellen Identität darstellt, das gegen äußere Angriffe verteidigt werden muss, und nicht so sehr eine Art des Gottesglaubens [...] Um diese neue Aufgabe erfüllen zu können, musste der Islam zu etwas werden, auf das man stolz sein konnte.« (ebd.: 109)

In ein politisches Programm gegossen wurden die Vorstellungen der *Salafiya* erstmals von der 1928 in Ägypten gegründeten Organisation der Muslimbrüder. Ihr Ziel war die Erneuerung der muslimischen Gesellschaft auf der Basis der religiösen und sozialen Werte des Islams. Im Erziehungswesen sollten die modernen Wissenschaften gepflegt werden – durchaus in Anknüpfung an die Hochblüte

[3] Renan sprach dort von »der schrecklichen Schlichtheit des semitischen Geistes, die den menschlichen Verstand jeder subtilen Vorstellung, jedem feinsinnigen Gefühl, jedem rationalen Forschen unzugänglich macht, um ihm die immer gleiche Tautologie ›Gott ist Gott‹ entgegenzuhalten.«

[4] In der einschlägigen orientalistischen Literatur wurde die salafiya als Reformbewegung bezeichnet. In der Literatur der Gegenwart und insbesondere in den Medien steht das Adjektiv salafi in der Regel als Synonym für Terrorismus.

des Islams. Auch waren die Muslimbrüder im Vergleich zu den traditionellen Vertretern des Islams und den Rechtsgelehrten – nach westlichen Maßstäben – vor allem in sozialen Fragen eher fortschrittlich eingestellt. Den Willen zur Erneuerung der Gesellschaft verbanden sie mit konsequentem Widerstand gegen die Kolonialmacht England (Reissner 1989). Ihre innenpolitischen Gegner waren um die Jahrhundertwende vom 19. zum 20. Jahrhundert die säkularen Nationalisten, die unter Berufung auf die Werte der Aufklärung die Religion und jede religiöse Legitimation gesellschaftlicher Ordnung bekämpften. Sie waren Nationalisten und agitierten in nahezu allen Ländern der Region, nannten sich Jung-Tunesier, Jung-Afghanen, Jung-Türken. Die Gründung der säkularen Türkei unter dem Jungtürken Mustafa Kemal (»Atatürk«) war ihr augenfälligster politischer Erfolg.

Die Bewegung der Muslimbrüder breitete sich relativ schnell im Nahen Osten aus, vor allem in Jordanien, Libanon, Irak, Syrien und Palästina, wo die heutige Hamas ihre formale Nachfolge-Organisation ist. In den meisten dieser Länder wurden ihre Mitglieder verfolgt, ermordet, hingerichtet. Einen traurigen Höhepunkt erreichte diese Verfolgung in Syrien: Dort kämpften die Muslimbrüder von 1947 bis 1952 für die Einführung der parlamentarischen Demokratie. 1963 brachte ein Staatsstreich die sozialistische und radikal-säkulare Baath-Partei an die Macht. 1982 kam es in der Stadt Hama zu schweren Auseinandersetzungen. Präsident Hafez el Assad ließ die Stadt schließlich von Panzern, Artillerie und aus der Luft angreifen: In einem dreiwöchigen Bombardement wurde Hama dem Erdboden gleichgemacht, die Zahl der Toten wird auf 15.000 bis 25.000 Menschen geschätzt.[5]

Hama ist nur einer der Höhepunkte der brutalen und blutigen innerstaatlichen und innergesellschaftlichen Auseinandersetzungen. Exemplarisch zeigt er den Hass auf, der diese Gesellschaften zerklüftet. Er resultiert nur zum Teil aus den diametral gegensätzlichen Ideologien: Wichtiger ist die fortschreitende Verschärfung der sozialen Antagonismen und die Inbesitznahme von Staat, Gesellschaft und Ökonomie durch die herrschenden Cliquen und deren rücksichtslose Bereicherung. Einige Staaten wie Ägypten (unter Nasser von 1954 bis 1970), Syrien, Irak, Algerien bezeichneten sich als sozialistisch, vorwiegend um dadurch die finanzielle, politische und militärische Hilfe der Sowjetunion zu erhalten. Sie unternahmen jedoch keine Reformen, um die bestehenden Verhältnisse umzuwälzen. Andere Länder wie Jordanien, Ägypten (seit Sadat 1970), Tunesien und Marokko spielten ein ähnliches Spiel mit dem Westen. Mit dem Ende der Bipolarität wurde sichtbar, dass die gängigen Entwicklungsstrategien versagt hatten, seien sie nun kapitalistischer oder »sozialistischer« Orientierung gewesen.

---

[5] http://www.jewishmag.com/118mag/hama/hama.htm [26.04.2008]

Sichtbar wurde auch, dass die jeweiligen Regime, die stets zumindest verbal auch den Islam zur Legitimation ihrer Herrschaft benutzt hatten, keineswegs nach dessen strenger Moral lebten. Im Nahen Ostens war eine dünne Schicht von Modernisierungsgewinnern entstanden, der eine Masse von Marginalisierten gegenüberstand (Fuller/Lesser 1995). Das Scheitern der Entwicklungsmodelle verschärfte die ohnehin vorhandene Legitimationskrise dramatisch und nährte die islamistische Argumentation: Waren nicht Kapitalismus und Sozialismus die beiden Seiten einer und derselben Medaille, des Atheismus? Und resultierte nicht das Elend der Massen in diesen Ländern aus der Korruption und Bereicherungswut jener, die die Staatsmacht und damit die Quellen der Profitaneignung kontrollierten, kurz derjenigen, die nach westlichem Stil lebten, in Genusssucht schwelgten und sich zu Vasallen des Westens gemacht hatten?[6] Der Aufstieg der als Protestbewegung zu verstehenden Islamischen Heilsfront in Algerien ist hierfür ebenso paradigmatisch wie die wachsende islamistische Agitation in all diesen Ländern – bis hinein nach Saudi-Arabien.

Die schlichte Einteilung der Welt in »Freunde« und »Feinde« während der Zeit des Kalten Krieges hatte dazu geführt, dass lange vor dem Einmarsch der Sowjetunion in Afghanistan vor allem die USA die islamistische Agitation unterstützten, wie etwa durch die Gründung »islamischer Gewerkschaften« in Ägypten. Damals förderte auch Israel die Hamas, um ein Gegengewicht gegen die PLO zu schaffen.[7] Ihr geistiges Oberhaupt, Cheikh Yassin, der noch 1988 Live-Interviews im israelischen Fernsehen gegeben hatte, wurde am 2. März 2004 in einem Akt »gezielter Tötung« in seinem Rollstuhl von der israelischen Armee durch einen Raketenangriff auf sein Haus ermordet – zusammen mit zwei Leibwächtern. Mehr als ein Dutzend Menschen wurden bei dem Anschlag verletzt, darunter zwei seiner Söhne. Höhepunkt dieser Politik des Westens, vor allem der USA, war dann die Unterstützung für afghanische *Warlords* und die Guerilla-Ausbildung zahlreicher islamistischer Kämpfer aus allen arabischen Ländern in Pakistan, die im Kampf gegen die Sowjetunion eingesetzt wurden. Diese professionell für Guerilla-Kriegführung geschulten Kämpfer bilden heute nicht nur die Basis der Taliban in Afghanistan, sie stellen – gewissermaßen als in-

---

[6] Dies gilt im Prinzip für alle Staaten der Region, auch für den Irak, der in den 1980er Jahren der verlässlichste Verbündete der USA im Kampf gegen das Regime in Teheran war, wie auch kurzzeitig für Syrien, das seiner Isolation zu entkommen suchte, indem es im Zweiten Golfkrieg an der Seite der USA gegen das (gleichfalls!) baathistische Regime in Bagdad kämpfte.

[7] Zur Ambivalenz der israelischen Politik gegenüber Hamas vgl. Baumgarten 2006: 7ff.

ternationale islamistische Brigaden – den harten Kern der Kriege und Aufstände in Bosnien, Tschetschenien, Algerien,[8] Saudi-Arabien und anderen Ländern.

Das karitative Engagement des politischen Islam

In den westlichen Medien ist es üblich, das soziale Engagement der Islamisten als rein taktische Strategie zur Mobilisierung von Legitimität abzutun. Dabei wird absichtlich oder unbewusst übersehen, dass die sozialen Werte des Islams und der ethische Gehalt der religiösen Pflichten eine lange und tiefe Tradition haben. Layla Bahmad (2007) hat diese Grundlagen muslimischer Identität und Solidarität in ihrer Untersuchung von Nicht-Regierungsorganisationen in Palästina herausgearbeitet. Verschiedenste Formen der sozialen Abgaben für Bedürftige wie etwa die »Armensteuer« (*zaqat*) gehören zu den fünf zentralen Geboten des Islams. Eine weitere Form ist das *waqf* (pl. *awqaf*), eine Art religiöser Stiftung, die in der Regel auf Landbesitz basiert, deren Ertrag ausschließlich für mildtätige Zwecke bestimmt ist. Das erste *waqf* entstand in Ägypten im Jahre 641 christlicher Zeitrechnung, also nur 19 Jahre nach der *hedschra*, dem Beginn der muslimischen Zeitrechnung. Unter der osmanischen Herrschaft waren 40% des fruchtbaren Landes *waqf*. Diese Stiftungen existierten in unterschiedlichem – aber immer bedeutendem – Ausmaß in allen Ländern der Vorderen Orients. Die Kolonialisten »verstaatlichten« sie und entzogen sie damit ihrer karitativen Funktion. Und die Regime der dann schließlich unabhängigen Staaten behielten diese Regelung bei, da sie den islamistischen Strömungen die materielle Grundlage ihrer Tätigkeit vorenthalten wollten.

---

[8] Die Ironie der Anti-Terror-Politik der USA gipfelt beispielsweise im Fall der sechs algerischen »Afghanen«, die in Bosnien kämpften, bosnische Frauen heirateten und so die bosnische Staatsangehörigkeit erhielten. Von der Anklage der Vorbereitung terroristischer Anschläge auf die britische und die US-amerikanische Botschaft in Sarajewo wurden sie von einem bosnischen Gericht am 18. Januar 2002 freigesprochen, beim Verlassen der Gerichtsgebäudes aber von einer amerikanischen Einheit der SFOR festgenommen und nach Guantanamo überstellt. Seit über einem Jahr wird über ihre Auslieferung an Algerien verhandelt: Die USA verlangen vor ihrer Repatriierung von Algier die Zusicherung, dass die »algerian six«, da gegen sie keine Terrorismus-Vorwürfe mehr vorliegen, in Algerien menschenwürdig behandelt werden. Algerien lehnt dies als Einmischung in seine inneren Angelegenheiten ab. Daher verbleiben die Gefangenen weiter in Guantanamo. vgl. u.a. www.algeria-watch.org/fr/article/pol/us/campagne_guatanamo/six_algeriens_bosnie.htm sowie http://rue89.com/2007/11/25/de-sarajevo-a-guantanamo-litineraire-des-six-dalgerie und Le Quotidien d'Oran [24.1.2005]. www.algeria-watch.org/fr/mrv/mrvref/liberations_guantanamo.htm [26.4.2008].

Jedoch verblieben die übrigen Formen der Solidarität wie *zaqat*, aber auch freiwillige Formen der auf gläubiger Solidarität basierenden Hilfe wie *sadaqa* und *heba*. Speziell in Palästina spielen sie – trotz bzw. wegen der fürchterlichen Armut – eine wichtige Rolle in den Netzwerken gegenseitiger Hilfe. Das den sozialen Zwecken gestiftete/übergebene Eigentum wird zum Eigentum Gottes, das dieser seiner Gemeinschaft zuteil werden lässt (Bahmad 2007: 99). Brigitte Rieger hat in einer empirischen Studie über den Libanon festgestellt, dass – gemessen an den Standards der ILO – die Hilfsorganisationen der *hizbollah* mit Abstand die größten Leistungen erbringen und diese keineswegs nur auf die schiitische Bevölkerungsgruppe beschränken. Sogar bei der Versorgung Alkoholabhängiger sind sie fortschrittlicher als die sozialen Organisationen der christlichen Libanesen (Rieger 2003). Die karitative Hilfe ist also nicht nur ein taktisches Mittel, sondern kann auch als Teil der Religion und Tradition verstanden werden. Dies stiftet Identität und Solidarität, was durch den westlichen Diskurs der Diskriminierung und Herabwürdigung von den Orientalisten – wie Edward Said (1978) dies meisterhaft nachgewiesen hat – bis zu den rassistischen Parolen eines Samuel Huntington (1993) verstärkt wird. Ausgrenzung und Diskriminierung in schlimmster orientalistischer Manier führen tatsächlich dazu, dass Huntingtons Konstrukt vom *Clash of Civilizations* zur *self-fulfilling prophecy* wird (Ruf 2006).

Radikaler politischer Islam – eine neue Befreiungsideologie?

Es sind die strukturellen Gewaltverhältnisse in den Gesellschaften des Nahen und Mittleren Ostens, die seit nahezu zwei Jahrhunderten immer wieder offene Gewalt in Form von Aufständen und Revolten produziert haben. Sie ziehen sich, um nur einige wenige zu nennen, über die zahlreichen Revolten im kolonialen Algerien, den Mahdi-Aufstand im Sudan, die von »terroristischen« Anschlägen in den antikolonialen Kämpfen auch in Marokko und Tunesien begleiteten Aktionen über die Unruhen in Palästina in den 1920er und 1930er Jahren des vorigen Jahrhunderts, den blutigen Sturz des haschemitischen Königs Feisal am 14. Juli 1958 im Irak, den algerischen Befreiungskrieg, den »Schwarzen September« des Jahres 1970 in Jordanien, wo die jordanische Armee Zehntausende Palästinenser umbrachte, das Blutbad von Hama, bis zu den Anschlägen auf US-Einrichtungen in Saudi-Arabien seit der im Kontext des Zweiten Golfkriegs erfolgten dauerhaften Stationierung von US-Truppen im Land der Heiligen Stätten.

Offene Gewalt ist nicht das primäre Charakteristikum des politischen Islam, und die obigen Beispiele zeigen – wie auch die fürchterliche Repression in Algerien seit dem Militärputsch vom 11. Januar 1992 –, dass staatliche Gegengewalt oft viel brutaler war als die Gewalt der Islamisten.[9] Die Gewalt in der Region ging bis in die jüngste Vergangenheit mehrheitlich von Akteuren aus, die sich nicht auf den Islam bezogen. Wo aber strukturelle in offene Gewalt umschlägt, sucht sie Legitimität und Unterstützung. Die Religion als Projektionsfläche von Identität bietet sich hierfür umso mehr an, als sie vom Kolonialismus zur Diskriminierung genutzt wurde. Vor allem aber: Seit Ende der Bipolarität wurden von Wissenschaft und Politik im Westen Paradigmen geschaffen, die die Religion, vor allem den Islam, zum Erklärungsansatz erhoben haben. Es verwundert nicht, dass dieses Referenzsystem, das seinen Ursprung im Westen hat, nun auch von jenen benutzt wird, die sich zu ihrer Legitimation auf den Islam berufen.

Viel charakteristischer als die Gewalt gegen den Westen sind die karitativen Aktivitäten der Islamisten. Die ägyptische Gesellschaft und ihr Staat wären möglicherweise längst zusammengebrochen, wären da nicht die von den Islamisten betriebenen Suppenküchen, Gesundheitszentren, Schulen etc. Dasselbe gilt für die besetzten palästinensischen Gebiete oder die Slums von Casablanca. Und da die Mittel für die Hilfeleistungen von der Gemeinschaft der Gläubigen erbracht werden, nicht von westlichen Geberorganisationen und ihren politischen Konditionalitäten und korrupten Organisationen vor Ort abhängen (vgl. Bahmad 2007), stellen sie nicht nur einen selbstverständlichen, auf langer Tradition basierenden Akt der Solidarität dar, sie bestärken auch das Gefühl der Gemeinsamkeit und der Identität auf der Basis des Glaubens. Zu dieser gemeinsamen Identität gehören die gemeinsame Erfahrung von Elend, Unterdrückung und Rechtlosigkeit. So sind in der Wahrnehmung der Islamisten die jeweiligen Regime vor Ort auch die Hauptfeinde, die von extremistischen Gruppen mit Gewalt bekämpft werden.

Geradezu exemplarisch wird dies deutlich in den Stellungnahmen der Führung von *al qaeda*. Beispielsweise erklärte Ayman az-Zawahiri, in westlichen Sicherheitskreisen als die Nr. 2 des Netzwerks gehandelt, zum zweiten Jahrestag des 11. September 2001 auf einem vom Sender *al-djazeera* ausgestrahlten Tonband:

»Der zweite Jahrestag der Angriffe auf New York und Washington ist nun auf uns zugekommen. Er erinnert uns an das Opfer unserer heldenhaften 19 Brüder, die mit ihrem Blut eine Seite der amerikanischen Geschichte aufgeschlagen haben, eine Absage der Moslems an Amerikas Arroganz und Tyrannei, ein Ausdruck ihres Stolzes auf ihre Religion, ihren Glauben und ihrer Würde

---

[9] Eine Fülle von Literatur belegt, dass die fürchterlichsten und spektakulärsten Massaker in Algerien von Gruppen ausgeführt wurden, die vom militärischen Sicherheitsdienst unterwandert und/oder gesteuert waren (vgl. Ruf 2007a).

und Entschlossenheit, die Moslems und die Unterdrückten der Menschheit zu rächen. [...]

An diesem zweiten Jahrestag wollen wir uns an die Menschen in den am Kreuzzug teilnehmenden Staaten wenden, um ihnen Folgendes zu sagen: Wir sind keine Verfechter von Töten und Zerstörung. Mit Hilfe Gottes aber werden wir jede Hand abschlagen, die sich in feindlicher Absicht nach uns streckt. Wir sagen Euch: [...] Hört auf mit Euren Angriffen auf die Menschen und das Eigentum der Unterdrückten. Genug des Handelns mit Slogans von ›Freiheit und Gerechtigkeit‹ und ›Menschenrechten‹! Wir rufen Euch zum Islam, der Religion der Einheit Gottes; der Gerechtigkeit, der Mäßigung, der Reinheit und der Macht. Wenn Ihr den Islam zurückweist, haltet wenigstens ein in Eurer Feindseligkeit gegen unsere islamische Weltgemeinschaft. Über Jahrzehnte habt Ihr unsere Frauen und Kinder getötet, unseren Wohlstand gestohlen und Tyrannen unterstützt, die unsere Gemeinschaft brutal beherrschen. [...]

Eure größten Verbrecher haben Euch versprochen, sie würden Al-Qaida vernichten, um Euer Leben sicherer zu machen. Ist Al-Qaida am Ende trotz all dieser grausamen und dreckigen Kriege, die man gegen sie geführt hat? Oder hat sich Al-Qaida verstreut, ausgebreitet und die Anzahl ihrer Unterstützer erhöht [...]? Wir können Euch versichern, dass die Wunde Palästinas im Herzen eines jeden Moslems blutet, und dass – mit der Hilfe und Macht Gottes – wir Amerika nicht von Sicherheit träumen lassen werden, solange wir nicht in wirklicher Sicherheit in Palästina und allen Ländern des Islam leben.«[10]

Diese Sprache ist keine religiöse Exegese, sie verweist weder auf Textstellen aus dem Koran noch auf missionarische Visionen. Die floskelhaften Verweise auf Gott gehen über diejenigen in unserer Alltagssprache kaum hinaus, und der Ruf zum Islam wird sofort relativiert durch die Forderung »haltet wenigstens ein in Eurer Feindseligkeit gegen unsere islamische Weltgemeinschaft«. Dieselbe Argumentation findet sich auch bei Bin Laden.[11] Dies ist in erster Linie kein religiöser, sondern ein politischer Diskurs, der in kompromissloser Radikalität die alten Forderungen des – säkularen! – arabischen Nationalismus aufnimmt. Genau dies erklärt, weshalb – nicht zuletzt aufgrund der katalysatorischen Wirkung der Kriege in Afghanistan und Irak, vor allem aber des Nahost-Konflikts – in der arabischen und islamischen Welt ein neuer, allerdings stark religiös eingefärbter antiimperialistischer Widerstand entstanden ist.

Die Politik des Messens mit zweierlei Maß und die ungeheure Zahl von Toten in der Zivilbevölkerung aufgrund der Gewaltanwendung in den jüngsten Krie-

---

[10] http://www.jihadunspun.com/home.php [22.12.2003]

[11]http://english.aljazeera.net/NR/rdonlyres/79C6AF22-98FB-4A1C-B21F-2BC36E87F61F/53232/Binladin.asf [22.12.2004]

gen[12] erscheinen als Beweis für die menschenverachtende Politik »des Westens«, für seine Arroganz und vor allem für seinen Zynismus, der die Menschenrechte beschwört und sie zugleich mit Füßen tritt. So haben die aggressive US-Politik und ihr kulturalistisch ausgemaltes Feindbild Islam zum ersten Mal in der Geschichte des Nahen und Mittleren Ostens eine Allianz zwischen großen Teilen der nationalistisch-säkularen und den islamistischen Kräften zustande gebracht. Die Übernahme des alten antiimperialistischen Diskurses zeigt die neue Qualität dieses Widerstands. Politische Gewalt seitens jener Gruppierungen, die sich auf den Islam berufen, kann daher nicht aus der Religion selbst erklärt werden, sie ist Antwort auf die strukturelle und offene Gewalt, die die Zugehörigkeit zum Islam als Referenzsystem für ihre Legitimation bemüht. Das ist in der Tat neu, denn: Die ungeheure Gewaltförmigkeit des Algerienkrieges, die Anschläge der PLO in den 1970er Jahren, die bürgerkriegsähnlichen Auseinandersetzungen im Libanon seit 1958 (und der ganz und gar unislamische Vietnamkrieg) waren nicht weniger gewaltförmig als die heutigen Anschläge der »Terroristen«. Allerdings wurden sie nicht in das seit der Erfindung des *Clash of Civilizations* so griffige Interpretationsmuster eingepasst (Huntington 1993).

Angesichts der Geschichte des Nahen und Mittleren Ostens und ihrer Wahrnehmung durch die übergroße Mehrheit der Bevölkerung kann es nicht verwundern, dass der Aufruf zum Widerstand gegen den imperialistischen Westen Unterstützung findet in Gesellschaften, die ihr alltägliches soziales Elend in Systemen erleben, die gekennzeichnet sind durch Korruption und brutale Unterdrückung im Inneren und durch die fremde Gewalt in Palästina, Irak und Afghanistan. Nach dem Versagen des Nationalismus, dessen letzte Bastion (neben Syrien) Saddam Hussein war, erscheint der Islamismus als dessen Nachfolger und Erbe. Er kleidet sich in ein identitäres Gewand, das nicht mehr universalistisch daher kommt, sondern auf kulturelle (= religiöse) Identität verweist und damit dem postbipolaren Identitätskonzept zumindest der USA des George W. Bush und des erstarkenden evangelikalen Fundamentalismus voll entspricht.

Politik ist immer auch symbolisches Handeln. Und an Symbolik fehlte es dem 11. September 2001 nicht – ob diese nun beabsichtigt war oder nur *ex*

---

[12] In den ersten vier Jahren der 2. palästinensischen Intifada (Sept. 2000) starben 4.502 Palästinenserinnen und Palästinenser, darunter 883 Kinder unter 17 Jahren (www.palestinemonitor.org [5.2.2008]). Die Zahl der toten Zivilisten in Afghanistan wurde bereits ein Jahr nach Kriegsbeginn auf 20.000 geschätzt (www.ngo-online.de/ganze_nachricht.php?Nr=4980 [5.2.2008]), für 2007 gibt die NATO die Zahl der getöteten »Taliban« mit über 6.000 an (www.informationclearinghouse.info/article19235.htm [5.2.2008]). Die Zahl der Toten im Irak seit Beginn der US-geführten Invasion liegt bei 1.033.000 (www.opinion.co.uk/Documents/Revised%20Casulaty%20Data%20-%20Press%20release.doc [5.2.2008]).

post aus unterschiedlichen Blickwinkeln assoziiert wird: *9 11* ist (zufällig?) die Notrufnummer in den USA. Es war der 11. September 1990, als Vater Bush mit seiner Rede über die »neue Weltordnung« den geplanten Krieg gegen den Irak ankündigte. Und es war der 11. September 1973, als General Augusto Pinochet mit Unterstützung des damaligen US-Außenministers Henry Kissinger in Chile gegen den demokratisch gewählten Präsidenten Salvador Allende putschte. In weiten Teilen der lateinamerikanischen Presse wurde das Datum der Anschläge auf die *Twin-Towers* mit dem Putsch in Verbindung gebracht und als Demütigung der USA und ihrer Hybris interpretiert. Die antiimperialistische Symbolik und die wachsende Gewalttätigkeit des sich auf den Islam berufenden Widerstands fördern in weiten Kreisen der arabisch-islamischen Welt Stolz und Selbstbewusstsein, ganz so wie die Selbstmordanschläge von Palästinensern in Israel die Botschaft vermitteln: Der Feind ist übermächtig, aber wir können ihn treffen, verletzen, verwunden! Die Ziele des Widerstands aber sind politische, nicht religiöse: Sturz der korrupten, repressiven und mit den USA verbündeten Regime, allen voran des saudi-arabischen; Israel zu einem diesen Namen verdienenden Friedensschluss mit den Palästinensern zu zwingen; den Westen dazu zu bewegen, die Unterstützung der repressiven Ausplünderungsregime der Region einzustellen; die Ausbeutung der Ressourcen der Region zu beenden zugunsten eines neu zu errichtenden politischen Systems, das – endlich – die ökonomische, soziale und kulturelle Entwicklung der Region auf einer Basis von Gleichwertigkeit und Gerechtigkeit ermöglicht.

Doch bleibt die Frage, ob der Hass gegen den unilateral und jenseits jeder Völkerrechtsnorm agierenden Hegemon zu einer weltweiten Solidarisierung der Unterdrückten und Entrechteten führt, wie Frantz Fanon sie gesehen hatte, oder ob wir gar vor einem »globalen Aufstand« stehen, wie das Londoner IISS befürchtet (Stevenson 2004: 11). Der Weg von spontaner Sympathie für Gewaltakte, die das skrupellos agierende Imperium treffen, bis zu tatkräftiger Unterstützung dürfte jedoch innerhalb der islamischen Welt weit sein, da die islamistischen Netzwerke und Gruppen sich auf *ihre* jeweils spezifische Interpretation des Islams und seiner moralischen Prinzipien berufen. Nichts wäre daher falscher als die Konstruktion einer Einheit des sich auf den Islam berufenden Widerstands[13] – geschweige denn des Islams schlechthin. Dies zeigt die Entwicklung im Irak, wo ausgehend vom sicherlich existenten (zunächst) nationalistischen und (dann zunehmend auch) islamistischen Widerstand sich fließende Übergänge zu Banditentum und *warlordism* entwickeln, wo Gruppierungen sich unter abstruser

[13] 93% aller Muslime lehnen Gewalt als Mittel der Politik ab. Bei weitem nicht jeder Widerstand – vor allem im Irak – beruft sich auf die Religion. Die Gruppierungen, die dies tun, befehden sich oft gegenseitig.

Berufung auf den Islam durch Mord, Raub, Entführung und Erpressung finanzieren und letztlich auf jede politische Zielsetzung verzichten.

Genau in diesem Befund liegt der grundlegende Unterschied zum säkularen Antiimperialismus, dessen Diskurs sich letztlich an den gesellschaftspolitischen Zielvorstellungen des Westens, sozialistische Optionen eingeschlossen, orientierte. Die Politisierung des Islams folgt einer eigentümlichen Dialektik: In der postbipolaren Welt, die das Feindbild des Kommunismus verloren hat, erscheint der Islamismus als Kristallisationskern des neuen »Bösen«, wie es Samuel Huntington in seinem »Clash of Civilizations« konstruierte (*»Islam has bloody borders«* und *»the West versus the rest«*). Indem das neo-konservative Establishment der USA seinerseits auf ein christlich-fundamentalistisches Sendungsbewusstsein rekurriert, »Demokratie« propagiert und dabei mit größter Brutalität seine ökonomischen Interessen der Sicherung der Ölreserven verfolgt, produziert es genau jene Bewegungen, die zu bekämpfen es vorgibt (Krippendorf 2002; Altvater 2005).

Der politisierte Islam ist daher zu verstehen als Reaktion auf ein extremes Gewaltverhältnis. Er wird jedoch nicht zum Fanal einer neuen, den armen Süden einigenden Befreiungsideologie, weil die Berufung auf den Islam, wenn überhaupt, nur für Bruchteile der islamischen Welt mobilisierend wirkt – geschweige denn für den Rest der »Dritten Welt«. Entgegen der nüchternen Empirie sind es die hysterischen Berichte und Kommentare vieler »Experten«, die zur Produktion eines vereinheitlichenden (und die Gegner des »Westens« in der Tendenz einigenden!) Feindbildes beitragen, sowohl auf internationaler wie auf innerstaatlicher Ebene (Ruf 2007b).

Das von beiden Seiten verwendete Paradigma vom »Kampf der Kulturen« blendet die sozialen und ökonomischen Entwicklungen im Orient aus. Der Widerstand, aber auch seine vielfache Fragmentierung müssen verstanden werden als Folge von und Reaktion auf die globalisierte neoliberale Unordnung, die vielleicht in den Rentier-Staaten des Nahen und Mittleren Ostens ihre krasseste Ausprägung findet. Der militante politische Islam ist zweifelsohne eine in kleinen Teilen auch gewaltsame Protestbewegung. Oft vermengen sich auch religiöse Legitimation und nationalistische Zielsetzungen wie etwa bei Hizbullah und Hamas.

Jedoch ist der politische Islam im Kern keine revolutionäre, sondern eine reaktionäre Kraft, die »den Westen« und seinen so genannten Sittenverfall verdammt, sein Gesellschaftsbild aber aus jeweils unterschiedlichen Interpretationen einer urislamischen Ordnung bezieht (*»al islam al hal* – der Islam ist die Lösung«). Er ist daher auch nicht antikapitalistisch, sondern beantwortet die vom Neoliberalismus verursachten Verwerfungen nur auf der Erscheinungsebene und trägt so dazu bei, ein Deutungsmuster von Konflikten zu befördern, das im politischen Islam wie im Westen dazu beiträgt, die wahren Konfliktursachen zu verschleiern.

Literatur

Altvater, Elmar (2005): Öl-Empire. in: Blätter für deutsche und internationale Politik 50:1, S. 65-74.

Bahmad, Layla (2007): Palestinian Non-Governmental Organisations caught between Reality and Challenges. Dissertation am Fachbereich Gesellschaftswissenschaften der Universität Kassel, Sommer 2007, https://kobra.bibliothek.uni-kassel.de/bitstream/urn:nbn:de:hebis:34-2007091019190/3/DissertationBahmad.pdf [26.04.2008].

Baumgarten, Helga (2006): Hamas. Der politische Islam in Palästina, Kreuzlingen/München.

Berman, Nina (1996): Orientalismus, Kolonialismus und Moderne, Stuttgart.

Ende, Werner/Steinbach, Udo (1989) (Hrsg.): Der Islam in der Gegenwart, 2. überarbeitete Auflage, München.

Fuller, Graham, E./Lesser, Jan O. (1995): A sense of siege. The geopolitics of Islam and the West, Boulder, Colorado.

Huntington, Samuel P. (1993): The Clash of Civilizations? in: Foreign Affairs 72:3, S. 22-49.

Huntington, Samuel P. (1996): The West unique, not universal; in: Foreign Affairs 75:6, S. 28-46.

Krippendorff, Ekkehart (2002): Die Vereinigten Staaten und Israel. Projektionsflächen für Hoffnung und Hass, in: Blätter für deutsche und internationale Politik 47:8, S. 943-953.

Peters, Rudolph (2002): Erneuerungsbewegungen im Islam vom 18. bis zum 20. Jahrhundert und die Rolle des Islams in der neueren Geschichte: Antikolonialismus und Nationalismus, in: Ende/Steinbach (Hrsg.), a.a.O., S. 105-126.

Reissner, Johannes (1989): Die militant-islamischen Gruppen; in: Ende/Steinbach (Hrsg.), a.a.O., S. 470-486.

Renan, Ernest (1948): De la part des peuples sémitiques, Œuvres complètes, Bd. 2, Paris.

Rieger, Brigitte (2003): Rentiers, Patrone und Gemeinschaft: Soziale Sicherung im Libanon, Frankfurt/M.

Ruf, Werner (2006): Barbarisierung des Anderen – Barbarisierung des Wir, in: Utopie Kreativ 17:3, S. 222-228.

Ruf, Werner (2007a): Terror, Geheimdienste und Geopolitik; in: Albrecht, Holger (Hrsg.): Der Vordere Orient. Politik, Wirtschaft und Gesellschaft, Festschrift für Peter Pawelka, Baden-Baden, S. 63-79.

Ruf, Werner (2007b): Islamische Bedrohung? Rosa-Luxemburg-Stiftung, Standpunkte 8/2007, Berlin.

Said, Edward (1978): Orientalism, Western Conceptions of the Orient, London.
Schulze, Reinhard (2002): Geschichte der islamischen Welt im 20. Jahrhundert, München.
Stevenson, Jonathan (2004): Counter-Terrorism: Containment and Beyond. IISS Adelphi Paper 367, Oxford.
Todenhöfer, Jürgen (2008): Warum tötest Du, Zaid? München, S. 217-277.

Frank Deppe

Sieger oder Verlierer? Anmerkungen zur Debatte um die »68er«[1]

Vergangene »Historikerdebatten« erinnern stets an die hohe politische Bedeutung von Geschichtspolitik. Dass – wie der junge Marx in der *Deutschen Ideologie* formulierte – »die Gedanken der herrschenden Klasse [...] in jeder Epoche die herrschenden Gedanken« sind, bestätigt sich immer wieder auf dem Gebiet der »Erinnerungspolitik«: Die herrschende Klasse bzw. der »Block an der Macht« ruft die Geschichte an, um die Legitimität und Kontinuität der eigenen Herrschaft und um die Ideologie einer nationalen »Schicksalsgemeinschaft« (z.B. über die Erinnerung der Kriegsopfer) zu begründen. Vor allem in den jungen Staaten verbindet sich der Rekurs auf die Geschichte mit der Konstruktion eines Nationalbewusstseins, das die Herrschenden in der Gegenwart als ideologischen »Zement« gegen die realen Klassenspaltungen in der Gesellschaft und deren ideologische wie politische Artikulationsformen anrufen. Bei der Interpretation der Geschichte prallen aber auch – zumindest unter demokratischen Verhältnissen – die unterschiedlichen, oft gegensätzlichen Ideologien und Machtinteressen aufeinander: Die Konservativen haben stets den starken Staat und dessen Personifikationen – in der neuen deutschen Geschichte war dies meist Bismarck – bewundert; die Linke hingegen wurde für Werteverfall, Anarchie und Diktatur verantwortlich gemacht. In Perioden, in denen die Linke – auch eine revolutionäre Linke – stärker wurde, tendierten die Konservativen stets dazu, die »Unregierbarkeit« zu erklären und die »Selbstbehauptung des souveränen Staates« als Diktatur gegen die Linke zu rechtfertigen. Im Geschichtsbild der Linken werden dagegen die Fortschritte der Demokratie und der Verbesserung der Arbeits- und Lebensbedingungen für die breite Masse der Lohnarbeiter und der einfachen Warenproduzenten positiv gewertet. Diese Fortschritte waren in der Regel das Ergebnis harter sozialer und politischer Kämpfe. Der Kapitalismus tendiert stets dazu, gegen solche Fortschritte, wenn sie denn die Machtpositionen der herrschenden Klasse zu beeinträchtigen drohen, politische und auch mili-

---

[1] Diesem Essay liegen Ausführungen zugrunde, die ich am 2. Mai 2008 in Berlin beim Kongress »1968. Die letzte Schlacht gewinnen wir« des Studierendenverbandes »Die Linke.SDS« vorgetragen habe.

tärische Gewalt zu mobilisieren, um die sozialen und politischen Bewegungen der Linken von der Macht fernzuhalten.

Der große »Erdrutsch« (Hobsbawm) im letzten Viertel des 20. Jahrhunderts, der im Zusammenbruch der Sowjetunion und der staatssozialistischen Systeme in Ost- und Mitteleuropa zwischen 1989 und 1991 seinen Höhepunkt erreichte, begründete zugleich eine stabile liberal-konservative Hegemonie auf der Basis eines in die ganze Welt expandierenden kapitalistischen Wirtschaftssystems. Zumal in Deutschland, wo sich die BRD die ehemalige DDR inkorporierte, waren mit diesen Umwälzungen natürlich auch massive ideologische und wissenschaftliche Anstrengungen um die Deutung der Geschichte des 20. Jahrhunderts verbunden. Die herrschende Meinung neigt dazu, die Geschichte des Sozialismus – und vor allem des Kommunismus – zu kriminalisieren, wobei für die Deutschen das »Unrechtsregime« DDR gleichsam als der End- und Höhepunkt dieser Geschichte erscheinen soll. Sozialismus und Kommunismus, die die kapitalistische Wirtschaftsordnung und die darauf basierende Klassengesellschaft bekämpften, sind dabei als »totalitär« gebrandmarkt. Politische Denker, die sich seit Rousseau für das Modell einer radikalen Demokratie von unten ausgesprochen hatten, aber auch Marx und Engels, die die Kapitalismuskritik der sozialistischen Arbeiterbewegung überhaupt erst wissenschaftlich fundiert hatten, sind so als Vordenker der kommunistischen Diktaturen des 20. Jahrhunderts geächtet. In der Abwicklung des wissenschaftlichen Systems der DDR – vor allem in den Sozialwissenschaften, der Geschichtswissenschaft und natürlich auf dem Felde des Marxismus-Leninismus – hat die herrschende Klasse des Westens mit aller Härte[2] ihre Entschlossenheit erkennen lassen, dass Sozialismus und Kommunismus auf möglichst lange Zeit von den nachwachsenden Generationen geradezu selbstverständlich als »totalitäre Ideologien« angesehen werden, die in der geschichtlichen Praxis »Unrechtsregime« hervorbringen. Im Windschatten dieser hegemonialen Konstellation arbeiten dann auch immer wieder Historiker der alten und neuen Rechten daran, die deutsche Geschichte – namentlich die Geschichte von 1933 bis 1945 und die mit ihr verbundenen Verbrechen – zu »entsorgen«, um die »Leistungen« des faschistischen Regimes auf Gebieten wie der Technik, der Organisation und der militärischen Führung um so deutlicher herauszustellen.

Das Jahr 1968 liegt nunmehr 40 Jahre zurück. Es markiert den weltweiten »Aufbruch« einer Jugend- und Intellektuellenbewegung, die sich als sozia-

---

[2] Diese »Härte« wird erst dann in ihrer klassenpolitischen Bedeutung erkennbar, wenn sie mit der »Nachsicht« verglichen wird, mit der nach 1945 die herrschende Klasse (einschließlich der politischen Klasse) mit den Eliten des Dritten Reiches – vor allem aber mit den Wissenschaftlern – umgegangen ist.

listisch, antiautoritär, revolutionär, antikapitalistisch, antiimperialistisch etc. verstand. Oftmals wird die Bedeutung der Bürgerrechtsbewegung in den USA (Martin Luther King), der Bewegung gegen den Vietnamkrieg und der Aktionen der US-amerikanischen Studentenbewegung übersehen, die – zumal in Berkeley – den Studierenden in der Welt seit den frühen 1960er Jahren durch ihre neuen Aktionsformen (Sit-in; Teach-in) zum Vorbild geworden war. Paris wurde dann im Jahre 1968 gleichsam das Epizentrum einer sozialen, politischen und kulturellen Explosion, die schnell um sich griff und weltweit ausstrahlte. Die polizeilichen Repressionsmaßnahmen gegen die Studierenden in Paris lösten eine Welle der Solidarisierung aus und gingen in den sechswöchigen Generalstreik der französischen Arbeiterklasse über (Mai/Juni 1968), der das Land – zumindest aus der Sicht seiner politischen und militärischen Führung – an den Rand einer Revolution brachten. In der Bundesrepublik erreichten die Aktionen der Studierenden nach der Ermordung des Studenten Benno Ohnesorg bei einer Anti-Schah-Demonstration am 2. Juni 1967 und der Außerparlamentarischen Opposition (APO) Ostern 1968 – nach dem Mordanschlag auf Rudi Dutschke in Berlin – sowie bei der Bonner Demonstration im Mai 1968 gegen die Verabschiedung der Notstandsgesetze im Bundestag ihren Höhepunkt. Danach schwächte sich – wie auch in Frankreich – die erste Welle der Bewegung ab. In Prag wurde im August 1968 mit dem »Prager Frühling« die vielleicht letzte Chance einer innerkommunistischen Reform mit militärischer Gewalt niedergeschlagen. Jetzt begann die Phase der »Organisierung« – nicht nur in den maoistischen K-Gruppen, sondern auch in den Parteien der alten Linken, in der SPD, in der sich die Jusos radikalisierten, und in der 1968 neu gegründeten DKP. Die Bewegungen des Jahres 1968 strahlten weit in die 1970er Jahre hinein: Sie wirkten in den Gewerkschaften, sie hatten das Programm der sozialliberalen Regierung unter Willy Brandt (1969: »Mehr Demokratie wagen!«) beeinflusst; sie gingen den »neuen sozialen Bewegungen« voraus, die sich Ende der 1970er Jahre in der Partei der »Grünen« organisierten. Ebenso war den Bewegungen des Jahres 1968 die starke Position des Antifaschismus in der politischen Kultur des Landes zu verdanken. In der Kultur, aber auch zum Teil im Wissenschaftsbetrieb – dort vor allem in den Sozialwissenschaften – war die Linke noch eine gewisse Zeit hegemonial.

In Deutschland wird z.B. im Unterschied zu Nordamerika die Erinnerung an das nunmehr 40 Jahre zurückliegende Jahr 1968 zu einem großen Kultur- und Medienereignis aufgebauscht. Im herrschenden Kulturbetrieb wird die Erinnerung überwiegend von den Konservativen bestimmt, die seit 40 Jahren auf ihre »Revanche für 68« warten. Sie wollen der »Abwicklung« des realen Sozialismus nunmehr auch die dem Sozialismus nahestehenden Denkrichtungen in der Geschichte der Bundesrepublik hinzufügen. Dabei herrscht die Tendenz zur Kriminalisierung (und Psychologisierung – besser: Psychopathologisierung) der Linken vor. Der Terror der RAF wird so als scheinbar notwendige Konsequenz des Aufbegehrens der Jugend im Jahre 1968 abgeleitet. Der Vorwurf, dass die »68er« den »Werteverfall« in der Gesellschaft eingeleitet haben und insofern für alle Defizite unserer Gesellschaft in der Gegenwart (vor allem den angeblichen Leistungsverfall) verantwortlich seien, wird ausgerechnet von Leuten wie dem Chefredakteur der *Bild*-Zeitung, Kai Diekmann, erhoben, der in seinem Blatt die billigste und schmierigste sexistische Reproduktion von Werteverfall als tägliches Geschäft betreibt. Die Rechte bedient sich natürlich auch gerne der »Renegaten«, also derjenigen ehemaligen Linksradikalen, die heute wahrscheinlich noch an den Fehleinschätzungen und an den ultrarevolutionären Phrasen leiden, die sie vor 40 und 30 Jahren (z.B. beim Abfeiern des Regimes von Pol Pot in Kambodscha, das u.a. die Intellektuellen liquidierte) verbreitet haben. Diese werden bevorzugt in TV-Shows geladen, um Parallelen zwischen der faschistischen Jugendbewegung des Jahres 1933 und der antiautoritär-revolutionären Jugendbewegung des Jahres 1968 zu behaupten. Andere wiederum wollen für ihr »schreckliches Jahrzehnt« (z.B. in der Führung des Kommunistischen Bundes Westdeutschland (KBW) büßen, indem sie den jungen Menschen predigen, dass sie im 21. Jahrhundert nicht den Versuchungen des Sozialismus und Kommunismus anheim fallen sollen. Sie sind ideologisch zu willfährigen Propagandisten der herrschenden Verhältnisse degeneriert und legitimieren damit auch den Aufstieg eines beträchtlichen Teils der einst ultralinken Revolutionäre der frühen 1970er Jahre – für die Joseph Fischer nur der Prominenteste ist – in die herrschende Klasse ihres Landes. Wäre die Bilanz von 1968 aus den Biographien der Akteure von einst (z.B. auch von dem Faschisten Horst Mahler) zu erschließen, so würde diese natürlich differenziert, aber doch überwiegend vernichtend ausfallen müssen. Allerdings ist der Streit darüber, wer denn 1968 Recht hatte, müßig; denn aus der Sicht der Gegenwart ist es sehr viel wichtiger, wie die Menschen in diesen 40 Jahren die Erfahrungen von 1968 verarbeitet und sich in der Politik der Linken positioniert haben.

Weiterhin fällt bei der Behandlung von »68« im herrschenden Kulturbetrieb auf, dass diejenigen linken Kräfte innerhalb und außerhalb des SDS, die zu den so genannten Traditionalisten gezählt wurden und die den »linken Radikalismus« der Fraktion um Rudi Dutschke kritisierten, beharrlich beschwiegen werden. Diese Kräfte haben in der Antinotstands- und der Ostermarschbewegung das Bündnis mit dem linken Flügel der Arbeiter- und Gewerkschaftsbewegung gesucht und in den 1970er Jahren – auch international – engere Beziehungen zu den sozialistisch/sozialdemokratischen bzw. kommunistischen Parteien ihrer Länder entwickelt. Von den Ultrarevolutionären wurden sie stets als »Reformisten« attackiert und bemitleidet:

- In den Hochschulen z.B. setzten sie sich für Mehrheiten ein, damit marxistische Professorinnen und Professoren berufen werden konnten.
- Als Lehrerinnen und Lehrer in den Schulen haben sie für die Schul- und Erziehungsreform, als Erzieher und Erzieherinnen für neue nicht-autoritäre Formen der Erziehung gewirkt.
- Sie beteiligten sich an den Theoriedebatten im Zeichen der »Marxismusrenaissance« dieser Jahre: über das Verhältnis von Intelligenz und Arbeiterklasse, über Geschlechterbeziehungen, über Staat und Imperialismus sowie über die Emanzipationsbewegungen in der »Dritten Welt«; auch frühe Beiträge zur Ökologiedebatte entstanden in diesem Zusammenhang.[3]
- Sie gründeten Zeitschriften und Verlage, die zum Teil bis heute bestehen.
- Sie arbeiteten in den Gewerkschaften – zuerst in der Jugend- und Bildungsarbeit der Gewerkschaften; aber auch in der Lehrlingsbewegung – für die Entwicklung von Klassenbewusstsein und Kampffähigkeit aus den Betrieben heraus, für marxistische Kapitalismuskritik und für eine kritische Aufarbeitung der Gewerkschaftsgeschichte.

Die aktuelle »Erinnerungspolitik« zeichnet sich schließlich durch die Tendenz aus, die in der Tat explosionsartigen Ereignisse des Jahres 1968, mit denen niemand gerechnet hatte, aus dem historischen Kontext herauszulösen. Dabei wird Ereignisgeschichte im schlechten Sinne betrieben, die dann noch – geradezu unvermeidlich – zur Personalisierung neigt. Die Bedeutung von »68« für die Linke in der Gegenwart ist jedoch nur dann hinreichend zu erschließen, wenn sie im Kontext einer für das ganze Jahrzehnt zwischen 1965 und 1975 charakteristischen historischen Umbruchskonstellation angegangen wird. Das heißt: Ohne

[3] Diese Aktivitäten kommen im gleichsam offiziellen Erinnerungsrummel und bei den »Abwicklern« der Geschichte überhaupt nicht mehr vor. Man erfährt viel mehr über die Kommunebewegung und die esoterischen Sekten als z.B. über: Wolfgang Abendroth und seine Marburger Schüler, darunter auch Dieter Boris und seine Arbeiten und Projekte im Bereich der marxistischen Lateinamerikaforschung; über die von Peter von Oertzen nach Hannover berufenen Soziologen und Politologen aus dem Frankfurter SDS (Seifert, Negt, Vester u.a.); über Jörg Huffschmid und die Bremer »Memo-Gruppe«; Elmar Altvater und das Projekt »Prokla«; Joachim Bischoff und das Projekt Klassenanalyse; den VSA-Verlag und die Zeitschrift »Sozialismus«; über Frigga und Wolfgang Fritz Haug und »Das Argument«, die Gramsci-Edition und das Historisch-Kritische-Wörterbuch des Marxismus (HKWM), über Klaus Holzkamp und das Projekt »Kritische Psychologie«; über Joachim Hirsch, die Zeitschrift »Links« und das Offenbacher Büro, heute: links-netz; schließlich auch die Arbeiten des Instituts für Marxistische Studien und Forschungen (IMSF) in Frankfurt unter der Leitung von Jupp Schleifstein und Heinz Jung. Bei diesen Personen bzw. bei den mit ihren Namen verknüpften Projekten fällt die »Bilanz von 68« deutlich positiver aus; denn sie engagieren sich – sofern sie noch leben – auch heute noch als Sozialistinnen und Sozialisten!

den Begriff der Vorgeschichte und ohne die Wirkungsanalyse bleiben auch die Ereignisse des Jahres 1968 unbegriffen.[4] Wenn wir die Ereignisse in Paris und in Frankreich zwischen März und Mai/Juni 1968 – als das »Epizentrum« jener Erschütterungen begreifen, die das Jahr 1968 auszeichneten (Hobsbawm), so wird schon deutlich, dass die Aktionen der Studierenden, die in Nanterre begannen und dann im Quartier Latin um die Sorbonne explodierten, die repressive Antwort des Staates und der sechswöchige Generalstreik der französischen Arbeiterklasse in einem sehr engen – natürlich auch widersprüchlichen – Zusammenhang stehen und dass dabei gerade in Frankreich die politischen und ideologischen Nachwirkungen der Kolonialkriege (zuerst in Indochina, dann in Algerien) die Kritik an den herrschenden Verhältnissen verstärkt hatten.

Im folgenden Abschnitt werden zentrale Aspekte der durchaus widersprüchlichen Bedeutung dieses Zeitabschnittes angesprochen, um auf diese Weise auch Anknüpfungspunkte für die aktuelle Debatte um die Aneignung des »Erbes von 68« zu beleuchten.

1. Das Jahrzehnt markiert einen Epochenbruch, der den Akteuren des Jahres 1968 meist noch nicht bewusst war. Vom »Ende der Nachkriegszeit«, der »Rekonstruktionsperiode« oder des »Wirtschaftswunders« wurde – auch mit Blick auf die Wirtschaftskrise von 1966/67– viel gesprochen. Gleichzeitig zeigten sich erste Risse in den ideologischen Frontstellungen des Kalten Krieges, d.h. die Bindekraft des Antikommunismus erodierte. Viele junge Menschen empfanden Sympathie für die kubanische Revolution (1958ff.), in der der »Che-Mythos« geboren war. Durch den Algerienkrieg und dann mit dem Vietnamkrieg verloren sie ihren Glauben an die ideologische Selbstbeschreibung von »freien Nationen« wie Frankreich und die USA. In der Welt der sozialistischen Staaten war der »Prager Frühling« und seine Niederschlagung im August 1968 ebenfalls eine deutliche Zäsur; denn von nun an (bis zu Gorbatschows »Perestroika« der 1980er Jahre) war der Weg innerkommunistischer Reformen mit dem Ziel der Demokratisierung und der Steigerung der ökonomischen Effizienz blockiert. Gleichwohl wurde erst mit den Währungskrisen im Übergang zu den 1970er Jahren, mit der Auflösung des Bretton Woods-Abkommens und der Privatisierung der Weltgeldrolle des US-Dollars, schließlich mit der Weltwirtschaftskrise von

[4] Im Band 3.1. meines Buches »Politisches Denken im 20. Jahrhundert« habe ich den Versuch unternommen, das Jahrzehnt zwischen 1965 und 1975 als eine »Zeit des Übergangs« in diesem Sinne zu analysieren und dabei auch die Rolle der Studentenbewegungen von 1968 zu erfassen (Frank Deppe: Zeit des Übergangs (1965-1975). Die Erosion der alten Ordnung, in: ders., Politisches Denken im Kalten Krieg, Band 1: Die Konfrontation der Systeme, Hamburg 2006, S. 171-223.

1974/75 und dem Übergang zur Massenarbeitslosigkeit sukzessive eingesehen, dass das so genannte Golden Age vorbei war.

Dass damit mit weitreichenden politischen und sozialen Konsequenzen der Übergang von der fordistischen Formation des Kapitalismus zum internationalen Finanzmarkt-Kapitalismus sowie die Transformation des nationalen keynesianischen Wohlfahrtsstaats zum »Wettbewerbsstaat« verbunden war, wurde erst im Übergang zu den 1980er Jahren allmählich begriffen. Nunmehr wurde deutlich, dass sich einerseits die »neuen sozialen Bewegungen« abschwächten und andererseits die politische und gewerkschaftliche Linke, die in den 1970er Jahren in Westeuropa an Macht gewonnen hatte, einer schweren Niederlage entgegenging. Erst langsam wurde begriffen, dass die Wahlsiege von Thatcher und Reagan keine »Zufallsereignisse«, sondern die politische Absicherung einer neuen hegemonialen Konstellation waren, die bald als »neoliberale Hegemonie« bezeichnet wurde. Die sozialökonomischen Krisen- und Transformationsprozesse dieser Epoche wurden zwar in der Linken diskutiert. Gleichwohl versagte sie international vor der Aufgabe, diese Transformation und den Charakter dieser Krisenprozesse – z.B. die ab Mitte der 1970er Jahre anhaltende Massenarbeitslosigkeit und ihre Wirkungen – strategisch richtig zu verarbeiten. Das war einer der Gründe für ihren Niedergang seit den späten 1970er Jahren. Die »neuen sozialen Bewegungen« waren in den 1970er Jahren noch von der Radikalität der 68er-Bewegung geprägt (radikaler Feminismus, radikale Ökologiekritik). In den 1980er Jahren wurde diese Radikalität – d.h. die Verbindung zwischen Einpunktorientierung und Kapitalismuskritik – aufgegeben.

2. Viele 68er bezogen sich positiv auf die »Kulturrevolution« in der VR China.[5] Sie (*wir*; ich bekenne mich ebenfalls zu diesem Irrtum) verkannten gründlich den politischen Charakter dieser Kampagne, die im Wesentlichen ein Machtkampf an der Spitze der KP Chinas war und unzählige Opfer forderte. Die Liquidation von kritischem Denken und die Reduktion von »Theorie« auf primitive Formeln wurde als ein revolutionärer Aufbruch der roten Garden, die im Auftrage Maos die »Revolution in Permanenz« vorantreiben, idealisiert. Darin kündigte sich schon früh eine verhängnisvolle Selbstverleugnung von Intellektuellen an, die wenig später im Verfallsprozess der Bewegung immer deutlicher zutage trat. Und doch ist die »Bewegung von 68« in den Metropolen

[5] Als ich Rudi Dutschke zum ersten Mal hörte – es war auf der SDS-Delegiertenkonferenz des Jahres 1965 in Frankfurt, bei der ich vom damaligen SDS-Vorsitzenden Helmut Schauer beauftragt war, eine Resolution zur Zusammenarbeit mit den Gewerkschaften zu begründen, sprach er über die Kulturrevolution in China. Er wollte damit bewusst auch einen Kontrapunkt zu der traditionalistischen Strategie der Bindung der sozialistischen Intellektuellen an den linken Flügel der real existierenden Arbeiterbewegung setzen.

nicht ohne jene ganz andere »Kulturrevolution« zu begreifen, die schon in den späten 1950er Jahren mit Elvis Presley und dem Rock'n'Roll, den Beatles und den Rolling Stones – aber auch mit dem Free Jazz – begann. Nur Che Guevara hat es geschafft, als Revolutionär und als Pop-Ikone zu überleben. Es war die Rebellion gegen das herrschende Wertesystem des Kalten Krieges und der »Wirtschaftswundergesellschaft«, die sich in der Begeisterung für die Musik, in der Enttabuisierung und Befreiung der Sexualität einen Ausdruck verschaffte. Die Musiker selbst begriffen sich und ihre Musik als politisch (z.B. in der Kritik des Vietnamkrieges) und sie demonstrierten den Bruch mit alten Konventionen oftmals auf äußerst provokative Weise. Dieses Bedürfnis nach Freiheit stand im Zusammenhang mit tiefgreifenden sozialökonomischen und kulturellen Veränderungen in den entwickelten kapitalistischen Gesellschaften[6]: auf der einen Seite die »Bildungsexplosion«, auf der anderen Seite der »Konsumkapitalismus«, der das protestantisch-asketische Arbeitsethos durch eine hedonistische Orientierung auf Lustgewinn zu verdrängen schien (Daniel Bell). Auch diese »Kulturrevolution« war äußerst zwiespältig: Auf der einen Seite zielte sie auf einen Zugewinn an individueller Freiheit, Selbstbestimmung sowie auf Solidarität und Gleichberechtigung in den sozialen Beziehungen; auf der anderen Seite war sie von Anfang an Teil einer gewaltigen kapitalistischen Kommerzialisierung dieser Kultur (von der Musik bis zur Sexualität), die immer auch deren kritische Impulse abtöten musste. Wenn heute behauptet wird, dass sich gesellschaftliche Modernisierungsprozesse auch ohne »68« durchgesetzt haben, so kann gerade am Beispiel der Enttabuisierung der Sexualität gezeigt werden, dass deren Kommerzialisierung (im Extrem bis zur Entstehung der Pornoindustrie) alle emanzipativen Momente der »sexuellen Revolution« (etwa im Geiste von Wilhelm Reich) gründlich zerstörte.

3. Im Unterschied zu vorangegangenen radikalen oder revolutionären Bewegungen spielten weltweit Studierende und ihre Organisationen – in der BRD war es der SDS – in den Bewegungen der 1960er und 1970er Jahre eine herausragende Rolle. Die Studierenden revoltierten gegen den »Muff von tausend Jahren« unter den Talaren der Professoren, von denen die meisten in den »tausend Jahren« nach 1933 ins Amt gekommen waren. Sie protestierten gegen den »Bildungsnotstand« – vor allem aber gegen die autoritären Verhältnisse an den Hochschulen (»Ordinarienuniversität«). Immerhin haben die Studierenden über einen längeren Zeitraum hinweg in den Gremien der Universitäten ihre

---

[6] Eric Hobsbawm hat diese Dimensionen einer kulturellen Revolution, die schon Anfang der 1960er Jahre einsetzte – verbunden mit den Implikationen der »Pille« für die Beziehungen zwischen den Geschlechtern und vor allem für die Befreiung der Frauen – im »Zeitalter der Extreme« eindringlich dargelegt.

demokratischen Rechte wahrgenommen – verglichen mit heute, mit der »Verbetriebswirtschaftlichung« (Zeuner) des Studiums wie der Hochschulorganisation, war dies ein erheblicher Zugewinn an Demokratie, Wissenschaftspluralismus und Kultur, der nicht verantwortlich für den Verfall der Universitäten war, der heute allenthalben beklagt wird. Allerdings stießen ihre Forderung nach der Abschaffung der quasi-feudalen Ordnarienuniversität auch in der herrschenden Klasse auf offene Ohren; denn der exportorientierte westdeutsche Kapitalismus brauchte mehr Techniker, Ingenieure und auch Manager, die ihre Qualifikation nicht beim Biersaufen im Verbindungshaus, sondern (vielleicht sogar) in den Aktivitäten der APO erworben hatten.

In den Aktionen der Studierenden und ihrer strategischen Interpretation spielten – zunächst sehr kleine – politische Organisationen der Linken (Sozialisten, Kommunisten, Linkssozialisten etc.) eine führende Rolle. Sie verbanden – wie der SDS vor 1968 – die Kritik an den Strukturen der Universität und der Ausbildung mit dem Kampf gegen die Notstandsgesetze, d.h. für Demokratie, die Forderungen der Friedensbewegung nach atomarer Abrüstung und die Unterstützung des vietnamesischen Volkes im Kampf gegen den US-Imperialismus. Gleichzeitig hatte eine neue Debatte über den Nachkriegskapitalismus, über die »Überflussgesellschaft« (Galbraith), über antikapitalistische Strukturreformen und neue Strategien der Arbeiterbewegung (André Gorz), über die »wissenschaftlich-technische Revolution«, über den demokratischen Sozialismus (Prag 68) und die Arbeiterselbstverwaltung (Jugoslawien), über Imperialismus und Dritte Welt usw. begonnen.

Dabei spielten Intellektuelle und Theoretiker eine wichtige Rolle, die der so genannten Neuen Linken zugerechnet wurden. Nach der sowjetischen Intervention in Ungarn 1956 waren viele Intellektuelle aus den kommunistischen Parteien im Westen ausgetreten. In den 1960er Jahren fanden sie sich in Zeitschriften und Konferenzen, zum Teil auch in eigenen Organisationen zusammen, die vor allem in den Universitäten Einfluss hatten. Zu dieser Gruppe von linkssozialistischen Intellektuellen gehörten z.B. Jean-Paul Sartre, Simone de Beauvoir, André Gorz, Serge Mallet, Henri Lefebvre aus Frankreich; natürlich auch Louis Althusser (mit Etienne Balibar und Nicos Poulantzas: »Das Kapital lesen«); in Italien die Linken aus dem PCI (Pietro Ingrao, Rossana Rossanda, bald bei »Il Manifesto«) sowie Lelio Basso, der einerseits Vorsitzender des PSIUP, der Partei der »proletarischen Einheit«, war, andererseits seit 1964 – in mehreren Sprachen – das »International Socialist Journal« herausgab, in dem alle hier Genannten schrieben. In Italien formierten sich aber auch die »Operaisten« (Mario Tronti, Antonio Negri) und es bereitete sich die Gramsci-Renaissance vor; Perry Anderson mit der Zeitschrift »New Left Review«, Ralph Miliband (»Socialist Register«), Eric P. Thompson und Eric Hobsbawm aus Großbritannien; Ernest Mandel aus Belgien; Herbert Marcuse und Paul M. Sweezy aus den USA; in Deutschland z.B. Wolfgang Abendroth, Hans Mayer und Ernst Bloch. Weniger in der Praxis, als vielmehr in der theoretischen Debatte spielten die Schriften der »Frankfurter Schule« (auch aus den 1930er Jahren) eine bedeutende Rolle. Die Arbeiten von Theodor W. Adorno und des jungen Jürgen Habermas wurden international rezipiert – und auf den internationalen sozialistischen und marxistischen Konferenzen der 1970er Jahre waren jüngere Intellektuelle aus der Bundesrepublik – wie Elmar Altvater, Wolfgang Fritz Haug und Oskar Negt – vertreten.

Es war die Rezeption dieser Debatten (z.B. in der »neuen kritik« des SDS), über die die praktischen Kämpfe der Studierenden mit einer allgemeinen Kapitalismus- und Imperialismuskritik verbunden wurden. Mit der Auflösung des SDS und dem Überschreiten des Höhepunktes der antiautoritären Bewegung – Übergang in die Parteigründungs- und K-Gruppen-Phase der frühen 1970er Jahre – wurden diese theoretischen Bindungen zur »Neuen Linken« in den meisten Organisationen abgeschnitten. Dabei verkam in der Regel die Theoriearbeit. Stattdessen hatten entweder im akademischen Diskurs höchst abstrakte Rekonstruktionen der »Kapitallogik« oder relativ primitive Theorievarianten – Zusammenbruchs- und Faschisierungstheorien – Konjunktur. Auch darin spiegelte sich letztlich Niedergang und beginnender Verfall.

4. Schließlich ist diese Periode durch eine »Wiedergeburt« der zuvor totgesagten Arbeiterbewegung und die Zuspitzung von Klassenkämpfen in verschiedenen Ländern charakterisiert. Es gab also eine – bis dahin nicht gekannte – Parallelität von Studierenden- bzw. Intellektuellen- und Jugendbewegungen auf der einen und den gewerkschaftlichen und politischen Kämpfen der Arbeiterbewegung auf der anderen Seite. Das im vergangenen Jahr herausgekommene Buch vom Bernd Gehrke und Gerd-Rainer Horn »1968 und die Arbeiter. Studie zum ›proletarischen Mai‹ in Europa« hat den Aufbruch sehr gut dokumentiert und analysiert. Im Jahre 1971 erschien im Rowohlt-Verlag das Buch »Klassenkämpfe in Westeuropa«, in dem Detlev Albers (über Italien), Werner Goldschmidt (über Frankreich) und Paul Oehlke (über Großbritannien) die neuen Entwicklungen sehr gründlich analysierten. Dem Generalstreik in Frankreich (Mai/Juni 1968) folgte der »Heiße Herbst« in Italien 1969, die militanten Aktionen der britischen Shop Stewards und die großen Streiks der Bergarbeiter in den 1970er Jahren sowie die Massenstreiks (von Intellektuellen und Arbeitern), die zum Zusammenbruch der Diktaturen in Griechenland, Portugal und Spanien beitrugen. Selbst in der fast streikfreien Bundesrepublik wurden die spontanen »Septemberstreiks« des Jahres 1969 und die Streikwelle Anfang der 1970er Jahre von vielen als eine Art »Wiedergeburt« einer kämpferischen Arbeiterbewegung gefeiert – auch dies war eine gewaltige Übertreibung!

Die beiden französischen Soziologen Luc Boltanski und Ève Chiapello haben in ihrer Studie über den »Neuen Geist des Kapitalismus« (1999) zwischen der »Künstlerkritik« und der »Sozialkritik« unterschieden. Die Künstlerkritik steht für die Kritik der Entfremdung und die Forderung nach Autonomie: Sie wird vor allem den Intellektuellenbewegungen zugerechnet. Die Sozialkritik wurde vor allem in den Kämpfen der Gewerkschaften um höhere Löhne, Arbeitszeitverkürzung, Ausbau von sozialen Leistungen und Mitbestimmungsrechten vertreten.

Der »neue (neoliberale) Geist« des Kapitalismus habe sich – so Boltanski und Chiapello – Elemente der »Künstlerkritik« (individuelle Freiheit und Autonomie) angeeignet – und mit der neoliberalen Offensive auf dem Felde der Politik zugleich die Positionen der Sozialkritik (einschließlich der Macht der Gewerkschaften) substantiell geschwächt. Gleichwohl trifft die These, derzufolge sich die Kämpfe der Arbeiter und Gewerkschaften auf die »Sozialkritik« beschränkten, nur teilweise zu. In allen Ländern wurden – sehr unterschiedlich nach den Schwerpunkten – Fragen der Veränderungen der politischen und gesellschaftlichen Kräfteverhältnisse aufgeworfen, die zum Teil weit über die gleichsam »klassischen« Gewerkschaftsforderungen hinausgingen:

- In Großbritannien vertraten die militanten Shops Stewards das Konzept der »Arbeiterkontrolle« (Workers' Control);
- In Frankreich veränderte sich die Machtkonstellation des Jahres 1968 nach den Wahlen vom Juni und dem Sieg der politischen Rechten völlig. Anfang der 1970er Jahre jedoch vereinbarten Sozialisten und Kommunisten ein Gemeinsames Regierungsprogramm der Linken, das weitreichende soziale und politische Reformen auf die Tagesordnung setzte (Sozialisierung, Investitionslenkung, Erweiterung der Mitbestimmung, Sozialsysteme, Bildungssystem, Kultur etc.).
- In Italien wurde in den Streikwellen der 1970er Jahre nicht nur die Machtfrage auf der Ebene des Betriebes gestellt. Gleichzeitig wurde die Wohnungspolitik in der Gemeinde, Bildung, Kultur etc., vor allem aber die Frage der »Arbeiterdemokratie« (Trentin) politisiert. Der »Eurokommunismus«, dem kein Erfolg beschieden war, thematisierte zumindest zentrale Probleme einer Strategie sozialistischer Veränderungen in den westeuropäischen Kapitalmetropolen mit langer demokratisch-parlamentarischer Tradition.
- In Portugal wurde das Salazar-Regime durch eine Revolution gestürzt. Hier trat die Frage der sozialistischen Transformation unmittelbar auf die Tagesordnung der aktuellen Kämpfe. Auch der Zusammenbruch der Diktaturen in Griechenland und Spanien wurde durch Massendemonstrationen und Massenstreiks von Studierenden und Arbeitern in diesen Ländern beschleunigt. Gleichzeitig wurde der faschistische Putsch gegen die demokratisch legitimierte Regierung des Sozialisten Salvador Allende in Chile

zur Herausforderung für all jene linken Kräfte, die sich zu dieser Zeit auf Regierungsbeteiligungen vorbereiteten.

- In den skandinavischen Ländern gab es Debatten über eine Machterweiterung der Gewerkschaften. Am weitesten ging dabei der so genannte Meidner-Plan, der die Einrichtung eines großen – aus Unternehmergewinnen finanzierten – Fonds forderte, der von den Gewerkschaften mitverwaltet werden sollte und der im Bereich der Sozial-, Regional- und Kulturpolitik tätig werden sollte.
- Selbst in der Bundesrepublik politisierten sich die Gewerkschaften – nicht nur in den zahlreichen (von so genannten wilden Streiks begleiteten) Lohnkämpfen der frühen 1970er Jahre, sondern auch durch politische Interventionen der Gewerkschaften auf den Feldern der Bildungspolitik, vor allem der Berufsausbildung von Jugendlichen, der Mitbestimmung, der Humanisierung der Arbeit usw. Die Debatte über Investitionslenkung als einer sozialistischen Übergangsforderung an die Wirtschaftspolitik der Regierung erfasste in den frühen 1970er Jahren selbst weite Teile der regierenden SPD.
- In fast allen Ländern gab es Theoriedebatten über das Verhältnis von Arbeiterklasse und Intelligenz. Darin reflektierte sich einerseits die neue Bedeutung der Bewegungen und Kämpfe der Intellektuellen nach 1968. Andererseits ging es um eine Klassenanalyse, die vor allem zwei wesentliche Veränderungen zur Kenntnis nehmen – und strategisch reflektieren – musste: a) das Anwachsen der lohnabhängigen Mittelschichten (die nicht nur als – durch eine Hochschulausbildung qualifizierte – Techniker und Ingenieure, sondern auch als Sozialwissenschaftler für das Funktionieren des modernen Kapitalismus unentbehrlich geworden sind); und b) der sich abzeichnende Bedeutungsverlust des alten Kerns der industriellen Arbeiterklasse.

Gerade auf diesem Gebiet – also der Politik, die über die »Sozialkritik« zu Ansätzen der Infragestellung der herrschenden Machtverhältnisse überging – gibt es noch vieles aufzuarbeiten und wieder zu entdecken; denn die Reformulierung des »Sozialismus im 21. Jahrhundert« in der entwickelten kapitalistischen Welt wird immer auch diese Erfahrungen – natürlich auch die Wege der so genannten Künstlerkritik – aufarbeiten müssen. Und noch eines ist sehr wichtig: Es war nicht allein die Erschöpfung der Wachstumsreserven (und damit verbunden der Profitratenfall) im fordistischen Kapitalismus, die zum globalen Protest beitrug. Schließlich errangen die antiimperialistischen Befreiungsbewegungen in diesen Jahren in der »Dritten Welt« Siege, die weltweit die Positionen sozialistischer und eben antiimperialistischer Kräfte stärkten. Es war aber auch das Potenzial einer Veränderung sichtbar geworden, das gleichsam die Grenzen kapitalistischer Herrschaft in den Metropolen mit parlamentarischen Traditionen selbst traf: z.B. die Debatte über Investitionslenkung im Zusammenhang einer Erweiterung der

Machtpositionen von Arbeitervertretern im Betrieb. Gramscis Vorstellungen über den Kampf um den Aufbau einer neuen Hegemonie und den damit verbundenen »Stellungskrieg« haben sich in den Kämpfen der frühen 1970er Jahren vielfach konkretisiert. Die Linke hat es allerdings im Laufe der 1970er Jahre nicht vermocht, diese Potenziale strategisch zu nutzen. Im Gegenteil, sie verzichtete unter dem Druck der beginnenden ökonomischen Krisenprozesse und der Massenarbeitslosigkeit, aber auch in der Erwartung einer Regierungsbeteiligung auf eine Radikalisierung ihrer Forderungen und der Arbeiterkämpfe. Vor allem in Italien – dem Land mit der größten kommunistischen Partei in einem entwickelten kapitalistischen Land des Westens – wurde so der Auflösungsprozess der PCI eingeleitet, der noch heute die italienische Linke belastet. Entscheidend war jedoch, dass innerhalb der herrschenden Klasse ein Strategiewechsel vollzogen wurde, der den fordistischen Klassenkompromiss durch eine – vor allem wirtschaftspolitische – Strategie der Konfrontation mit der Linken und der Arbeiterbewegung ablöste. Diese neue neoliberale Herrschaftskonstellation, die sich mehrheitlich in den 1980er Jahren durchsetzte und den Sozialismus (auch aufgrund seiner immanenten Widersprüche) in eine tiefe Krise trieb, beschäftigt uns bis heute im Zusammenhang der Neugründung der Linken.

Welche Erkenntnisse vermag die historische Aufarbeitung und Bewusstmachung dieses ereignisreichen Jahrzehnts – mit 1968 als seinem »Epizentrum« – vermitteln?

In den Kämpfen dieser Jahre sind sozialistische Transformationsperspektiven für entwickelte kapitalistische Gesellschaften jenseits der staatsozialistischen Systeme angedacht und auch praktisch angefangen worden. Die Demokratisierung der Institutionen – nicht nur der Hochschulen, sondern auch in den Staatsapparaten selbst und z.B. bei den Rundfunkanstalten und Zeitungsredaktionen – sowie die »Politisierung« des Privaten – vor allem der Geschlechterbeziehungen – die Kritik des Patriarchalismus, die die feministische Bewegung zuspitzte, aber auch die Öffnung für eine Kritik des Kapitalismus bzw. der industriellen Zivilisation, die die Naturgrundlagen menschlicher Existenz zu zerstören droht – alle diese Ansätze und Anstöße sind für den Sozialismus des 21. Jahrhunderts gleichsam selbstverständliche Voraussetzungen geworden. Heute wäre die Frage nach der Rolle der lohnabhängigen »Wissensarbeiter« in den Auseinandersetzungen um die Veränderung von Machtverhältnissen im Kapitalismus zu erneuern. Die Intellektuellen haben in den Kämpfen der Jahre nach 1968 auch die Frage der Subjektivität und der Autonomie thematisiert – und damit das Thema Sozialismus und Freiheit auf die Tagesordnung gesetzt – durchaus im Sinne jenes Satzes aus dem »Manifest« von Marx und Engels, nach dem eine »Assoziation« anzustreben ist, »worin die freie Entwicklung eines jeden die Bedingung für die freie Entwicklung aller ist.«

Für die Intellektuellen wiederum war es entscheidend, dass sie die Schranken des bloß intellektuellen und kulturellen Radikalismus erkannten. Ohne Bündnisse mit den bewussten Teilen der Arbeiterklasse sind keine relevanten Veränderungen in den bestehenden Machtverhältnissen durchzusetzen. Intellektuelle, die nicht ihr eigenes Denken und Handeln mit der sozialen Lage und den Kämpfen der subalternen Klassen zu verbinden vermögen, neigen zum Ultraradikalismus und scheitern in der Regel nach kurzer Zeit, um sich dann oftmals von der Politik ganz zu verabschieden oder in die Ränge der Eliten aufzusteigen. Den jungen Intellektuellen von heute sollten vor allem die Selbstzerstörungsprozesse vieler Intellektueller in den 1970er Jahren eine Warnung sein. Aus dieser Erfahrung resultiert auch die Erkenntnis, dass sozialistische Transformationsperioden nicht ausschließlich, aber doch wesentlich mit einem Programm der Demokratisierung von unten und der Veränderung der sozialökonomischen Verhältnisse verbunden sein müssen, die Perspektiven der Verbesserung der Arbeits- und Lebensbedingungen der Lohnabhängigen sowie der Ausgegrenzten aufzeigen.

Rainer Rilling

We don't do empire

Die parallel laufenden Prozesse der Herausbildung und Expansion der neoliberalen Konfiguration des Kapitalismus und der inneren Krise der staatssozialistischen Länder mündeten nach dem Systemumbruch 1989/1991 in ein schnelles Ende des kurzen Jahrhunderts der radikalen Systemkritik. Gleichzeitig endete auch die bisher unbekannte, sich bis in das »Totale« steigernde Dimension des Kampfes zwischen diesen Systemen. In den letzten zwei Jahrzehnten schob sich dann immer deutlicher eine neue Frage in den Vordergrund: Welche politische Ordnung bildet sich in der grundsätzlich neuen Situation einer globalen kapitalistischen Ökonomie heraus, die eine weltweite rechtliche und politische Form benötigt, in der sich sowohl staatliche und private Herrschaftsverhältnisse artikulieren?

Nach einer knappen Triumphzeit eines »Ende der Geschichte« (Fukuyama) wurde die räumliche Expansion eines radikalliberalen Kapitalismus in der Leitformel von der »Globalisierung« zusammengefasst. Die Frage nach einem weltweiten Arrangement dieser Ordnung wurde so in erster Linie ökonomisch aufgefasst – schließlich war ja auch die Transformation einer maroden staatssozialistischen Ökonomie in eine kapitalistische Form die zentrale Aufgabe der 1990er Jahre. Die Linke war angesichts ihrer tiefen Niederlage zunächst auch mit ihrer Selbstzerlegung und Neuerfindung beschäftigt und hatte wenig Muße, diese Frage auch nur zur Kenntnis zu nehmen.

USA: Konturen der Imperialität

Der herausragende Ort der neuen Reflexion, politischen Strategieformulierung und machtpraktischen Positionierung war folgerichtig die USA, die zu diesem Zeitpunkt als einzige Macht zu Produktion einer imperialen Weltordnung fähig war. Daher war es kein Zufall, dass die Transformation zum globalen Kapitalismus von vielen Beobachtern und Machtakteuren zugleich als Amerikanisierung interpretiert wurde. Innovative linke theoretische Annäherungen, etwa von David Harvey, Giovanni Arrighi oder Michael Hardt, Robert Cox, Stephen Gill, Peter Gowan, Susan Strange oder Kees van der Pijl, Leo Panitch und William I. Robinson, entstanden auch fast nur im angloamerikanischen Raum. Dort stellte sich nicht nur unmittelbar nach 1989/91 sowie dem Krieg im Irak die praktische

Frage nach der Beurteilung einer amerikanischen Macht, deren Hauptfeind abhanden gekommen war. Zugleich war auch mit den Neokonservativen eine einflussreiche politische Strömung sichtbar geworden, die gemeinsam mit den unter Reagan neu aufgestiegenen Militärs frühzeitig einen radikalen Unilateralismus propagierte und sich in der Wissenschaft gegen die liberale Abteilung der realistischen Schule in Szene setzte. Der liberale, zum Teil auch linke Diskurs über den *american decline*, der sich fast 15 Jahre gehalten hatte, brach Anfang der 1990er Jahre ab und die ganz andere These von einer bislang ungesehenen Machtposition der USA in der »neuen Weltordnung« gewann rasch an Überzeugungskraft. Der kulturelle und ökonomische Liberalismus der Clintonzeit verdeckte diese politische Wendung im Selbstverständnis der liberalen US-Eliten und ihrer Intellektuellen, die vor allem seit Mitte der 1990er Jahre dann auch in eine explizite Politik des Interventionismus einmündete.

Verantwortlich für diese Wende waren aber die Akkumulations- und Expansionsdynamiken der *New Economy* der zweiten Hälfte der 1990er Jahre und der Aufstieg einer mit den liberalimperialen außenpolitischen Eliten konkurrierenden rechtsimperialen Herausfordererlinie. Diese Strömung war Mitte der 1970er Jahre entstanden und ein Vierteljahrhundert später an der Macht angekommen. Sie war vor allem die Trägerin der Debatte um eine neue ausgreifende Theorie und Praxis der politischen Ordnung der neuen Welt. Die neokonservativen *warriors* stellten ihre »konzeptiven Ideologen« und Medienintellektuellen, hinzu kamen altrepublikanische Rechte, die alte rassistische und antietatistische Rechte, die fundamentalistischen Evangelikalen, reaganitische Militärs, Big Business und marktradikale Neoliberale. Als Machtkörper dieser politischen Strömung fand sich also ein komplexes Bündnis zusammen. Außenpolitisch formulierte diese Allianz ein rechtsimperiales Konzept im hegemonialen Neoliberalismus, das sie der klassischen liberalimperialen Strömung des »liberalen Internationalismus« entgegensetzte. Dieses wurde im frühen 20. Jahrhundert mit dem *informal empire* als die modernste Form imperialistischer Raummacht erfunden und als Ordnungsmodus kapitalistischer Großräume gegen das damalige scharf konkurrierende rechtsimperiale (konservativ-völkische) Projekt des *Formal empire* durchgesetzt. Nach 1945 bestand dieses *informal empire* über drei Jahrzehnte hinweg im Kampf gegen den Antagonisten UdSSR und gegen dessen eigenes geopolitisches wie ökonomisches Projekt der Durchsetzung eines staatssozialistischen Großraums.

Mit der zweiten Regierung Bush ist diese neue rechte Strömung in den USA an die Regierungsmacht gekommen, die sie bis etwa 2006 weitgehend kontrollierte. Insbesondere Teile der außenpolitischen sowie die repressiven Staatsapparate (Justiz- und Innenministerium, Außenministerium, das neue Ministerium für innere Sicherheit [Homeland Security], Pentagon) und das Energieministerium gingen den eher liberal ausgerichteten Eliten weitgehend verloren. Auch die Spitzenpositionen in Erziehung und Bildung sowie der Justiz kamen unter die Kontrolle der politischen Rechten. Zwar gelang es nicht, dieses politische *Realignment* zu einer mit dem Projekt des liberalen New Deal vergleichbaren Reorganisation der staatlichen Regulationsweise und des sozialstaatlich akzentuierten Vergesellschaftungsmodus auszuweiten. Dazu waren die gesellschafts- und wirtschaftspolitischen Präferenzen der einzelnen Gruppierungen der Allianz der Rechten unter Bush zu unterschiedlich. Außerdem fehlte es an einer verbindenden strategischen Kultur, die eine Duldung unterschiedlicher Positionen weitergetrieben hätte zu einer Identifizierung mit einem Bündel moralischer Werte, sozialer Priorisierungen und politischer Zielsetzungen, die dann eine stabile soziale Basis für die Akzeptanz und Unterstützung des Kurses der Administration Bush geschaffen hätten. Dies war lediglich im Teilbereich der Außenpolitik und des Krieges bis 2005/6 gelungen. Doch der drei Jahrzehnte lange Aufstieg dieser Generation der »politischen Krieger« (Corey Robin) entwickelte dennoch eine solche Kraft, dass die tiefe Krise ihres zentralen Projekts – des Irakkrieges und der Etablierung einer kraftvollen unmittelbar US-amerikanisch dominierten Machtzone im Mittleren Osten – zwar die politische Rechte in eine tiefe Legitimationskrise stürzte, ihre politischen Machtpositionen jedoch nicht grundlegend erschütterte. Daher bildete sich seit 2006 in den USA eine politische Kompromissstruktur zwischen liberal- und rechtsimperialer Strömung heraus, die den Ausgang der Wahlen 2008 überdauern wird. Ihre pragmatische Grundlage ist der richtungsübergreifende Konsens zum neoliberalen marktpolitischen Grundansatz und zur Ressourcensicherungspolitik und zur Verhinderung einer neuen Hegemonialkonkurrenz mit Russland, China oder sogar Europa.

In den Jahren 2002 und 2003 interpretierten viele liberale Beobachter die Entstehung und Durchsetzung der Kriegsprojekte der Bush-Administration schlichtweg als Ausdruck eines *hijacking* des Regierungsapparates durch eine kleine *coterie* von Neokonservativen. Und ebenso wird seit 2006 das erzwungene Ausscheiden prominenter neokonservativer Schlüsselfiguren kurzweg als Zusammenbruch dieser Strömung interpretiert. Hier wird deren Einbindung in die politikstrategische Tradition US-amerikanischer Weltordnungspolitik ignoriert und versäumt, die lange Zeit des politischen Aufstiegs dieser Strömung seit Mitte der 1970er Jahre in den Blick zu nehmen, die sich parallel zur marktpolitischen Radikalisierung des amerikanischen Liberalismus vollzog. Es war auch hier eine komplexe, ungewöhnlich breite Akteursstruktur, welche den US-amerikanischen Neoliberalismus aus der Taufe hob. Es waren der *dixie capitalism* des Südens (Jan Nederveen Pieterse), das *dollar wallstreet-regime* (Peter Gowan) des Nordens, die staatsverwobene Militärökonomie und Kriegerkultur des Kalten Kriegs und die Ideologen aus der Mont-Pelerin-Society oder der Chicago School und ihrer Vorläufer mit ihrer marktenthusiastischen Zielkultur, die den global werdenden Neoliberalismus der 1980er und 1990er als ein neues politisches Projekt konfigurierten und ihm seine politische Reichweite gaben. Die USA blieben daher ein zentraler Ort der Selbstradikalisierung des Liberalismus als auch der *rifondazione* der globalen politischen Rechten.

Bei dieser Kompromisskonstellation geht es eher um eine Machtteilung zwischen politischen Strömungen und den von ihnen vertretenen zentralen Projekten als um eine Aufteilung der Repräsentanz unterschiedlicher Elitegruppen oder Kapitalfraktionen. Die Ausnahme hiervon bilden die stabile Präferenz der Rüstungsindustrie, des Agrobusiness und der extraktiven Industrie für die politische Rechte und der Schlüsselkonzerne der Technik- und Inhaltsabteilungen der Kommunikationsindustrie sowie des Sozialsektorkapitals für die Liberalen. Dass ein umstandsloser, gar unmittelbarer Kurzschluss zwischen imperialen Entwicklungskonzepten und -strategien und den Zyklen der Kapitalreproduktion bzw. die sie repräsentierenden sozialen Akteursgruppen gezogen werden kann, ist nicht haltbar. Weder die Wandlungen in der Staatsintervention und der Regulierungsweise, noch die Brüche in den Konfigurationen des Imperialismus oder tiefgreifende historische Schocks wie die Weltwirtschaftskrise 1929, die Finanzmarktkrise 2007/8, die beiden Weltkriege oder weitreichenden Sprünge in der Produktivkraftentwicklung (Nuklearenergie, Mikroelektronik, Internet) haben die Strukturierung der imperialen Dimension des Raumes der »auswärtigen« oder »internationalen« oder »globalen« oder »planetaren« Politik durch »rechts«- und »liberalimperiale« Projekte nachhaltig beeinflusst. Es gibt in der übergreifenden Langzeitdimension der Imperialität offenbar gleichsam dauerhafte Strukturen und Projekte, (Konkurrenz-)Beziehungen und Zyklen, die sich weitgehend autonom auf den Bereich des Politischen selbst beziehen. Diese bestimmen allerdings entscheidend die Kräfteverhältnisse zwischen ihnen und ihre jeweilige Legitimationskraft.

Grundrisse

Imperiale Ordnungen dauerten einst Jahrhunderte. Sie waren fundamentale Ordnungen in der Weltgeschichte. Imperien sind aufgestiegen und niedergegangen – doch sie sind auch alt geworden, oftmals über Jahrhunderte. Sie sind eine grundlegende Institution der politischen Moderne. Ebenso wie es sie in vorkapitalistischer Zeit gab und in der Zeit des aufsteigenden Kapitalismus, so gab es sie in der Zeit des Imperialismus. So hatten sie eine Lebenszeit, die viele Nationalstaaten Europas noch nicht erreicht haben. Über zweitausend Jahre charakterisierten sie nicht nur den europäischen Kontinent. Die Hauptakteure in der globalen Politik waren im Großteil der Geschichte Imperien und keine Staaten. Vor einem Jahrhundert waren fast alle Territorien außerhalb Europas und dem amerikanischen Kontinent formell oder informell beherrscht von einer guten Hand voll Staaten (im wesentlichen England, Frankreich, Deutschland, Holland, Italien, USA, Belgien und Japan). Die Sprache der Imperialität war alltäglich. Festzuhalten ist, dass die Wandlung mancher kapitalistischer Gesellschaften in imperialistische Ordnungen dann immer wieder auch imperiale Projekte hervorgebracht hat. Doch ebenso wie es viele kapitalistische Staaten gab, die kaum imperialistisch genannt werden konnten oder solche Qualitäten nur schwach ausgebildet hatten, gilt dies für den Zusammenhang von »Imperialismus« und »Imperialität«. Einst existierten Imperien, aber sie hatten kapitalistische oder vorkapitalistische Ordnungen, keineswegs aber einen »Imperialismus« als Grundlage. Und es gab imperialistische Staaten, deren imperiale Qualität kaum ausgebildet war – eine Situation, die heute selten anzutreffen ist und deshalb auch kaum noch bedacht wird. Die kapitalistisch geprägte Weltordnung der Gegenwart hat die politische Ökonomie des imperialistischen Kapitalismus nicht abgeworfen, sondern immer wieder verändert. Wo es um die Beziehungen zwischen den vielen und den starken, imperialistisch organisierten Kapitalismen geht, kommt Imperialität ins Spiel. Die Beziehung oder Eigenschaft des Imperialen meint die Stellung und aktive Positionierung eines sozialen, ökonomischen oder politischen Subjekts zur Welt und ihrer herrschaftlichen Gestaltung. Die Qualitäten, welche eine imperiale Unternehmung ausmachen, haben unterschiedliches Gewicht und jedes dieser Merkmale für sich genommen findet sich auch in anderen Kapitalismusvarianten und Nationalstaaten. Zwar wird man zur Unterscheidung grundlegender Typen der Imperialität – wie etwa Ellen Meiksins Woods *Empire of Capital* – deren Eigentumsverfassung heranziehen müssen und deshalb Imperien nicht nur im Raum des Politischen verorten. Dennoch gibt ein solcher Hinweis auf die Dimension der Eigentumsverfassung noch kein Bild von den typischen, charakteristischen und besonderen Merkmalen dieser politischen Form. Imperien sind eigene politische Einheiten. Sie sind mehr als Staaten – allerdings kommen sie heute ohne diese nicht aus, weshalb Imperien schon seit langem ohne ständige Ausprägung von Staatlichkeit nicht mehr existieren. Sie sind auch nicht einfach nur supranationale ökonomische Netzwerke – aber ohne weiträumige Beziehungen der Aneignung und Ausbeutung von Arbeitskraft, Ressourcen und Waren haben sie keinen Bestand. Imperien sind Gebäude der Souveränität und der Mächtigen und nicht der Machtlosen. Sie sind eine »zusammengesetzte politische Einheit« (Charles Tilly), welche die Einheit der illusionären imperialen Gemeinschaft mit innerer Vielfalt und Vielheit kombiniert. Bei imperialen Strukturen kommt die Unterscheidung zwischen Zentrum und Peripherie ins Spiel, also eine Beziehung zwischen ungleichen Positionen,

Ressourcen, Akteuren, Möglichkeiten. Es geht um Asymmetrie, Hierarchie und Ungleichheit. Imperien ordnen sich hierarchisch, was sie sicherlich mit anderen Ordnungen verbindet. Imperiale Hierarchien gruppieren allerdings Macht entlang geographischer Linien der Über- und Unterordnung und schaffen dabei eine Struktur, bei der die Beziehung zwischen Zentrum und peripheren Orten jene zwischen diesen Orten grundsätzlich überragt. Ungleichheit durch Aneignung ist das zentrale Merkmal dieser Beziehung. Der formelle oder informelle Operationsmodus des Souveräns reicht weit und tief. Sie haben die Fähigkeit, Macht global zu projizieren, *exit* aus dem eigenen Machtraum zu verhindern und sind bestrebt, den Unterschied zwischen diesem und »dem Rest der Welt« möglichst auf Dauer zu sichern. Fragen des Raumes, der Expansivität und der Grenzen von Herrschaft stehen bei imperialen Projekten daher im Mittelpunkt, weniger das Problem der Legitimität. Denn letztlich verstehen sich imperiale Projekte als grenzenlos. Imperien haben zwar Grenzen, aber keine konsensual inszenierten Demarkationslinien wie der Territorialstaat. Maßlosigkeit ist ihr einziges Maß. Logiken der Ausdehnung und Aneignung sind ihnen eigen, gleichgültig welche Machtbasis sie haben. Werden diese Logiken brüchig, erlahmt ihr zentraler Impuls. Die immer wieder neue Arbeit an Unterscheidungen zwischen Innen und Außen, Zivilisation und Barbarei, Zugehörigkeit und Ausschluss mitsamt den dazugehörenden Bemühungen durch Krieg, Recht, Ökonomie und Kultur sie durchzusetzen, welche die Geschichte der imperialen Projekte immer begleitet, zeigt diesen ständigen Impuls der Ausdehnung und Auslöschung der veralteten Unterscheidungen, also das Grundmoment der Expansion. Die Veränderung des Raumes gehört zum Wesen des imperialen Projekts. Imperien sind nicht, sie werden. Die Bevölkerung ist vom Sinn deren Ausweitung überzeugt. Imperien bauen auf Sicherheitsgewinn und Machtzuwachs durch Expansion, welche die Wurzel ihrer Prekarität und Spannung, des ständigen Streits zwischen Machtkonzentration im Zentrum und Zerstreuung der Macht zur Sicherung der Expansion und neuer Grenzüberschreitung ist. Das andauernde Ineinanderwirken von Deterritorialisierung und Reterritorialisierung, von Exklusion und Inklusion ist die oft unmerkliche Bewegungsform von Imperialität. Imperien müssen heute aber auch bereits aus ressourcenpolitischen Gründen eine territoriale Basis haben, die sich (im Unterschied etwa zu den einstigen Handelsimperien Holland oder Spanien) durch Größe auszeichnet – weitaus mehr als in der Zeit des entstehenden Kapitalismus kommt es heute auf die global relevanten Ressourcen und deren komplexes »Hinterland« an. Die Skalierung der Macht ist daher ein Schlüsselfaktor der Imperialität. Es hängt aber vor allem vom Charakter der Arena ab, ob ein Spieler imperialen Zuschnitt bekommt: Imperien haben hiernach im Unterschied zu anderen Akteuren immer einen Bezug zu dem, was »Welt« ist. Es geht um Weltordnung – »*Empires are in the business of producing world order*«

(Charles Maier). »Welt« selbst nun ist natürlich ein historisches Konstrukt und fällt erst seit dem letzten Jahrhundert mit der Realdimension des »Planeten« zusammen. Zur Bestimmung des Imperialen gehört also nicht nur eine *economics of scale* der Ressourcenmobilisierung, sondern auch die Absicht und die wirkliche Fähigkeit zur Welt-Ordnung, also ein Transformationsanspruch, der auf eine neue Geographie des Globalen zielt. Die Fähigkeit, Weltordnung zu bilden ist die Potenz, welche Imperien von anderen Ordnungen unterscheidet. Gegenwärtig sind die USA der einzige Nationalstaat, der in diesem Sinne ein imperiales Projekt verfolgt. Staaten allerdings sind, wie erwähnt, nicht die einzigen global bestimmenden Akteure mit souveräner Macht.

Betrachtet man diese spezifische, eben imperiale Dimension des Politischen, dann unterscheidet sich deren Gestalt, Funktionsweise, Kultur und zeitliche Grundform offenbar von nationalstaatlichen und anderen politischen Figuren. Und seit weit über einem Jahrhundert existieren sehr hartnäckig traditionsstarke liberal- und rechtsimperiale Projekte, deren kulturelles Set, politisches Design und partiell sogar soziale Trägerschaft die verschiedensten formativen Konstellationen überdauerten und auch keineswegs notwendig für spezifische Akkumulationsregimes oder -typen stehen, sondern unterschiedliche politische Räume besetzen. Zur anhaltenden neoliberalen Transformation des fordistischen Kapitalismus gehören daher unterschiedliche imperiale Projekte, die sich nun seit über drei Jahrzehnten am deutlichsten in der Auseinandersetzung zwischen liberal- und rechtsimperialen Richtungen verdichten. Die Auseinandersetzung fokussiert sich auf jenes Land, das als Einziges gegenwärtig ein »realistisches« imperiales Projekt verfolgt – eben die USA. Fragt man, wie sich die Positionen und Strömungen dieser langen Auseinandersetzung um die Gestaltung der imperialen Ordnung oder Gliederung der Welt gegenwärtig voneinander unterscheiden, dann geht es nicht um die Fähigkeit, Macht global zu projizieren, den imperialen Raum auszudehnen, *exit* aus dem eigenen Machtraum zu verhindern und den Unterschied zwischen diesem und »dem Rest der Welt« möglichst auf Dauer zu sichern. Dies sind gemeinsame Geschäftsgrundlagen.

Charakteristisch für die rechtsimperiale Richtung war der schnelle Übergang zu einer räumlich wie zeitlich entgrenzten Kriegskonzeption durch die Referenz auf den »Krieg gegen den Terror«, die große Spielräume für militärisches Handeln ermöglichte. Dabei wurde mit einer neuen moralischen »Grammatik« des Krieges operiert, in dessen Zentrum ein militarisierter Nationalismus und eine auf Massenmobilisierung zielende Rhetorik des Krieges stand. Der Einsatz von militärischer Gewalt als Instrument der Außenpolitik und »Erzwingungsdiplomatie« (*coercive diplomacy*) wurde als Instrument exzessiver Machtsteigerung normalisiert. Gesetzt wird auf eine Politik der strategischen Prävention, die tendenziell von Aggression nicht mehr zu unterscheiden ist und deren Nuklearpolitik sich auch gegen Kontrahenten richtete, die noch keine nuklearen Kapazitäten haben. Indem die Prävention von der taktischen auf die strategische Ebene verlagert wurde, wandelte sich die Doktrin einer Politik des letzten Auswegs in eine primär offensive Strategie. Neben der Politik des entgrenzten Krieges und der strategischen Prävention hat sich als drittes Moment dieses rechtsimperialen Paradigmas ein neues souveränes Projekt etabliert, wonach die USA in hohem Maße inter- bzw. transnational ausgerichtete Regelungen umgehen oder ignorieren müsse. Es geht um die Etablierung formeller Ungleichheit im Staatensystem. Die USA beanspruchen danach eine exzeptionelle Position, die anderen nicht zusteht – einen *double standard* (Koh) oder *American exemptionalism* (Ruggie). Die Norm der formalen souveränen Gleichheit von Staaten, auf welcher das internationale Recht beruht, wird zurückgewiesen. Ein Konzept differenzierter Souveränität wird explizit verfochten. Die Kehrseite des souveränistischen Projekts und seiner zivilreligiös fundierten Kultur der Selbststärkung und der Suprematie (»Exzeptionalismus«) ist die Ab- und Entwertung trans- und internationaler Regime. Praktisch bedeutet dies die Relativierung des zentralen Herrschaftsmodus informeller Imperialität, nicht über, sondern durch Staaten und Staatensysteme zu herrschen. Hier geht es um die Erneuerung der Tradition des *formal empire.* Es sind also nicht Differenzen in der grundsätzlichen Zielsetzung – Sicherung des Weltkapitalismus und des amerikanischen Primats, also des *American Way of Globalism* – und erst recht kein gravierender Ordnungswechsel hin zu einem grundsätzlich neuen Kapitalismus oder Imperialismus, auch nicht eine Aufgabe einer Politik der *markets and missiles,* sondern substantielle politikmethodische und verfahrenspolitische, aber auch moral- und diskurspolitische Unterschiede, die den Bruch zwischen diesen Strömungen markieren. Diese Differenzen zwischen rechts- und liberalimperialer Strömung hatten auch nach 2006 Bestand. Politisch macht die offenbare Kraft der rechten, neuimperialen Strömung es sehr unwahrscheinlich, dass die vor allem seit 2005 im Kräftefeld des amerikanischen Liberalismus immer stärker aufkommende Dynamik der inneramerikanischen Kriegskritik in eine grundsätzliche Infragestellung der bisher dort hegemonialen Positionen übergeht: Wo geht es um die Akzeptanz gemeinsamer Regimes kollektiver Sicherheit? Wer gibt den Anspruch auf, global zu definieren, wen die »Weltgemeinschaft« als »Feind« zu betrachten habe? Wer verzichtet auf die Fähigkeit und Chance militärischer Alleingänge? Gibt es grundlegende Differenzen im Weltbild und der Aufteilung dieser Welt in Hegemonialrivalen (z.B. Russland und China), *swing states* (z.B. Türkei), »Problemstaaten« (z.B. Venezuela) und »Feindstaaten« (z.B. Iran)? Wer verzichtet auf atomare Kriege oder gar nukleare Bewaffnung selbst? Wer nimmt die beträchtliche Zerstörung der Rüstungskontrollregime durch die Vereinigten Staaten seit den 1990ern zurück? Wer optiert für ein dezidiertes Projekt der Ab- und Entrüstung? Bei der

Sicherung der imperialen Kampfzone und ihrer Gewaltmittel sind keine tiefen Risse zu erkennen. Der Wunsch nach Veränderung variierte seit 2005 nur in einem einzigen Manöver: wie die Niederlage der USA im Irakkrieg doch noch in einen Machtgewinn umgemünzt werden könne.

Imperien gehen nun sicherlich wegen einer Niederlage in einem Regionalkrieg nicht unter – aber die USA haben ein rasch wachsendes Macht-, Ressourcen- und Legitimationsproblem. Viele glauben dem Gerede nicht mehr: »*We don't do empire*«, so Donald Rumsfeld im März 2003. Sie sind zudem mit anderen Mächten konfrontiert, die entweder eigene Regeln aufbauen (Europa) oder dieselben Regeln besser spielen (China). »Die Welt wird multipolar sein« ist daher die Prognose nicht nur der früheren Außenministerin Madeleine Albright. »Selektive Weltherrschaft« (Czempiel) scheint gegenwärtig das Äußerste, was das Projekt »American Empire« zu leisten vermag. China, Indien, Russland, Brasilien gehören nicht zu dem liberalen westlichen Block der Japan, Südkorea, Kanada, Australien und weite Teile Europas umspannt. Sie sind demnach nicht in der Kernzone des American Empire. Sie betreiben vorsichtiges *hard balancing* – vor allem China, Indien und einzelne europäische und lateinamerikanische Staaten – oder deutliches *soft balancing*, indem sie die Kosten unilateraler Politiken der USA in die Höhe treiben und politische Präferenzen der USA in internationalen Organisationen konterkarieren – und ähnlich wie diese einer Abtretung nationalstaatlicher Kompetenzen an solche Organisationen widerstehen. Der taktische Rückzug und die nicht nur leichthändig verbalen Kurskorrekturen, welche die USA mittlerweile vor allem gegenüber Europa (insbesondere der BRD) unternahmen, reflektieren die Effekte dieser Balancearbeit. Zwar scheinen die USA trotz ihrer Stärkung nach dem Ende des Kalten Krieges gegenwärtig zu schwach, um eine globale Ordnung stabil zu institutionalisieren, die ihr ein dauerhaftes Primat sichert, das nicht herausgefordert werden kann. Doch andererseits sind sie zu stark, um konzedieren zu müssen, dass andere große Staaten und kapitalistische Zentren gemeinsam mit ihnen nach den Maßstäben eines kollegialen Managements des Globalkapitalismus kooperieren. Die USA sind nicht nur das, was man auf der Karte sieht, ein Land mit physikalisch identifizierbaren Grenzen, sondern sie sind ein Land, das »überall in der Welt arrangiert wird« (Rumsfeld), ein Amerika des *Americanism* und seiner Vektoren global projizierter Macht, in der Zugehörigkeiten und Ausschlüsse und Ausnahmen, Teilsouveränitäten und Territorialansprüche, Präsenz und Verschwinden, Ausbeutung und Reichtum, Aneignung und Ungleichheit im Raum und in der Zeit plaziert werden.

Konflikte

Freilich geht es bei der Beantwortung der Frage nach der Gestalt der neuen weltweiten politischen Ordnung nicht nur allein um diesen zentralen Konflikt zwischen den mächtigen Akteuren im Nationalstaat USA und ihre Fähigkeit, ihre jeweilige Hegemonialstellung in globale Gefolgschaft für die entsprechenden imperialen Richtungsoptionen umzumünzen. Vielmehr steht zur Frage,

- ob sich in dieser geschichtlich neuartigen Situation des Globalkapitalismus ein neues globales politisches Subjekt (z.B. eine »transnationale Bourgeoisie«) und eine neuartige kohärente globale politische Ordnung (»Empire«) etablieren können;
- ob es zur Neubildung eines »anarchisch-konkurrenzförmigen«, »pluralen«, wenngleich durchaus ungleich verfassten, hierarchisch geordneten und mehr oder weniger koordinierten Systems mit kooperativen Grundelementen kommen wird. In diesem könnte ein zentraler Akteur wie China oder eine Allianz, etwa der transatlantische oder gar globale »Norden«, eine neue »asiatische Allianz«, oder die »Supermächte« USA, China und die EU als die »*Big Three*« (Khanna) dominieren. Es könnte auch ein »globales Direktorium« (Kupchan) aus USA, EU, Japan, Russland und China eine dominierende oder hegemoniale Rolle spielen, die im heftigen Kampf um einige machtpolitisch relevanter *swing states* liegen, deren Orientierung darüber entscheidet, wer das Primat in der globalen Machtstruktur erlangt;
- ob doch ein einzelner traditioneller Akteur aufgrund seiner hegemonialen Position (»Hypermacht«) im historisch gewachsenen Machtfeld diese globale Rolle (»American Empire«) zu übernehmen vermag und konkret die USA imstande wären, ihr imperiales Projekt neu – eben global und mit neoliberalem Zuschnitt – zu initiieren und aufgrund ihrer unipolaren Position, ein Projekt der Ordnung der Welt nach eigenem Maß durchzusetzen;
- oder ob mittel- oder langfristig eine alternatives, kooperatives, nichthegemonial-demokratisches, friedliches und antiimperiales Projekt der »Selbstordnung« der Welt geschaffen werden kann.

Die Konflikte um diese Optionen prägen die gegenwärtige Weltordnung. Wir haben es gegenwärtig nicht mit einer imperialen Endzeit zu tun, wie es die Utopien von Hardt und Negri oder Fukuyama diagnostizierten. Wir leben vielmehr in einer langen Zeit der offenen Übergänge und strategischen Auseinandersetzungen. Unversehens sind politische Kämpfe inmitten der scheinbar so fest gefügten Konstellation des Neoliberalismus entbrannt. Die wachsende Delegitimation des Neoliberalismus ist nicht das einzige Zeichen der Zeit – mehr noch geht es um die strategischen politischen Richtungskämpfe, die im Rahmen und Raum des neoliberalen Kapitalismus zwischen seinen imperialen

(»planetaren«, »pluralen«, »singulären«) Akteuren ausgebrochen sind – die relativ schwachen »nichtimperialen« Protagonisten agieren hier noch in einer anderen Liga. Dieser Konflikt wird aller Voraussicht nach die nächsten Jahrzehnte bestimmen und es ist ungeklärt, welcher soziale Gehalt und welche politische Qualität dabei am Ende bestimmend sein werden. Eine Fülle von heterogenen Konstellationen und widersprüchlichen fragmentierten Formationen der Übergänge existiert schon heute, die das Aufeinanderstoßen dieser Akteure und ihrer Projekte reflektieren.

Imperien freilich, gleich welchen Zuschnitts – sie nützen nie den Eingeborenen. Doch die Manövriermasse und Opfer deren Politik haben in der Geschichte oftmals die so unüberwindlich scheinende imperiale *Herrschaft* hinter sich gelassen.

Literatur

Agnew, John (2005): Hegemony: The New Shape of Global Power, Philadelphia.
Arrighi, Giovanni (2007): Adam Smith in Beijing. Lineages of the Twenty-First Century, London/New York (dt.: Adam Smith in Beijing. Die Genealogie des 21. Jahrhunderts, Hamburg 2008).
Calhoun, Craig/Cooper, Frederick/Moore, Kevin M. (2005): Lessons of Empire. Imperial Histories and American Power, New York.
Colás, Alejandro/Saull, Richard (2006) (Hrsg.): The War on Terror and the American »Empire« After the Cold War, London/New York.
Colás, Alejandro (2006): Empire, Cambridge.
Cox, Robert W. (2003): Beyond Empire and Terror: Critical Reflections on the Political Economy of World Order, Sheffield.
Deepak, Lal (2004): In Praise of Empires. Globalization and Order, New York.
DeGrazia, Victoria (2005): Irresistible Empire: America`s Advance Through Twentieth Century Europe, Cambridge.
Gill, Stephen (2003): Power and Resistance in the New World Order, Basingstoke.
Hardt, Michael/Negri, Antonio (2000): Empire, Cambridge.
Harvey, David (2003): The New Imperialism, Oxford (dt.: Der neue Imperialismus, Hamburg 2005).
Harvey, David (2005): A Brief History of Neoliberalism, Oxford.
Howe, Stephen (2002): Empire: A Very Short Introduction, Oxford.
Kaindl, Christina et al. (2007) (Hrsg.): Kapitalismus reloaded: Kontroversen zu Imperialismus, Empire und Hegemonie, Hamburg.
Layne, Christopher (2006): The Peace of Illusions: American Grand Strategy from 1940 to the Present, Ithaca.
Lundestadt, Geir (2003): The United States and Europe Since 1945. From »Empire

by Invitation« to Transatlantic Drift, Oxford.
Maier, Charles S. (2006): Among Empires. American Ascendancy and Its Predecessors, Cambridge.
Mooers, Colin (2006) (Hrsg.): The New Imperialists. Ideologies of Empire, Oxford.
Panitch, Leo/Gindin, Sam (2004): Global Finance and American Empire, Montreal.
Pieterse, Jan Nederveen (2004): Globalization or Empire?, New York/London.
Plehwe, Dieter/Walpen, Bernhard/Neunhöffer, Gisela (Hrsg.) (2006): Neoliberal Hegemony. A Global Critique, New York.
Porter, Bernard (2006): Empire and superempire: Britain, America and the world, New Haven/London.
Reus-Smit, Christian (2004): American Power and World Order, Cambridge.
Rilling, Rainer (2008): Risse im Empire, Berlin.
Rilling, Rainer (2007): Imperialität. US-amerikanische Diskurse seit 9/11, in: Brie, Michael (Hrsg.): Schöne neue Demokratie, Berlin.
Robinson, William I. (2004): A Theory of Global Capitalism, Baltimore.
Smith, Neil (2005): The Endgame of Globalization, New York/London.
van der Pijl, Kees (2006): Global rivalries: from the Cold War to Iraq, London.
Wood, Ellen Meiksins (2003): Empire of Capital, London/New York.

Georg Fülberth

Die Permanenz der Eigentumsfrage[1]

Im Allgemeinen ...

»An die Stelle der alten bürgerlichen Gesellschaft mit ihren Klassen und Klassengegensätzen tritt eine Assoziation, worin die freie Entwicklung eines jeden die Bedingung für die freie Entwicklung aller ist.« (Marx/Engels 1969: 482)

An diesem berühmten Satz aus dem Manifest der Kommunistischen Partei gibt es einiges zu interpretieren.

Erstens fällt die männliche Fassung auf: »die freie Entwicklung eines jeden« erlaubt nach damaligem Sprachgebrauch nur die Ergänzung: »die freie Entwicklung eines jeden *Mannes*«. Das lässt sich reparieren, indem wir schreiben: »die freie Entwicklung eines jeden *Menschen*«.

Zweitens hat Stephan Hermlin auf einem Schriftstellerkongress der DDR durch das Bekenntnis überrascht, dass er bis dahin diese Stelle falsch gelesen habe, nämlich: »worin die freie Entwicklung *aller* die Bedingung für die freie Entwicklung *eines jeden* ist.« (Hermlin 1979: 20-23)

Tatsächlich aber scheint bei Marx und Engels das Individuum vor dem Kollektiv zu rangieren. Dies sollte allerdings in einer »Assoziation« geschehen. Peter Hacks, der Hermlin nicht leiden konnte, hat eine Übersetzung dieses Fremdworts angeboten: »Das mystische Marxwort von der ›Assoziation‹ wird minder neblig, wenn man das deutsche Wort hinzusetzt, das Marx damals einfach meinte: ›Genossenschaft‹.« (Hacks/Holz 2007: 71) Damit wäre eine ausschließlich individualistische Interpretation ausgeschlossen.

Hinzu kommt, dass Marx und Engels sich auch zur Eigentumsfrage äußerten: »Aber das moderne bürgerliche Privateigentum ist der letzte und vollendetste Ausdruck der Erzeugung und Aneignung der Produkte, die auf Klassengegensätzen, auf der Ausbeutung der einen durch die andern beruht. In diesem Sinn

[1] Dieter Boris hat nicht nur Studierende unterwiesen. Im Sommer 1980 übergab er mir sein Vorlesungstyposkript zur Entstehung und Entwicklung der bürgerlichen Gesellschaft, damit ich in einem Grundkurs hierzu überhaupt etwas anzubieten hatte. So kam ich zu diesem Thema. Mein Büchlein »G Strich – Kleine Geschichte des Kapitalismus« – ein Vierteljahrhundert später – wäre ohne seinen Anstoß nie entstanden. Möge er bitte anhand der hier vorliegenden Zeilen nachsichtig prüfen, ob ich wirklich etwas gelernt habe.

können die Kommunisten ihre Theorie in dem einen Ausdruck: Aufhebung des Privateigentums, zusammenfassen.« (Marx/Engels 1969: 475) Dies ist die Trennungslinie gegen die Liberalen, die ansonsten gegen eine freie Entwicklung eines jeden als Bedingung für die freie Entwicklung aller nichts einzuwenden haben.

Allerdings ist hier noch nichts darüber gesagt, wodurch denn das aufgehobene Privateigentum ersetzt werden kann. Marx und Engels haben das Problem selbst benannt: »*Was den Kommunismus auszeichnet, ist nicht die Abschaffung des Eigentums überhaupt, sondern die Abschaffung des bürgerlichen Eigentums.«* (Ebd.) Die Gleichung Assoziation = Genossenschaft gibt eine Richtung an, ist aber nicht konkret. Dies konnte aufgrund der anti-utopischen Denkweise von Marx und Engels auch gar nicht anders sein: Zukunft war nicht vorwegzunehmen.

Offenbar aber wurde damals – 1848 – an eine Phase gedacht, in der die Eigentumsfrage mit der Staatsfrage verbunden sein würde: »Wir sahen schon oben, dass der erste Schritt in der Arbeiterrevolution die Erhebung des Proletariats zur herrschenden Klasse, die Erkämpfung der Demokratie ist. Das Proletariat wird seine politische Herrschaft dazu benutzen, der Bourgeoisie nach und nach alles Kapital zu entreißen, alle Produktionsinstrumente in den Händen des Staats, d.h. des als herrschende Klasse organisierten Proletariats, zu zentralisieren und die Masse der Produktionskräfte möglichst rasch zu vermehren.« (Marx/Engels 1969: 481) Die zehn »Maßregeln«, die in den fortgeschrittensten Ländern nach der Revolution in Anwendung kommen sollten, zeigen den Staat vor allem als wirtschaftlichen Akteur (Ebd.). In der Inauguraladresse der Internationalen Arbeiterassoziation von 1864 werden schon Vergesellschaftungsprozesse im Kapitalismus genannt: die »gesetzliche Beschränkung der Arbeitszeit« – noch durch den bürgerlichen Staat! – schränkt die Verfügung der Unternehmer über ihr Privateigentum an Produktionsmitteln und fremder Arbeitskraft ein, die »Kooperativbewegung« brachte bereits eine erste Form der »assoziierten Arbeit« hervor (Marx 1968/16: 11f.).

Folgende Äußerung von Marx 1871 löste die bisherige Verbindung von Staat und einer ersten Form des Nicht-Privateigentums auf: »Aber die Arbeiterklasse kann nicht die fertige Staatsmaschinerie einfach in Besitz nehmen und diese für ihre eigenen Zwecke in Bewegung setzen.« (Marx 1968/17: 336) Die Staatsmaschine müsse sofort zerbrochen werden. Damit fällt ihre wirtschaftspolitische Funktion in der noch 1848 skizzierten Form weg und muss durch andere Formen der öffentlichen Gewalt ersetzt werden, als deren Merkmale Marx imperatives Mandat, Abberufbarkeit der Gewählten und Aufhebung der Gewaltenteilung nannte – Merkmale, die auch die Räte in Russland 1905 und 1917 aufwiesen. Welche Arten des Eigentums mit diesen neuen politischen Mitteln durchgesetzt werden, ist anhand der Pariser Kommune nicht behandelt worden. In den nur zwei Monaten ihrer Dauer hatte diese – anders als in der Staatsfrage – hierfür kein Anschauungsmaterial geliefert.

Bekanntlich ist auf die Oktoberrevolution keine Zerschlagung oder ein Absterben des Staates gefolgt, im Gegenteil: Die Exekutive wurde immer stärker. Gemessen an den Forderungen von Marx ist also das Staatsproblem nicht gelöst worden. Gleiches gilt für die Eigentumsfrage. Nichtbürgerliche Eigentumsformen waren hier Staats- und Genossenschaftseigentum, wobei letzteres in den Ländern des Rates für Gegenseitige Wirtschaftshilfe nur eine relativ untergeordnete Bedeutung hatte. Diese auf zwei Möglichkeiten beschränkte Enge (teilweise ergänzt durch Privateigentum) wurde offenbar der notwendigen Variationsbreite der Formen nicht-privaten Eigentums, der Lebensweisen und der Regelung öffentlicher Angelegenheiten, die einen »Verein freier Menschen« (Marx 1975: 92) ausmachen, nicht gerecht. In der Gorbatschow-Periode sprach man vom Staatseigentum als »herrenlosem Eigentum«. Richtig an dieser Behauptung war, dass die Masse der Gesellschaftsmitglieder keine Verfügung über die Produktions-, Zirkulations- und Dienstleistungsmittel hatte. Ideologisch ist sie insofern, als sie eine andere Tatsache verdeckt: Mittlerweile waren diese de facto schon in die Hände einer Nomenklatura geraten, die sich damit den Zugriff bei der nachfolgenden Privatisierung sicherte.

… im bürgerlichen Deutschland

In den bürgerlichen Gesellschaften ist das Privateigentum einerseits zwar in seinem Kern dogmatisiert worden, andererseits wurde es vielfältigen Modifikationen unterzogen. Für das Nachdenken über die künftige Gestaltung der Eigentumsordnung bieten diese ebenso wichtiges Material wie das vergangene staatssozialistische Experiment.

Schon Marx, ausführlicher aber Rudolf Hilferding und W.I. Lenin behandelten das Monopol als eine wichtige Variante. Hilferding hat bekanntlich in seinem opus magnum das Finanzkapital als eine neue Kategorie des Eigentums zu analysieren versucht.[2] Sie verband sich mit staatlicher Wirtschaftsaktivität (Verstaatlichung von Eisenbahnen, Schutzzölle, Bereitstellung von Infrastruktur). Letztere veranlasste den Nationalökonomen Adolph Wagner (1835-1917) zur Formulierung des »Gesetzes der wachsenden Ausdehnung der Staatstä-

[2] »Ich nenne das Bankkapital, also Kapital in Geldform, das auf diese Weise in Wirklichkeit in industrielles Kapital verwandelt ist, das Finanzkapital.« (Hilferding 1947: 305)

tigkeit« (Wagnersches Gesetz). Jahrzehnte später, in seinem 1944 erstmals erschienenen Buch, sah Karl Polanyi seit den 70er Jahren des 19. Jahrhunderts den Beginn einer »Great Transformation«, in der Geld, Boden und Arbeit ihres Warencharakters entkleidet und unter gesellschaftliche Verfügung gestellt würden (Polanyi 1978). Subjekte waren neben dem Staat die Gemeinden (in Großbritannien sprach man von »Gas- und Wassersozialismus«). Geringfügiger war der Beitrag von Genossenschaften. Die Kriegswirtschaften 1914-1918 und 1939-1945 beschleunigten staatliche Regulierungen von Produktion und Verteilung, die von den Befürwortern einer uneingeschränkten Marktwirtschaft als »kalte Sozialisierung« kritisiert wurden. Als in Deutschland 1917 der Mieterschutz verstärkt wurde, sprachen hoffnungsvolle Sozialdemokraten von »Kriegssozialismus«: Vermieter konnten nicht mehr unbeschränkt über ihr Eigentum verfügen. Das »Gesetz über den vaterländischen Hilfsdienst« (verabschiedet im Dezember 1916) gab Vertretern der Gewerkschaften durch die Errichtung von Kriegsausschüssen, Arbeiterausschüssen in den Betrieben und von Schlichtungsausschüssen marginale Mitsprachemöglichkeiten beim Einsatz nach wie vor privat verbleibender Produktionsmittel. Antrieb waren die Erfordernisse der Kriegswirtschaft. Zugleich wurde die Exekutive gestärkt, mithin die Institution, deren Zerschlagung Marx als eine Voraussetzung für die Eigentumsordnung im »Verein freier Menschen« bezeichnet hatte. Rudolf Hilferding (1924, 1925) sah das anders: Der »Organisierte Kapitalismus« sei dem vergesellschaftenden Zugriff durch die parlamentarische Demokratie zugänglich. Faschismus und Zweiter Weltkrieg zeigten, dass die terroristische Exekutive ihrerseits über die Produktionsmittel mitverfügen und zugleich die Raub- und Profitmaximierungsmöglichkeiten des privaten Großkapitals steigern konnte. Es blieb beim »Organisierten Kapitalismus«, allerdings nicht mehr im Sinne Rudolf Hilferdings.

Artikel 14 des Grundgesetzes von 1949 zeigt die Verschränkung von Privateigentum und seiner zumindest deklamatorischen gesellschaftspolitischen Einhegung:

»(1) Das Eigentum und das Erbrecht werden gewährleistet. Inhalt und Schranken werden durch die Gesetze bestimmt.

(2) Eigentum verpflichtet. Sein Gebrauch soll zugleich dem Wohle der Allgemeinheit dienen.

(3) Eine Enteignung ist nur zum Wohle der Allgemeinheit zulässig. Sie darf nur durch Gesetz oder auf Grund eines Gesetzes erfolgen, das Art und Ausmaß der Entschädigung regelt. Die Entschädigung ist unter gerechter Abwägung der Interessen der Allgemeinheit und der Beteiligten zu bestimmen. Wegen der Höhe der Entschädigung steht im Streitfalle der Rechtsweg vor den ordentlichen Gerichten offen.«

Das »Eigentum«, welches hier »gewährleistet« werden soll, ist unzweifelhaft das private. »Wohle der Allgemeinheit« ist weit interpretierbar und lässt gesellschaftspolitische Eingriffe schon diesseits der Enteignung zu. Hierher gehören die gewerkschaftliche Teilnahme durch das Bundesgesetz zur Montanmitbestimmung (1951), das Betriebsverfassungsgesetz (1952) und das Mitbestimmungsgesetz für die gesamte Großindustrie (1976).

Diese und andere Formen innerkapitalistischer Teilvergesellschaftung haben das Privateigentum scheinbar geschwächt, real aber in vierfacher Weise gestärkt:

1. Sie haben sozialistischen Enteignungen vorgebeugt.
2. Parallel zu ihnen und gefördert durch sie gewann das monopolisierte Großkapital in Deutschland an Umfang und Einfluss. Im Korporatismus von Unternehmen, Gewerkschaften und Staat war es – anders als die mittelständischen und kleinen Betriebe – einer von drei Akteuren.
3. Während der Rekonstruktionsperiode (Jánossy 1966: 16; 17) des »Goldenen Zeitalters« des Kapitalismus (Marglin/Schor 1991; Hobsbawm 1999: 283ff.) hatten in den am höchsten entwickelten kapitalistischen Ländern auch Lohnabhängige kleine Vermögen (Wohneigentum, Ersparnisse) erwerben können, die ihnen die Redensart, Eigentum sei »geronnene Freiheit«, plausibel erscheinen ließ und die
4. zur agitatorischen Rechtfertigung von Privatisierungen und dem Abbau von öffentlich-rechtlichen Systemen sozialer Sicherung dienten. Kommunale und staatliche Gewährleistung von Dienstleistungen und Daseinsvorsorge schienen durch private Eigenleistung ablösbar, und sei es nur für eine einzige Generation, in der das vorher Angesammelte wieder verausgabt werden konnte. Die nunmehr privatisierten öffentlichen Einrichtungen wurden zu Objekten einer »Akkumulation durch Enteignung« (Harvey 2005). Für Finanzdienstleister wurde die Gesundheits- und Altersvorsorge zur teilweise staatlich subventionierten Anlagesphäre (Riester-Rente). Vorangegangen war eine Diskreditierung staatlichen, kommunalen und genossenschaftlichen Eigentums sowie öffentlicher Gewährleistung aufgrund a) ihrer eher scheinbaren als tatsächlichen Unterlaufung durch kleines Privateigentum und b) ihrer Aushöhlung durch strategisch beabsichtigte Senkung der fiskalischen Einnahmen und Ausgaben.

Auf einen weiteren Aspekt der kapitalistischen Eigentumsentwicklung hat bereits 1990 Peter Hess hingewiesen. Schon Marx habe dargelegt, dass das Privateigentum auf zweierlei Weise beseitigt werden könne: positiv durch das Staatseigentum, negativ mit Hilfe des Kredits. Die negative Form – so Hess – sei im gegenwärtigen Kapitalismus dominant. Mit den »*Konzernen, Banken, Versicherungsgesellschaften, Investhäusern, Pension- und anderen privaten und staatlichen Geldfonds«* sei eine finanzkapitalistische Eigentumsform entstanden, welche eine weit effektivere Ressourcenallokation ermögliche als das Staatseigentum (Hess 1990: 22). Dies ist – so wäre zu ergänzen – unabhängig vom jeweiligen (keynesianischen oder marktradikalen) Wirtschaftsstil.

Blindstellen

In der kapitalistischen Transformation des Eigentums ebenso wie in deren marxistischer Kritik schienen zwei Eigentumsformen mittlerweile untergegangen: die Allmende und die Genossenschaften.[3]

Als 1525 die deutschen Bauern ihre »Gemeinheiten« (darunter freien Zugang zu Fischfang-Gewässern und Wäldern) gegen den Adel verteidigten, waren sie – anders als Friedrich Engels vermutete – nicht Träger einer dann scheiternden bürgerlichen Revolution, sondern sie traten tatsächlich – wie sie selbst formulierten – für das »gute alte Recht« ein: In der Dorfgemeinde gab es Gemeingut, das jetzt von den Adligen und den Territorialherren angegriffen wurde. Die Enclosures im England der ursprünglichen Akkumulation hoben nicht nur kleines Privateigentum auf, sondern auch bisherige kollektive Nutzungen.

Dies ist nicht nur ferne Vergangenheit. In der neuesten Phase des Kapitalismus – seit ca. 1973 – erfolgt wieder verstärkt »Inwertsetzung« (Altvater 1987) von bisherigen »freien Gütern« (das ist der in den Wirtschaftswissenschaften übliche Terminus für die Allmende, engl. commons): der Atmosphäre und der Gewässer, für deren Schädigung Verschmutzungsrechte gekauft werden, absehbar sogar des menschlichen Erbguts. Parallel dazu entsteht offenbar neue Allmende, z.B. das Internet, dies aber zugleich als Voraussetzung kapitalistischer Nutzungen und von Enteignungen einfacher Waren- und Dienstleistungsproduzenten (u.a. durch Entkräftung von Urheberrechten). Der feuilletonistische Scherz, Downloading sei eine Form des Kommunismus (Vardar 2008), sieht nur eine Seite dieses Vorgangs: die der Allmende. In ihrer ursprünglichen Form waren sogar die Sparkassen, die im juristischen Sinn keine Eigentümer haben, eine Allmende, die allerdings in der Gegenwart ausgehöhlt und beseitigt zu werden droht.

Die zweite Blindstelle im Nachdenken über nichtprivates Eigentum ergibt sich aus der im Laufe der Zeit zunehmenden Vernachlässigung der Genossenschaften in Theorie und Praxis des Marxismus. Sie waren hinter dem Staatseigentum kaum noch sichtbar (und im Sozialismus des sowjetischen Typs diesem deutlich untergeordnet). Dies gilt sogar für das jugoslawische Modell. Über den Genossenschaften stand ein diese garantierender Staat.

---

[3] Für Hinweise danke ich Urte Sperling.

Es gab im 19. Jahrhundert ein genossenschaftliches Denken und eine genossenschaftliche Praxis, die vom Staat absahen: im Frühsozialismus Fouriers und im Anarchismus Proudhons. Daraus folgte sogar eine Praxis: in den Siedlungen fourieristischer, owenistischer und proudhonistischer Provenienz in den USA. Dass sie keinen Bestand haben konnten, ist Ergebnis einer »Verfrühung«: Die Dynamik der industriellen Revolution saugte diese Genossenschaften auf. Ähnliches könnte über die Kibbuz-Bewegung des 20. Jahrhunderts gesagt werden, deren Austrocknung in der zweiten oder dritten Generation durch die Anreize eines entwickelten kapitalistischen Arbeitsmarkts und Konsum bedingt sein dürfte (Segev 2005: 98-108). Immer wieder bis in die Gegenwart beobachten wir genossenschaftliche Experimente, die über Nischen-Positionen nicht hinauskommen werden, solange das Privateigentum den Markt beherrscht. Im Bankwesen sind Genossenschaften seit dem 19. Jahrhundert eine Form des bürgerlichen Eigentums. Eine Neubelebung genossenschaftlicher Praxis in kapitalismuskritischer Absicht erfolgt in letzter Zeit durch Projekte der »Solidarischen Ökonomie« in Lateinamerika und Europa. Es ist tatsächlich ein Kontext vorzustellen, in dem Genossenschaften nicht nur Nischenwirtschaft sind. Wenden wir uns zum Schluss diesem zu.

… und im Verein freier Menschen?

Wir sehen: Seit dem »Manifest der Kommunistischen Partei« ist das Privateigentum einerseits ständig gestärkt worden, andererseits hat es seine Form immer weiter entwickelt.

Wer sich Gedanken macht über eine »Assoziation, worin die freie Entwicklung eines jeden die Bedingung für die freie Entwicklung aller ist«, wird dies in folgenden Punkten in Rechnung zu stellen haben:

1. Es sind Überlegungen über die Form öffentlicher Gewalt nötig, in denen die solcherart beschriebene Emanzipation möglich sein wird. Marx' Forderungen zur Zerschlagung oder dem Absterben des Staates sind zu konkretisieren und in ein Verhältnis sowohl zu liberalen und libertären Auffassungen von einer Rücknahme des Staates in die Gesellschaft zu bringen. Hier kann an die Überlegungen von Hess zur bisherigen »negativen« Aufhebung des Privateigentums angeknüpft werden. Wenn diese tatsächlich effektiver ist als die »positive« durch den Staat, dann sei es unsinnig, ihre Ersetzung durch Staatseigentum zu fordern. Eine nichtkapitalistische Entwicklung müsse stattdessen durch demokratische Planung, Wegsteuern der Profite und ihr Einfließen in staatliche und gesellschaftliche Fonds sowie »*wirkliche Demokratisierung, wirkliche Mitbestimmung und Bestimmung durch die Arbeiter,*

die wissenschaftliche Intelligenz und die Angestellten« erreicht werden. (Hess 1990, a.a.O.)

2. Formen des Eigentums können sein: a) staatliches, b) kommunales, c) genossenschaftliches Eigentum, d) nichtkapitalistisches Privateigentum, e) gesellschaftlich kontrolliertes Privateigentum an Kapital (Klein 2007).

Literatur

Altvater, Elmar (1987): Sachzwang Weltmarkt – Verschuldungskrise, blockierte Industrialisierung, ökologische Gefährdung – Der Fall Brasilien, Hamburg.

Hacks, Peter/Holz, Hans Heinz (2007): Nun habe ich Ihnen doch zu einem Ärger verholfen. Briefe, Texte, Erinnerungen, Berlin.

Harvey, David (2005): Der neue Imperialismus, Hamburg.

Hermlin, Stefan (1979): Abendlicht, Leipzig.

Hess, Peter (1990): Ausgangspunkte moderner Kapitalismuskritik, in: IPW-Berichte 1/1990, S. 33-39.

Hilferding, Rudolf (1924): Probleme der Zeit. Ein Geleitwort von Rudolf Hilferding, in: Die Gesellschaft. Internationale Revue für Sozialismus und Politik. Bd. 1. Berlin, S. 1-17.

Hilferding, Rudolf (1927): Die Aufgaben der Sozialdemokratie in der Republik, in: Sozialdemokratischer Parteitag 1927 in Kiel. Protokoll mit dem Bericht der Frauenkonferenz, Berlin, S. 165-184.

Hilferding, Rudolf (1947): Das Finanzkapital. Eine Studie über die jüngste Entwicklung des Kapitalismus, Berlin.

Hobsbawm, Eric (1999): Das Zeitalter der Extreme. Weltgeschichte des 20. Jahrhunderts, 3. Aufl., München.

Jánossy, Franz, unter Mitarbeit von Maria Holló (1966): Das Ende der Wirtschaftswunder. Erscheinung und Wesen der wirtschaftlichen Entwicklung, Frankfurt/M.

Klein, Dieter (2007): Die Linke und das Eigentum. Zur programmatischen Diskussion, in: Brie, Michael/Hildebrandt, Cornelia/Meuche-Mäker, Meinhard (Hrsg.): Die Linke. Wohin verändert sie die Republik? Berlin, S. 192-218.

Kuczynski, Thomas (2008): Grundfrage der Bewegung – ungelöst, in: junge Welt Nr. 45, 22. Februar 2008, S. 10-11.

Marglin, Stephen A./Schor, Juliet B. (Hrsg.) (1991): The Golden Age of Capitalism. Reinterpreting the Postwar Experience, Oxford.

Marx, Karl (1968/16): Inauguraladresse der Internationalen Arbeiter-Assoziation, gegründet am 28. September 1864 in öffentlicher Versammlung in St. Martin's Hall, Long Acre, in London. (= Marx, Karl/Engels, Friedrich: Werke. Herausgegeben vom Institut für Marxismus-Leninismus beim ZK der SED [MEW] Bd. 16), Berlin, S. 5-13.

Marx, Karl (1968/17): Der Bürgerkrieg in Frankreich. Adresse des Generalrats der Internationalen Arbeiterassoziation. (= Marx, Karl/Engels, Friedrich: Werke.

Herausgegeben vom Institut für Marxismus-Leninismus beim ZK der SED [MEW] Bd. 17), Berlin, S. 313-362.

Marx, Karl (1975): Das Kapital. Kritik der politischen Ökonomie. Erster Band. Buch I: Der Produktionsprozeß des Kapitals. (= Marx, Karl/Engels, Friedrich: Werke. Herausgegeben vom Institut für Marxismus-Leninismus beim ZK der SED [MEW] Bd. 23), Berlin.

Marx, Karl/Engels, Friedrich (1969): Manifest der Kommunistischen Partei. (= Marx, Karl/Engels, Friedrich: Werke. Herausgegeben vom Institut für Marxismus-Leninismus beim ZK der SED [MEW] Bd. 4), Berlin, S. 459-493.

Polanyi, Karl (1978): The Great Transformation. Politische und ökonomische Ursprünge von Gesellschaften und Wirtschaftssystemen, 2. Aufl., Frankfurt/M.

Segev, Tom (2005): 1967. Israels zweite Geburt, München.

Vardar, Melis (2008): Wie kommunistisch ist Filesharing?, in: Jungle World Nr. 6, 7. Februar, S. 5.

Die Autorinnen und Autoren

Joachim Becker, ao. Professor am Institut für Außenwirtschaft und Entwicklung an der Wirtschaftsuniversität Wien; Arbeitsschwerpunkte: Politische Ökonomie, Regulationstheorie, Lateinamerika, Osteuropa

Hans-Jürgen Bieling, Juniorprofessor für Europäische Integration am Institut für Politikwissenschaft der Philipps-Universität Marburg; Arbeitsschwerpunkte: Europäische Integration, Internationale Politische Ökonomie sowie Staats-, Politik- und Gesellschaftstheorie

Christina Deckwirth, wissenschaftliche Mitarbeiterin am Institut für Politikwissenschaft an der Universität Marburg; Arbeitsschwerpunkte: Internationale Politische Ökonomie, Europäische Integration, Handelspolitik und Privatisierung

Frank Deppe, Frankfurt am Main, bis 2006 Professor für Politikwissenschaft an der Universität Marburg; Arbeitsschwerpunkte: Politische Theorie, Geschichte und Politik der Arbeiterbewegung, Marxismus, Europäische Integration/Internationale Politische Ökonomie

Matthias Ebenau, Student der Politikwissenschaft in Marburg, verfasst zurzeit seine Diplomarbeit über den Widerstand gegen das CAFTA-DR Abkommen

Rainer Falk, Dipl.-Soziologe und Wirtschaftspublizist, Luxemburg, Herausgeber des Informationsbriefs Weltwirtschaft & Entwicklung (W&E)

Georg Fülberth, Kapitalistiker, Marburg

Therese Gerstenlauer, Studentin der Politikwissenschaft, Friedens- und Konfliktforschung und Religionswissenschaft an der Universität Marburg; Studienschwerpunkte: Lateinamerika (Guatemala, Mexiko), Geschlechterverhältnisse

Alke Jenss, Studentin der Politikwissenschaft, Friedens- und Konfliktforschung, Spanisch an der Universität Marburg; momentane Arbeitsschwerpunkte: Kolumbien, Lateinamerika, Staatlichkeit in der Peripherie

Ingo Malcher, Dr. phil., Politikwissenschaftler und Journalist, Hamburg; Arbeitsschwerpunkte: Lateinamerika und Finanzmärkte

Gert Meyer, Marburg

Bea Müller, Doktorandin an der Universität Marburg; Arbeitsschwerpunkte: Lateinamerika, feministische Theorie, Frauenbewegung

Clarita Müller-Plantenberg, Soziologin, Universität Kassel; Arbeitsschwerpunkte: soziale, wirtschaftliche und ökologische Auswirkungen von Großprojekten und solidarische Ökonomie sowohl weltweit als auch vor Ort

Urs Müller-Plantenberg, lange Jahre Dozent am Lateinamerika-Institut der Freien Universität Berlin, zuletzt Professor am Zentrum für Lateinamerika-Studien der Warschauer Universität für Soziologie; Arbeitsschwerpunkt: Politische Soziologie des südlichen Lateinamerika

Stefan Peters, wissenschaftlicher Mitarbeiter an der Universität Kassel; Arbeitsschwerpunkte: Lateinamerika (insb. Uruguay und Chile), Sozialpolitik, Nationalismus, Vergangenheitspolitik und Militärdiktaturen

Rainer Rilling, Soziologe, apl. Prof. an der Universität Marburg und wissenschaftlicher Referent im Bereich Politikanalyse der Rosa Luxemburg Stiftung in Berlin; Arbeitsschwerpunkte: Kapitalismusanalyse, internationale Beziehungen

Werner Ruf, Prof. Dr., Universität Kassel i. R. Internationale und intergesellschaftliche Beziehungen und Außenpolitik; Arbeitschwerpunkte: Friedensforschung, Nordafrika/Nahost, in jüngster Zeit Terrorismus, politischer Islam

Kristy Schank, Bildungsreferentin bei der *»Action Solidarité Tiers Monde«* (ASTM) in Luxemburg

Stefan Schmalz, Dr., Universität Kassel; Arbeitsschwerpunkte: Lateinamerika, Nord-Süd-Beziehungen und Entwicklungstheorie, Internationale Politische Ökonomie

Johannes Schulten, Student der Politikwissenschaft und VWL in Marburg; Arbeitsschwerpunkte: Lateinamerika, Gewerkschaften in Argentinien und Uruguay

Albert Sterr, Politikwissenschaftler und Publizist, Nürnberg; Arbeitsschwerpunkte: soziale und linke Bewegungen in Lateinamerika

Juliana Ströbele-Gregor, Dr., Altamerikanistin und Ethnologin, freiberufliche Wissenschaftlerin und Gutachterin; Arbeitsschwerpunkte: Lateinamerika: Andenländer und Guatemala, Indigene Bewegungen, Gender, Religiöse Bewegungen

Anne Tittor, Doktorandin an der Universität Kassel; Arbeitsschwerpunkte: Lateinamerika, soziale Bewegungen, Gesundheitspolitik